中国特色高水平高职学校和专业建设计划建设成果

浙江省高职院校重点暨优质校建设成果

浙江省高校"十三五"优势专业保险专业建设成果

浙江省普通高校"十三五"新形态教材项目

U0600747

汽车保险

CAR INSURANCE

主　编　费　洁

副主编　张来根

Zhejiang University Press

浙江大学出版社

图书在版编目（ＣＩＰ）数据

汽车保险 / 费洁主编. -- 杭州 ： 浙江大学出版社，
2020.12
ISBN 978-7-308-20800-0

Ⅰ.①汽… Ⅱ.①费… Ⅲ.①汽车保险－中国－高等
职业教育－教材 Ⅳ.①F842.63

中国版本图书馆CIP数据核字(2020)第233571号

汽车保险

费 洁 主编 张来根 副主编

责任编辑	樊晓燕 赵 静
责任校对	杨利军 汪 潇
封面设计	林智广告
出版发行	浙江大学出版社
	（杭州市天目山路148号 邮政编码 310007）
	（网址：http://www.zjupress.com）
排 版	杭州林智广告有限公司
印 刷	杭州钱江彩色印务有限公司
开 本	787mm×1092mm 1/16
印 张	20.75
字 数	505千
版 印 次	2020年12月第1版 2020年12月第1次印刷
书 号	ISBN 978-7-308-20800-0
定 价	59.00元

前　言

　　本教材在阐述汽车保险的概念和特点的基础上，针对各保险公司现有的车险岗位设置要求，以车险承保、查勘定损为主线，从汽车及配件知识、车险承保、查勘技术、事故车辆损失评估、赔款计算等多方面阐述汽车保险的专业知识和技能。本教材适合的学生层次为高职高专金融、保险类专业。在学习本教材前，学生需掌握保险基础、财产保险等基础知识。

　　本教材适用于一学期 48 课时的课程设置。项目与课时分配的具体建议如下表。

序号	项目	课程内容及要求	活动设计	参考课时
1	汽车基本知识	1. 汽车的构成（发动机、底盘、车身和电器设备）、分类（八大类）、型号、车辆识别代码、主要的技术参数和性能指标。 2. 汽车发动机概论、汽车的两大机构和八大系统。 3. 汽车配件的名称、类型、编号规则，保险公司、公估公司受损配件报价的依据。 4. 汽车修理的分类和工艺过程、汽车损伤及修复方法、目前市场上汽车受损部件修复的工时定价标准、保险公司查勘定损中受损配件修复与更换的标准。	**活动一**：参观当地市场的某家汽车 4S 店。 1. 了解汽车的销售、维修和保险代理业务，结合实务汽车、对汽车进行现场解剖，让学生了解汽车的构造、组成汽车的各部件（配件）名称，培养学生对汽车的感性认识。 2. 现场讲解和演示汽车的行驶原理及两大机构八大系统的构成。 3. 结合汽车实物介绍汽车配件的编号、名称。 **活动二**：访问当地市场一家保险公估公司，了解目前市场事故受损配件的询价和报价流程、依据和相关工时费用的定价标准。 **活动三**：参观一家综合性修理单位。 1. 介绍汽车修理技术和工艺流程。 2. 熟悉了解各种修理工具的用途和使用方法。 3. 现场观摩修理人员对某个受损部件的修复方法和整个过程。	9
2	汽车保险概述	1. 了解汽车保险的含义，看懂汽车保险条款，掌握交通事故强制责任保险。 2. 介绍机动车交通事故责任强制保险（简称交强险）和商业车险及主要区别。	**活动一**：调研当地市场的汽车保险产品。 **活动二**：去保险公司观摩交强险和商业车险的承保与单证，并加以区别和分析。	6

续表

序号	项目	课程内容及要求	活动设计	参考课时
3	汽车保险承保实务	1. 介绍汽车保险展业、汽车保险承保操作流程和岗位技能、职责。 2. 了解汽车保险投保单和保险单的主要内容，学会缮制投保单和保险单。 3. 了解汽车险保险金额和保费的知识，学会为客户计算保险金额和保费。	**活动一：** 根据客户投保险别进行风险查勘，掌握验车承保流程。 **活动二：** 根据各家各户的信息填写汽车保险投保单，计算保费，出具保险单和批单。	6
4	汽车保险理赔实务	1. 介绍保险公司理赔操作流程和岗位技能、职责。 2. 赔款计算。 3. 案例讲解。	**活动一：** 去保险公司观摩车险的理赔运作流程以及车险理赔单证，并加以分析。 **活动二：** 给出案例和车险理赔单证，出具交强险赔款计算书。 **活动三：** 给出案例和车险理赔单证，出具商业车险赔款计算书。	9
5	汽车保险现场查勘实务	1. 现场查勘分类、准备工作、查勘的技术和要点。 2. 交通事故责任认定的技术基础。 3. 填写查勘报告。	**活动一：** 跟随保险公司理赔查勘人员去事故现场查勘，掌握查勘的技术和要点。 **活动二：** 给出案例和车险理赔单证，模拟现场查勘，完成对事故车辆的拍照，填写查勘报告。	6
6	汽车保险定损实务	1. 汽车碰撞损坏的诊断与测量。 2. 常损零件修与换的掌握。 3. 损失项目的确定。 4. 工时费和涂饰费用的确定。 5. 材料价格、修复价值和残值。 6. 制作定损单。	**活动一：** 现场参观保险公司事故车定损拆检中心，了解事故车拆检定损的技巧、步骤和基本要求。 **活动二：** 结合实例演示事故车查勘定损的整个操作过程。 **活动三：** 给出案例和车险理赔单证，完成定损单的制作和受损配件的询报价工作。	9
7	汽车保险人伤理赔实务	1. 道路交通事故的伤亡特点。 2. 伤残程度和劳动能力丧失程度的划分原则。 3. 人伤调查鉴定与费用的确定。	**活动一：** 去保险公司观摩车险人伤理赔运作流程以及车险理赔单证，并加以分析。 **活动二：** 给出案例和车险理赔单证，出具人伤理赔的赔款计算书。	6
			总　计	51

本教材有以下特色。

（1）任务引领。本教材以任务为载体，将知识点均匀分布到各项目的任务中去，每个项目分一个或多个模块，共同完成一个典型的项目任务。

（2）能力为本。本教材贯彻"必需、够用"的原则，从职业岗位分析入手展开教学内容，充分体现了"以就业为导向"的高职教育特点。

（3）实践性强。本教材以"理论够用、突出实践"和"精讲多练"为原则，内容的组织极富操作性、强调实践知识。

（4）轻松学习。本教材通过把"工作任务"分解为明晰的工作流程，并且通过"知识链接"模块让学生全面地理解和掌握汽车保险展业、承保、理赔、查勘定损的实务操作技能，使整个学习过程变得轻松自如。

（5）便于自学。本教材每个案例都有详细的设计步骤，学生只需按照给定的步骤进行设计，就能快速地掌握知识点和实务操作技能。

（6）抓知识点。学生可以扫描在线微课对关键知识进行学习，从而更好地掌握重要知识点。

（7）理论研究与实用性相结合。本教材结合汽车保险理论研究与实践发展的最新成果，完整、系统地阐述汽车保险的理论和实践知识体系。全书共七个项目，涉及汽车基本知识、汽车保险概述、汽车保险承保实务、汽车保险理赔实务、汽车保险现场查勘实务、汽车保险定损实务、汽车保险人伤理赔实务。教材辅以学习目标提示及案例分析，并附有复习思考题，有助于教师教学和学生学习。

本书结合国际汽车保险市场发展的实际和我国加入 WTO（世界贸易组织）后保险领域已经展开的调整和更新，注意吸收国内外同类教科书的精华，并注意介绍同行专家的观点和理念，努力在寻找和帮助读者把握汽车保险业务的操作规程上下功夫。

本书除可供高等院校教学需要外，还可供保险公司作为业务培训教材，也可供保险理论工作者、实际工作者阅读参考。

本书主编费洁，浙江金融职业学院副教授，长期从事汽车保险的教学和研究工作；副主编张来根是汽车保险行业专家，先后任职于天安保险公司浙江省车险部经理和温州支公司总经理，具有丰富的汽车保险实践工作经验。本教材由专业教师和行业专家共同完成，理论与实践紧密联系，通俗易懂，操作性强。

浙江金融职业学院的李兵、韩雪、朱佳、沈洁颖四位教师对本书进行了认真的核对工作，在此一并感谢。

编者

2019 年 7 月

Contents 目 录

项目一
汽车基础知识

► **项目概述**

　　本项目共包括四个模块，分别为汽车的组成、汽车的分类、汽车的主要参数、车辆识别代号（VIN）管理规则及汽车型号编制规则。本项目是学生学习汽车保险的基础，旨在帮助学生了解汽车基础知识，是对从事汽车保险工作的人员必须掌握的汽车基础知识的操作性描述和演练。

► **教学目标**

　　通过本项目的学习，要求学生能了解汽车的组成构造、汽车的主要结构参数以及车辆识别代号（VIN）管理规则，掌握汽车的分类知识，熟悉汽车的分类、汽车保险的分类和汽车总成结构。

► **重点难点**

　　重点是掌握汽车的组成和分类；难点是车辆识别代号（VIN）管理规则。

模块一　汽车的组成

► **教学目标**

　　能够结合汽车实务明确说明汽车的构造、组成汽车的各部分名称。

► **工作任务**

　　了解汽车的结构。

► **实践操作**

　　1.给出汽车图片，讲解汽车组成。
　　2.分析汽车各部分价格。

► **问题探究**

一、汽车的组成

汽车通常由发动机、底盘、车身、电气设备四个部分组成（见图 1-1）。

图 1-1　汽车的组成

（一）发动机

汽车发动机是将汽车燃料的化学能转变成机械能的一个机器。大多数汽车采用往复活塞式内燃机，它一般由曲柄连杆机构、配气机构、燃料供给系、冷却系、润滑系、点火系（汽油发动机）、启动系等部分组成（如图 1-2 所示）。

汽车基本组成之发动机

图 1-2　桑塔纳发动机结构示意

（二）底盘

汽车底盘接受发动机的动力，将发动机的旋转运动转变成汽车的水平运动，并保证汽车按照驾驶员的操纵正常行驶。汽车底盘由传动系、行驶

汽车基本组成之底盘

系、转向系、制动系四部分组成。

传动系是指将发动机的动能传递到车轮上的全部动力传动装置，它能实现动力的接通与切断、起步、变速、倒车等功能。它由离合器、变速器、传动轴、驱动桥等部件组成。

行驶系将汽车各总成、部件连接成一个整体，支承整车，并将旋转运动的动力转变成汽车的直线运动，实现汽车的平顺行驶。它由车架、车桥、车轮和悬架等部件组成。

转向系是指用来控制汽车行驶方向的装置。它由转向盘、转向器和转向传动机构组成。

制动系是指用来使行驶中的汽车按照需要降低速度、停止行驶和在坡道上驻车的系统。它由制动控制部分、制动传动部分、制动器等部件组成。一般汽车制动系至少有两套各自独立的制动装置，即行车制动装置和驻车制动装置。

（三）车身

汽车的车身是驾驶员工作的场所，也是装载乘客和货物的场所。车身应为驾驶员提供方便的操作条件，以及为乘客提供舒适安全的环境或能保证货物完好无损。

汽车基本组成之车身及附属设备

（四）电气设备

汽车的电气设备用于汽车发动机的启动、点火、照明、灯光信号及仪表等监控装置。我国汽车电气系统的电压均采用 12V 和 24V，负极搭铁。汽车的电气设备包括电源供给、发动机启动系统、点火系统、照明装置、信号系统、仪表以及各种电气设备。其中各种电气设备包括微处理机、卫星导航系统、各种人工智能装置等，这些设备显著地提高了汽车的性能。

汽车基本组成之电气设备

二、汽车价格的组成

各类汽车的四大组成部分的价格占汽车总价格的比重各有不同，具体见表 1-1。

表 1-1　各类汽车四大组成部分的价格占汽车总价格的比重

单位：%

组成部分	货车	越野车、自卸车、牵引车	专用车	客车	轿车	半挂车
发动机附离合器总成	20~25	15~25	10~20	15~20	10~20	10~15
底盘	20~40	30~50	20~35	15~25	15~25	30~50
车身	5~15	5~15	10~35	20~40	15~35	10~20
电气设备	5~15	5~15	10~20	10~30	10~40	5~15

➤ **思考练习**

完成如下的汽车总体构成表。

汽车的组成	各组成部分的主要部件名
发动机	
底盘	
车身	
电气设备	

模块二　汽车的分类

查勘定损需掌握的汽车知识

➤ **教学目标**

能够初步了解目前社会上各类汽车的分类知识。

➤ **工作任务**

了解汽车的结构。

➤ **问题探究**

一、保险汽车分类

保险车辆按机动车种类、使用性质分为家庭自用客车、非营业客车、营业客车、非营业货车、营业货车、特种车、摩托车、拖拉机和挂车 9 种类型。

1. 家庭自用客车

家庭自用客车指家庭或个人所有且用途为非营业性的客车。

2. 非营业客车

非营业客车指党政机关、企事业单位、社会团体、使领馆等机构从事公务或在生产经营活动中不以直接或间接方式收取运费或租金的客车，包括党政机关、企事业单位、社会团体、使领馆等机构为从事公务或在生产经营活动中承租且租赁期限为 1 年或 1 年以上的客车。

用于驾驶培训、邮政公司的邮递业务、快递公司的快递业务的客车，警车、囚车、救护车、殡葬车按照其行驶证上载明的核定载客数，适用对应的企业非营业客车的费率。

3. 营业客车

营业客车指用于旅客运输或租赁，并以直接或间接方式收取运费或租金的客车。

营业客车包括城市公交客车、公路客运客车、出租车、租赁客车。

旅游客运车按照其行驶证上载明的核定载客数，适用对应的公路客运车费率。

4. 非营业货车

非营业货车指党政机关、企事业单位、社会团体、家庭或个人自用，不以直接或间接方式收取运费或租金的货车（包括客货两用车）。这里的货车包括载货机动车、厢式货车、半挂牵引车、自卸车、电瓶运输车、装有起重机械但以载重为主的起重运输车。

用于驾驶培训、邮政公司的邮递业务、快递公司的快递业务的货车，按照其行驶证上载明的核定载质量，适用对应的非营业货车的费率。

5. 营业货车

营业货车指用于货物运输或租赁，并以直接或间接方式收取运费或租金的货车（包括客货两用车）。这里的货车包括载货机动车、厢式货车、半挂牵引车、自卸车、电瓶运输车、装有起重机械但以载重为主的起重运输车。

6. 特种车

特种车指用于装载油料、气体、液体等的各类专用罐车；或用于清障、清扫、清洁、起重、装卸（不含自卸车）、升降、搅拌、挖掘、推土、压路等的各种专用机动车；或适用于装有冷冻或加温设备的厢式机动车；或车内装有固定专用仪器设备，从事专业工作的监测、消防、运钞、医疗、电视转播、雷达、X光检查等机动车；或专门用于牵引集装箱箱体（货柜）的集装箱拖头。特种车包括以下几类：

（1）油罐车、汽罐车、液罐车；

（2）专用净水车、除（1）以外的罐式货车，以及用于清障、清扫、清洁、起重、装卸（不含自卸车）、升降、搅拌、挖掘、推土、冷藏、保温等的各种专用机动车；

（3）装有固定专用仪器设备从事专业工作的监测、消防、运钞、医疗、电视转播等的各种专用机动车；

（4）集装箱拖头。

7. 摩托车

摩托车指以燃料为动力的各种两轮、三轮摩托车。

摩托车分成三类：50mL及以下，50~250mL（含），250mL以上及侧三轮。

正三轮摩托车按照排气量分类执行相应的费率。

8. 拖拉机

拖拉机按其使用性质分为兼用型拖拉机和运输型拖拉机。

兼用型拖拉机是指以田间作业为主，通过铰接连接牵引挂车可进行运输作业的拖拉机。兼用型拖拉机分为14.7kW及以下和14.7kW以上两种。

运输型拖拉机是指货箱与底盘一体，不通过牵引挂车可运输作业的拖拉机。运输型拖拉机分为14.7kW及以下和14.7kW以上两种。

低速载货汽车参照运输型拖拉机14.7kW以上的费率执行。

9. 挂车

挂车指就其设计和技术特征需机动车牵引才能正常使用的一种无动力的道路机动车。

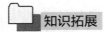

家用汽车新理念

有种观念认为家用汽车就是家用轿车，这是片面的。其实在世界范围内，主要用于家庭的车型中，卡车（商用车）的销量自 1998 年起已经超过轿车。美国卡车的概念包括 SUV（运动型多功能概念车）、MPV（混合功能厢式车）以及皮卡。这些车兴起于 20 世纪 90 年代，成为进入家庭的有别于传统椭圆形轿车的主流车型。我国较常见的典型的 SUV 有丰田陆地巡洋舰、帕杰罗、东南富利卡；典型的 MPV 是上海别克商务车、海南马自达普利玛斯等；皮卡则有郑州日产、福田阳光、长城等。日本在 20 世纪 90 年代中期以前，四轮车也只分两类：乘用车与商务车。面包车、皮卡等车型均被归于商用车。但 20 世纪 90 年代中期以后，又细化出一个新的类别：RV（休闲车）。休闲车是乘用车与商用车的中间车型，如 MPV、皮卡既可以上"休闲车目录"，又可以上"商用车"目录，其 RV 概念相当于美国"家用轻型卡车"的概念。

加强对乘用车、商用车及休闲车的区分，对于中国汽车业来说有至关重要的意义。因为在世界范围内，卡车进城基本上是与乘用车享受同一待遇的。只有在中国，按照地方交通管制政策，卡车在多数经济较发达地区的地级以上城市和不发达地区的省级城市，都被限制上牌、通行（或分时段与路段）。这样的限制导致中国汽车工业出现了畸形发展的格局。

美国三大汽车厂产销量排名首位的车型均不是轿车，而是皮卡。福特 F 系列皮卡、通用雪佛兰、克莱斯勒、道奇公羊均是市场上长盛不衰的车种，创造了单一车型年销量七八十万辆的辉煌业绩。如果偏要把这些厂家区分为轿车厂或卡车厂的话，说它们主要生产卡车毫不为过。日本 20 世纪 80 年代后期以来则兴起了 RV 潮流，本田借助其奥德赛、CRV 等 RV 车型轻取日本第三，超过了三菱与富士重工，它的 50% 以上产品不是轿车，而是休闲车。同一时期，由于丰田与日产在车型创新上拘泥于传统轿车，增速一度大为放缓，直到近几年来多方开发非轿车车种，才使其经营业绩重新有所起色。

而同期我国汽车工业由于受观念的局限，仍将目光放在轿车上，造成了整体消费结构不合理，人们在规划汽车进入家庭时只将轿车作为进入家庭的考虑对象，没有将改善 SUV、MPV 及皮卡的消费环境列入考虑之列。有人会说，西方发达国家经过了汽车的充分发展，卡车是作为第二辆车"驶入"家庭的。这个观念同样只停留于 20 世纪 80 年代。事实是，经过了 20 世纪七八十年代的技术酝酿，卡车的性能相对轿车愈来愈发达，甚至有过之而无不及，在路面适应能力、高速行驶性、载人载物功能上远远超过了轿车。可以举一两个例子：泰国的汽车年销量中，三分之二是纯粹的皮卡车。马来西亚等东南亚国家虽然身处第三世界，但在这些国家皮卡车均是主流家用候选车型。

是什么造成了中国汽车工业观念的滞后？原因在于我国发展家庭用车的观念起源于 20 世纪 80 年代初，而当时正是世界范围内轿车又一轮蓬勃发展的时期，SUV、MPV 及皮卡还没有被人们所看重。这些"非轿车"家用车型直到 20 世纪 80 年代后期才获得快速发展，90 年代末才取代了家用轿车的统治地位。这样，我国家用汽车规划中便不可避免地被打上"轿车是家用车主体"的烙印。我国在随后制定的产业政策以及由国家进行投资的汽车项目中均将轿车作为重点发展对象。20 世纪 90 年代后期以来，这些项目如上海桑塔纳、神龙富康、上海通用别克纷纷开花结果，社会自然而然便将目光主要放在轿车上。而这一时期，处于非主流地位的 MPV、SUV 及皮卡厂家都没有能够发出强有力的声音。

➤ **思考练习**

完成如下的现代汽车分类表。

分类方式	车型		
	轿车	客车	货车
排量			
发动机驱动方式			
汽车长度			
车身形式			
驾驶室总成结构			
货箱形式			
汽车质量			

模块三　汽车的主要参数

➤ **教学目标**

了解汽车主要的技术参数和性能指标。

➤ **工作任务**

了解汽车的主要结构参数。

➤ **问题探究**

一、汽车的主要结构参数和性能参数

汽车的主要特征和技术特性随所装用的发动机类型和特性的不同，通常有以下的结构参数和性能参数。

（1）整车装备质量（kg）：汽车完全装备好的质量，包括润滑油、燃料、随车工具、备胎等所有装置的质量。

（2）最大总质量（kg）：汽车满载时的总质量。

（3）最大装载质量（kg）：汽车在道路上行驶时的最大装载质量。

（4）最大轴载质量（kg）：汽车单轴所承载的最大总质量，与道路通过性有关。

（5）车　长（mm）：汽车长度方向两极端点间的距离。

（6）车　宽（mm）：汽车宽度方向两极端点间的距离。

（7）车　高（mm）：汽车最高点至地面间的距离。

（8）轴　距（mm）：汽车前轴中心至后轴中心的距离。

（9）轮　距（mm）：同一车轮左右轮胎胎面中心线间的距离。

（10）前　悬（mm）：汽车最前端至前轴中心的距离。

（11）后　悬（mm）：汽车最后端至后轴中心的距离。

（12）最小离地间隙（mm）：汽车满载时，最低点至地面的距离。

（13）接近角（°）：汽车前端突出点向前轮引的切线与地面的夹角。

（14）离去角（°）：汽车后端突出点向后轮引的切线与地面的夹角。

（15）转弯半径（mm）：汽车转向时，汽车外侧转向轮的中心平面在车辆支承平面上的轨迹圆半径。转向盘转到极限位置时的转弯半径为最小转弯半径。

（16）最高车速（km/h）：汽车在平直道路上行驶时能达到的最大速度。

（17）最大爬坡度（%）：汽车满载时的最大爬坡能力。

（18）平均燃料消耗量（L/100km）：汽车在道路上行驶时每百公里平均燃料消耗量。

（19）车轮数和驱动轮数（$n \times m$）：车轮数以轮毂数为计量依据，n 代表汽车的车轮总数，m 代表驱动轮数。

二、发动机基本参数详解

汽车发动机的基本参数包括缸数、气缸的排列形式、气门数、排量、最高输出功率、最大扭矩。

1. 缸数

汽车发动机常用缸数有 3、4、5、6、8、10、12 缸。排量 1L 以下的发动机常用 3 缸；排量为 1~2.5L 的汽车一般用 4 缸发动机；排量为 3L 左右的发动机一般为 6 缸；4L 左右为 8 缸；5.5L 以上为 12 缸。一般来说，在同等缸径下，缸数越多，排量越大，功率越高；在同等排量下，缸数越多，缸径越小，转速可以提得越高，从而获得较大的提升功率。

2. 气缸的排列形式

一般 5 缸以下的发动机的气缸多采用直列方式排列，少数 6 缸发动机也有以直列方式排列的。过去也曾有过直列 8 缸发动机。直列发动机的气缸体成一字排开，缸体、缸盖和曲轴结构简单，制造成本低，低速扭矩特性好，燃料消耗少，尺寸紧凑，应用比较广泛。其缺点是功率较低。一般 1L 以下的汽油发动机多采用 3 缸直列，1~2.5L 的汽油发动机多采用 4 缸直列。有的四轮驱动汽车采用直列 6 缸发动机，因为其宽度小，可以在旁边布置增压器等设施。直列 6 缸发动机的动平衡较好，振动相对较小，所以也为一些中、高级轿车所采用，如老上海轿车。

6~12 缸发动机一般采用 V 形排列，其中 V10 发动机主要装在赛车上。V 形发动机长度和高度尺寸小，布置起来非常方便，而且一般认为 V 形发动机是比较高级的发动机，因此装有 V 形发动机也成为高级别轿车的标志之一。V8 发动机结构非常复杂，制造成本很高，所以使用得较少；V12 发动机过大过重，只有极个别的高级轿车采用。21 世纪初大众公司开发出了 W 形发动机，有 W8 和 W12 两种，即气缸分四列错开角度布置，形体紧凑。

3. 气门数

国产发动机大多采用每缸 2 个气门，即 1 个进气门，1 个排气门。国外轿车发动机普遍采用每缸 4 个气门结构，即 2 个进气门，2 个排气门，提高了进、排气的效率。国外还有公司采用每缸 5 个气门的结构，即 3 个进气门，2 个排气门，主要作用是加大进气量，使燃烧更加彻底。气门数量并不是越多越好。5 个气门确实可以提高进气效率，但是结构极其复杂，加工困难，因而较少采用。国内生产的新捷达王就采用了 5 气门发动机。

4. 排量

气缸的工作容积是指活塞从上止点到下止点所扫过的气体的容积，又称为单缸排量，它取决于缸径和活塞行程。发动机排量是各缸工作容积的总和。

发动机排量是最重要的汽车结构参数之一，它比缸径和缸数更能代表发动机的大小，发动机的许多指标都同排量密切相关。对轿车来说，排量只是一个比较重要的技术参数，它说明汽车的大致功率、装备和价格水平。

5. 最高输出功率

最高输出功率一般用马力（PS）或千瓦（kW）来衡量。发动机的输出功率同转速关系很大。在低转速区，随着转速的增加，发动机的功率也相应提高，但是到了一定的转速以后，功率反而呈下降趋势。一般在汽车使用说明书中最高输出功率用每分钟转速下的最高输出功率来表示，如 100PS/5000r/min，表示在每分钟 5000 转时最高输出功率为 100 马力。

6. 最大扭矩

发动机的扭矩指发动机从曲轴端输出的力矩。发动机的最大扭矩一般出现在中、低转速范围内，随着转速的提高，扭矩反而会下降。当然，在选择发动机功率时要权衡一下怎样合理使用，不浪费现有功能。比如，在北京的冬夏季开车都有必要开空调，在选择发动机功率时就要考虑到不能太小。如果只是在城市道路上下班交通用车，就没有必要挑选大马力的发动机。要尽量做到经济、合理地选配发动机。

三、自动变速器执行机构的结构与原理

（一）单向离合器

在汽车自动变速器执行机构中，除湿式多片离合器外，还有一种起单向止动作用的单向离合器。它可以是滚子式的，也可以是楔块式的。一般来说，前者使用得更为普遍一些。当然，在自动变速器中，单向离合器的使用还不仅仅局限于执行机构，例如，在液力变矩器的导轮支承处也采用了单向离合器。

1. 滚子式单向离合器

滚子式单向离合器由外围、滚子、弹簧和内圈组成，滚子数目通常为 6~8 个。在工作过程中，如果单向离合器的外圈相对于内圈沿逆时针方向转动，那么，滚子便在具有凸轮型线的开口槽中向大端移动并压缩弹簧。这时，单向离合器不会出现锁止现象，而允许外圈转动。也就是说，单向离合器在任何时候都允许其外圈相对于内圈作逆时针转动。换一种说法，即允许其内圈相对于外圈作顺时针转动。

但在工作过程中，若单向离合器的外圈试图相对于内圈沿顺时针方向转动，那么，滚子便在开口槽中向小端移动，楔入内、外圈之间，将两者锁住，与此同时，还可以在两者之间传递扭矩。此刻，弹簧的作用是改善滚子最初的楔入动作，一旦滚子楔入开口槽的小端，则单向离合器出现锁止，从而不允许其外圈相对于内圈作顺时针转动，或内圈相对于外圈作逆时针转动。

外圈与滚子的接触面制成凸轮型线表面，并具有一定的楔入角。在现有结构中，此角一般为 6°~8°。考虑到机加工误差及使用中磨损的影响，为在接触区段保持不变的楔入角，常将开口槽的凸轮表面型线加工成对数螺旋线。

滚子式单向离合器工作时的最大接触应力发生在滚子与内、外圈的接触处。严格地讲，由于滚子两侧的作用力相等，而且其与内圈凸面的接触面积要小于与外圈凹面的接触面积，所以，最大接触应力发生在滚子与内圈的接触表面上。这里，最易发生的是表面疲劳磨损，典型的失效形式是点蚀剥落。制造单向离合器滚子及内、外圈的金属材料，一般与滚动轴承材料相同。

由于单向离合器工作时，滚子始终受到旋转离心力的作用，因而总是试图从与外围的接触点向外偏移。所以，必须借助弹簧将滚子向开口槽小端压紧，以制止这种偏移，这也就是为什么要求弹簧应有一定的预紧力。

2. 楔块式单向离合器

楔块式单向离合器由外圈、8 字形楔块、保持弹簧和内圈组成。这些楔块以与滚子式单向离合器中的滚子类似的方式工作。当外圈相对于内圈沿逆时针方向转动时，楔块被推动，发生倾斜，在内、外圈之间让出一定空间，因而不会锁止离合器。换言之，楔块式单向离合器在任何时候都允许其外圈相对于内圈沿逆时针方向旋转，或允许其内圈相对于外圈沿顺时针方向旋转。

然而，当外圈试图相对于内圈沿顺时针方向转动时，楔块因几何形状的缘故，被卡在内、外圈之间无法活动，从而将两者锁死在一起。也就是说，一旦楔块卡住内、外圈，则单向离合器出现锁止，使外圈无法相对于内圈按顺时针方向旋转，或内圈相对于外圈按逆时针方向旋转。为保证楔块能卡在内、外圈之间，在这种单向离合器中，装有一个保持弹簧，使楔块能锁住两圈的方向，始终保持一点倾斜。楔块式单向离合器的失效形式及制造材料等，均与滚子式单向离合器相同。

比较而言，单向离合器较之其他类型的执行装置，有几个显著的特点：首先，单向离合器是纯粹而简单的机械装置，因而不必通过液压油来使其工作；其次，当作用于其内、外圈上的力矩方向或相对运动方向发生改变时，即可自动地产生或解除锁止；最后，单向离合器的锁止与松脱几乎是瞬时发生的。

（二）自动变速器制动器的结构与工作原理

汽车自动变速器的制动器有湿式多片式和带式两种。浸在自动变速器油中工作的湿式制动器，采用多片式结构，其主要优点在于接触面多，所以制动平顺柔和，可以保证换挡质量。另外，制动器浸在油液中工作，能及时带走摩擦时所产生的热量，提高可靠性和耐久性。至于带式制动器，其最大的长处是结构简单，占用空间小。无论是片式制动器还是带式制动器，都是通过液力的方式而起作用的，即通过一个液压活塞来控制其动作。

1. 湿式多片制动器

湿式多片制动器在工作原理上与湿式多片离合器相同，只不过是出于不同的工作要求在具体结构上略有差异而已。

摩擦片内缘处有内花键齿，以便与制动器鼓上的外花键相啮合。与摩擦片相互交错排列的是钢片盘，它们的外缘上加工有花键齿，且与在自动变速器壳体中的内花键相啮合。

显然，如果在摩擦片与钢片盘间留有间隙，则制动器鼓就可以自由地沿顺时针或逆时针两个方向旋转。一旦湿式多片制动器接合，即其中的摩擦片与钢片盘之间的间隙由于液压活塞的动作而消失，那么，两组盘片将被压紧成为一体。由于壳体是静止的，盘片间的摩擦力矩阻止了制动器鼓的转动，因此，与制动器鼓相连的行星齿轮机构部件也被夹持固定，直至湿式多片制动器再度分离为止。

与湿式多片离合器相同的是，驱动湿式多片制动器工作的活塞也位于在自动变速器壳体中加工出的缸孔内，而壳体中加工出的油液通道，则将自动变速器油引向制动器油缸处。另外，汽车自动变速器湿式多片制动器的工作原理也与湿式多片离合器相仿。制动作用的化解一般是在制动油压解除后，制动器活塞复位弹簧的张力使活塞复位，从而实现制动器盘片的分离。当然，也有在制动器油缸的复位弹簧一侧另外提供一个油压来帮助活塞复位的情形。

2. 带式制动器

汽车自动变速器中的带式制动器采用一条内敷摩擦材料的制动带包绕在转鼓的外圆表面，制动带的一端固定在变速器壳体上，另一端与制动油缸中的活塞相连。当制动油进入制动油缸后，压缩活塞复位弹簧推动活塞，进而使制动带的活动端移动，箍紧转鼓。由于转鼓与行星齿轮机构中的某一部件构成一体，所以箍紧转鼓即意味着夹持固定了该部件，使其无法转动。制动油压力解除后，复位弹簧使活塞在制动油缸中复位，并拉回制动带活动端，从而松开转鼓，解除制动。

显然，对带式制动器来说，箍紧转鼓的制动力矩的大小取决于制动带的长度和宽度，以及作用于制动带活动端的力的大小。

在自动变速器中，依其所需完成的任务不同，制动带在尺寸和结构上有所不同。例如，某些制动带仅由一根柔性的、内表面敷有摩擦材料的钢片制成，称为单匝制动带；也有除两端外中间完全分开的双匝制动带。一般来说，双匝制动带能更好地与转鼓外圆表面贴合，因而在活动端作用力一定的情况下，可以提供更大的制动摩擦力矩。同时，双匝制动带与转鼓的接合也较单匝制动带更为平稳，使换挡动作更趋柔和。然而，自动变速器中的单匝制动带的制造成本要较双匝制动带低，而且在许多应用场合其性能也相当令人满意，因此，大多数新型汽车自动变速器都采用柔性好、轻巧、成本低且制造简单的单匝制动带。

　　在制动时，允许制动带与转鼓之间有轻微的滑摩，以便被制动的行星齿轮机构部件不至于突然止动，因为突然止动会产生冲击，并可能对自动变速器造成损害。但是，制动带与转鼓之间有太多的滑动，即制动带打滑，则会引起制动带磨损或烧蚀。制动带的打滑程度一般随其内表面所衬敷的摩擦材料的磨损及制动带与转鼓之间的间隙增大而增大，这就意味着制动带须不时地予以调整。的确，大多数早期的汽车自动变速器必须定期地进行此项调整工作，但随着制动带设计的改进，大多数 20 世纪 90 年代后生产的自动变速器已不需要定期地调整带式制动器的制动带了。

　　制动带箍住或松开转鼓的动作是由一个可在制动液压油缸中往复移动的活塞控制的。当无制动油压时，活塞在复位弹簧张力的作用下，被顶在制动油缸的一端；一旦具有一定压力的自动变速器油进入油缸并克服复位弹簧的张力，活塞就被移向油缸的另一端。在此过程中，通过一个连杆带动制动带的活动端箍紧转鼓，当制动油缸的油压切断并泄放时，活塞在复位弹簧的作用下复位，拉动连杆及制动带的活动端，解除制动作用。在新型汽车自动变速器中，制动作用的解除通常是由复位弹簧及油液压力共同完成的，即伴随活塞一侧制动油压的切断和泄放，另一侧额外地提供一个制动解除油压，以此来协助复位弹簧尽快地解除制动。当活塞完全复位后，该制动解除油压仍将继续作用，以确保制动带处于完全放松的状态。

　　位于制动油缸活塞与制动带活动端之间的连杆有直杆、杠杆和钳形杆三种形式。毫无疑问，直杆式连杆所需的设计空间最大，原因是必须将一端连接于制动带活动端的直杆安排得与制动油缸及活塞的轴线重合，从而使活塞在制动油缸中的往复移动直接转变为制动带活动端的动作。另外，这种结构形式所需的制动油缸尺寸也最大，因为直杆无任何增力作用，而活塞的推力必须大到足以在最大力矩作用于转鼓时，仍可防止制动带的打滑。

　　带式制动器采用一个杠杆来推动作用于制动带活动端的推杆。在设计中，当出于种种考虑制动油缸必须被安排在自动变速器壳体中的某一位置，而在此位置活塞的位移又不能直接作用于制动带活动端时，就采用杠杆传动。这种传动方式改变了制动活塞推力的方向，然后再使其作用于制动带。此外，众所周知，杠杆传动还可以有效地增大作用力。

　　第三种连杆形式为钳形杆，这时，制动器使用一个摇臂和一个活动支承在制动带两端的钳形杆。当制动器活塞在油压作用下推动顶杆时，顶杆下压摇臂的右端，并通过推杆将力传至制动带的一端。与此同时，扣在制动带另一端的钳形杆随着推杆的移动而向支承销方向位移，从而共同收紧制动带的两个活动端，使其箍住转鼓。这种传动形式除了像杠杆传动那样，在给定的制动油缸直径下可增大制动摩擦力矩外，还可以减轻制动带的磨损，并且使制动平缓柔和，其原因在于这时制动带可自动找正中心位置，而且其包绕转鼓收缩得也更加平稳。

　　对大多数在制动带磨损后需进行调整的直杆型或杠杆型连杆来说，制动带与转鼓之间的间隙是由作为制动带固定端的调整螺栓确定的。此调整螺栓旋在贯通自动变速器壳体的螺纹孔中，所以制动带与转鼓的间隙可在壳体外进行调整，调完后再用锁止螺母锁紧。

　　但对于所给出的钳形杆传动，制动带调整螺钉及锁止螺母位于摇臂一端，因此，制动带与转鼓的间隙必须在拆下自动变速器油底壳之后才能进行调整。

3. 工作缓冲装置

在自动变速器执行机构中，多片离合器及制动器的接合和分离，以及带式制动器的箍紧和放松，都不能过于突然，以免产生换挡冲击，影响乘车的舒适性，甚至造成总成中零部件的损坏。因此，在执行机构的液压系统中，专门设置了用于吸收因油压突然升高而产生的冲击的缓冲装置，目的即在于控制换挡质量，避免执行机构发生振动或接合过猛。在各种缓冲装置中，实际使用较多的是液压蓄能减振器。

液压蓄能减振器之所以能够缓冲液压油的压力冲击，是由于它可以暂时性地将一部分液压油引至一个并联油路或空腔，从而使油压在主要油路中的增高要平稳得多，并使离合器或制动器平顺接合。蓄能减振器可分为活塞型和阀型两类。活塞型的看上去像是一个制动器的液压油缸。事实上，某些蓄能减振器的活塞就是与制动器活塞共用一个油缸的，这种设计称为整体式蓄能减振器。当然，也有将活塞型蓄能减振器安装在自动变速器壳体中单独设的孔内的，这种设计被称为独立式蓄能减振器。但无论怎样，这两种蓄能减振器的工作原理基本上是相同的。阀型蓄能减振器则与自动变速器液压系统中的滑动柱塞阀相似，其任务与活塞型的相同，即暂时分流一部分原可直接作用于离合器或制动器油缸的液压油。

知识拓展

四轮定位的作用

以当前路上行驶的多数四轮轿车为例，轿车的转向车轮、转向节和前轴三者之间的安装具有一定的相对位置，这种具有一定相对位置的安装叫作转向车轮定位，也称前轮定位。前轮定位包括主销后倾（角）、主销内倾（角）、前轮外倾（角）和前轮前束四个内容。这是对两个转向前轮而言。对两个后轮来说也同样存在与后轴之间安装的相对位置，称后轮定位。后轮定位包括车轮外倾（角）和逐个后轮前束。这样前轮定位和后轮定位总合起来叫作四轮定位。

四轮定位的作用是使汽车保持稳定的直线行驶和转向轻便，并减少汽车在行驶中轮胎和转向机件的磨损。由于各汽车生产厂家对四轮定位原设计的不同、制造的不同，各种汽车的各轮的各种倾角和束值就各有不同，并且有可调部分和不可调部分之分。做四轮定位就是通过四轮定位仪，检测出被测车辆的各轮倾角和束值是否符合原厂标准，如果不符合可做随机调整。换句话说，当驾驶员感到方向转向沉重、发抖、跑偏、不正、不归位或者发现轮胎单边磨损、波状磨损、块状磨损、偏磨等不正常磨损，以及驾驶时出现车感飘浮、颠颤、摇摆等现象时，就应考虑做四轮定位了。

➤　思考练习

1. 区分汽车整车装备质量和最大总质量的含义。
2. 什么是轮距？什么是车轮数和驱动轮数？
3. 发动机的基本参数有哪些？

模块四　车辆识别代号（VIN）管理规则及车辆型号编制规则

➤ **教学目标**

　　了解车辆识别代号。

➤ **工作任务**

　　了解车辆识别代号（VIN）管理规则。

➤ **问题探究**

一、车辆识别代号（VIN）管理规则

（一）术语与定义

　　（1）车辆识别代号（vehicle identification number，VIN）是为了识别某一辆车，由车辆制造厂为该车辆指定的一组字码。

　　（2）世界制造厂识别代号（world manufacturer identifier，WMI）是 VIN 的第一部分，用以标识车辆的制造厂。当此代号被指定给某个车辆制造厂时，就能作为该厂的识别标志。WMI 在与 VIN 的其余部分一起使用时，足以保证 30 年之内在世界范围内制造的所有车辆的 VIN 具有唯一性。

　　（3）车辆说明部分（vehicle descriptor section，VDS）是 VIN 的第二部分，用以说明车辆的一般特征信息。

　　（4）车辆指示部分（vehicle indicator section，VIS）是 VIN 的最后部分，它是车辆制造厂为区别不同车辆而指定的一组代码。这组代码连同 VDS 一起，足以保证每个车辆制造厂在 30 年之内生产的每辆车的 VIN 具有唯一性。

　　（5）完整车辆（completed vehicle）是指除了增添易于安装的部件（如后视镜或轮胎与车轮总成）或进行小的精整作业（如补漆）外，不需要进行制造作业就能完成预期功能的车辆。

　　（6）非完整车辆（incomplete vehicle）是指至少包括车架、动力装置、转向装置、悬架系统和制动系统的车辆。车辆装配到这种程度，除了增添易于安装的部件（如后视镜或轮胎与车轮总成）或进行小的精整作业（如补漆）外，还需要进行制造作业才能成为具有预期功能的车辆。

　　（7）车辆制造厂（manufacturer）是指负责将某种车辆经过装配工序而成为即可使用的产品的个人、厂商或公司。

（8）非完整车辆制造厂（incomplete vehicle manufacturer）是指把一些部件装配起来制成非完整车辆的车辆制造厂，这些部件没有一件能单独构成一辆非完整汽车。

（9）最后阶段制造厂（final-stage manufacturer）是指对非完整车辆进行制造作业使之成为完整车辆，或在完整车辆上继续进行制造作业的车辆制造厂。

（10）中间阶段制造厂（intermediate manufacturer）是指对非完整车辆进行制造作业的车辆制造厂，它既不是非完整车辆制造厂，又不是最后阶段制造厂。

（11）年份（year）是指制造车辆的历法年份或车辆制造厂决定的车型年份。

（12）车型年份（model year）是指由车辆制造厂为某个单独车型指定的，可以不考虑车辆实际制造的历法年份，只要实际周期不超过两个历法年，就可以和历法年份不一致。

（13）分隔符（divider）是一种用以分隔 VIN 的各个部分或用以规定 VIN 的界线（开始和终止）的符号、字码和实际界线。分隔符不能与阿拉伯数字或罗马字母混淆。

（二）车辆识别代号的内容与构成

1. 车辆识别代号（VIN）的基本构成

VIN 由世界制造厂识别代号（WMI）、车辆说明部分（VDS）、车辆指示部分（VIS）三部分组成，共 17 位字码。

对完整车辆和/或非完整车辆年产量 ≥ 500 辆的车辆制造厂，VIN 的第一部分为WMI；第二部分为 VDS；第三部分为 VIS（如图 1-3 所示）。

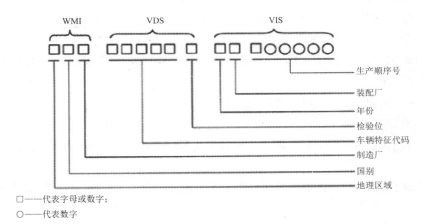

图 1-3　年产量 ≥ 500 辆的车辆制造厂生产的车辆识别代号的构成

对完整车辆和/或非完整车辆年产量 < 500 辆的车辆制造厂，VIN 的第一部分为WMI；第二部分为 VDS；第三部分的第三、四、五位与第一部分的三位字码一起构成WMI，其余五位为 VIS（如图 1-4 所示）。

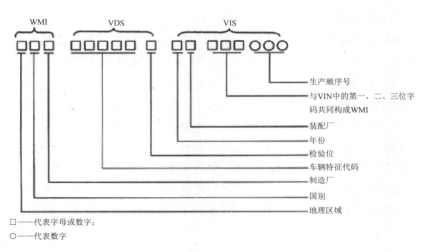

图 1-4　年产量 < 500 辆的车辆制造厂生产的车辆识别代号的构成

2. 世界制造厂识别代号（WMI）

WMI 是 VIN 的第一部分，WMI 应符合《道路车辆 世界制造厂识别代号（WMI）》（GB 16737—2004）的规定。

3. 车辆说明部分（VDS）

（1）VDS 是 VIN 的第二部分，由六位字码组成（即 VIN 的第四至第九位）。如果车辆制造厂不使用其中的一位或几位字码，应在该位置填入车辆制造厂选定的字母或数字占位。

（2）VDS 第一至第五位（即 VIN 的第四至第八位）应对车型特征进行描述，其代码及顺序由车辆制造厂决定。

1）VDS 可从以下方面对车型特征进行描述：

——车辆类型；

——车辆结构特征（如车身类型、驾驶室类型、货箱类型、驱动类型、轴数及布置方式等）；

——车辆装置特征（如约束系统类型、发动机特征、变速器类型、悬架类型、制动形式等）；

——车辆技术特性参数（如车辆最大总质量、车辆长度、轴距、座位数等）。

2）对于不同类型的车辆，在 VDS 中描述的车型特征应包括表 1-2 中规定的内容。

表 1-2　各种车型应描述的车型特征

车型	特征
乘用车	车身类型、发动机特征[1]
载货车（含牵引车）	车身类型、车辆最大总质量、发动机特征[1]
客车	车辆长度、发动机特征[1]
挂车	车身类型、车辆最大总质量
摩托车和轻便摩托车	车身类型、发动机特征[1]

车型	特征
非完整车辆	车身类型[2]、车辆最大总质量[2]、发动机特征[3]

注：
1. 发动机特征至少应包括对燃油类型、排量和 / 或功率的描述；
2. 用于制造成为货车的非完整车辆的描述项目；
3. 用于制造成为客车的非完整车辆的描述项目，此时发动机特征至少应包括对燃油类型发动机布置形式、排量和 / 或功率的描述。

（3）VDS 的最后一位（即 VIN 的第九位字码）为检验位。检验位可为 0 ~ 9 中任一数字或字母 "X"，用以核对 VIN 记录的准确性。

4. 车辆指示部分（VIS）

（1）VIS 是 VIN 的第三部分，由八位字码组成（即 VIN 的第十至第十七位）。

（2）VIS 的第一位字码（即 VIN 的第十位）应代表年份。年份代码按表 1–3 的规定使用（30 年循环一次）。

表 1–3　年份代码

年份	代码	年份	代码	年份	代码	年份	代码
2001	1	2011	B	2021	M	2031	1
2002	2	2012	C	2022	N	2032	2
2003	3	2013	D	2023	P	2033	3
2004	4	2014	E	2024	R	2034	4
2005	5	2015	F	2025	S	2035	5
2006	6	2016	G	2026	T	2036	6
2007	7	2017	H	2027	V	2037	7
2008	8	2018	J	2028	W	2038	8
2009	9	2019	K	2029	X	2039	9
2010	A	2020	L	2030	Y	2040	A

（3）VIS 的第二位字码（即 VIN 的第十一位）应代表装配厂。

（4）如果车辆制造厂生产的完整车辆和 / 或非完整车辆年产量 ≥ 500 辆，此部分的第三至第八位字码（即 VIN 的第十二至第十七位）用来表示生产顺序号。如果车辆制造厂生产的完整车辆和 / 或非完整车辆年产量 < 500 辆，则此部分的第三、四、五位字码（即 VIN 的第十二至第十四位）应与第一部分的三位字码一同表示一个车辆制造厂，第六、七、八位字码（即 VIN 的第十五至第十七位）用来表示生产顺序号。

5. 字码

在 VIN 中仅能采用下列阿拉伯数字和大写的罗马字母。

1 2 3 4 5 6 7 8 9 0

A B C D E F G H J K L M N P R S T U V W X Y Z

（字母 I、O 及 Q 不能使用）

6. 分隔符

分隔符的选用由车辆制造厂自行处理，但不得使用 VIN 所用的任何字码，或可能与 VIN 中的字码混淆的任何字码。

二、汽车型号编制规则

（一）国产汽车型号编制规则

1988 年国家颁布了国家标准《汽车产品型号编制规则》（GB 9417—88）。汽车型号应能表明汽车的厂牌、类型和主要特征参数等。该项国家标准规定，国产汽车型号均应由汉语拼音字母和阿拉伯数字组成。汽车型号包括如下三部分。

首部——由 2 个或 3 个汉语拼音字母组成，是识别企业名称的代号。例如：CA 代表第一汽车制造厂，EQ 代表第二汽车制造厂，TJ 代表天津汽车制造厂等。

中部——由四位阿拉伯数字组成。第一位数字代表该车的类型，第二、三位数字代表各类汽车的主要特征参数，第四位则代表产品的序号（见表 1-4）。

表 1-4　国产汽车型号中部四位数字的含义

第一位数字的含义	第二、三位数字的含义	第四位数字的含义
1 表示车辆类别为载货汽车	汽车的总质量 /t	产品序号
2 表示车辆类别为越野汽车	汽车的总质量 /t	产品序号
3 表示车辆类别为自卸汽车	汽车的总质量 /t	产品序号
4 表示车辆类别为牵引汽车	汽车的总质量 /t	产品序号
5 表示车辆类别为专用汽车	汽车的总质量 /t	产品序号
6 表示车辆类别为客车	汽车总长度 /0.1m	产品序号
7 表示车辆类别为轿车	汽车排气量 /0.1L	产品序号
8 表示车辆类别为半挂车及专用半挂车	汽车的总质量 /t	产品序号

有些车在四位数字后还有一些字母，这些字母没有准确的定义，是由生产厂家自定义的。

注意：第四位数字较易弄错，0 代表的是第一代产品，1 代表的是第二代产品。

尾部——分为两部分，前部分由汉语拼音字母组成，表示专用汽车分类代号，例如 X 表示厢式汽车，G 表示罐式汽车等；后部分是企业自定代号，可用汉语拼音字母或阿拉伯数字表示。

基本型汽车的编号一般没有尾部，其变型车（例如采用不同的发动机、加长轴距、双排座驾驶室等）为了与基本型区别，常在尾部加 A、B、C 等企业自定代号。

（二）应用举例

BJ2020S——BJ 代表北京汽车制造厂，2 代表越野车，02 代表该车总质量为 2 吨，0 代表该车为第一代产品，S 为厂家自定义。

TJ7131U——TJ 代表天津汽车制造厂，7 代表轿车，13 代表排气量为 1.3 升，1 代表该车为第二代产品，U 为厂家自定义。

三、汽车铭牌上数字和字母的含义

　　例如"北京212"，第一个"2"表示越野汽车，"1"表示载重1t，第二个"2"表示第二代产品。再如"标致505"或"标致504"，其中第一位数字"5"代表第五代产品，"0"是一个习惯数字，没有意义，第三位数字"5"或"4"代表底盘型号。还有一些数字代表发动机气缸容积，如"奔驰280"代表装配2.8L发动机。丰田汽车、日产车尾常见"2.8""2.0""3.0"字样，分别代表发动机气缸容积为2.8L、2.0L、3.0L。还有的数字是用乘号连接起来的，如"2×4""4×4"，乘号前的数字代表驱动形式即两轮或四轮驱动，乘号后边的数字代表发动机气缸，即四气缸发动机。

　　字母标在车身上表示特殊含义。"SGL"代表超豪华级，"EFI"代表电子燃油喷射，"T"表示柴油发动机，"TURL"表示涡轮增压发动机。

　　还有一种数字和字母组合的方式，不同形式的组合代表的意义截然不同。如日产公司公爵的"V6\"表示6个气缸V型排列，而有些车上则表示的是24个气门或16个气门。另外，"4WD"表示四轮驱动。汽车上的数字、字母不仅代表了汽车的性能和级别，也是汽车制造技术发展的标志。

汽车产品型号编制规则

著名汽车厂家汽车型号含义

1. 法拉利汽车型号

　　法拉利汽车的型号一般是用"F"打头（F是法拉利英文Ferrari的首个字母），但也有部分车型没有F字母。而后面数字大多是和发动机排量有关，一般是一、二位数字表示排量，第三位表示气缸数。但也有例外，如："F355"的前两位数字"35"代表其排量为3.5L，而最后一位数字"5"代表每气缸有5个气门。"F512M"代表其排气量为5L且有12个气缸，"M"代表它的外观经过改款。"F50"代表该车是法拉利汽车厂建厂50周年的纪念车。"550Maranello"车型的命名比较复杂，也具有多重意义。"550"首先代表其排气量为5.5L，其次，在推出之时正逢法拉利汽车厂建厂50周年庆，"Maranello"则是法拉利汽车厂所在城市的名称。

2. 奥迪汽车型号

　　大部分奥迪汽车的型号用公司英文（Audi）的第一个字母"A"打头，如奥迪A2、A3、A4、A6、A8系列等。后面的数字越大表示等级越高：A2、A3系列是小型轿车；A4系列是中级轿车；A6系列是高级轿车；A8系列是豪华轿车（目前A8是奥迪最高档的轿车）。除了以A字打头的轿车外，奥迪还有S系列和TT系列：S系列多是高性能车型，但并非是越野车，主要有S3、S6及S8等；TT系列则全部是跑车。

3. 奔驰汽车型号

　　奔驰汽车前面的字母表示类型和级别：A级是小型单厢车，C级为小型轿车，E级为中级轿车，S级为高级轿车，M级为SUV，G级为越野车，V级为多功能厢式车，SLK为小型跑车，CLK为中型跑车，SL为高级跑车，CL为高级轿跑车，SLR为超级跑车。型号中间的数字，如280、

300 及 500 代表发动机排量，分别表示发动机排量为 2.8L、3L 及 5L。型号尾部的字母 L 表示加长车型，Diesel 表示柴油。如 S600L 则表示高级、排量 6L、加长型轿车。

4. 宝马汽车型号

宝马汽车公司主要有轿车、跑车、越野车三大车种。轿车有 3、5、7 和 8 四个系列，轿车型号的第一个数字即系列号，第 2 和第 3 个数字表示排量，最后的字母 i 表示燃油喷射，A 表示自动挡，C 表示双座位，S 表示超级豪华。比如，318iA 表示为 3 系列，排量为 1800CC，燃油喷射，自动挡；850Si 表示 8 系列轿车，排量为 5000CC，超级豪华型，燃油喷射。

宝马的跑车型号用 Z 打头，主打车型有 Z3、Z4、Z8 等，后面的数字越大表示越高级。越野车用 X 打头，代表车型是 X5。

► **思考练习**

1. 国产汽车型号编制规则包含哪些内容？

2. 写出下列车辆的基本信息：

CA7182、SWW7180、SWW7182、DFL1140、SHJ6330

项目二
汽车保险概述

> ➤ **项目概述**

　　本项目共包括四个模块，分别为汽车保险的含义、功能和作用，我国汽车保险现状，汽车保险风险因素，汽车保险费率确定原则。本项目旨在帮助学生掌握汽车保险的特点及我国汽车保险现状。

> ➤ **教学目标**

　　通过本项目的学习，要求学生能了解汽车保险的基础知识，了解我国汽车保险现状、汽车保险风险因素，掌握汽车保险的含义、功能、作用和汽车保险费率的确定原则。

> ➤ **重点难点**

　　重点是汽车保险风险因素、汽车保险费率确定原则；难点是汽车保险风险因素。

模块一　汽车保险的含义、功能和作用

> ➤ **教学目标**

　　通过模块的学习，要求学生掌握汽车保险的含义、功能、作用。

> ➤ **工作任务**

　　了解汽车保险的含义、功能、作用。

> ➤ **问题探究**

一、汽车保险的含义

（一）汽车保险定义

　　汽车保险是以汽车本身及其第三者责任为保险标的的一种财产保险。这里的汽车是指经交通管理部门检验合格、核发有效行驶证和号牌的机动车，包括汽车、电车、电瓶车、拖拉机、各种专业机械车、特种车。

从汽车保险的定义可以看出，汽车保险的保险对象为汽车及其相关的经济责任，所以汽车保险既属于财产保险又属于责任保险。随着汽车保险业的发展，其保险标的除了最初的汽车以外，已经扩大到所有的机动车辆。世界上许多国家至今仍沿用汽车保险的名称，而我国已经明确定义为机动车辆保险。汽车保险属于机动车辆保险的一部分。

（二）汽车保险的要素

汽车保险关系应包括以下五大要素：（1）车祸风险的客观存在；（2）相同性质、相同类型车祸的分散与集合；（3）汽车保险费率的厘定；（4）建立汽车保险基金；（5）汽车保险合同的订立。

（三）与汽车保险相关的基本概念

1. 保险标的

保险标的是保险保障的目标和实体，指保险合同双方当事人的权利和义务所指向的对象。汽车保险的保险标的是汽车及其相关经济责任。

2. 保险人

保险人是指与投保人订立汽车保险合同，收取保险费，为被保险人提供保障的人。汽车保险的保险人是指经营汽车保险业务的保险公司。

3. 投保人

投保人是指与保险人订立保险合同，并按照保险合同负有支付保险费义务的人。汽车投保人是指与保险人订立汽车保险合同，并按照汽车保险合同负有支付保险费义务的人。

4. 被保险人

被保险人是因保险事故发生而遭受损失的人。在汽车保险合同中，被保险人是保险车辆的所有人或具有相关利益的人。

5. 保险费

保险费是投保人参加保险时所缴付给保险人的费用。

二、汽车保险的特征

汽车保险属于财产保险的一种，与其他险种相比，它具有以下特征。

1. 广泛性

广泛性有两层含义：一层含义是指被保险人有广泛性，具体体现在企业和个人广泛地拥有汽车，尤其是私人拥有汽车的数量不断增加，汽车逐渐成为人们的生活必需品；另一个含义是机动车辆保险业务量大，普及率高。由于汽车出险概率较高，汽车的所有者需要以保险方式转嫁风险。

2. 差异性

首先，汽车的差异性来自汽车的普及。不同类型的企业、不同类型的家庭、不同的个人、不同的风险使得机动车辆保险具有差异性。因此要求保险企业不断创新，推出个性化的产品，满足消费者的需求。

其次，车辆的生产厂家众多，汽车生产形式多种多样，从整车进口到进口零部件的组装，从合资建厂到独资生产。

最后，汽车的价格多种多样，车型、产地、品牌、功能的不同，使得价格差异较大，从几万元到几百万元不等。

3. 出险频率高

汽车是陆地的主要交通工具。由于其经常处于运动状态，总是载着人或货物不断地从一个地方开往另一个地方，很容易发生碰撞及意外事故，造成人身伤亡或财产损失。由于车辆数量的迅速增加，一些国家交通设施及管理水平跟不上车辆的发展速度，再加上驾驶人的疏忽、过失等人为原因，交通事故发生频繁，汽车出险率较高。

三、汽车保险的功能

1. 保障功能

保险保障功能是保险业的立业之基，最能体现保险业的特色和核心竞争力。

汽车保险的保障功能是汽车保险得以产生和迅速发展的内在根源，具体表现为补偿损失功能。

汽车保险是在特定灾害事故发生时，在汽车保险的有效期和汽车保险合同约定的责任范围以及保险金额内，按其实际损失金额给予补偿。通过补偿使已经存在的社会财富（即车辆因灾害事故所导致的实际损失）在价值上得到补偿，在使用价值上得以恢复，从而使社会再生产得以持续进行，人民的生活得以安定，进而保障社会稳定。

2. 金融融资功能

金融融资功能是指将保险资金中闲置的部分重新投入社会再生产过程中所发挥的金融中介作用。汽车保险人为了使保险经营稳定，必须保证保险资金的保值与增值，这就要求汽车保险人对保险资金加以运用。由于汽车保险的保费收入与赔付支出之间存在时间差和数量差，这为汽车保险人进行保险资金的融通提供了可能。所以，保险又具有金融融资功能。

汽车保险的融资来源主要包括资本金、总准备金或公积金、各项保险准备金以及未分配的盈余。

汽车保险融资的内容主要包括银行存款、购买有价证券、购买不动产、各种贷款、委托信托公司投资、经管理机构批准的项目投资及公共投资、各种票据贴现等。

3. 防灾防损功能

汽车保险人从开发汽车保险产品、制定费率到汽车保险和理赔的各个环节，都直接与灾害事故打交道，不仅具有识别、衡量和分析的专业知识，而且积累了大量的风险损失资料，所以，汽车保险人可以为社会、企业、家庭、个人提供防灾、防损、咨询和技术服务职能，从而减少社会财富即车辆的损失和社会成员的人身伤害。

四、汽车保险的作用

汽车保险正在逐步成为与人们生活密切相关的经济活动，其重要性和社会性也正逐步凸显，作用越加明显。

1. 促进汽车工业的发展，扩大了对汽车的需求

从目前经济发展情况看，汽车工业已成为一个国家的经济健康、稳定发展的重要动力之一。汽车产业政策在国家产业政策中的地位越来越重要。汽车产业政策要产生社会效益和经济效益，要成为国家经济发展的原动力，离不开汽车保险和与之相配套的服务。汽车保险业务自身的发展对于汽车工业的发展起到了有力的推动作用。汽车保险的出现，解除了企业与个人对使用汽车过程中可能出现的风险的担心，一定程度上提高了消费者购买汽车的欲望，扩大了对汽车的需求。

2. 稳定了社会公共秩序

汽车作为重要的生产运输和代步的工具，已成为社会经济及人民生活中不可缺少的一部分，其作用越来越明显。汽车作为一种保险标的，虽然单位保险金不是很高，但数量多而且分散，车辆所有者既有党政部门，也有工商企业和个人。车辆所有者为了转嫁使用汽车带来的风险，愿意支付一定的保险费，从而在汽车出险后可以从保险公司获得经济补偿。由此可以看出，开展汽车保险既有利于社会稳定，又有利于保障保险合同当事人的合法权益。

3. 促进了汽车安全性能的提高

在汽车保险业务中，保险公司的经营管理与汽车维修行业的质量管理及其价格水平密切相关。原因是在汽车保险的经营成本中，事故车辆的维修费用是其中重要的组成部分，而车辆的维修质量在一定程度上体现了汽车保险产品的质量。保险公司出于有效控制经营成本和风险的需要，除了加强自身的经营业务管理外，必然会加大对事故车辆修复工作的管理，这一定程度上可以提高汽车维修质量管理的水平。同时，汽车保险的保险人从自身和社会效益的角度出发，联合汽车生产厂家、汽车维修企业开展汽车事故原因的统计分析，研究汽车安全设计新技术，并为此投入大量的人力和财力，从而促进了汽车安全性能方面的提高。

4. 汽车保险业务在财产保险中占有重要的地位

目前，大多数发达国家的汽车保险业务在整个财产保险业务中占有十分重要的地位。美国汽车保险的保费收入占财产保险总保费的45%左右，占全部保费的20%左右。日本

汽车保险的保费占整个财产保险总保费的比例更是高达 58% 左右。

　　从我国的情况来看，随着积极的财政政策的实施，道路交通建设的投入越来越多，汽车保有量逐年递增。在过去的 20 年中，汽车保险业务保费收入每年都以较快的速度增长。在国内各保险公司中，汽车保险业务保费收入占其财产保险业务总保费收入的 50% 以上，部分公司的汽车保险业务保费收入占其财产保险业务总保费收入的 60% 以上。汽车保险业务已经成为财产保险公司的"吃饭险种"。其经营的盈亏直接关系到整个财产保险行业的经济效益。可以说，汽车保险业务的效益已成为财产保险公司效益的"晴雨表"。

> **思考练习**
> 　　1. 什么是汽车保险？汽车保险有哪些职能？
> 　　2. 汽车保险有哪些作用？

模块二　我国汽车保险现状

> **教学目标**
> 　　通过本模块的学习，要求学生了解我国汽车保险业务。

> **工作任务**
> 　　了解我国汽车保险业务。

> **问题探究**

一、我国汽车保险业务的分类

　　《机动车交通事故责任强制保险条例》于 2006 年 3 月 1 日公布，自 2006 年 7 月 1 日起施行。根据我国目前汽车保险的政策，在保险实务中，汽车保险因保险性质的不同，一般又分为汽车强制责任保险和汽车商业保险两大部分。虽然它们都由商业保险公司经营，但汽车强制责任保险是强制性保险，而其他的险种则是建立在保险人和被保险人自愿基础上的汽车商业保险。

　　伴随着机动车交通事故责任强制保险的实施，车损险和商业第三者责任险发生了重大变化。中国保险行业协会率先提出，各保险公司经营的商业车险将使用统一条款和费率，这一规定自 2006 年 7 月 1 日起正式实行。中国保险行业协会为当时存在的财险公司制定了 A、B、C 三款商业险，各家保险公司可以从中进行选择。这样就告别了以前各家财险公司各自为政的局面。针对 A、B、C 三款商业险，中国保险行业协会还统一了车损险的基础保费和费率。此次统一的是车险中的主险部分，即车损险和第三者责任险，条款以中国人民保险集团（简称"人保"）、中国平安保险集团（简称"平安"）和中国太平洋保险集团（简称"太平洋"）的车险条款为基准，在此基础上有细微调整。而对于划痕险、玻璃险等附加车险，仍允许保险公司进行差异化经营。

强制汽车责任保险与一般的商业性保险不同，强制汽车责任保险制度在各国的实践中所采用的模式也不完全相同，一般可分为两种模式。一种是将商业性汽车责任保险赋予强制险的使命与功能，使其承担法定的保险范围及金额，除此之外，没有别的汽车责任险，即一张保险单保到底的完全保障，如英国的无限额汽车责任险；另一种是除强制汽车责任险之外，还有任意汽车责任险可以弥补强制险的不足，如日本的限额保险制，其强制部分的限额是最低保障的额度，所以又被称为基本保障型强制险。

二、我国的汽车保险产品简介

（一）机动车交通事故责任强制保险

《机动车交通事故责任强制保险条例》第三条规定："本条例所称机动车交通事故责任强制保险，是指由保险公司对被保险机动车发生道路交通事故造成本车人员、被保险人以外的受害人的人身伤亡、财产损失，在责任限额内予以赔偿的强制性责任保险。"依据此条的规定：（1）该强制性保险只承保机动车上的人员、被保险人之外的第三人所遭受的损害；（2）第三人所遭受的损害包括人身损害和财产损失，不包括精神损害；（3）该强制性保险有一定的责任限额，保险人只在该限额内承担支付保险金的责任。

在中华人民共和国境内（不含港、澳、台地区），被保险人在使用被保险机动车过程中发生交通事故，致使受害人遭受人身伤亡或者财产损失，依法应当由被保险人承担的损害赔偿责任，保险人按照交强险合同的约定对每次事故在下列赔偿限额内负责赔偿：

（一）死亡伤残赔偿限额为 180000 元；

（二）医疗费用赔偿限额为 18000 元；

（三）财产损失赔偿限额为 2000 元；

（四）被保险人无责任时，无责任死亡伤残赔偿限额为 18000 元；无责任医疗费用赔偿限额为 1800 元；无责任财产损失赔偿限额为 100 元。

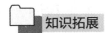
知识拓展

机动车交通事故责任强制保险条款（二维码扫描）

机动车交通事故责任强制保险条款

知识拓展

机动车交通事故责任强制保险新费率浮动系数方案（二维码扫描）

机动车交通事故责任强制保险新费率浮动系数方案

（二）商业汽车保险

我国的汽车交通事故责任强制保险采取限额保险制。在强制险之外，还有汽车商业险。根据汽车商业险改革后保障的责任范围，《中国保险行业协会机动车商业保险示范条

款（2020 版）》由 5 个主险条款和 11 个附加险条款组成。

1.5 个机动车商业保险示范条款

（1）中国保险行业协会机动车商业保险示范条款（2020 版）；

（2）中国保险行业协会特种车商业保险示范条款（2020 版）；

（3）中国保险行业协会摩托车、拖拉机商业保险示范条款（2020 版）；

（4）中国保险行业协会机动车单程提车保险示范条款（2020 版）；

（5）中国保险行业协会驾乘人员意外伤害保险示范条款（2020 版）。

2.11 个附加险条款

（1）附加绝对免赔率特约条款；

（2）附加车轮单独损失险；

（3）附加新增加设备损失险；

（4）附加车身划痕损失险；

（5）附加修理期间费用补偿险；

（6）附加发动机进水损坏除外特约条款；

（7）附加车上货物责任险；

（8）附加精神损害抚慰金责任险；

（9）附加法定节假日限额翻倍险；

（10）附加医保外医疗费用责任险；

（11）附加机动车增值服务特约条款。

 **知识拓展**

中国保险行业协会机动车商业保险示范条款（2020 版）

总　则

第一条　本保险条款分为主险、附加险。

主险包括机动车损失保险、机动车第三者责任保险、机动车车上人员责任保险共三个独立的险种，投保人可以选择投保全部险种，也可以选择投保其中部分险种。保险人依照本保险合同的约定，按照承保险种分别承担保险责任。

附加险不能独立投保。附加险条款与主险条款相抵触的，以附加险条款为准，附加险条款未尽之处，以主险条款为准。

第二条　本保险合同中的被保险机动车是指在中华人民共和国境内(不含港、澳、台地区）行驶，以动力装置驱动或者牵引，上道路行驶的供人员乘用或者用于运送物品以及进行专项作业的轮式车辆（含挂车）、履带式车辆和其他运载工具，但不包括摩托车、拖拉机、特种车。

第三条　本保险合同中的第三者是指因被保险机动车发生意外事故遭受人身伤亡或者财产损失的人，但不包括被保险机动车本车车上人员、被保险人。

第四条　本保险合同中的车上人员是指发生意外事故的瞬间，在被保险机动车车体内或车体上的人员，包括正在上下车的人员。

第五条　本保险合同中的各方权利和义务，由保险人、投保人遵循公平原则协商确定。保险人、投保人自愿订立本保险合同。

除本保险合同另有约定外，投保人应在保险合同成立时一次交清保险费。保险费未交清前，本保险合同不生效。

第一章　机动车损失保险
保险责任

第六条　保险期间内，被保险人或被保险机动车驾驶人（以下简称"驾驶人"）在使用被保险机动车过程中，因自然灾害、意外事故造成被保险机动车直接损失，且不属于免除保险人责任的范围，保险人依照本保险合同的约定负责赔偿。

第七条　保险期间内，被保险机动车被盗窃、抢劫、抢夺，经出险地县级以上公安刑侦部门立案证明，满60天未查明下落的全车损失，以及因被盗窃、抢劫、抢夺受到损坏造成的直接损失，且不属于免除保险人责任的范围，保险人依照本保险合同的约定负责赔偿。

第八条　发生保险事故时，被保险人或驾驶人为防止或者减少被保险机动车的损失所支付的必要的、合理的施救费用，由保险人承担；施救费用数额在被保险机动车损失赔偿金额以外另行计算，最高不超过保险金额。

责任免除

第九条　在上述保险责任范围内，下列情况下，不论任何原因造成被保险机动车的任何损失和费用，保险人均不负责赔偿：

（一）事故发生后，被保险人或驾驶人故意破坏、伪造现场，毁灭证据；

（二）驾驶人有下列情形之一者：

1．交通肇事逃逸；

2．饮酒、吸食或注射毒品、服用国家管制的精神药品或者麻醉药品；

3．无驾驶证，驾驶证被依法扣留、暂扣、吊销、注销期间；

4．驾驶与驾驶证载明的准驾车型不相符合的机动车。

（三）被保险机动车有下列情形之一者：

1．发生保险事故时被保险机动车行驶证、号牌被注销；

2．被扣留、收缴、没收期间；

3．竞赛、测试期间，在营业性场所维修、保养、改装期间；

4．被保险人或驾驶人故意或重大过失，导致被保险机动车被利用从事犯罪行为。

第十条　下列原因导致的被保险机动车的损失和费用，保险人不负责赔偿：

（一）战争、军事冲突、恐怖活动、暴乱、污染（含放射性污染）、核反应、核辐射；

（二）违反安全装载规定；

（三）被保险机动车被转让、改装、加装或改变使用性质等，导致被保险机动车危险程度显著增加，且未及时通知保险人，因危险程度显著增加而发生保险事故的；

（四）投保人、被保险人或驾驶人故意制造保险事故。

第十一条　下列损失和费用，保险人不负责赔偿：

（一）因市场价格变动造成的贬值、修理后因价值降低引起的减值损失；

（二）自然磨损、朽蚀、腐蚀、故障、本身质量缺陷；

（三）投保人、被保险人或驾驶人知道保险事故发生后，故意或者因重大过失未及时通知，致使保险事故的性质、原因、损失程度等难以确定的，保险人对无法确定的部分，不承担赔偿责任，但保险人通过其他途径已经知道或者应当及时知道保险事故发生的除外；

（四）因被保险人违反本条款第十五条约定，导致无法确定的损失；

（五）车轮单独损失，无明显碰撞痕迹的车身划痕，以及新增加设备的损失；

（六）非全车盗抢、仅车上零部件或附属设备被盗窃。

免赔额

第十二条　对于投保人与保险人在投保时协商确定绝对免赔额的，保险人在依据本保险合同约定计算赔款的基础上，增加每次事故绝对免赔额。

保险金额

第十三条　保险金额按投保时被保险机动车的实际价值确定。

投保时被保险机动车的实际价值由投保人与保险人根据投保时的新车购置价减去折旧金额后的价格协商确定或其他市场公允价值协商确定。

折旧金额可根据本保险合同列明的参考折旧系数表确定。

赔偿处理

第十四条　发生保险事故后，保险人依据本条款约定在保险责任范围内承担赔偿责任。赔偿方式由保险人与被保险人协商确定。

第十五条　因保险事故损坏的被保险机动车，修理前被保险人应当会同保险人检验，协商确定维修机构、修理项目、方式和费用。无法协商确定的，双方委托共同认可的有资质的第三方进行评估。

第十六条　被保险机动车遭受损失后的残余部分由保险人、被保险人协商处理。如折归被保险人的，由双方协商确定其价值并在赔款中扣除。

第十七条　因第三方对被保险机动车的损害而造成保险事故，被保险人向第三方索赔的，保险人应积极协助；被保险人也可以直接向本保险人索赔，保险人在保险金额内先行赔付被保险人，并在赔偿金额内代位行使被保险人对第三方请求赔偿的权利。

被保险人已经从第三方取得损害赔偿的，保险人进行赔偿时，相应扣减被保险人从第三方已取得的赔偿金额。

保险人未赔偿之前，被保险人放弃对第三方请求赔偿的权利的，保险人不承担赔偿责任。

被保险人故意或者因重大过失致使保险人不能行使代位请求赔偿的权利的，保险人可以扣减或者要求返还相应的赔款。

保险人向被保险人先行赔付的，保险人向第三方行使代位请求赔偿的权利时，被保险人应当向保险人提供必要的文件和所知道的有关情况。

第十八条　机动车损失赔款按以下方法计算：

（一）全部损失

赔款＝保险金额－被保险人已从第三方获得的赔偿金额－绝对免赔额

（二）部分损失

被保险机动车发生部分损失，保险人按实际修复费用在保险金额内计算赔偿：

赔款＝实际修复费用－被保险人已从第三方获得的赔偿金额－绝对免赔额

（三）施救费

施救的财产中，含有本保险合同之外的财产，应按本保险合同保险财产的实际价值占总施救财产的实际价值比例分摊施救费用。

第十九条　被保险机动车发生本保险事故，导致全部损失，或一次赔款金额与免赔金额之和（不含施救费）达到保险金额，保险人按本保险合同约定支付赔款后，本保险责任终止，保险人不退还机动车损失保险及其附加险的保险费。

第二章　机动车第三者责任保险

保险责任

第二十条　保险期间内，被保险人或其允许的驾驶人在使用被保险机动车过程中发生意外事故，致使第三者遭受人身伤亡或财产直接损毁，依法应当对第三者承担的损害赔偿责任，且不属于免除保险人责任的范围，保险人依照本保险合同的约定，对于超过机动车交通事故责任强制保险各分项赔偿限额的部分负责赔偿。

第二十一条　保险人依据被保险机动车一方在事故中所负的事故责任比例，承担相应的赔偿责任。

被保险人或被保险机动车一方根据有关法律法规选择自行协商或由公安机关交通管理部门处理事故，但未确定事故责任比例的，按照下列规定确定事故责任比例：

被保险机动车一方负主要事故责任的，事故责任比例为 70%；

被保险机动车一方负同等事故责任的，事故责任比例为 50%；

被保险机动车一方负次要事故责任的，事故责任比例为 30%。

涉及司法或仲裁程序的，以法院或仲裁机构最终生效的法律文书为准。

责任免除

第二十二条　在上述保险责任范围内，下列情况下，不论任何原因造成的人身伤亡、财产损失和费用，保险人均不负责赔偿：

（一）事故发生后，被保险人或驾驶人故意破坏、伪造现场，毁灭证据；

（二）驾驶人有下列情形之一者：

1.交通肇事逃逸；

2.饮酒、吸食或注射毒品、服用国家管制的精神药品或者麻醉药品；

3.无驾驶证，驾驶证被依法扣留、暂扣、吊销、注销期间；

4.驾驶与驾驶证载明的准驾车型不相符合的机动车；

5.非被保险人允许的驾驶人。

（三）被保险机动车有下列情形之一者：

1.发生保险事故时被保险机动车行驶证、号牌被注销的；

2.被扣留、收缴、没收期间；

3.竞赛、测试期间，在营业性场所维修、保养、改装期间；

4.全车被盗窃、被抢劫、被抢夺、下落不明期间。

第二十三条　下列原因导致的人身伤亡、财产损失和费用，保险人不负责赔偿：

（一）战争、军事冲突、恐怖活动、暴乱、污染（含放射性污染）、核反应、核辐射；

（二）第三者、被保险人或驾驶人故意制造保险事故、犯罪行为，第三者与被保险人或其他致害人恶意串通的行为；

（三）被保险机动车被转让、改装、加装或改变使用性质等，导致被保险机动车危险程度显著增加，且未及时通知保险人，因危险程度显著增加而发生保险事故的。

第二十四条 下列人身伤亡、财产损失和费用，保险人不负责赔偿：

（一）被保险机动车发生意外事故，致使任何单位或个人停业、停驶、停电、停水、停气、停产、通信或网络中断、电压变化、数据丢失造成的损失以及其他各种间接损失；

（二）第三者财产因市场价格变动造成的贬值，修理后因价值降低引起的减值损失；

（三）被保险人及其家庭成员、驾驶人及其家庭成员所有、承租、使用、管理、运输或代管的财产的损失，以及本车上财产的损失；

（四）被保险人、驾驶人、本车车上人员的人身伤亡；

（五）停车费、保管费、扣车费、罚款、罚金或惩罚性赔款；

（六）超出《道路交通事故受伤人员临床诊疗指南》和国家基本医疗保险同类医疗费用标准的费用部分；

（七）律师费，未经保险人事先书面同意的诉讼费、仲裁费；

（八）投保人、被保险人或驾驶人知道保险事故发生后，故意或者因重大过失未及时通知，致使保险事故的性质、原因、损失程度等难以确定的，保险人对无法确定的部分，不承担赔偿责任，但保险人通过其他途径已经知道或者应当及时知道保险事故发生的除外；

（九）因被保险人违反本条款第二十八条约定，导致无法确定的损失；

（十）精神损害抚慰金；

（十一）应当由机动车交通事故责任强制保险赔偿的损失和费用。

保险事故发生时，被保险机动车未投保机动车交通事故责任强制保险或机动车交通事故责任强制保险合同已经失效的，对于机动车交通事故责任强制保险责任限额以内的损失和费用，保险人不负责赔偿。

责任限额

第二十五条 每次事故的责任限额，由投保人和保险人在签订本保险合同时协商确定。

第二十六条 主车和挂车连接使用时视为一体，发生保险事故时，由主车保险人和挂车保险人按照保险单上载明的机动车第三者责任保险责任限额的比例，在各自的责任限额内承担赔偿责任。

赔偿处理

第二十七条 保险人对被保险人或其允许的驾驶人给第三者造成的损害，可以直接向该第三者赔偿。

被保险人或其允许的驾驶人给第三者造成损害，对第三者应负的赔偿责任确定的，根据被保险人的请求，保险人应当直接向该第三者赔偿。被保险人怠于请求的，第三者就其应获赔偿部分直接向保险人请求赔偿的，保险人可以直接向该第三者赔偿。

被保险人或其允许的驾驶人给第三者造成损害，未向该第三者赔偿的，保险人不得向被保险人赔偿。

第二十八条 发生保险事故后，保险人依据本条款约定在保险责任范围内承担赔偿责任。赔偿方式由保险人与被保险人协商确定。

因保险事故损坏的第三者财产，修理前被保险人应当会同保险人检验，协商确定维修机构、修理项目、方式和费用。无法协商确定的，双方委托共同认可的有资质的第三方进行评估。

第二十九条 赔款计算

（一）当（依合同约定核定的第三者损失金额—机动车交通事故责任强制保险的分项赔偿限额）× 事故责任比例等于或高于每次事故责任限额时，赔款＝每次事故责任限额；

（二）当（依合同约定核定的第三者损失金额—机动车交通事故责任强制保险的分项赔偿限额）× 事故责任比例低于每次事故责任限额时，赔款＝（依合同约定核定的第三者损失金额—机动车交通事故责任强制保险的分项赔偿限额）× 事故责任比例。

第三十条 保险人按照《道路交通事故受伤人员临床诊疗指南》和国家基本医疗保险的同类医疗费用标准核定医疗费用的赔偿金额。

未经保险人书面同意，被保险人自行承诺或支付的赔偿金额，保险人有权重新核定。 不属于保险人赔偿范围或超出保险人应赔偿金额的，保险人不承担赔偿责任。

第三章　机动车车上人员责任保险

保险责任

第三十一条 保险期间内，被保险人或其允许的驾驶人在使用被保险机动车过程中发生意外事故，致使车上人员遭受人身伤亡，且不属于免除保险人责任的范围，依法应当对车上人员承担的损害赔偿责任，保险人依照本保险合同的约定负责赔偿。

第三十二条 保险人依据被保险机动车一方在事故中所负的事故责任比例，承担相应的赔偿责任。

被保险人或被保险机动车一方根据有关法律法规选择自行协商或由公安机关交通管理部门处理事故，但未确定事故责任比例的，按照下列规定确定事故责任比例：

被保险机动车一方负主要事故责任的，事故责任比例为 70%；

被保险机动车一方负同等事故责任的，事故责任比例为 50%；

被保险机动车一方负次要事故责任的，事故责任比例为 30%。

涉及司法或仲裁程序的，以法院或仲裁机构最终生效的法律文书为准。

责任免除

第三十三条 在上述保险责任范围内，下列情况下，不论任何原因造成的人身伤亡，保险人均不负责赔偿：

（一）事故发生后，被保险人或驾驶人故意破坏、伪造现场，毁灭证据；

（二）驾驶人有下列情形之一者：

1．交通肇事逃逸；

2．饮酒、吸食或注射毒品、服用国家管制的精神药品或者麻醉药品；

3．无驾驶证，驾驶证被依法扣留、暂扣、吊销、注销期间；

4．驾驶与驾驶证载明的准驾车型不相符合的机动车；

5．非被保险人允许的驾驶人。

（三）被保险机动车有下列情形之一者：

1．发生保险事故时被保险机动车行驶证、号牌被注销的；

2．被扣留、收缴、没收期间；

3．竞赛、测试期间，在营业性场所维修、保养、改装期间；

4. 全车被盗窃、被抢劫、被抢夺、下落不明期间。

第三十四条 下列原因导致的人身伤亡，保险人不负责赔偿：

（一）战争、军事冲突、恐怖活动、暴乱、污染（含放射性污染）、核反应、核辐射；

（二）被保险机动车被转让、改装、加装或改变使用性质等，导致被保险机动车危险程度显著增加，且未及时通知保险人，因危险程度显著增加而发生保险事故的；

（三）投保人、被保险人或驾驶人故意制造保险事故。

第三十五条 下列人身伤亡、损失和费用，保险人不负责赔偿：

（一）被保险人及驾驶人以外的其他车上人员的故意行为造成的自身伤亡；

（二）车上人员因疾病、分娩、自残、斗殴、自杀、犯罪行为造成的自身伤亡；

（三）罚款、罚金或惩罚性赔款；

（四）超出《道路交通事故受伤人员临床诊疗指南》和国家基本医疗保险同类医疗费用标准的费用部分；

（五）律师费，未经保险人事先书面同意的诉讼费、仲裁费；

（六）投保人、被保险人或驾驶人知道保险事故发生后，故意或者因重大过失未及时通知，致使保险事故的性质、原因、损失程度等难以确定的，保险人对无法确定的部分，不承担赔偿责任，但保险人通过其他途径已经知道或者应当及时知道保险事故发生的除外；

（七）精神损害抚慰金；

（八）应当由机动车交通事故责任强制保险赔付的损失和费用。

责任限额

第三十六条 驾驶人每次事故责任限额和乘客每次事故每人责任限额由投保人和保险人在投保时协商确定。投保乘客座位数按照被保险机动车的核定载客数（驾驶人座位除外）确定。

赔偿处理

第三十七条 赔款计算

（一）对每座的受害人，当（依合同约定核定的每座车上人员人身伤亡损失金额—应由机动车交通事故责任强制保险赔偿的金额）×事故责任比例高于或等于每次事故每座责任限额时，赔款＝每次事故每座责任限额；

（二）对每座的受害人，当（依合同约定核定的每座车上人员人身伤亡损失金额—应由机动车交通事故责任强制保险赔偿的金额）×事故责任比例低于每次事故每座责任限额时，赔款＝（依合同约定核定的每座车上人员人身伤亡损失金额—应由机动车交通事故责任强制保险赔偿的金额）×事故责任比例。

第三十八条 保险人按照《道路交通事故受伤人员临床诊疗指南》和国家基本医疗保险的同类医疗费用标准核定医疗费用的赔偿金额。

未经保险人书面同意，被保险人自行承诺或支付的赔偿金额，保险人有权重新核定。不属于保险人赔偿范围或超出保险人应赔偿金额的，保险人不承担赔偿责任。

第四章 通用条款

保险期间

第三十九条 除另有约定外，保险期间为一年，以保险单载明的起讫时间为准。

其他事项

第四十条　发生保险事故时，被保险人或驾驶人应当及时采取合理的、必要的施救和保护措施，防止或者减少损失，并在保险事故发生后 48 小时内通知保险人。

被保险机动车全车被盗抢的，被保险人知道保险事故发生后，应在 24 小时内向出险当地公安刑侦部门报案，并通知保险人。

被保险人索赔时，应当向保险人提供与确认保险事故的性质、原因、损失程度等有关的证明和资料。

被保险人应当提供保险单、损失清单、有关费用单据、被保险机动车行驶证和发生事故时驾驶人的驾驶证。

属于道路交通事故的，被保险人应当提供公安机关交通管理部门或法院等机构出具的事故证明、有关的法律文书（判决书、调解书、裁定书、裁决书等）及其他证明。被保险人或其允许的驾驶人根据有关法律法规规定选择自行协商方式处理交通事故的，被保险人应当提供依照《道路交通事故处理程序规定》签订记录交通事故情况的协议书。

被保险机动车被盗抢的，被保险人索赔时，须提供保险单、损失清单、有关费用单据、《机动车登记证书》、机动车来历凭证以及出险当地县级以上公安刑侦部门出具的盗抢立案证明。

第四十一条　保险人按照本保险合同的约定，认为被保险人索赔提供的有关证明和资料不完整的，应当及时一次性通知被保险人补充提供。

第四十二条　保险人收到被保险人的赔偿请求后，应当及时作出核定；情形复杂的，应当在三十日内作出核定。保险人应当将核定结果通知被保险人；对属于保险责任的，在与被保险人达成赔偿协议后十日内，履行赔偿义务。保险合同对赔偿期限另有约定的，保险人应当按照约定履行赔偿义务。

保险人未及时履行前款约定义务的，除支付赔款外，应当赔偿被保险人因此受到的损失。

第四十三条　保险人依照本条款第四十二条的约定作出核定后，对不属于保险责任的，应当自作出核定之日起三日内向被保险人发出拒绝赔偿通知书，并说明理由。

第四十四条　保险人自收到赔偿请求和有关证明、资料之日起六十日内，对其赔偿数额不能确定的，应当根据已有证明和资料可以确定的数额先予支付；保险人最终确定赔偿数额后，应当支付相应的差额。

第四十五条　保险人受理报案、现场查勘、核定损失、参与诉讼、进行抗辩、要求被保险人提供证明和资料、向被保险人提供专业建议等行为，均不构成保险人对赔偿责任的承诺。

第四十六条　在保险期间内，被保险机动车转让他人的，受让人承继被保险人的权利和义务。被保险人或者受让人应当及时通知保险人，并及时办理保险合同变更手续。

因被保险机动车转让导致被保险机动车危险程度发生显著变化的，保险人自收到前款约定的通知之日起三十日内，可以相应调整保险费或者解除本保险合同。

第四十七条　保险责任开始前，投保人要求解除本保险合同的，应当向保险人支付应交保险费金额 3% 的退保手续费，保险人应当退还保险费。

保险责任开始后，投保人要求解除本保险合同的，自通知保险人之日起，本保险合同解除。保险人按日收取自保险责任开始之日起至合同解除之日止期间的保险费，并退还剩余部分保险费。

第四十八条　因履行本保险合同发生的争议，由当事人协商解决，协商不成的，由当事人从下列两种合同争议解决方式中选择一种，并在本保险合同中载明：

（一）提交保险单载明的仲裁委员会仲裁；

（二）依法向人民法院起诉。

本保险合同适用中华人民共和国法律（不含港、澳、台地区法律）。

附加险

附加险条款的法律效力优于主险条款。附加险条款未尽事宜，以主险条款为准。除附加险条款另有约定外，主险中的责任免除、双方义务同样适用于附加险。主险保险责任终止的，其相应的附加险保险责任同时终止。

1. 附加绝对免赔率特约条款

2. 附加车轮单独损失险

3. 附加新增加设备损失险

4. 附加车身划痕损失险

5. 附加修理期间费用补偿险

6. 附加发动机进水损坏除外特约条款

7. 附加车上货物责任险

8. 附加精神损害抚慰金责任险

9. 附加法定节假日限额翻倍险

10. 附加医保外医疗费用责任险

11. 附加机动车增值服务特约条款

附加绝对免赔率特约条款

绝对免赔率为5%、10%、15%、20%，由投保人和保险人在投保时协商确定，具体以保险单载明为准。

被保险机动车发生主险约定的保险事故，保险人按照主险的约定计算赔款后，扣减本特约条款约定的免赔。即：

主险实际赔款＝按主险约定计算的赔款×（1－绝对免赔率）

附加车轮单独损失险

投保了机动车损失保险的机动车，可投保本附加险。

第一条　保险责任

保险期间内，被保险人或被保险机动车驾驶人在使用被保险机动车过程中，因自然灾害、意外事故，导致被保险机动车未发生其他部位的损失，仅有车轮（含轮胎、轮毂、轮毂罩）单独的直接损失，且不属于免除保险人责任的范围，保险人依照本附加险合同的约定负责赔偿。

第二条　责任免除

（一）车轮（含轮胎、轮毂、轮毂罩）的自然磨损、朽蚀、腐蚀、故障、本身质量缺陷；

（二）未发生全车盗抢，仅车轮单独丢失。

第三条　保险金额

保险金额由投保人和保险人在投保时协商确定。

第四条　赔偿处理

（一）发生保险事故后，保险人依据本条款约定在保险责任范围内承担赔偿责任。赔偿方式由保险人与被保险人协商确定；

（二）赔款＝实际修复费用—被保险人已从第三方获得的赔偿金额；

（三）在保险期间内，累计赔款金额达到保险金额，本附加险保险责任终止。

附加新增加设备损失险

投保了机动车损失保险的机动车，可投保本附加险。

第一条　保险责任

保险期间内，投保了本附加险的被保险机动车因发生机动车损失保险责任范围内的事故，造成车上新增加设备的直接损毁，保险人在保险单载明的本附加险的保险金额内，按照实际损失计算赔偿。

第二条　保险金额

保险金额根据新增加设备投保时的实际价值确定。新增加设备的实际价值是指新增加设备的购置价减去折旧金额后的金额。

第三条　赔偿处理

发生保险事故后，保险人依据本条款约定在保险责任范围内承担赔偿责任。赔偿方式由保险人与被保险人协商确定。

赔款＝实际修复费用—被保险人已从第三方获得的赔偿金额

附加车身划痕损失险

投保了机动车损失保险的机动车，可投保本附加险。

第一条　保险责任

保险期间内，被保险机动车在被保险人或被保险机动车驾驶人使用过程中，发生无明显碰撞痕迹的车身划痕损失，保险人按照保险合同约定负责赔偿。

第二条　责任免除

（一）被保险人及其家庭成员、驾驶人及其家庭成员的故意行为造成的损失；

（二）因投保人、被保险人与他人的民事、经济纠纷导致的任何损失；

（三）车身表面自然老化、损坏、腐蚀造成的任何损失。

第三条　保险金额

保险金额为 2000 元、5000 元、10000 元或 20000 元，由投保人和保险人在投保时协商确定。

第四条　赔偿处理

（一）发生保险事故后，保险人依据本条款约定在保险责任范围内承担赔偿责任，赔偿方式由保险人与被保险人协商确定。

赔款＝实际修复费用—被保险人已从第三方获得的赔偿金额

（二）在保险期间内，累计赔款金额达到保险金额，本附加险保险责任终止。

附加修理期间费用补偿险

投保了机动车损失保险的机动车，可投保本附加险。

第一条　保险责任

保险期间内，投保了本条款的机动车在使用过程中，发生机动车损失保险责任范围内的事故，造成车身损毁，致使被保险机动车停驶，保险人按保险合同约定，在保险金额内向被保险人补偿修理期间费用，作为代步车费用或弥补停驶损失。

第二条　责任免除

下列情况下，保险人不承担修理期间费用补偿：

（一）因机动车损失保险责任范围以外的事故而致被保险机动车的损毁或修理；

（二）非在保险人认可的修理厂修理时，因车辆修理质量不合要求造成返修；

（三）被保险人或驾驶人拖延车辆送修期间。

第三条　保险金额

本附加险保险金额＝补偿天数 × 日补偿金额。补偿天数及日补偿金额由投保人与保险人协商确定并在保险合同中载明，保险期间内约定的补偿天数最高不超过 90 天。

第四条　赔偿处理

全车损失，按保险单载明的保险金额计算赔偿；部分损失，在保险金额内按约定的日补偿金额乘以从送修之日起至修复之日止的实际天数计算赔偿，实际天数超过双方约定修理天数的，以双方约定的修理天数为准。

保险期间内，累计赔款金额达到保险单载明的保险金额，本附加险保险责任终止。

附加发动机进水损坏除外特约条款

投保了机动车损失保险的机动车，可投保本附加险。

保险期间内，投保了本附加险的被保险机动车在使用过程中，因发动机进水后导致的发动机的直接损毁，保险人不负责赔偿。

附加车上货物责任险

投保了机动车第三者责任保险的营业货车（含挂车），可投保本附加险。

第一条　保险责任

保险期间内，发生意外事故致使被保险机动车所载货物遭受直接损毁，依法应由被保险人承担的损害赔偿责任，保险人负责赔偿。

第二条　责任免除

（一）偷盗、哄抢、自然损耗、本身缺陷、短少、死亡、腐烂、变质、串味、生锈，动物走失、飞失、货物自身起火燃烧或爆炸造成的货物损失；

（二）违法、违章载运造成的损失；

（三）因包装、紧固不善，装载、遮盖不当导致的任何损失；

（四）车上人员携带的私人物品的损失；

（五）保险事故导致的货物减值、运输延迟、营业损失及其他各种间接损失；

（六）法律、行政法规禁止运输的货物的损失。

第三条　责任限额

责任限额由投保人和保险人在投保时协商确定。

第四条　赔偿处理

（一）被保险人索赔时，应提供运单、起运地货物价格证明等相关单据。保险人在责任限额内按起运地价格计算赔偿；

（二）发生保险事故后，保险人依据本条款约定在保险责任范围内承担赔偿责任，赔偿方式由保险人与被保险人协商确定。

附加精神损害抚慰金责任险

投保了机动车第三者责任保险或机动车车上人员责任保险的机动车，可投保本附加险。

　　在投保人仅投保机动车第三者责任保险的基础上附加本附加险时，保险人只负责赔偿第三者的精神损害抚慰金；在投保人仅投保机动车车上人员责任保险的基础上附加本附加险时，保险人只负责赔偿车上人员的精神损害抚慰金。

　　第一条　保险责任

　　保险期间内，被保险人或其允许的驾驶人在使用被保险机动车的过程中，发生投保的主险约定的保险责任内的事故，造成第三者或车上人员的人身伤亡，受害人据此提出精神损害赔偿请求，保险人依据法院判决及保险合同约定，对应由被保险人或被保险机动车驾驶人支付的精神损害抚慰金，在扣除机动车交通事故责任强制保险应当支付的赔款后，在本保险赔偿限额内负责赔偿。

　　第二条　责任免除

　　（一）根据被保险人与他人的合同协议，应由他人承担的精神损害抚慰金；

　　（二）未发生交通事故，仅因第三者或本车人员的惊恐而引起的损害；

　　（三）怀孕妇女的流产发生在交通事故发生之日起30天以外的。

　　第三条　赔偿限额

　　本保险每次事故赔偿限额由保险人和投保人在投保时协商确定。

　　第四条　赔偿处理

　　本附加险赔偿金额依据生效法律文书或当事人达成且经保险人认可的赔付协议，在保险单所载明的赔偿限额内计算赔偿。

附加法定节假日限额翻倍险

　　投保了机动车第三者责任保险的家庭自用汽车，可投保本附加险。

　　保险期间内，被保险人或其允许的驾驶人在法定节假日期间使用被保险机动车发生机动车第三者责任保险范围内的事故，并经公安部门或保险人查勘确认的，被保险机动车第三者责任保险所适用的责任限额在保险单载明的基础上增加一倍。

附加医保外医疗费用责任险

　　投保了机动车第三者责任保险或机动车车上人员责任保险的机动车，可投保本附加险。

　　第一条　保险责任

　　保险期间内，被保险人或其允许的驾驶人在使用被保险机动车的过程中，发生主险保险事故，对于被保险人依照中华人民共和国法律（不含港澳台地区法律）应对第三者或车上人员承担的医疗费用，保险人对超出《道路交通事故受伤人员临床诊疗指南》和国家基本医疗保险同类医疗费用标准的部分负责赔偿。

　　第二条　责任免除

　　下列损失、费用，保险人不负责赔偿：

　　（一）在相同保障的其他保险项下可获得赔偿的部分；

　　（二）所诊治伤情与主险保险事故无关联的医疗、医药费用；

　　（三）特需医疗类费用。

　　第三条　赔偿限额

　　赔偿限额由投保人和保险人在投保时协商确定，并在保险单中载明。

　　第四条　赔偿处理

　　被保险人索赔时，应提供由具备医疗机构执业许可的医院或药品经营许可的药店出具的、足以证明各项费用赔偿金额的相关单据。保险人根据被保险人实际承担的责任，在保险单载明的责任限额内计算赔偿。

附加机动车增值服务特约条款

第一条　投保了机动车保险后，可投保本特约条款。

第二条　本特约条款包括道路救援服务特约条款、车辆安全检测特约条款、代为驾驶服务特约条款、代为送检服务特约条款共四个独立的特约条款，投保人可以选择投保全部特约条款，也可以选择投保其中部分特约条款。保险人依照保险合同的约定，按照承保特约条款分别提供增值服务。

第一章　道路救援服务特约条款

第三条　服务范围

保险期间内，被保险机动车在使用过程中发生故障而丧失行驶能力时，保险人或其受托人根据被保险人请求，向被保险人提供如下道路救援服务。

（一）单程 50 公里以内拖车；

（二）送油、送水、送防冻液、搭电；

（三）轮胎充气、更换轮胎；

（四）车辆脱离困境所需的拖拽、吊车。

第四条　责任免除

（一）根据所在地法律法规、行政管理部门的规定，无法开展相关服务项目的情形；

（二）送油、更换轮胎等服务过程中产生的油料、防冻液、配件、辅料等材料费用；

（三）被保险人或驾驶人的故意行为。

第五条　责任限额

保险期间内，保险人提供 2 次免费服务，超出 2 次的，由投保人和保险人在签订保险合同时协商确定，分为 5 次、10 次、15 次、20 次四档。

第二章　车辆安全检测特约条款

第六条　服务范围

保险期间内，为保障车辆安全运行，保险人或其受托人根据被保险人请求，为被保险机动车提供车辆安全检测服务，车辆安全检测项目包括：

（一）发动机检测（机油、空滤、燃油、冷却等）；

（二）变速器检测；

（三）转向系统检测（含车轮定位测试、轮胎动平衡测试）；

（四）底盘检测；

（五）轮胎检测；

（六）汽车玻璃检测；

（七）汽车电子系统检测（全车电控电器系统检测）；

（八）车内环境检测；

（九）蓄电池检测；

（十）车辆综合安全检测。

第七条 责任免除

（一）检测中发现的问题部件的更换、维修费用；

（二）洗车、打蜡等常规保养费用；

（三）车辆运输费用。

第八条 责任限额

保险期间内，本特约条款的检测项目及服务次数上限由投保人和保险人在签订保险合同时协商确定。

第三章 代为驾驶服务特约条款

第九条 服务范围

保险期间内，保险人或其受托人根据被保险人请求，在被保险人或其允许的驾驶人因饮酒、服用药物等原因无法驾驶或存在重大安全驾驶隐患时提供单程 30 公里以内的短途代驾服务。

第十条 责任免除

根据所在地法律法规、行政管理部门的要求，无法开展相关服务项目的情形。

第十一条 责任限额

保险期间内，本特约条款的服务次数上限由投保人和保险人在签订保险合同时协商确定。

第四章 代为送检服务特约条款

第十二条 服务范围

保险期间内，按照《中华人民共和国道路交通安全法实施条例》，被保险机动车需由机动车安全技术检验机构实施安全技术检验时，根据被保险人请求，由保险人或其受托人代替车辆所有人进行车辆送检。

第十三条 责任免除

（一）根据所在地法律法规、行政管理部门的要求，无法开展相关服务项目的情形；

（二）车辆检验费用及罚款；

（三 ）维修费用。

释 义

1. 使用被保险机动车过程：指被保险机动车作为一种工具被使用的整个过程，包括行驶、停放及作业，但不包括在营业场所被维修养护期间、被营业单位拖带或被吊装等施救期间。

2. 自然灾害：指对人类以及人类赖以生存的环境造成破坏性影响的自然现象，包括雷击、暴风、暴雨、洪水、龙卷风、冰雹、台风、热带风暴、地陷、崖崩、滑坡、泥石流、雪崩、冰陷、暴雪、冰凌、沙尘暴、地震及其次生灾害等。

3. 意外事故：指被保险人不可预料、无法控制的突发性事件，但不包括战争、军事冲突、恐怖活动、暴乱、污染（含放射性污染）、核反应、核辐射等。

4. 交通肇事逃逸：指发生道路交通事故后，当事人为逃避法律责任，驾驶或者遗弃车辆逃离道路交通事故现场以及潜逃藏匿的行为。

5. 车轮单独损失：指未发生被保险机动车其他部位的损失，因自然灾害、意外事故，仅发生轮胎、轮毂、轮毂罩的分别单独损失，或上述三者之中任意二者的共同损失，或三者的共同损失。

6. 车身划痕：指仅发生被保险机动车车身表面油漆的损坏，且无明显碰撞痕迹。

7. 新增加设备：指被保险机动车出厂时原有设备以外的，另外加装的设备和设施。

8. 新车购置价：指本保险合同签订地购置与被保险机动车同类型新车的价格，无同类型新车市场销售价格的，由投保人与保险人协商确定。

9. 全部损失：指被保险机动车发生事故后灭失，或者受到严重损坏完全失去原有形体、效用，或者不能再归被保险人所拥有的，为实际全损；或被保险机动车发生事故后，认为实际全损已经不可避免，或者为避免发生实际全损所需支付的费用超过实际价值的，为推定全损。

10. 家庭成员：指配偶、父母、子女和其他共同生活的近亲属。

11. 市场公允价值：指熟悉市场情况的买卖双方在公平交易的条件下和自愿的情况下所确定的价格，或无关联的双方在公平交易的条件下一项资产可以被买卖或者一项负债可以被清偿的成交价格。

12. 参考折旧系数表

表 2-1　折旧系数表

车辆种类	月折旧系数 /%			
	家庭自用	非营业	营业	
			出租	其他
9 座以下客车	0.60	0.60	1.10	0.90
10 座以上客车	0.90	0.90	1.10	0.90
微型载货汽车	—	0.90	1.10	1.10
带拖挂的载货汽车	—	0.90	1.10	1.10
低速货车和三轮汽车	—	1.10	1.40	1.40
其他车辆	—	0.90	1.10	0.90

折旧按月计算，不足一个月的部分，不计折旧。最高折旧金额不超过投保时被保险机动车新车购置价的 80%。

折旧金额 = 新车购置价 × 被保险机动车已使用月数 × 月折旧系数

13. 饮酒：指驾驶人饮用含有酒精的饮料，驾驶机动车时血液中的酒精含量大于等于 20mg/100mL 的。

14. 法定节假日：法定节假日包括中华人民共和国国务院规定的元旦、春节、清明节、劳动节、端午节、中秋节和国庆节放假调休日期及星期六、星期日，具体以国务院公布的文件为准。法定节假日不包括：（1）因国务院安排调休形成的工作日；（2）国务院规定的一次性全国假日；（3）地方性假日。

15. 污染（含放射性污染）：指被保险机动车正常使用过程中或发生事故时，由于油料、尾气、货物或其他污染物的泄漏、飞溅、排放、散落等造成的被保险机动车和第三方财产的污损、状况恶化或人身伤亡。

16. 特需医疗类费用：指医院的特需医疗部门 / 中心 / 病房，包括但不限于特需医疗部、外宾医疗部、VIP 部、国际医疗中心、联合医院、联合病房、干部病房、A 级病房、家庭病房、套房等不属于社会基本医疗保险范畴的高等级病房产生的费用，以及名医门诊、指定专家团队门诊、特需门诊、国际门诊等产生的费用。

知识拓展

中国保险行业协会驾乘人员意外伤害保险示范条款（2020版）（二维码扫描）

➤ **思考练习**

　　1.我国目前的汽车保险业务有几类？

　　2.我国目前的汽车保险产品有哪些？

中国保险行业协会驾乘人员意外伤
害保险示范条款（2020版）

模块三　汽车保险风险因素

➤ **教学目标**

　　通过本模块的学习，要求学生掌握汽车保险风险因素。

➤ **工作任务**

　　掌握汽车保险风险因素。

➤ **问题探究**

　　汽车保险风险主要取决于以下四方面因素：一是车辆自身风险因素；二是地理环境风险因素；三是社会环境风险因素；四是驾驶人员风险因素。这四个方面的因素对车辆的风险影响相当大，有时是某一因素起主要作用，有时是几个因素同时起作用。

一、车辆自身风险因素

（一）厂牌车型

　　由于世界各国车厂众多，不同的厂家生产的车辆的特点不同，汽车的安全性能也不同。

　　一般而言，美国及西、北欧生产的车辆首先注重的是安全性；日本生产的车辆综合性价比较高，但安全性要差于美国及西、北欧生产的车；韩国汽车目前在世界上也有一席之地，但在安全性能上均弱于美国、西、北欧及日本车，整体上与国产车、合资车相当；东欧车及其他类车次之。

　　所以，不同厂家生产的车辆所面临的风险也不尽相同，其出险率也不大相同。于是保险行业对车损险实行车型定价，统一发布了纯风险保费（见表2-2和表2-3）。

表2-2　车系类别划分

车系名称	品牌	车系类别
上海大众途观	上海大众	A
四川一汽丰田柯斯达	四川一汽丰田	A

续表

车系名称	品牌	车系类别
五菱之光 / 五菱扬光	上海通用五菱	A
朗逸	上海大众	B
四川一汽丰田 RAV4	四川一汽丰田	B
丰田 RAV4	丰田	B
一汽大众迈腾	一汽大众	C
英朗	上海通用别克	C
远舰 /K5	东风悦达起亚	C
马自达 3	长安马自达	D
蒙迪欧	长安福特	D
普力马 / 马自达 5	马自达	D
宝马 3 系	宝马	E
北京奔驰 C 级	北京奔驰	E
天津一汽丰田锐志	天津一汽丰田	E

表 2-3 车损险按车系类别定价

项目	车系类别	车系系数	含 NCD 标费赔付率 /%	出险率 /%	代表车型平均零整比 /%	单均车价 / 万元
本次测算	A	0.8	36.3	35.5	77.7	18.32
	B	0.9	50.0	45.4	90.7	13.01
	C	1.0	64.9	58.6	108.3	14.21
	D	1.1	77.9	65.9	121.1	17.65
	E	1.2	102.2	68.4	142.4	22.05
其他数据量较少的车系	C	1.0	61.7	57.9	—	24.72
合计		—	68.2	57.4	114.2	15.70

（二）车辆种类

目前国内保险界主要将机动车分成五种类型，即客车、货车、专用车、摩托车和拖拉机。

1. 客车

客车的座位数指车辆拥有的可供乘客乘坐的标准座位的数量，其反映的是车辆的客运能力。

座位数的多与少直接关系到两方面的风险：一是乘客责任的风险。一般情况下，座位数越多，运载的乘客数也越多，对于乘客的责任险而言，其风险就会加大。因此，在承保乘客责任险时，要充分考虑客车的座位数量。二是第三者责任的风险。座位数多的车辆，车体较大，方向也就越不好控制。因此在承保第三者责任险时，应予以适当考虑。

2. 货车

货车主要是指那些用来运送货物的车辆,其货运能力主要以吨位数来衡量。目前国内货车主要分三类。

第一类:2t(不含)以下货车;

第二类:2~10t(不含)货车;

第三类:10t 及以上货车。

吨位数与座位数的特点较为相似,一个是针对人,一个是针对货物,因此,在承保车上货物责任险时,要充分考虑吨位数。

3. 专用车

专用车主要指具有专门用途的车辆,如油罐车、气罐车、液罐车、冷藏车、起重车、装卸车、工程车、监测车、邮电车、消防车、清洁车、医疗车、救护车等。各种专用车由于具有特殊的使用性能,也就具有特殊的风险性。所以,在承保此类车时应考虑到其特殊性。

4. 摩托车

摩托车包括两轮摩托与三轮摩托。

摩托车操纵灵活,但适应性和安全性较差,一旦发生事故造成损失的可能性也较大,所以在承保时要考虑到这一特点。

5. 拖拉机

拖拉机主要分三类,即手扶拖拉机、小车四轮拖拉机和大中拖拉机。

拖拉机的风险除与其设计、使用功能有关外,还与驾驶员的技术水平有关。

(三)排气量

这里所提及的排气量主要是针对 14 座以下的客车而言的,其他车辆则未予以细分。

排气量所体现的是汽车的动力性能。排气量越大,汽车的动力性能也就越好,对于同一类汽车而言,也意味着一旦出事故损失程度越大,风险也就越高。因此,核保时要考虑排气量的因素,尤其是大排气量车辆,在承保时要做好风险评估工作。

(四)车龄

车龄是指车辆购置的年限,即从新车购置之日起至投保之日止期间的年限。

车龄同车辆状况有直接关系,车龄越大,车辆的磨损与老化程度越高,车况越差,车辆出事故的概率就越大,因此车辆本身的风险也越高。因此,在核保时必须认真考虑车龄的因素。

(五)行驶区域

车辆行驶区域指车辆行驶的地域范围。根据我国目前的地理情况,我国将车辆行驶区域分为三类,即省(区、市)内行驶、国内行驶、出入国境行驶。

省（区、市）内行驶：指在某一省、自治区或直辖市所辖的地域范围内行驶。

国内行驶：指在中华人民共和国境内行驶，其范围已包括省内行驶。

出入国境行驶：指车辆不仅在中华人民共和国境内行驶，而且还跨越国境在其他国家行驶。

车辆行驶范围不同，驾驶人对不同地区的交通规则、地形、地貌等熟悉程度不同，在不同地区造成损失承担的赔偿责任不同，因此，车辆的风险状况也不同。整体而言，随着行驶地域的扩大，风险程度积累越大，即省（区、市）内行驶风险＜国内行驶风险＜出入国境行驶风险。

（六）使用性质

不同的车辆有不同的用途，不同的使用性质具有不同的风险。根据车辆的使用性质，国内目前将车辆分为营运车辆和非营运车辆。

车辆的使用性质不同会导致车辆所面临的风险不同。整体而言，营运车辆长时间运转，车辆磨损率及事故概率要比非营运车辆高，因此，营运车辆的风险比非营运车辆的风险要高，即非营运车辆风险＜营运车辆风险。

（七）所属性质

由于车辆保险极容易发生道德风险，因此，在车险核保时，除要考虑意外事故的风险因素外，道德风险也是在核保时要认真考虑的一个因素。而道德风险主要由车辆所属性质决定。同样是营运车辆，由于其所有人的不同，风险情况也不同。首先就营运车辆而言，企业的营运车辆往往是以车队的形式出现，且国有或集体企业所有的车队，投保时往往是将所有车辆投保于一家保险公司，因而，投保的目的比较明确，就是为意外事故的发生提供保障，因此道德风险因素相对较低。而个体营运车辆则与其有区别，由于车辆多为个体营运者所有，投保的目的是为意外事故的发生提供保障，但也可能存在潜在的道德风险。

二、地理环境风险因素

由于车辆是流动的标的，因此地理环境对车辆保险具有相当大的影响。对车辆有影响的地理环境因素包括气候，地形、地貌，路面状况等。

（一）气候

我国地域广阔，从南到北、从东到西，气候差异很大。东部与南部的气候温暖湿润，雨水较多，雨季较长；西部与北部气候寒冷干燥，雨水较少，但降雪较多。气候的差异对车辆造成的风险也有很大的区别。总体而言，由于东部与南部雨水多，导致车辆锈损较严重，同时在雨季因路面较滑，事故也会增多，此外车辆水浸的现象较多。而西部与北部则因冬季气候寒冷，降雪较多，路面较滑，在冬季事故则明显增多。个别地区因异常寒冷，有车内生火取暖情况，容易导致燃烧。

📁 **知识拓展**

气候与交通事故的关系（见表2-4）。

表2-4 气候与交通事故的关系

气候类型	事故次数/次	占总数比例/%	经济损失/元	占总数比例/%
雨	12831	18.42	50943392	24.23
雪	231	0.33	1077939	0.51
雾	236	0.34	1380054	0.66
晴	44656	64.10	133067440	63.31
大风	34	0.05	71972	0.03
阴	6973	10.00	20565147	9.78
其他	4708	6.76	3100935	1.48
合计	69669	100	210206879	100

注：此表中数据来自2000年上海市道路交通事故年鉴。

（二）地形、地貌

我国地域广阔且地形、地貌差异非常大，有平原、丘陵、山地等各种复杂的地形、地貌。不同地形、地貌对车辆的风险也有不同的影响。平原地区由于地势平缓，视野开阔，行车比较安全。山地则因地势高低不平，道路曲折，路面狭窄而容易导致事故，而且容易导致恶性事故。

（三）路面状况

路面状况对行车安全及车辆损耗有直接影响。路面状况好的地段，车辆的事故率则相对要低一些；路面差的地段，车辆的事故率则明显要高。

综合上述地理环境因素，在车险核保时，一般会考虑本地区所处的地理位置、地理环境，针对不同的地理环境，制定不同的承保政策和措施。

三、社会环境风险因素

车辆的运行不仅仅涉及车辆本身及自然环境，更重要的还涉及周围的社会环境。社会环境因素对车辆的风险有很大影响，具体体现在以下几个方面。

（一）法制环境

由于保险企业是一种经营风险的企业，其对被保险人承担着意外事故发生后的补偿责任，而车辆保险是一种高事故率、高频度补偿的保险业务，同时事故的原因、补偿的对象及补偿的依据均有相当大的差异。在这种情况下，如果法制比较健全，在事故发生后，责任的鉴定、补偿的处理就会有法可依，从而使保险人与被保险人的利益均受到比较全面的保障。否则便会产生很多法律纠纷，为社会带来许多不良影响。

（二）治安情况

车辆保险有一个最明显的风险就是盗窃、抢劫或抢夺风险，而这一风险同社会治安状况联系得最为密切。我国地域广阔，各地社会治安状况有很大的差别。社会治安状况好的地方，盗窃、抢劫或抢夺的发生率就较低。就华东地区整体而言，由于社会治安情况较好，所以车辆的盗窃、抢劫或抢夺的发生率较低。而华南地区由于社会治安情况较差，车辆的盗窃、抢劫或抢夺的发生率较高。从目前我们统计分析的情况看，华南地区车险的赔付率较高，主要是因为社会治安情况较差，车辆的盗窃、抢劫或抢夺现象严重。因此在这一地区承保盗窃、抢劫或抢夺责任时，应当采取一定的措施来控制该风险。

四、驾驶人员风险因素

（一）年龄

国外保险公司的统计数据显示，车辆保险的风险同驾驶员的年龄、性别有相当直接的关系。24 岁及以下的青年人往往喜欢开快车，因而容易出现交通事故，而且容易导致恶性交通事故；54 岁及以上的人驾车速度相对较慢，但因为反应相对迟钝，也容易导致交通事故；24~54 岁的人驾驶则相对安全些。国外保险公司针对这种情况，对不同年龄组的人设定不同的系数，并按不同的系数收取保险费。

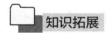
知识拓展

美国交通事故按年龄分类分析（见表 2-5）。

表 2-5 美国交通事故分析（按年龄分类）

年龄段	司机人数所占比例 /%	发生事故所占比例 /%	致命事故所占比例 /%
20 岁以下	5.1	13	11.6
20 ~ 25 岁	9.6	15	14.6
25 ~ 35 岁	22.7	25.6	24.4
35 ~ 45 岁	22.1	20	18.8
45 ~ 55 岁	15.7	12	12.1
55 ~ 65 岁	10.9	6.7	7.4
65 ~ 75 岁	9.6	4.8	5.8
75 岁以上	4.3	2.9	5.3

注：1. 此表数据来自 1994 年美国产险市场报告。

2. 表中年龄段含起点不含终点，余表同。

（二）性别

根据国外保险公司的统计数据分析还可发现，交通肇事记录同性别也有密切关系，整体而言，男性驾驶员肇事率比女性高，这主要同男性驾车整体速度较快有关。国外保险公司因此根据驾驶员的性别设定不同的系数，并按不同的系数收取保险费。

知识拓展

美国交通事故按性别分类分析（见表 2-6）。

表 2-6　美国交通事故分析（按性别分类）

驾驶人员性别	所占比例 /%
男	51
女	49

注：此表数据来自 1994 年美国产险市场报告。

（三）经验、职业及婚姻状况

国外保险公司还针对驾驶人员的经验、职业及婚姻状况进行了详细的数据统计和分析。统计结果显示，驾驶经验丰富、白领职业及已婚的驾驶员肇事记录较少，而驾驶经验少、非白领职业及未婚的驾驶人员的肇事记录则增多。因此，国外保险公司又根据驾驶人员的经验、职业及婚姻状况，设定了不同的系数，并按不同的系数收取保险费。

（四）肇事记录、品行

被保险人及其允许的驾驶员的出险记录是指他们过去的索赔记录。国外的研究表明，被保险人及其允许的驾驶员过去的索赔记录是对他们未来索赔次数的最优预测变量，比驾驶人员的年龄、性别和驾龄等能更好地反映驾驶人员的实际风险情况。

依据被保险人过去的索赔记录来调整续期保费，能更客观地评估被保险人的风险，使投保人支付的保费与其实际风险大小相对应。

➤ **思考练习**

1．汽车保险有哪些风险因素？

2．分析说明车辆风险因素主要是驾驶员还是车辆自身？

模块四　汽车保险费率确定原则

➤ **教学目标**

通过本模块的学习，要求学生掌握汽车保险费率确定原则。

➤ **工作任务**

掌握汽车保险费率确定原则。

➤ **问题探究**

一、汽车保险产品的理论价格

汽车保险产品作为一种特殊的商品，首先具有商品的一般属性。在经济学中，商品的价格取决于商品的内在价值，价格围绕价值上下波动，汽车保险产品也不例外。保险企业在经营过程中必须遵循市场经济的价值规律。

汽车保险产品的理论价格是以汽车保险产品价格的内在因素为基础而形成的。汽车保险产品的理论价格由纯费率和附加费率两部分构成，也称作毛费率。

纯费率即技术费率，通常是在以往一定期限内的平均保险金额损失率的基础上再加上一定数量的风险附加费率构成的，即损失成本加稳定系数。由它计算出来的保费称为纯保费，它是保险人用来建立保险基金，将来用于赔付的那部分保费。

附加费率是由各财险公司根据其自身的经营水平、税赋和预期利润水平确定的，我们常常提到的保险公司给代理商的保险费返还和手续费都包括在其中。

二、确定汽车保险产品理论价格的方法

保险精算的主要目的就是要确定保险的纯费率，即通过对一定期限内的平均保险金额损失率进行统计和分析以实现科学地确定保险价格的目的。其中：

$$机动车辆平均保险金额损失率 = \frac{一定时期保险赔款总和}{一定时期保险金额总和}$$

保险精算的方法首先产生于人寿保险。在非寿险领域由于风险的不均衡特征，导致其在确定保险商品的价格时失效。但汽车保险例外，其保险业务具有满足保险精算的一些基本特征，即风险单位的差异较小，风险单位具有一定的数量集合，这些都比较符合保险精算的理论基础。这也是车险成为逐步崛起的非寿险精算领域的原因所在。

所以，正确分析汽车保险业务在一定时期内的总体和宏观情况，综合各类保险自身特点以及各类被保险人具体情况，运用非寿险精算的方法科学地厘定费率，可以实现在所有险种范围内保费负担的合理性。

但在具体厘定费率时，还需要进一步细化分析，即对不同特定类型的风险事故的损失率进行分析。不同的保险标的、不同的保障内容、不同的保险险种、不同类型的被保险人，应该具有不同的保险费率。保险费率与具体风险因素形成合理的对价关系，即费率（或者保险费）与风险因素应形成科学的函数关系。

在车险的经营过程中，进一步细化风险具有直接的现实意义。这一方面能够有针对性地向被保险人提出改善风险状况的建议，提高车险产品和服务的内涵；另一方面能够使保险人有针对性地对经营的风险进行选择，以确保经营的稳定和利润的最大化。

三、汽车保险费率的确定原则

根据保险价格理论，厘定保险费率的科学方法是依据不同保险对象的客观环境和主观条件形成的危险度，采用非寿险精算的方法确定费率的。但是，非寿险精算是一个纯技术的范畴，在实际经营过程中，非寿险精算仅仅是提供一个确定费率的基本依据和方法，而保险人确定汽车保险费率还应当遵循一些基本的原则。

（一）公平合理原则

公平合理原则的核心是确保每一个被保险人的保费负担基本上反映保险标的的危险程度。这种公平合理的原则应在两个层面加以体现。

1. 在保险人和被保险人之间

在保险人和被保险人之间体现公平合理的原则，是指保险人的总体收费应当符合保险价格确定的基本原理，尤其是附加费率部分，不应让被保险人负担保险人不合理的经营成本和利润。

2. 在不同的被保险人之间

在被保险人之间体现公平合理的原则是指不同被保险人的保险标的的危险程度可能存在较大的差异，保险人对不同的被保险人收取的保险费应当反映这种差异。保险人不但要根据汽车的用途、车型的不同划分不同的费率档次，还要体现同样的车在不同地区、不同时间和不同主体使用时所具有的风险差异性。

由于汽车保险产品存在一定的特殊性，要实现绝对的公平合理是不可能的，所以，公平合理只能是相对的，保险人在确定费率的过程中应该注意体现一种公平合理的倾向，力求实现费率确定的相对公平合理。

（二）保证偿付原则

保证偿付原则的核心是确保保险人具有充分的偿付能力。汽车保险的最基本的功能是损失补偿，而损失补偿功能的实现是通过建立汽车保险基金来实现的。汽车保险基金主要由开业资金和保险费两部分构成。保险费是保险标的的损失偿付的基本资金，是车辆投保人为获得保险人的保险补偿而支付的费用。所以，厘定的保险费率应保证保险公司具有相应的偿付能力，这是由保险的基本功能决定的。保险费率过低，会直接影响保险基金的实际规模，势必削弱保险公司的偿付能力，从而影响对被保险人的实际保障。

保证偿付能力是保险费率确定原则的关键。保险公司是否具有足够的偿付能力，不仅仅影响到保险业的经营秩序和稳定，同时也会对广大的被保险人乃至整个社会产生直接的影响。

（三）相对稳定原则

相对稳定原则是指保险费率厘定之后，应当在相当长的一段时间内保持稳定，不要轻易地变动。由于汽车保险业务存在保费总量大、单量多的特点，费率经常变动势必增加保险公司的业务工作量，导致经营成本上升。同时也会给投保人带来很多不便，使得投保人需要不断适应新的费率，从而影响汽车保险业务的开展。

要实现保险费率相对稳定的原则，在确定保险费率时就应充分考虑各种可能影响费率的因素，建立科学的费率体系。更重要的是应对未来的趋势做出科学的预测，确保费率的适度超前，从而实现费率的相对稳定。

费率的确定具有一定的稳定性是相对的，一旦经营的外部环境发生了较大的变化，保险费率就必须进行相应的调整，以符合公平合理的原则。随着汽车工业迅速发展，交通环境、市场环境、社会环境和国家的政治政策环境的变化，我国汽车保险费率已经作了相应的调整。2000 年 7 月 1 日开始实施的《汽车保险条款》，采取的是统一费率。2003 年 1 月 1 日起汽车保险费率的厘定放开，由保险公司自主制定，报保监会批准。2006 年 7 月 1 日起汽车保险费率又趋于统一。

（四）促进防损原则

防灾防损是汽车保险的一个重要功能，其内涵是保险公司在经营过程中应协调某一风险群体的利益，积极推动和参与针对这一风险群体的预防灾害和损失的活动，减少或者避免不必要的灾害事故的发生。这样不仅可以减少保险公司的赔付金额和减少被保险人的损失，更重要的是可以保障社会财富，稳定企业经营，安定人民生活，促进社会经济发展。为此，保险人在厘定保险费率的过程中应将防灾防损的费用列入成本，并将这部分费用用于防灾防损工作。在汽车保险业务中防灾防损功能显得尤为重要。一方面保险公司将积极参与汽车制造商对汽车安全性能的改进工作，如每年都有一些大的保险公司资助汽车制造商进行测试汽车安全性能的碰撞试验；另一方面保险公司对于被保险人加强安全生产、进行防灾防损工作也会予以一定的支持，目的是调动被保险人主动加强风险管理和防灾防损工作的积极性。

四、汽车保险费率确定模式

（一）汽车保险费率

保险费率：依照保险金额计算保险费的比例，通常以千分率（‰）或百分率（％）来表示。

保险金额：简称保额，指保险合同双方当事人约定的保险人于保险事故发生后应赔偿（给付）保险金的限额，它是保险人据以计算保险费的基础。

保险费：简称保费，是投保人参加保险时所缴付给保险人的费用。

在市场经济条件下，价值规律的核心是使价格真实地反映价值，从而体现在交易过程中公平和对价的原则。但是，如何才能够实现这一目标呢？从被动的角度出发，可以通过市场适度和有序的竞争来实现，但这往往需要付出一定的代价。从主动和积极的角度出发，如果保险人希望能够在市场上生存和发展，就必须探索出确定价格的科学和合理的模式。

就汽车保险而言，保险人同样希望保费设计得更精确、更合理。在不断的统计和分析研究中，人们发现影响汽车保险索赔频率和索赔幅度的危险因子很多，而且影响的程度也各不相同。每一辆汽车的风险程度是由其自身的风险因子综合影响的结果，所以，科学的方法是全面综合地考虑这些风险因子后确定费率。

（二）汽车保险费率模式

通常保险人在经营汽车保险的过程中将风险因子分为两类：一是与汽车相关的风险因子，主要包括汽车的种类、使用的情况和行驶的区域等；二是与驾驶人相关的风险因子，主要包括驾驶人的性格、年龄、婚姻状况、职业等。由此各国汽车保险的费率模式基本上可以划分为两大类，即从车费率模式和从人费率模式。

1. 从车费率模式

从车费率模式是将被保险车辆的风险因子作为确定保险费率主要因素的费率确定模式。目前，我国采用的汽车保险的费率模式属于从车费率模式，影响费率的主要因素是与被保险车辆有关的风险因子。

我国现行的汽车保险费率体系中影响费率的主要变量为车辆的使用性质、车辆生产地和车辆的种类。

（1）根据车辆的使用性质划分：营业性车辆与非营业性车辆。

（2）根据车辆的生产地划分：进口车辆与国产车辆。

（3）根据车辆的种类划分：客车、货车、特种车等。

除了上述的三个主要的从车因素外，现行的汽车保险费率还将车辆行驶的区域作为汽车保险的风险因子，即按照车辆使用的不同地区，适用不同的费率，如在深圳和大连采用专门的费率。

从车费率模式具有体系简单、易于操作的特点，同时，由于我国在一定的历史时期被保险的车辆绝大多数是"公车"，驾驶人与车辆不存在必然的联系，也就不具备采用从人费率模式的条件。随着经济的发展和人民生活水平的提高，汽车正逐渐进入家庭，2003年各保险公司制定并执行的汽车保险条款，已开始向从人费率模式转变。

从车费率模式的缺陷是显而易见的，因为在汽车的使用过程中，对于风险的影响起到决定因素的是与车辆驾驶人有关的风险因子。尤其是对汽车保险特有的无赔偿优待与被保险车辆联系，而不是与驾驶人联系，显然不利于调动驾驶人的主观能动性，其本身也与设立无赔偿优待制度的初衷相违背。

2. 从人费率模式

从人费率模式是将驾驶被保险车辆人员的风险因子作为确定保险费率主要因素的费率确定模式。目前，大多数国家采用从人费率模式，影响费率的主要因素是与被保险车辆驾驶人有关的风险因子。

各国采用的从人费率模式考虑的风险因子也不尽相同，主要有驾驶人的年龄、性别、驾驶年限和安全行驶记录等。

（1）根据驾驶人的年龄划分：通常按年龄将驾驶人划分为三组，第一组是初学驾驶，性格不稳定，缺乏责任感的年轻人；第二组是具有一定驾驶经验，生理和心理条件均较为成熟，有家庭和社会责任感的中年人；第三组是与第二组情况基本相同，但年龄较大，反应较为迟钝的老年人。通常认为第一组驾驶人为高风险人群，第三组驾驶人为次高风险人群，第二组驾驶人为低风险人群。至于三组人群的年龄段划分是根据各国的不同情况确定的。

（2）根据驾驶人的性格划分：男性与女性。研究表明女性群体的驾驶倾向较为谨慎，为此，相对于男性，她们为低风险人群。

（3）根据驾驶人的驾龄划分：驾龄的长短可以从一个侧面反映驾驶人员的驾驶经验，通常认为初次领驾驶证后的1~3年为事故多发期。

（4）根据安全记录划分：安全记录可以反映驾驶人的驾驶心理素质和对待风险的态度。经常发生交通事故的驾驶人可能存在某一方面的缺陷。

从以上对比和分析可以看出，从人费率相对于从车费率具有更科学和合理的特征，所以，我国正在积极探索，逐步从从车费率的模式过渡到从人费率的模式。

五、中国保险行业协会机动车综合商业保险示范产品基准费率方案使用说明（试点地区）

（一）保费计算公式

（1）商业车险保费 ＝ 基准保费 × 费率调整系数

（2）基准保费 ＝ $\dfrac{\text{基准纯风险保费}}{1-\text{附加费用率}}$

其中，基准纯风险保费为投保各主险与附加险基准纯风险保费之和。

（3）费率调整系数 ＝ 无赔款优待系数 × 自主核保系数 × 自主渠道系数

（二）费率表结构

机动车损失保险基准纯风险保费表由中国保险行业协会统一制定。其构成如下。

（1）机动车损失保险。示例见表2-7。

（2）第三者责任保险、车上人员责任保险、全车盗抢保险、玻璃单独破碎险。示例见表2-8和表2-9。

（3）附加险。示例见表2-10。

（4）费率调整系数示例见表2-11。

（5）机动车损失保险可选绝对免赔额系数。示例见表2-12。

在费率表中，凡涉及分段的陈述都按照"含起点不含终点"的原则来解释。

例如："6座以下"的含义为5座、4座、3座、2座、1座，不包含6座；

"6~10座"的含义为6座、7座、8座、9座，不包含10座；

"20座以上"的含义为20座、21座……包含20座；

"2吨以下"不包含2吨；

"2~5吨"包含2吨，不包含5吨；

"5~10吨"包含5吨，不包含10吨；

"10吨以上"包含10吨；

"10万元以下"不包含10万元；

"10万~20万元"包含10万元，不包含20万元；

"20万元以上"包含20万元。

表2-7 机动车综合商业保险示范产品基准纯风险保费——机动车损失保险

（试点地区）

单位：元

车辆使用性质	车辆种类	车型名称	车型编码	车辆使用年限			
				1年以下	1~2年	2~6年	6年以上
非营业性车辆							
家庭自用汽车	6座以下	北京现代 BH7141MY 舒适型	BBJKROUC0001	1054	1005	992	1026
家庭自用汽车	6~10座	五菱 LZW6376NF	BSQDZHUA0114	610	581	575	594
家庭自用汽车	10座以上	金杯 SY6543US3BH	BJBDRDUA0237	1082	1032	1019	1053
企业非营业客车	6座以下	捷达 FV7160FG 新伙伴	BYQKJEUA0026	793	752	745	769
企业非营业客车	6~10座	江铃全顺 JX6466DF-M	BFTFQUUA0100	958	911	903	934
企业非营业客车	10~20座	依维柯 NJ6593ER6	BNJCDMUA0152	1623	1547	1535	1573
企业非营业客车	20座以上	柯斯达 SCT6703TRB53LEX	BSCHKTUA0029	3495	3334	3306	3388
党政机关、事业团体非营业客车	6座以下	桑塔纳 SVW7180CEi 基本型	BSHCSUUA0023	602	573	567	585
党政机关、事业团体非营业客车	6~10座	五菱 LZW6407B3	BSQDRHUA0020	422	403	399	410
党政机关、事业团体非营业客车	10~20座	金杯 SY6483F3	BJBDRDUA0194	1155	1097	1085	1120
党政机关、事业团体非营业客车	20座以上	柯斯达 SCT6700RZB53L	BSCHKTUA0007	2418	2296	2272	2345
非营业货车	2吨以下	江铃 JX1020TS3	BJLOBEUA0087	635	604	598	617
非营业货车	2~5吨	江淮 HFC1091KST	BJHAWMUA0119	876	835	828	849
非营业货车	5~10吨	江淮 HFC1141K2R1T	BJHAJMUA0103	1046	995	986	1016
非营业货车	10吨以上	北方奔驰 ND4250W322JJ	BBFBQZUA0050	2766	2638	2607	2686
非营业货车	低速载货汽车	北京 BJ5815PD-3	BBJRDTUA0401	495	472	466	482
非营业挂车	2吨以下	仙达 XT9350TZX	BXDDBHUA0042	391	372	368	380
非营业挂车	2~5吨	宝环 HDS9362GGY	BBHBBHUB0002	4607	4396	4360	4466
非营业挂车	5~10吨	骏强 JQ9100	BJQCBHUA0060	313	298	295	304

续表

车辆使用性质	车辆种类	车型名称	车型编码	车辆使用年限			
非营业挂车	10吨以上	红旗 JHK9390	BHQABHUA0061	541	516	510	526
营业性车辆				2年以下	2~3年	3~4年	4年以上
出租、租赁营业客车	6座以下	捷达 FV7160FG 新伙伴	BYQKJEUA0026	2052	2033	2009	2052
出租、租赁营业客车	6~10座	别克 SGM6529ATA 舒适版	BTYPBLUC0024	3570	3528	3496	3570
出租、租赁营业客车	10~20座	依维柯 NJ6596SFF	BNJCDAUB0019	3357	3326	3295	3357
出租、租赁营业客车	20~36座	柯斯达 SCT6700RZB54L	BSCHKTUA0031	5219	5170	5122	5219
出租、租赁营业客车	36座以上	金龙 KLQ6119E3	BHGCYZUB0011	10372	10286	10168	10372
城市公交营业客车	6~10座	长安 SC6382	BCADZBUA0076	1083	1072	1061	1083
城市公交营业客车	10~20座	吉江 NE6732NG01	BJJBQNUA0001	1822	1803	1790	1822
城市公交营业客车	20~36座	金龙 XMQ6771Y	BJLEQNUB0012	3443	3406	3385	3443
城市公交营业客车	36座以上	吉江 NE6732G01	BJJBQNUA0041	2778	2751	2723	2778
公路客运营业客车	6~10座	江淮 HFC6500A1C7F	BJHARGUC0010	2583	2559	2536	2583
公路客运营业客车	10~20座	中通 LCK6601D3H	BZTILOUA0011	1933	1914	1895	1933
公路客运营业客车	20~36座	中通 LCK6858H	BZTIBNUA0052	3713	3677	3627	3713
公路客运营业客车	36座以上	中通 LCK6125H-2	BZTIYFUA0054	9740	9656	9541	9740
营业货车	2吨以下	江铃 JX5041XXYXGA2	BJLOQLUA0481	1622	1607	1592	1622
营业货车	2~5吨	五十铃 QL5100XTPAR	BQLANYUA0078	3015	2987	2960	3015
营业货车	5~10吨	解放 CA5167XXY PK2L2EA80-1	BJFKJTUA0334	2502	2472	2450	2502
营业货车	10吨以上	解放 CA4206P1K2T3EA80	BJFKJAUA0114	4597	4547	4498	4597
营业货车	低速载货汽车	北京 BJ5815PD-3	BBJRDTUA0401	1319	1306	1292	1319
营业挂车	2吨以下	杨嘉 LHL9401CXY	BYJFBHUA0008	726	719	713	726
营业挂车	2~5吨	东岳 ZTQ9370GGYQD	BZTEBHUA0012	3915	3880	3845	3915
营业挂车	5~10吨	骏强 JQ9100	BJQCBHUA0060	758	749	742	758
营业挂车	10吨以上	扬天 CXQ9402TDP	BYTEBHUA0288	1582	1566	1549	1582

表 2-8　机动车综合商业保险示范产品基准纯风险保费——第三者责任保险

（试点地区）

单位：元

车辆使用性质	车辆种类	第三者责任保险						
		5 万元	10 万元	15 万元	20 万元	30 万元	50 万元	100 万元
家庭自用汽车	6 座以下	477.75	689.65	786.50	854.10	964.60	1157.65	1507.35
	6~10 座	547.95	770.90	872.30	939.90	1053.00	1253.20	1632.80
	10 座以上	547.95	770.90	872.30	939.90	1053.00	1253.20	1632.80
企业非营业客车	6 座以下	492.70	693.55	783.90	845.65	946.40	1127.10	1467.70
	非营业客车	505.05	718.90	815.10	881.40	990.60	1182.35	1540.50
	10~20 座	549.90	784.55	890.50	964.60	1084.85	1296.75	1689.35
	20 座以上	556.40	820.30	941.85	1030.25	1169.35	1411.80	1838.85
党政机关、事业团体非营业客车	6 座以下	467.35	659.10	744.90	803.40	899.60	1070.55	1394.90
	6~10 座	495.30	698.10	789.10	850.85	952.90	1134.25	1477.45
	10~20 座	545.35	767.65	868.40	936.00	1048.45	1248.00	1625.00
	20 座以上	609.70	858.65	971.10	1047.15	1172.60	1396.20	1818.05
非营业货车	2 吨以下	520.00	731.90	828.10	892.45	999.70	1190.15	1550.25
	2~5 吨	703.30	1016.60	1158.95	1260.35	1423.50	1708.20	2224.95
	5~10 吨	812.50	1158.95	1314.95	1424.15	1600.30	1912.95	2490.80
	10 吨以上	1142.70	1610.05	1820.65	1963.00	2198.30	2617.55	3407.95
	低速载货汽车	441.35	622.05	703.95	758.55	848.90	1012.05	1317.55
出租、租赁营业客车	6 座以下	1121.25	1691.95	1966.25	2152.15	2496.65	3163.55	4160.65
	营业客车	1214.85	1833.65	2131.35	2332.20	2705.30	3429.40	4511.00
	10~20 座	1268.80	1945.45	2273.70	2501.20	2916.55	3715.40	4887.35
	20~36 座	1773.85	2802.15	3304.60	3667.95	4316.65	5547.10	7295.60
	36 座以上	2050.75	3168.10	3709.55	4089.80	4780.75	6102.85	8026.85
城市公交营业客车	6~10 座	1191.45	1797.90	2089.75	2286.05	2652.65	3362.45	4422.60
	营业客车	1311.05	1978.60	2299.70	2516.15	2919.80	3700.45	4866.55
	20~36 座	1889.55	2904.85	3396.90	3738.80	4363.45	5562.70	7317.05
	36 座以上	1878.50	2967.25	3499.60	3884.40	4570.80	5873.40	7725.25
公路客运营业客车	6~10 座	1166.10	1760.20	2045.55	2237.95	2596.75	3290.95	4329.00
	营业客车	1283.10	1936.35	2250.95	2462.85	2857.40	3621.15	4763.85
	20~36 座	1962.35	2962.05	3443.05	3766.75	4371.25	5539.30	7286.50
	36 座以上	2119.65	3198.65	3718.65	4068.35	4720.30	5981.95	7868.90
营业货车	2 吨以下	922.35	1438.45	1691.95	1863.55	2194.40	2750.15	3592.55
	2~5 吨	1534.65	2392.65	2814.50	3099.85	3649.75	4575.35	5975.45
	5~10 吨	1695.85	2644.20	3110.90	3425.50	4033.90	5056.35	6604.00
	10 吨以上	2520.70	3929.90	4624.10	5091.45	5994.95	7514.65	9815.65
	低速载货汽车	783.90	1222.65	1438.45	1584.05	1864.85	2338.05	3053.70
备注	1. 挂车根据实际的使用性质并按照对应吨位货车的 30% 计算。 2. 如果责任限额为 100 万元以上，则基准纯风险保费 $=A+0.9 \times N \times (A-B)$，式中 A 指同档次限额为 100 万元时的基准纯风险保费，B 指同档次限额为 50 万元时的基准纯风险保费；$N=$（限额 -100 万元）$/50$ 万元，限额必须是 50 万元的整数倍。							

表2-9　机动车综合商业保险示范产品基准纯风险保费
——车上人员责任保险、全车盗抢保险、玻璃单独破碎险
（试点地区）

车辆使用性质	车辆种类	车上人员责任保险		全车盗抢保险		玻璃单独破碎险	
		驾驶人 /%	乘客 /%	基准纯风险保费 / 元	纯风险费率 /%	国产玻璃 /%	进口玻璃 /%
家庭自用汽车	6 座以下	0.2665	0.1690	78.00	0.2730	0.1235	0.1950
	6~10 座	0.2535	0.1625	91.00	0.2860	0.1235	0.1950
	10 座以上	0.2535	0.1625	91.00	0.2860	0.1430	0.2340
企业非营业客车	6 座以下	0.2665	0.1625	78.00	0.2795	0.0845	0.1560
	6~10 座	0.2470	0.1495	84.50	0.3380	0.0845	0.1560
	10~20 座	0.2535	0.1495	84.50	0.3185	0.0910	0.1755
	20 座以上	0.2600	0.1560	91.00	0.3510	0.0975	0.1885
党政机关、事业团体非营业客车	6 座以下	0.2665	0.1625	71.50	0.2405	0.0845	0.1560
	6~10 座	0.2470	0.1495	78.00	0.2860	0.0845	0.1560
	10~20 座	0.2470	0.1495	78.00	0.2795	0.0910	0.1755
	20 座以上	0.2600	0.1625	84.50	0.3380	0.0975	0.1885
非营业货车	2 吨以下	0.2990	0.1820	84.50	0.3250	0.0715	0.1040
	2~5 吨	0.2990	0.1820	84.50	0.3250	0.0715	0.1040
	5~10 吨	0.2990	0.1820	84.50	0.3250	0.0715	0.1040
	10 吨以上	0.2990	0.1820	84.50	0.3250	0.0715	0.1040
	低速载货汽车	0.2990	0.1820	84.50	0.3250	0.0715	0.1040
出租、租赁营业客车	6 座以下	0.3250	0.2015	65.00	0.2600	0.1235	0.2015
	6~10 座	0.2600	0.1560	58.50	0.2795	0.1235	0.2015
	10~20 座	0.2730	0.1690	58.50	0.3055	0.1365	0.2275
	20~36 座	0.2730	0.1690	52.00	0.3185	0.1625	0.2795
	36 座以上	0.2730	0.1690	52.00	0.3445	0.1820	0.3055
城市公交营业客车	6~10 座	0.2730	0.1625	39.00	0.2990	0.1235	0.2015
	10~20 座	0.2795	0.1690	58.50	0.2795	0.1365	0.2275
	20~36 座	0.3185	0.1950	58.50	0.3120	0.1690	0.2795
	36 座以上	0.3185	0.1950	58.50	0.3380	0.1885	0.3055
公路客运营业客车	6~10 座	0.2730	0.1625	39.00	0.3055	0.1235	0.2015
	10~20 座	0.2795	0.1690	58.50	0.2925	0.1365	0.2275
	20~36 座	0.3185	0.1950	52.00	0.3185	0.1690	0.2860
	36 座以上	0.3185	0.1950	52.00	0.3445	0.1885	0.3185
营业货车	2 吨以下	0.5005	0.3120	84.50	0.3250	0.0780	0.1170
	2~5 吨	0.5005	0.3120	84.50	0.3250	0.0780	0.1170
	5~10 吨	0.5005	0.3120	84.50	0.3250	0.0780	0.1170
	10 吨以上	0.5005	0.3120	84.50	0.3250	0.0780	0.1170
	低速载货汽车	0.5005	0.3120	84.50	0.3250	0.0780	0.1170
备注	挂车根据实际的使用性质并按照对应吨位货车的 50% 计算。						

表 2-10　机动车综合商业保险示范产品基准纯风险保费——附加险

（试点地区）

险别	保费计算		
新增加设备损失险	保险金额 × 车损险基准纯风险保费 / 车损险保险金额		
发动机涉水损失险	车损险基准纯风险保费 × 5.00%		
机动车损失保险无法找到第三方特约险	车损险基准纯风险保费 × 2.50%		
修理期间费用补偿险	约定的最高赔偿天数 × 约定的最高日责任限额 × 6.50%		
精神损害抚慰金责任险	每次事故责任限额 × 0.52%		
车上货物责任险	车辆使用性质	非营业货车	营业货车
	费率	0.5200%	1.7745%
指定修理厂险	国产车	车损险基准纯风险保费的 10% ~30%	
	进口车	车损险基准纯风险保费的 15% ~60%	
不计免赔率险	适用险种	费率	
	机动车损失保险	15%	
	第三者责任保险	15%	
	车上人员责任保险	15%	
	全车盗抢保险	20%	
	自燃损失险	20%	
	新增加设备损失险	15%	
	车身划痕损失险	15%	
	发动机涉水损失险	15%	
	车上货物责任险	20%	
	精神损害抚慰金责任险	20%	

自燃损失险	车辆使用性质	车辆使用年限			
		2 年以内	2~4 年	4~6 年	6 年以上
	家庭自用汽车	0.0780%	0.1300%	0.1950%	0.3250%
	企业非营业客车	0.0780%	0.1300%	0.1950%	0.3250%
	党政机关、事业团体非营业客车	0.0780%	0.1300%	0.1950%	0.3250%
	非营业货车	0.0780%	0.1300%	0.1950%	0.3250%
	出租、租赁营业客车	0.1300%	0.1950%	0.2925%	0.3900%
	城市公交营业客车	0.1300%	0.1950%	0.2925%	0.3900%
	公路客运营业客车	0.1300%	0.1950%	0.2925%	0.3900%
	营业货车	0.1300%	0.1950%	0.2925%	0.3900%

险别	保费计算				
	车辆使用年限	保额 / 元	新车购置价 / 元		
			30 万元以下	30 万 ~50 万元	50 万元以上
车身划痕损失险	2 年以下	2000	260.00	380.25	552.50
		5000	370.50	585.00	715.00
		10000	494.00	760.50	975.00
		20000	741.00	1157.00	1462.50
	2 年及以上	2000	396.50	585.00	715.00
		5000	552.50	877.50	975.00
		10000	845.00	1170.00	1300.00
		20000	1235.00	1690.00	1950.00

表 2-11　机动车综合商业保险示范产品费率调整系数

（试点地区）

序号	项目	内容	系数
1	无赔款优待及上年赔款记录	连续 3 年没有发生赔款	0.60
		连续 2 年没有发生赔款	0.70
		上年没有发生赔款	0.85
		新保或上年发生 1 次赔款	1.00
		上年发生 2 次赔款	1.25
		上年发生 3 次赔款	1.50
		上年发生 4 次赔款	1.75
		上年发生 5 次及以上赔款	2.00
2	自主核保系数	根据公司自主上报的系数使用规则，在规定的范围之内调整使用。	
3	自主渠道系数	根据公司自主上报的系数使用规则，在规定的范围之内调整使用。	

表 2-12　机动车损失保险可选绝对免赔额系数

（试点地区）

车辆使用年限	免赔额 / 元	实际价值					
		5 万元以下	5 万 ~10 万元	10 万 ~20 万元	20 万 ~30 万元	30 万 ~50 万元	50 万元以上
1 年以下	300	0.90	0.93	0.95	0.96	0.97	0.98
	500	0.80	0.86	0.91	0.94	0.96	0.96
	1000	0.70	0.77	0.85	0.88	0.91	0.93
	2000	0.57	0.62	0.72	0.79	0.86	0.90
1~2 年	300	0.90	0.93	0.95	0.96	0.97	0.98
	500	0.81	0.87	0.91	0.94	0.96	0.96
	1000	0.70	0.78	0.86	0.89	0.91	0.93
	2000	0.57	0.63	0.74	0.81	0.87	0.90
2~6 年	300	0.91	0.94	0.96	0.97	0.98	0.99
	500	0.82	0.89	0.94	0.96	0.96	0.97
	1000	0.73	0.83	0.88	0.91	0.93	0.95
	2000	0.58	0.69	0.79	0.87	0.90	0.92

续表

车辆使用年限	免赔额/元	实际价值					
		5万元以下	5万~10万元	10万~20万元	20万~30万元	30万~50万元	50万元以上
6年以上	300	0.91	0.95	0.97	0.98	0.99	0.99
	500	0.84	0.91	0.95	0.97	0.97	0.97
	1000	0.74	0.86	0.90	0.92	0.95	0.97
	2000	0.59	0.73	0.83	0.90	0.92	0.94

（三）基准纯风险保费使用说明

基准纯风险保费表由中国保险行业协会统一制定、颁布并定期更新。

1. 机动车损失保险

（1）当投保时被保险机动车的实际价值等于新车购置价减去折旧金额时，根据被保险机动车车辆使用性质、车辆种类、车型名称、车型编码、车辆使用年限所属档次直接查询基准纯风险保费表。

例1 某试点地区一辆车龄为4年的"北京现代BH7141MY舒适型"投保车辆损失保险，由表2-7查询该车对应的机动车损失保险基准纯风险保费为992元。

（2）当投保时被保险机动车的实际价值不等于新车购置价减去折旧金额时，考虑实际价值差异的机动车损失保险基准纯风险保费按下列公式计算：

考虑实际价值差异的机动车损失保险基准纯风险保费 = 直接查找的机动车损失保险基准纯风险保费 +（协商确定的机动车实际价值 − 新车购置价减去折旧金额后的机动车实际价值）× 0.09%

例2 山东地区一辆车龄为4年的"北京现代BH7141MY舒适型"投保车辆损失保险，该车使用4年后新车购置价减去折旧金额后的机动车实际价值为4.9万元，如果客户要求约定实际价值为6万元，则该车考虑实际价值差异的基准纯风险保费为1002元。计算步骤如下。

①查表2-7得到该车的机动车损失保险基准纯风险保费为992元；

②该车考虑实际价值差异的机动车损失保险基准纯风险保费 =992+（60000−49000）× 0.09%=1002元。

（3）如果附加险的保费计算基础为机动车损失保险基准纯风险保费，则是考虑实际价值差异的机动车损失保险基准纯风险保费。

（4）如果在投保时约定绝对免赔额，可按照选择的免赔额、车辆使用年限和实际价值查找费率折扣系数，约定免赔额之后的机动车损失保险基准纯风险保费按下列公式计算：

约定免赔额之后的机动车损失保险基准纯风险保费 = 考虑实际价值差异的机动车损失保险基准纯风险保费 × 费率折扣系数

2. 第三者责任保险

根据被保险机动车车辆使用性质、车辆种类、责任限额直接查询基准纯风险保费。

3. 车上人员责任保险

根据车辆使用性质、车辆种类、驾驶人/乘客查询纯风险费率。计算公式如下：

$$驾驶人基准纯风险保费 = 每次事故责任限额 × 纯风险费率$$

$$乘客基准纯风险保费 = 每次事故每人责任限额 × 纯风险费率 × 投保乘客座位数$$

4. 新增加设备损失险

计算公式如下：

$$基准纯风险保费 = 保险金额 × 机动车损失保险基础纯风险保费 / 机动车损失保险保险金额$$

5. 车身划痕损失险

根据车辆使用性质、车辆使用年限、新车购置价、保险金额所属档次直接查询基准纯风险保费。

6. 修理期间费用补偿险

计算公式如下：

$$基准纯风险保费 = 约定的最高赔偿天数 × 约定的最高日责任限额 × 纯风险费率$$

7. 车上货物责任险

根据营业货车、非营业货车查询纯风险费率。计算公式如下：

$$基准纯风险保费 = 责任限额 × 纯风险费率$$

8. 精神损害抚慰金责任险

计算公式如下：

$$基准纯风险保费 = 每次事故责任限额 × 纯风险费率$$

（四）附加费用率使用说明

附加费用率由保险公司自主设定唯一值，并严格执行经中国保监会批准的附加费用率，不得上下浮动。

（五）费率调整系数使用说明

费率调整系数由无赔款优待系数、自主核保系数和自主渠道系数组成。

1. 无赔款优待系数

无赔款优待系数根据历史赔款记录，按照无赔款优待系数对照表进行费率调整。由中国保险行业协会统一制定颁布，由行业平台自动返回。

2. 自主核保系数

自主核保系数根据公司自主上报的系数使用规则，在规定的范围之内调整使用。

3. 自主渠道系数

自主渠道系数根据公司自主上报的系数使用规则，在规定的范围之内调整使用。

4. 其他

机动车综合商业保险适用费率调整系数。

（六）释义

（1）试点地区：指中国保险监督管理委员会关于印发《深化商业车险条款费率管理制度改革试点工作方案》的通知中规定的六个商业车险改革试点地区。

（2）基准纯风险保费：构成保险保费的组成部分，用于支付赔付成本，根据保险标的的损失概率与损失程度确定。

（3）纯风险费率：用于计算基准纯风险保费的费率。

（4）基础纯风险保费：构成基准纯风险保费的组成部分。

$$基准纯风险保费 = 基础纯风险保费 + 保险金额 \times 纯风险费率$$

（5）附加费用率：以保险公司经营费用为基础计算，包括用于保险公司的业务费用支出、手续费支出、营业税、工资支出及合理的经营利润。

（6）费率调整系数：根据对保险标的的风险判断，对保险基准保费进行上下浮动比率的调整。

（7）车辆使用性质：非营业车辆指各级党政机关、社会团体、企事业单位自用的车辆或仅用于个人及家庭生活的各类机动车辆，包括家庭自用汽车，企业非营业客车，党政机关、事业团体非营业客车和非营业货车；营业车辆指从事社会运输并收取运费的车辆，包括出租、租赁营业客车，城市公交营业客车，公路客运营业客车和营业货车。

对于兼有两类使用性质的车辆，按高档费率计费。

（8）车辆种类：费率表中车辆种类的定义同《机动车交通事故责任强制保险》。客货两用车按相应客车或货车中的较高档费率计收保费。

➤ **思考练习**

1．名词解释：（1）车险商品的理论价格；（2）纯费率；（3）保险费率；（4）保险费；（5）保险金额；（6）从车费率模式；（7）从人费率模式。

2．确定车险费率的原则有哪些？

3．目前车险费率有哪些模式？各自的优缺点是什么？

项目三
汽车保险承保实务

 **项目概述**

本项目共包括四个模块，分别为承保工作的内容及流程、汽车投保实务、汽车保险核保实务和汽车保险的续保、批改与退保业务。本项目旨在帮助学生掌握汽车保险承保知识及实务操作技能。

 **教学目标**

通过本项目的学习，要求学生能了解汽车保险承保基础知识、保险单证和保险费的管理，掌握承保工作的内容及流程、汽车投保实务、汽车保险核保实务和汽车保险的续保、批改与退保业务。

 **重点难点**

重点是汽车投保实务、汽车保险核保实务；难点是汽车保险核保实务

开章案例

保险合同的成立

一、承保情况

个体经营者孙某向保险公司续保车险，保险期限一年，从 2018 年 5 月 1 日至 2019 年 4 月 30 日止。投保险种：车辆损失险新车购置价，保险金额均为 8 万元；第三者责任险保额 20 万元；车上责任险司机 1 万元；乘客 18×1 万元。车辆使用性质：营业。

> **特别提示**
>
> 车辆出险时，保险人还未出具保险单，保险合同是否成立？

二、案情简介及处理经过

2018 年 4 月 28 日，被保险人孙某向上门展业的保险公司代理点业务员周某缴付续保保费 4200 元（应为 5100 元），并言明因当时手头没钱，不足的 900 元过几天再付。业务员收钱后当天交给代理点负责人黄某，黄某开具收款三联单并将其中收据联交给被保险人。次日，黄将 4200 元交给保险公司要求出单，保险公司出单内勤以保费未缴足为由拒绝收款出单，这部分保费一直保存在黄某手中。5 月 15 日黄某催业务员周某收取剩余保费，周某于下午 3：00 左右从被保险人孙某之妻处收到 900 元保费，并于下午 5：00 左右交给黄某。黄某于次日早上

将全额保费存入保险公司账户。此时，保险公司接到报案，孙某的车于 5 月 15 日晚上 8：00 左右出险，造成车损，第三者一死一伤，总损失金额 9 万余元。被保险人以保费已在出险前缴清为由向保险公司提出索赔。保险公司派专人进行调查，上述经过属实，经讨论认为此案出险时保险合同已经成立，保险公司应当承担保险责任，遂签发了保单，并按正常流程和规定赔付结案。结案后，保险公司有关部门接到群众举报，称此案是先出险，后投保，属"倒签单"，保险公司的赔付是违规行为。

三、评述

此案所涉及的主要法律问题是保险合同的成立。

根据《中华人民共和国保险法》第十三条："投保人提出保险要求，经保险人同意承保，保险合同成立。保险人应当及时向投保人签发保险单或者其他保险凭证。"保险合同成立的必要条件是一方提出保险要求，一方同意承保，合同即告成立。在合同双方当事人未在合同中约定以出立保险单为合同生效条件的情况下，保险单只是保险合同的书面凭证，保险人及时向投保人签发保单是保险人在保险合同成立后的一项义务而非合同成立的必要条件，保险合同成立与否并不取决于保险单的签发，只要有事实证明签订合同的两个步骤——要约和承诺已经完成，则保险合同成立。本案中，被保险人提出保险要求并就合同条款达成协议是以缴付 4200 元（应为 5100 元）保险费为标志的，保险人同意承保是以代理人收取保费并出具收费凭证为标志的，说明一方要约、一方承诺已完成，保险公司以代理人未全额收取保费为由拒绝签发保单是保险人内部的行为，在法律上不能视为对被保险人的要约已表示了不承诺，所以保险合同成立是确定无疑的，虽然保险事故发生在正式保单签发之前，但不影响该保险合同的法律效力和保险人应负的赔偿责任。

那么此案是否属于"倒签单"？所谓"倒签单"指两种情况：一是标的先出险，保险人后签发保险凭证；二是标的先出险，双方后订立保险合同。这两种情况在法律上有着本质的区别。第一种"倒签单"只要有事实证明保险合同成立在出险之前，那么，书面凭证签发在事故发生后，是符合法律法规的。另一种"倒签单"在订立保险合同时至少有一方当事人已存在故意隐瞒事实和欺诈的行为，目的是损害国家集体的利益，是一种违法行为。而本案情况形式上是"倒签单"，但属于第一种情况，是合法的。

《机动车辆保险条款》在投保人、被保险人义务中明确规定"被保险人应在保险合同成立时缴清保险费"，本案被保险人未一次缴清保费是否构成违约？财产保险的保费，一般应在签订保险合同时一次缴清，但经双方约定，也可以分期支付。虽然车辆保险合同中有被保险人一次缴清保费的条款，但双方在订立保险合同时对这一条款进行了重新约定。并且协商一致后，被保险人只受重新约定的条款约束。本案中，被保险人在订立保险合同时，明确告知需分期缴付保费，保险公司代理人并未提出异议，在法律上应视为双方对保费缴付方式进行了约定，并协商一致同意被保险人以分期付款方式支付保费，所以被保险人未一次缴清保费并不构成违约。

本案反映出车险承保过程中存在的比较普遍的两个问题：一是业务员在订立保险合同时的法律意识不强；二是保险人对代理人的管理存在缺陷，使代理人在与被保险人交流时不能准确表达保险人意愿。这两个问题给车险经营带来一定的隐患，应引起高度重视。

模块一　承保工作的内容及流程

➤ **教学目标**

通过本模块的学习，要求学生掌握承保工作的内容及流程。

➤ **工作任务**

掌握承保工作的内容及流程。

➤ **问题探究**

汽车保险是通过业务承保、收取保费、建立保险基金进行的。保险公司雄厚的保险基金的建立、给付能力的加强，有赖于高质量的业务承保。因此，业务承保是汽车保险经营中的首要问题。这里所说的业务承保其实是一个广义概念。它包括业务争取—营销、业务选择—核保、做出承保决策及缮制保单、收取保险费的全过程。

汽车承保是指投保人提出投保请求，保险人经审核认为符合承保条件，即同意接受投保人申请，承担保单合同规定的保险责任的行为。

一、汽车保险承保的基本要求

（一）业务争取

争取汽车保险业务，不断扩大承保面，是每一个汽车商业保险人经营的客观要求，也是发挥保险企业的作用，为社会提供安全保障的必要条件。根据大数法则要求，承保面越大危险就越分散，经济也就越趋于稳定，因此汽车保险人要重视业务的争取。

（二）业务选择

汽车保险业务选择指汽车保险业务核保过程。汽车保险人在通过各种努力不断提高业务"量"的同时，也要重视业务"质"的选择。提高承保质量、保持经营稳定、追求经济效益是商业保险公司经营的要则。只承保那些"只收取保费，不必履行给付义务"的保险是不现实的想法，也不是保险人经营的宗旨。选择保险业务，即对保险业务进行核保的目的是使保险人在承担危险责任的时候主动、有利。所以，核保对汽车保险业务来说是至关重要的环节。

（三）做出承保决策

保险承保人员对通过一定途径收集的核保车辆资料加以整理，并对这些车辆经过承保选择和承保控制之后，可做出以下承保决策。

（1）正常承保。对于属于标准风险类别的保险标的，保险公司按标准费率予以承保。

（2）优惠承保。对于属于优质风险类别的保险标的，保险公司按低于标准费率的优惠费率予以承保。

（3）有条件地承保。对于低于正常承保标准但又不构成拒保条件的保险标的，保险公司通过增加限制性条件或加收附加保费的方式予以承保。

（4）拒保。如果投保人投保条件明显低于保险人的承保标准，保险人就会拒绝承保。对于拒绝承保的保险标的，要及时向投保人发出拒保通知。

（四）收取保费

缴付保险费是投保人的基本义务，向投保人及时足额收取保险费是保险承保中的一个重要环节。为了防止保险事故发生后的纠纷，在签订保险合同时要对保险费缴纳的相关事宜予以明确，包括保险费缴纳的金额、缴付时间以及未按时缴费的责任。

（五）出具保单

承保人做出承保决策后，对于同意承保的投保申请，由签单人员缮制保险单或保险凭证，并及时送达投保人手中。

二、汽车承保工作流程

汽车承保工作的流程具体包括以下步骤。

（1）保险人向投保人介绍条款，履行明确说明义务；

（2）协助投保人计算保险费，制定保险方案；

（3）提醒投保人履行如实告知义务；

（4）投保人填写投保单；

（5）业务人员验车、验证，确保保险标的真实性；

（6）将投保信息录入业务系统（系统产生投保单号），复核后利用网络提交核保人员核保；

（7）核保人员根据公司核保规定，并通过网络将核保意见反馈给承保公司，核保通过时，业务人员收取保费、出具保险单，需要送单的由送单人员递送保险单及相关单证；

（8）承保完成后，进行数据处理和客服人员进行客户回访。

三、交强险承保实务规程

（一）说明和告知

1. 保险人须履行的告知义务

（1）向投保人提供投保单并附《机动车交通事故责任强制保险条款》（以下简称交强险），向投保人介绍交强险条款，主要包括保险责任、各项赔偿限额、责任免除、投保人义务、被保险人义务、赔偿处理等内容。其中关于免除保险人责任的条款内容必须在投保单上做出足以引起投保人注意的提示，并对该条款的内容以《机动车交通事故责任强制保险投保提示书》等形式向投保人作出明确说明。

（2）向投保人明确说明，保险公司按照《交强险费率浮动暂行办法》的有关规定实行交强险的费率浮动。

（3）向投保人明确说明，保险人按照国务院卫生主管部门组织制定交通事故人员创伤临床诊疗指南和国家基本医疗保险标准审核医疗费用。

（4）告知投保人不要重复投保交强险，即使多份投保也只能获得一份保险保障。

（5）告知有挡风玻璃的车辆的投保人应将保险标志贴在车内挡风玻璃右上角；告知无挡风玻璃的车辆的驾驶人应将保险标志随车携带。

（6）有条件的地区可告知投保人如何查询交通安全违法行为和交通事故记录。

（7）告知投保人应按《中华人民共和国车船税暂行条例》规定在投保交强险的同时缴纳车船税，法定免税或有完税、免税证明的除外。

2. 保险人应提示投保人履行告知义务

（1）保险人应提示投保人提供以下告知资料

1）已经建立车险信息平台的地区

提示投保人按当地保监局以及行业协会制定的单证简化方法提交相关单证。

2）对于尚未建立车险信息平台的地区

①提示首次投保交强险的投保人提供行驶证复印件。新车尚未取得行驶证的，提供新车购置发票复印件或出厂合格证复印件，待车辆获得牌照号码办理批改手续时，再提供行驶证复印件。

②在原承保公司续保交强险的业务，投保人不需再提供资料。

③对于从其他保险公司转保的业务，提示投保人应提供行驶证复印件、上期交强险保险单原件或其他能证明上年已投保交强险的书面文件。

（2）保险人应提示投保人对以下重要事项如实告知

1）机动车种类、厂牌型号、识别代码、发动机号、牌照号码（临时移动证编码或临时号牌）、使用性质；

2）机动车所有人或者管理人的姓名（名称）、性别、年龄、住址、身份证或驾驶证号码（组织机构代码）；

3）机动车交通事故记录（仅无车险信息平台地区的转保业务须提供）；

4）保监会规定的其他告知事项。

（3）保险人应提示投保人提供准确、便捷的联系方式

提示投保人准确提供联系电话、通信地址、邮政编码等联系方式，便于保险人提供保险服务。

（4）保险人应提示投保人解除合同时应及时交还相关单证

提示投保人当交强险合同解除时，应将保险单等交还保险人进行核销。

3. 投保提示书

保险人可通过随投保单附送或在营业场所张贴等方式，向投保人提供《机动车交通事故责任强制保险投保提示书》的相关内容。

有条件的地区和公司，可采取一式两份的方式，一份交投保人，一份经投保人签字确认后留存。

当地保监局或保险行业协会另有规定的，按照其规定执行。

（二）投保单填写与录入

（1）保险人应指导投保人真实、准确地填写投保单的各项信息，并在投保单上签字或签章。填写要求如下。

1）对于在原承保公司续保的业务，车辆信息以及投保人、被保险人信息均未发生变更的，投保单仅需填写上年保单号即可；信息发生变化的，仅需填写上年保单号和变更后的相关信息。

2）对于新保或从其他承保公司转保过来的业务，投保单至少应当载明牌照号码（临时移动证编码或临时牌照）、机动车种类、使用性质、发动机号、识别代码（车架号）、厂牌型号、排量、功率、登记日期、核定载客人数或核定载质量，投保机动车所有人或者管理人的姓名（名称）、性别、年龄、住所、身份证或者驾驶证号码（组织机构代码），以及投保机动车以往年度交通安全违法行为、交通事故记录（仅无车险信息平台地区须提供）。

保险人应准确、完整地在系统中录入投保单各项信息。

（2）规范牌照号码的录入格式。

牌照号码由汉字、大写字母、阿拉伯数字组成，录入时一律不允许添加点、杠、斜杠或其他任何符号。投保时还未上牌的新车，若当地交管部门对牌照号码的录入规则有特殊要求的，可按交管部门的要求进行录入；没有要求的，不作统一规定，允许为空。核发正式牌照后投保人应书面通知保险人办理批改手续。

（3）投保人提供的资料复印件应附贴于投保单背面并加盖骑缝章。

（4）投保人可与保险人约定交强险保险期间的起止时点，但交强险保险期间的起保时点必须在保险人接受投保人的投保申请时点及确认全额保费入账时点之后。

（5）交强险的保险期间为1年，但有下列情形之一的，投保人可以投保短期保险。

1）境外机动车临时入境的；

2）机动车距报废期限不足一年的；

3）机动车临时上道路行驶的（例如：领取临时牌照的机动车；临时提车，到异地办理注册登记的新购机动车等）；

4）保监会规定的其他情形。

（三）保险费计算

（1）保险人须按照保监会审批的《交强险费率方案》和《交强险费率浮动暂行办法》计算并收取保险费。

（2）投保人投保保险期间小于7日短期险的，计算公式为：

$$短期费率 = 基础保险费 \times \frac{7}{365}$$

投保人投保保险期间大于或等于7日短期险的，计算公式为：

$$短期费率 = 基础保险费 \times \frac{n}{365}（n为投保人的投保天数）$$

上述公式的最终计算结果如果为小数，则四舍五入取整为元。

机动车临时上道路行驶或境外机动车临时入境投保短期交强险的，交强险费率不浮动。机动车距报废期限不足一年的，根据交强险短期基准保险费并按照《交强险费率浮动暂行办法》浮动。短期险保险期限内未发生道路交通事故的，投保下一完整年度交强险时，交强险费率不下浮。

（3）保险费必须一次全部收取，不得分期收费。

（4）警车、普通囚车按照其行驶证上载明的核定载客数，适用对应的机关非营业客车的费率。

（5）半挂牵引车的吨位按下列规则确定。

1）机动车行驶证中记载有"核定载质量"的，以核定载质量为准；

2）机动车行驶证中没有记载"核定载质量"的，以该车"准牵引总质量"作为吨位；

3）通过上述两种方式仍无法确定吨位的，视为10吨以上货车。

（6）低速载货汽车与三轮汽车不执行费率浮动。

（7）挂车按下列规则确定费率。

1）一般挂车根据实际的使用性质并按照对应吨位货车的30%计算。

2）装置有油罐、汽罐、液罐的挂车按特种车一的30%计算。

3）装置有油罐、汽罐、液罐以外罐体的挂车，按特种车二费率的30%计算。

4）装置有冷藏、保温等设备的挂车，按特种车二费率的30%计算。

5）装置有固定专业仪器设备从事专业工作的挂车，按特种车三费率的30%计算。

（8）除保监会审批的《交强险费率浮动暂行办法》中规定的费率优惠外，保险人不得给予投保人任何返还、折扣和额外优惠。

（9）保险公司在签发保险单以前，应当向投保人出具《交强险费率浮动告知单》，经投保人签章（个人车辆签字即可）确认后，再出具保险单、保险标志。对于首次投保交强险的车辆，保险人不需要出具《交强险费率浮动告知单》。

（四）出具保险单、保险标志

（1）交强险执行见费出单管理制度：交强险保险单必须在系统里根据全额保费入账收费信息实时确认并自动生成唯一有效指令后，方可出具正式保险单、保险标志；交强险定额保险单应在收取全额保险费后方可出具保险单、保险标志。

有条件的地区和公司可要求交强险定额保单也在系统里根据全额保费入账收费信息实时确认并自动生成唯一有效指令后，方可出具正式保险单、保险标志。

（2）交强险保险单必须单独编制保险单号码并通过业务处理系统出具。

（3）交强险必须单独出具保险单、保险标志、发票。保险单、保险标志必须使用保监会监制的交强险保险单、保险标志，不得使用商业保险单证或以其他形式代替。

（4）交强险保险单和交强险定额保险单由正本和副本组成。正本由投保人或被保险人留存；业务留存联和财务留存联由保险公司留存，公安交管部门留存联由保险公司加盖印章后交投保人或被保险人，由其在注册登记或检验时交公安交管部门留存。已经建立车险信息平台并实现与公安交管部门互联的地区，可根据当地的统一要求，不使用公安交管部门留存联。已实现"见费出单"的地区或公司，可不使用财务留存联。

（5）交强险标志分为内置型交强险标志和便携型交强险标志两种。

具有前挡风玻璃的投保车辆应签发内置型保险标志；不具有前挡风玻璃的投保车辆应签发便携型保险标志。如无挡风玻璃的摩托车、拖拉机、挂车可签发便携式保险标志。

内置型保险标志可不加盖业务章，便携式保险标志必须加盖保险公司的业务专用章。

（6）交强险单证和交强险标志的使用应符合下列要求。

1）除摩托车、拖拉机或其他经保监会同意的业务可以使用定额保险单外，其他投保车辆必须使用交强险保单。定额保险单可以手工出单并手工填写发票，但必须在出具保险单后的7个工作日内，准确补录到业务处理系统中。已经建立车险信息平台的或其他有条件的地区，可根据当地的统一要求，对摩托车或拖拉机也使用交强险保单，取消手工出单。

2）保险公司签发交强险单证或交强险标志时，有关内容不得涂改，涂改后的交强险单证或交强险标志无效。

3）未取得牌照的新车，可以用完整的车辆发动机号或车辆识别代码代替牌照号码打印在交强险保险标志上。

4）已生效的交强险单证或交强险标志发生损毁或者遗失时，交强险单证或交强险标志所有人应向保险公司申请补办。保险公司在收到补办申请后的5个工作日内完成对被保险人申请的审核，并通过业务系统重新打印保险单、保险标志。重新打印的交强险单证或保险标志应与原交强险单证或交强险标志的内容一致。新保险单、保险标志的印刷流水号码与原保险单号码能够通过系统查询到对应关系。

（五）保险合同解除和变更

（1）合同解除。投保人故意或者因重大过失对重要事项未履行如实告知义务，保险人在行使解除合同的权利前，应当书面通知投保人，投保人应当自收到通知之日起5日内履行如实告知义务；投保人在上述期限内履行如实告知义务的，保险人不得解除合同。保险人的合同解除权自保险人知道有解除事由之日起，超过30日不行使而消灭。

保险人解除合同的，保险人应收回交强险保险单等，并可以书面通知机动车管理部门。对于投保人无法提供保险单和交强险标志的，投保人应向保险人书面说明情况并签字（章）确认，保险人同意后可办理退保手续。

（2）除下列情况外，保险人不得接受投保人解除合同的申请。

1）被保险机动车被依法注销登记的；

2）被保险机动车办理停驶的；

3）被保险机动车经公安机关证实丢失的；

4）投保人重复投保交强险的；

5）被保险机动车被转卖、转让、赠送至车籍所在地以外的地方（车籍所在地按地市级行政区划划分）；

6）新车因质量问题被销售商收回或因相关技术参数不符合国家规定交管部门不予上户的。

办理合同解除手续时，投保人应提供相应的证明材料。

投保人因重复投保解除交强险合同的，只能解除保险起期在后面的保险合同，保险人全额退还起期在后面的保险合同的保险费，出险时由起期在前的保险合同负责赔偿。

被保险机动车被转卖、转让、赠送至车籍所在省（自治区、直辖市）以外的地方，如果不解除原交强险合同，机动车受让人承继原被保险人的权利和义务；投保人或受让人要求解除原交强险合同的，须持机动车所有权转移证明和原交强险保单原件办理原交强险合同的退保手续，受让人应在机动车新入户地区重新投保交强险，新投保的交强险费率不浮动。

新车因质量问题或相关技术参数不符合国家规定导致投保人放弃购买车辆或交管部门不予上户的，投保人能提供产品质量缺陷证明、销售商退车证明或交管部门不予上户证明的，保险人可在收回交强险保单和保险标志的情况下解除保险合同。

（3）发生以下变更事项时，保险人应对保险单进行批改，并根据变更事项增加或减少保险费。

1）被保险机动车转卖、转让、赠送他人（指本地过户）；

2）被保险机动车变更使用性质；

3）变更其他事项。

禁止批改交强险的保险期间，营业性机动车按《停驶机动车交强险业务处理暂行办法》（中保协发〔2009〕68号）办理保险期间顺延的除外。

上述批改按照日费率增加或减少保险费。

（4）发生下列情形时，保险人应对保险单进行批改，并按照保单年度重新核定保险费计收。

1）投保人未如实告知重要事项，对保险费计算有影响的，并造成按照保单年度重新核定保险费上升的；

2）在保险合同有效期限内，被保险机动车因改装、加装、使用性质改变等导致危险程度增加，未及时通知保险人，且未办理批改手续的。

（5）交强险合同有效期内停驶的营业性机动车可以办理保险期间顺延，停驶机动车在交强险合同有效期内只能办理1次保险期间顺延，顺延期间最短不低于1个月，最长不超过4个月。具体操作办法按《停驶机动车交强险业务处理暂行办法》（中保协发〔2009〕68号）执行。

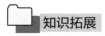 知识拓展

机动车交通事故责任强制保险投保提示书

尊敬的消费者：

为了维护您在投保及使用机动车交通事故责任强制保险（以下简称"交强险"）过程中的合法权益，敬请您注意以下事项。

一、投保过程

1.为避免虚假保单，请您通过以下渠道投保交强险：

（1）经中国保险监督管理委员会批准、具有交强险经营资格的中资财产保险公司（详细名单可登录www.circ.gov.cn查询）的营业网点；

（2）经上述保险公司委托、具有《保险代理机构法人许可证》或《保险兼业代理许可证》的合法销售网点；

（3）持有《保险代理从业人员展（执）业证书》的销售人员；

（4）开办电话营销业务的中资财产保险公司全国统一电话（详细名单及电话可登录 www.circ.gov.cn 查询）。

2.请不要重复投保交强险，如需更多保障，您可以购买商业第三者责任险。

3.请您认真阅读交强险条款，特别是有关保险责任和免除保险人责任的条款、投保人义务、赔偿处理及保险单中的特别约定等内容，有任何不明确的地方，均可以要求保险人或其代理人进行解释。

4.请您如实填写投保单的各项内容，并提供相应的证明材料；填写完毕后，请在投保单上签字或加盖公章。

5.根据《交强险费率浮动暂行办法》，您的历史交通事故记录将影响到您本次投保交强险的费率浮动比率，请您关注交强险保费计算中的浮动系数；如果您的机动车上年或连续多年未出险，请确认已经享受费率优惠。

6.根据《中华人民共和国车船税暂行条例》，使用机动车应缴纳车船税，保险公司依法承担代收代缴车船税的义务，请您在投保交强险的同时缴纳车船税。

7.办理完投保手续并缴纳保费后，请您及时向保险人索要交强险保单正本、交强险标志、发票等重要单证，并认真核对各项单证所载信息是否正确无误，如果发现单证内容有不准确之处，请立即联系保险公司进行修改。

8.下列损失和费用，交强险不负责赔偿和垫付。

（1）因受害人故意造成的交通事故的损失；

（2）被保险人所有的财产及被保险机动车上的财产遭受的损失；

（3）被保险机动车发生交通事故，致使受害人停业、停驶、停电、停水、停气、停产、通信或者网络中断、数据丢失、电压变化等造成的损失以及受害人财产因市场价格变动造成的贬值、修理后因价值降低造成的损失等其他各种间接损失；

（4）因交通事故产生的仲裁或者诉讼费用以及其他相关费用。

9.下列损失和费用，交强险不负责赔偿，仅负责垫付符合规定的受害人的抢救费用。

（1）驾驶人未取得驾驶资格的；

（2）驾驶人醉酒的；

（3）被保险机动车被盗抢期间肇事的；

（4）被保险人故意制造交通事故的。

对于垫付的抢救费用，保险人有权向致害人追偿。

二、保险期间

10.请将交强险标志放置在被保险机动车指定位置。

11.在交强险合同有效期内，被保险机动车发生过户、改装、加装、改变使用性质等事由，请您及时通知保险公司并办理批改手续。

12.交强险保险期间一般为1年，合同期满时请及时续保。

三、理赔过程

13.发生交通事故后，请您及时通知交管部门及保险人，及时采取合理、必要的施救和保护措施，并协助保险公司进行现场查勘定损和事故调查。

14. 如果事故不涉及人员伤亡和车外财产损失，您可以通过以下方法简化交强险理赔流程：

（1）如果您在交通事故中没有责任，您对对方车辆损失应承担的交强险赔偿金额，可由有责方在其自身的交强险无责任财产损失赔偿限额项下代赔。具体操作办法按《交强险理赔实务规程》（可登录 www.iachina.cn 查询）执行。

（2）如果事故各方均有责任，您可以要求您的交强险承保公司在交强险财产损失赔偿限额内对本车损失直接赔付，具体操作办法按《交强险财产损失"互碰自赔"处理办法》（可登录 www.iachina.cn 查询）执行。

15. 请您监督并协助保险人的理赔流程：

（1）保险人收到您的赔偿请求，应当在 1 个工作日内书面通知您所需提供的相关材料，请您按通知提供与确认保险事故的性质、原因、损失程度等有关的证明和资料。若提供材料不全的，保险人将及时一次性通知您（也可登录 www.iachina.cn 查询交强险理赔单证）；

（2）保险人应当自收到您提供的证明和资料之日起 5 日内，对是否属于保险责任进行核实，并将核实结果通知您；

（3）对不属于保险责任的，保险人应当自作出核定之日起 3 日内向您发出拒绝赔偿通知书，书面说明理由；对属于保险责任的，保险人应在与您达成赔偿协议后 10 日内履行赔偿义务。

您也可以登录承保公司网站查询您的交强险保单信息、状态以及理赔情况。

► **思考练习**

1. 汽车保险承保的环节及具体要求是什么？
2. 掌握汽车保险承保的工作流程。
3. 请填写以下交强险投保单（车辆自选，可以是自己家里的车或亲朋的车）。

机动车交通事故责任强制保险投保单

投保人兹声明以本投保单为投保要约，并同意以此作为订立保险合同的依据。

投保人		投保人类别	机动车所有人□ 管理人□ 其他□
证件类型	居民身份证□ 护照□ 军人证□ 组织机构代码□ 其他□	证件号码	
地址		邮编／电话	／
单位性质	党政机关团体□ 事业单位□ 军队（武警）□ 使（领）馆□ 个体私营企业□ 其他企业□ 其他□		
被保险人		被保险人类别	机动车所有人□ 管理人□ 投保人允许的合法驾驶人□ 其他□
证件类型	居民身份证□ 护照□ 军人证□ 组织机构代码□ 其他□	证件号码	
地址		邮编／电话	／
单位性质	党政机关团体□ 事业单位□ 军队（武警）□ 使（领）馆□ 个体私营企业□ 其他企业□ 其他□		

续表

机动车所有人			车主类别		个人□ 机关□ 企业□
证件类型	居民身份证□ 护照□ 军人证□ 组织机构代码□ 其他□		证件号码		
地址			邮编／电话		／
单位性质	党政机关团体□ 事业单位□ 军队（武警）□ 使（领）馆□ 个体私营企业□ 其他企业□ 其他□				
牌照号码		厂牌型号		排量／功率	L ／ kW
发动机号		汽车 VIN 码 □／车架号□		车身颜色	
投保车辆类型	家庭自用汽车□ 党政机关、事业团体客车□ 企业非营业客车□ 出租、租赁车□ 城市公交车□ 公路客运车□ 非营业货车□ 营业货车□ 特种车□ 拖拉机□ 挂车□				
车辆种类	6座以下□ 6～10座□ 10～20座□ 20～36座□ 36座以上□ 2吨以下□ 2～5吨□ 5～10吨□ 10吨以上□ 14.7kW 及以下□ 14.7kW 以上□ 特种车一□ 特种车二□ 特种车三□ 特种车四□				
初次登记年月	年　月	核定载客／载质量	人／吨	新车购置价	万元

责任限额	死亡伤残赔偿限额	180000 元	无责任死亡伤残赔偿限额	18000 元
	医疗费用赔偿限额	18000 元	无责任医疗费用赔偿限额	1800 元
	财产损失赔偿限额	2000 元	无责任财产损失赔偿限额	100 元

上一保险年度道路交通违法行为记录	有无数据平台	有□ 无□	三类违法行为	有□ 无□	其他交通违法行为	有□ 无□
	第一类违法行为	次	第二类违法行为	次	第三类违法行为	次

上一保险年度	发生未涉及人伤的交通事故	负主责以上责任次	负同等责任　次	负次要责任次	无责　次
	发生涉及人伤的交通事故	负主责以上责任次	负同等责任　次	负次要责任次	无责　次

业务类型	新保□　续保□	交强险续保年限　　年 未发生有责任交通事故年限　　年
上一保险年度承保公司		保险单号码
保险期间	自　　年　月　日零时起至　　年　月　日二十四时止	
保费合计（人民币大写）	（￥：　　元）其中救助基金（1%）￥：　　元	

代收车船税	整备质量		纳税人识别号	
	当年应缴	（￥：　元）	往年补缴	（￥：　元）	滞纳金	（￥：　元）
	保费合计（人民币大写）			（￥：　　元）

驾驶人信息	姓名	性别	年龄	驾驶证号码	准驾车代号	初次领证日期

续表

特别约定			
业务来源	直接业务	业务员直销□　柜台销售□　电话销售□　网上销售□ 邮寄销售□　其他销售□	
	间接业务	个人代理□　银行代理□ 邮政代理□ 产寿代理□　铁路代理□ 航空代理□ 车商代理□　汽修厂代理□ 其他兼业代理□ 专业代理公司□ 经纪公司□	代理或经纪人： 联系人： 地址： 联系电话： 邮编：
保险合同争议解决方式选择： 诉讼□ 仲裁□ 仲裁机构： 仲裁委员会	投保人声明：保险人已将投保险种对应的保险条款（包括责任免除部分）向本人作了明确说明， 本人已充分理解：　是□　否□， 已收到相关条款：　是□　否□， 同意签订保险合同：　同意□　不同意□， 本投保单所填写的内容均属事实。 投保人签字（签章） 联系人： 投保时间		本项由验车人填写： 车、牌、号、证是否相符： 是□　　否□ 汽车检验是否合格： 合格□　不合格□ 验车人： 业务员：

注：　1. 本投保单是保险合同的组成部分；
　　　2. 阴影部分内容为投保人必填项；
　　　3. 表中"□"为选择项，若选择则在框内打"√"。

模块二　汽车投保实务

> **教学目标**

通过本模块的学习，要求学生掌握汽车保险投保知识。

> **工作任务**

掌握汽车保险投保知识。

> **问题探究**

一、汽车投保的含义

汽车投保是指投保人向保险人表达缔结保险合同的意愿的过程。汽车保险合同采取要约与承诺的方式订立，即保险应包括投保和承保两个过程。要约又称为"定约提议"，是一方当事人向另一方当事人提出订立合同建议的法律行为，也是签订保险合同的一个重要程序。承诺又称为"接受订约提议"，是承诺人向要约人表示同意与其缔结合同的意思表示。

在汽车保险实务中，保险人为了开展保险业务而印制汽车投保单，投保人认可投保单上的保险条款所包括的内容，将填好的投保单交给保险人，这是汽车投保人向保险人提出的要约。所以在初次订立汽车保险合同的过程中，要约通常都是由投保人以投保单的书面形式提出，保险人接到投保单后逐项审核，认为符合投保条件而接受了要约，同意承保，在投保单上签章并发出保险单以及其他的保险单证后，就构成了承诺，同时也标志着汽车保险合同的成立。汽车保险的保险期限通常为一年，在保险期满续保时，保险人发出续保通知书，此时即保险人向被保险人发出要约。如果被保险人愿意继续在同一保险人处投保并同意缴纳保险费，就意味着被保险人接受承诺，新的保险合同成立。

二、汽车投保的基本要求

（一）对营业车辆的要求

（1）不得单独投保第三者责任险（注释：由于营业车辆风险因素较高，保险公司一般不接受营业车辆单车投保第三者责任险等险种）；

（2）不得承保不计免赔特约险；

（3）外地牌照车不保；

（4）使用年限达 5 年以上的车辆，或 4 年以上的出租汽车，原则上不予承保；

（5）第三者责任险最高赔偿限额：客车 50 万元，出租车 20 万元，货车 20 万元。

（二）对非营业车辆要求

非营业车辆中不承保土方车及环卫清运车。

（三）对各类新车要求

（1）须提供发动机号及车架号才能承保，只提供一个要素时，不得承保全车盗抢险。

（2）承保全车盗抢险时，须在保单"特别约定"栏中加注："全车盗抢险保险责任从本车取得正式牌照号码后生效。"

（3）取得正式牌照号码后，必须在 48 小时内以批单形式通知保险公司。

（四）有关验车承保的规定

（1）凡新车购置价（含购置费）超过 40 万元的进口车辆，在承保前应由投保人填写《机动车辆保险申报单》。

（2）对投保第三者责任险最高赔偿限额大于等于 100 万元的车辆，在承保前须填写《承保验车单》并拍照存档。

（3）续保日期与前一保险期限衔接，或中途投保车辆损失险或全车盗抢险的车辆，均须验车。检验时除了对被验车辆拍照外，还须填写《机动车辆保险申报单》并附在投保单后面。

（4）验车人必须在"车辆检验情况"一栏中注明对车辆状况的评价，并对车况存在的问题作文字说明。

三、汽车投保的方式

目前在我国，汽车投保的方式主要有以下几种。

（一）业务员上门服务

投保人与所选择的保险公司联系，由保险公司派业务员上门服务。这是目前最为普遍的投保方式之一。由业务员对条款进行解释和提供咨询服务，帮助投保人进行险种的设计，指导投保人填写投保单，并且可以提供代送保险单、发票等其他服务。

（二）到保险公司投保

投保人亲自到所选择的保险公司的办公地点完成投保的一系列手续。许多车主选择这种投保方式，因为这样不但能更全面地了解所选择的保险公司及投保险种，也可以免除有些车主对业务员及保险公司的不信任感。

（三）电话投保

电话投保将是我国汽车保险的方向之一。现在已开通的投保电话号码有 95518、95510、95511 等，但是我国电话投保系统还有待进一步开发。

（四）网上投保

网上投保是全世界汽车保险界都有在关注的，它代表着发展的前沿。我国现在已经开始出现了这样的投保形式，如 w ~ .pal8.com 网站已开通网上车险投保。

（五）通过保险中介机构投保

保险中介机构作为我国保险市场的组成部分，正处于蓬勃发展阶段。保险中介机构强大了，会带动我国保险市场的健康发展，会给投保人带来更多的方便，能为投保人提供优质的保险服务。

（六）新增渠道

为了方便车主投保，人保财险在原有投保渠道的基础上，新增了银行、邮政网点两大渠道。工商银行秉承客户至上的理念，充分利用其强大的网上银行功能，与保险公司合作推出"在线投保交强险"业务，为投保人提供最便捷的投保途径。具体操作方法如下。

（1）开通在线支付：保户可通过网上自助注册或到工行各网点注册成为工行网上银行用户，即可享受工行为保户提供的在线支付服务。

（2）在线投保流程：①登录工商银行网站，进入保险频道；②从"在线投保"区域中的"车险"栏目中选择感兴趣的交强险产品，阅读产品说明书；③点击"我要购买"；④阅读投保须知、投保声明；⑤选择保险期间并填写投保信息；⑥确认并提交投保信息；⑦进行网上支付；⑧生成保单，并由保险公司将投保单和保单送达或寄达投保人。

四、汽车投保的步骤

汽车投保流程如下。

第一步，选择保险公司，先了解现在经营机动车辆保险业务的各家保险公司的服务情况，并考虑自己家或单位附近是否有正式的保险公司营业机构，从而确定一家信得过并且对投保人来说是方便的保险公司。

第二步，仔细阅读机动车辆保险条款，尤其对于条款中的责任免除条款和义务条款要认真研究，同时对于条款中不理解的条文要记下来，以便投保时向保险业务人员咨询。

第三步，选择投保险种。根据对条款的初步了解和自身的情况，选择适合自己的投保险种。对于私家车而言，一般投保机动车车辆损失险、第三者责任险以及附加全车盗抢险、玻璃单独破碎险、自燃损失险、车上责任险和不计免赔特约险等几个险种较为合适，这种选择可以得到较为全面的保险保障。

第四步，填制保险单。携带机动车行驶证、购车发票、车主身份证等相关证件，并把要投保的车辆开到保险公司（网上投保、电话投保除外）；在保险公司业务人员详细介绍了机动车辆保险条款和建议投保的险种后，如果对条款中还有不理解的地方可以向保险公司业务人员仔细咨询；已经完全清楚后，请认真填写《机动车辆保险投保单》，将有关情况向保险公司如实告知。

第五步，缴付保险费。在保险公司业务人员对投保单及投保车辆核对无误并出具保险单正本后，首先要核对一下保险单正本上的内容是否准确，其次要检查保险证是否填写齐全，理赔报案电话、地址是否清晰、明确，最后要履行一项重要的义务就是缴纳保险费。

第六步，领取保险单证。投保人（被保险人）拿到保险单证后，应审核保险单证是否有误。保险单证与机动车行驶证要随身携带，以备随时使用，同时将保险单正本妥善保管。

投保人（被保险人）要特别注意的事情是，新购置的车辆在上完保险以后，应赶快去领牌照，只有领了牌照，保险合同才有效。

五、投保操作细则

投保是指投保人就标的车辆向保险人请求签订机动车保险合同的意愿。投保人在了解保险公司的机动车保险产品后需要投保的，客户服务人员可根据投保标的情况为客户设计完善的保险保障方案。投保人投保机动车辆保险需要填写投保单。

（一）说明和告知

1. 保险人须履行的说明义务

（1）依据《中华人民共和国保险法》《机动车商业保险行业基本条款 A 款》《天安保险商业车险附加险条款》以及保监会的有关要求，保险人应向投保人告知保险险种的保障范围，包括各主险和附加险的保险责任、各项赔偿限额、责任免除、投保人义务、被保险人义务、赔偿处理等内容。特别是各险种的责任免除事项和被保险人义务要向投保人明确说明。

（2）投保人对车辆基本险和附加险条款产生异议时，特别是对保险责任免除部分有异议时，保险人应通过书面形式给予明确说明。

（3）当保险条款发生变更时，保险人须及时采用多种方式对投保人进行明确说明。

（4）保险人应主动提醒投保人履行如实告知义务，尤其对涉及保险人是否同意承保、费率调整系数的使用、特别约定等情况要如实告知，不能为了争取保险业务而故意误导投保人。

（5）保险人应提示投保人不要重复投保商业车险，一旦重复投保，在发生事故时各保险公司将按比例分摊赔款。

2. 投保人须履行的告知义务

（1）投保人应提供以下资料

投保时，投保人须提供行驶证。新车尚未取得行驶证的，应提供出厂合格证（同时尽可能要求提供新车购置发票），待车辆获得牌照号码办理批改手续时，再提供行驶证。指定驾驶员的需提供驾驶证。

（2）投保人应对以下重要事项如实告知

1）机动车种类、厂牌型号、识别代码、发动机号、牌照号码（临时移动证编码或临时号牌）、使用性质。

2）机动车所有人或者管理人的姓名（名称）、性别、年龄、住址、身份证或驾驶证号码（组织机构代码）。

3）机动车交通事故记录，续保业务无须提供。

4）准确、便捷的联系方式。投保人应准确提供联系电话、通信地址、邮政编码等联系方式，便于保险人提供保险服务。

5）投保车辆的购买价格、购买时间、是否购买的新车。

6）投保人、被保险人和车辆所有人不一致的应该提供由车辆所有人出具的能够证明投保人、被保险人与投保车辆关系的证明或契约。

7）法人客户须告知投保人、被保险人和受益人的行业类型及法定代表人的身份识别信息（可核实身份证、护照等；个人客户需告知投保人、被保险人和受益人的职业类型及身份识别信息（可核实身份证、护照等）。

（二）填写投保单

《机动车辆保险投保单》是具有保险利益的投保人向保险人递交的书面保险要约，是车辆保险合同的组成部分。客户服务人员应指导投保人准确完整地填写投保单的各项内容。填写投保单时应数字准确、字迹清晰、内容完整，不得随意更正。若有更正，不得超过两处，且投保人须在更正处签章。

（1）根据保险公司的业务政策和管理制度的要求，在了解客户投保需求后需要验车的在验车后再指导客户填写投保单。

（2）保险期间不超过1年，因特殊原因需要投保1年以上保险期间的可按年度分开出单。

（3）对于使用《机动车保险投保单》与《机动车交通事故强制责任保险投保单》的车辆，交强险和商业车险同时在一个保险公司投保的车辆，在完整填写交强险投保单的情况下，可不填写商业车险投保单的公共信息部分，但须在商业车险投保单的相应位置签字确认。

（4）对于使用《机动车保险投保单》《机动车交通事故强制责任保险投保单》的车辆，须完整填写投保单的各项内容，投保单原件放入交强险承保档案，同时将投保单复印件放入商业车险的承保档案。

（5）对于在同一个保险公司续保的商业车险业务，可不填写和上年保单一致的投保人信息、被保险人信息、车辆信息，但必须填写投保人名称、被保险人名称、车牌号码、车辆使用性质、上年保单号，并由投保人在新投保单上签章确认。同时要复印行驶证等投保资料放入承保档案。

（6）具有新增设备的车辆必须填写新增设备明细表。（示例见表3-1）

表3-1　机动车新增设备明细表

新增设备名称	数量	新增设备新件购置价	新增设备实际价值
合计			

（7）投保单填写的涉及车辆购置价、条款费率适用等影响保费计算的内容不得修改，若有更正，必须重新填写投保单。

（8）一台标的车辆对应填写一份投保单。

（9）核保未通过而需修改承保条件的，业务内勤应将核保意见反馈给该业务客户服务人员，由客户服务人员与投保人协商确认后，重新填写投保单。核保人拒绝承保的业务，业务内勤必须在投保单上注明"无法按此条件承保"。

投保单的各项内容填写参照"投保单填写说明"。

（三）投保风险识别

1. 问询

保险人根据投保单的填写情况，应就有关车辆风险因素和投保单内容的疑问向投保人问询。问询可采用问询单形式，常见内容包括以下几方面。

（1）车辆来源属于购买新车、购买二手车还是抵押车等；

（2）车辆是否属于营转非车辆；

（3）车辆是否经过改装，改装的部位、时间、工艺等情况；

（4）车辆是否有过发动机、变速箱、转向装置、底盘等装置的大修记录；

（5）投保人、被保险人和车辆所有人不一致的佐证材料；

（6）未上牌新车将来登记时的车辆所有人名称。

采用问询单形式问询的，营业机构可根据投保车辆情况对于可能存在影响标的风险的内容选择使用，并要求投保人在问询单上签字认可。

2. 验证

所有车险业务在承保时必须核对行驶证、车辆出厂合格证、购置发票、上年保单等相关资料，约定驾驶人的包括约定驾驶人的驾驶证，并复印留存。

（1）已经取得号牌的车辆在投保时必须核对行驶证信息和投保单信息是否一致，行驶证是否检验合格，是否有涂改痕迹。核对信息包括牌照号码、车辆所有人、车辆类型、品牌型号、使用性质、发动机号、车辆识别代码、注册登记日期、核定载客、核定载质量等。

（2）过户车辆或核保人认为有必要的需核实机动车登记证书和行驶证记载是否一致。

（3）没有取得号牌的新车要核对车辆出厂合格证、进口证明和购置发票。

（4）对于上年不在本公司投保的转保车辆，可要求投保人提供上年度保单，并复印留存。

（5）特殊车辆的相关证明材料。

（6）反洗钱要求的投保人、被保险人和受益人的客户信息识别。

3. 验车

（1）验车范围

1）首次投保的车辆。

2）未按期续保的车辆。

3）在投保第三者责任险后，又申请加保车辆损失险的车辆。

4）新保和转保车辆投保盗抢险的车辆。

5）申请增加投保车损险、盗抢险及相关附加险的车辆。

6）使用年限接近或超过报废年限的车辆。

7）无牌车（新车除外）及外地车牌的机动车。

8）特异车型、稀有车型、改装车型或发生重大事故后修复的机动车。

（2）验车内容

根据投保单及车辆行驶证，对车辆进行实际查验。查验的内容主要包括以下几方面。

1）车辆外观是否完好，座位数/吨位数是否和行驶证记载相符。

2）车辆的车牌号、车型、发动机号、车架号、车身颜色是否与行驶证一致。

3）检查车辆技术状况包括转向、制动、灯光、喇叭、雨刮器、车轮等是否完好，车辆的操纵安全性与可靠性是否符合行车要求。

4）检查发动机、车身、底盘、电器设备的技术状况。

5）机动车的新旧程度是否与制造年份吻合，行驶公里数与机动车制造年份是否吻合，车身（如玻璃、灯、前后保险杠、叶子板等易损部件）是否完好。

6）检查车辆的消防装备配备和防盗装置。

7）检查新增设备是否属实。

8）检查发动机号、车架号是否有修改痕迹，车辆是否属于拼装车、翻新车、大吨小标车。

（3）验车要求

1）填写验车单。普通验车可在投保单相应位置注明验车结果，特殊情况下核保人要求专门验车的要填写验车单。

2）拓印车架号及发动机号，拓印结果粘贴于投保单或验车单的相应位置。

3）拍摄验车照片。验车照片应不少于3张，3张照片的侧重点及具体要求：1张为车前方45°角全车照片；1张为前照片对角位置的车后方45°角全车照片；1张为VIN码/车架号或发动机号的照片。拍摄的照片要能反映被验车辆的牌照号码（没有牌照的车辆，如新车、部分特种车等，应拍摄临时牌照或移动证的正反面）及验车日期。表3-2所示为机动车保险验车单。

表3-2　机动车保险验车单

被保险人		行驶证车主	
车牌号码		投保单号	
发动机号码拓印	粘贴处		
车架号码拓印	粘贴处		

续表

验标内容	牌照号、汽车型号、发动机号、车架号和行驶证记载是否相符：是 □ 否 □	
	牌照号、车身颜色、VIN 码等车辆信息是否和投保单相符：是 □ 否 □	
	行驶证记载和投保单填写是否相符，年检是否合格：　　　是 □ 否 □	
	车身外观是否完好无损：　　　　　　是 □ 否 □	
	车辆是否配有防盗设备：　　　　　　有 □ 无 □	
	车辆是否配有新增设备：　　　　　　有 □ 无 □	
	转向、制动、灯光、喇叭、刮雨器、轮胎等工作是否正常：是 □ 否 □	
	其他需注明的情况	
	验车人意见	验车人签字＿＿＿＿＿＿ 验车日期＿＿年＿月＿日＿时　　投保人签字栏
承保建议		
备注	行驶证、验车照片粘贴在本报告单后面	

（四）投保单的系统录入

业务内勤根据核心业务系统操作流程及时将投保单信息录入核心业务系统，不得任意修改投保资料。录单时遇到和业务政策、条款费率规章、监管要求相违背的应及时退回业务人员或客户服务人员，业务人员或客户服务人员应及时联系客户修正或重新填写投保单。业务内勤录入投保单时需注意以下事项。

（1）按照投保单填写的车辆型号选择对应的车型。如果投保单的核定载客数和核定载质量与系统对应车型的数据不符，可要求业务人员和客户服务人员验车核实。

（2）对于电脑系统里不存在的车型，出单人员应及时和软件公司或总公司联系，添加数据；如果客户提供的车辆信息和电脑系统中的信息差异较大，要及时和总公司联系。

（3）按照投保单信息选择相应的保险条款和费率。

（4）按照车辆性质选择对应的折旧率。

（5）保险起期不得早于投保单录入时间（实行见费出单的地区执行相应制度），保险期间不超过 1 年。

（6）不得任意增加投保单上不存在的特别约定或减少投保单上的特别约定。

（7）对于被保险人和行驶证车辆所有人不一致的，要根据投保人提供的保险利益证明在特别约定处注明。

（8）投保单信息不完整不得录入系统，不得以各种符号代替投保单信息。

附录

机动车辆商业保险投保单样本

投保情况	交强险	续保前承保公司：**保险	保险单号：AFAA0006DFA2010B000*60	保险期限：2018.8.2-2019.8.1
	商业险	续保前承保公司：**保险	保险单号：AFAA0006DHA2010B000*60	保险期限：2018.8.2-2019.8.1

客户信息			
投保人	张三	联系电话	8***0008
投保人类别	车辆所有人√ 车辆管理人□ 其他□	地址及邮编	** 市体育西路 88 号
证件类型	居民身份证√ 其他□	证件号码	***********0002
被保险人	其他√：李四	联系电话	88888888
被保险人类别	车辆所有人□ 车辆管理人□ 投保人允许的合法驾驶人√ 其他□	地址及邮编	** 市体育西路 88 号
证件类型	居民身份证√ 其他□	证件号码	**********0005

本人已在保险公司投保交强险，以下车辆基本信息与交强险投保单（保单号：102010**02011000*1）一致。
本人未在保险公司投保交强险，投保车辆基本信息如下：

车辆基本信息				
车辆所有人	同投保人√ 同被保险人□ 其他□:			
号牌号码 *A12345	发动机号码 4G63S4MSBK5***6	识别代码/车架号 LDNC78YH4400***111		
厂牌型号 东南牌 DN6**C8				
初次登记日期 2018 年 8 月	车辆检验合格至 2020 年 8 月有效	排量/功率 2.0L/kW		
核定载质量 千克	核定载客 8 人	新车购置价 110000 元	车身颜色 蓝色	粤港两地车 是□ 否√
车主类别 个人√ 机关□ 企业□	车辆产地 国产√ 进口□	平均车行驶里程 8000 公里		

商业保险投保信息	
车辆使用性质	非营运车
车辆所属性质	客车√ 货车□
车辆类型	6 座以下客车□ 6~10 座客车□ 10 座以上客车√ 2 吨以下货车□ 低速载货汽车□

续表

	险别			保险金额／责任限额（元）	保险费（元）
基本险	商业第三者责任保险√			100000.00	717.00
	车辆损失险√		司机座位√	110000.00	1649.90
	车上人员责任险√	乘客座位√，投保座位数：7　人		10000.00	34.00
				10000.00／人	154.7
	车身划痕损失险□			2000 □　5000 □　10000 □ 20000 □	
	新增设备损失险□	设备明细：大包围，保险杠		2000.00	20.58
	修理期间费用补偿险□	约定最高赔偿天数：　　　天		约定日赔偿金额：	
第三者责任险附加险	车上货物责任险□				
	交通事故精神损害赔偿责任险□			―	
综合类附加险	机动车增值服务特约条款□			―	
	绝对免赔率特约条款□				

费率调整系数

指定驾驶人	指定驾驶人□　　未指定驾驶人√				
	驾驶人姓名		性别	驾龄	驾驶证号
投保车年度	首车投保□　续保√		年龄		
行驶区域	中国境内√　省内□				
车损险绝对免赔额	300 元□　500 元□　1000 元□　2000 元□				
以往保险年度索赔记录	连续三年及以上无赔款记录□　上年无赔款记录□　连续两年无赔款记录√ 上年发生两次及以下赔款或首车投保□　上年发生三次赔款□　上年发生四次赔款及以上赔款□				
多险别投保优惠	同时投保车辆损失险及商业第三者责任保险√				

续表

平均行驶里程（公里）	里程数＜30000公里√　30000公里≤里程数＜50000公里□　里程数≥50000公里□
交通违法记录	上一保险年度无交通违法记录□　上一保险年度有交通违法记录√
保险期间	自2019年8月2日零时起，至2020年8月1日二十四时止
保险费（人民币大写）：	贰仟零贰拾贰元零伍角分　￥2022.05元
因履行本合同或本合同有关的争议，双方应协商解决；经双方协商未达成协议的，采取下列方式之一解决：	向____仲裁委员会申请仲裁□　向人民法院提起诉讼√
特别约定：	

投保人声明：

本人已详细阅读《华安财产保险股份有限公司网点直销机动车辆商业保险条款（2007版）》，保证上述填写内容真实。保险人已向本人说明《华安财产保险股份有限公司网点直销机动车辆商业保险条款（2007版）》和本投保单的内容，并向本人解释和明确说明该条款和本投保单中关于保险人责任免除规定的真实含义和法律后果，并同意遵守。

本人希望保单：客服专员送达□　邮寄□　本人自取√

投保人（或其受托人）签章：张三　　日期：2019年7月1日

经办人员声明：

本人对投保人所投保机动车辆商业保险的条款、费率，特别是保险人责任免除、退保规定、投保人和被保险人义务等内容和本投保单的内容均已向投保人明确说明。本人保证投保人签字盖章真实有效，如因投保人签字盖章不真实有效给华安财产保险公司造成的任何损失，本人愿承担相应的民事赔偿责任。

经办人代码1020**01　　经办人联系电话13344555**6

经办人签章：　　日期：　年　月　日

验车情况：	需验车□　已验车□　免验车√
验车记录：	

验车人签章：

经办人签章：王五	核保意见：同意承保
日期：2019年7月1日	核保人签章：赵六　日期：2019年7月1日

➤ **思考练习**

　　1. 验车承保的规定有哪些?

　　2. 汽车投保的方式有哪几种?

　　3. 请填写商业险投保单（车辆自选，可以是自己家里的车或亲朋的车）。

车险改革承保操作实务要点培训

模块三　汽车核保实务

➤ **教学目标**

　　通过本模块的学习，要求学生掌握汽车保险核保知识。

➤ **工作任务**

　　掌握汽车核保知识。

➤ **问题探究**

一、核保的含义

　　在承保过程中，保险人对投保人的投保申请进行审核，就保险标的的各种风险情况进行审核和评估，以确定是否接受投保人的投保申请，是否与之签订保险合同的过程，即核保。核保是保险公司进行有效客户筛选，使保险公司的经营达到最大安全、最低成本和最佳服务的过程。核保工作要从保险公司的经营原则出发，对欲加入保险的个体进行分类、筛选，并各自赋予其适当的条件，使危险达到均一（同质化），以维护保险的公平性。

　　承保工作中最主要的环节为核保，核保的目的是避免危险的逆选择。所谓逆选择就是指那些有较大风险的投保人试图以平均的保险费率购买保险。或者说，最容易遭受损失的风险就是最可能投保的风险，从保险人的角度来看这就是逆选择。核保活动包括选择被保险人、对危险活动进行分类、决定适当的承保范围、确定适当的费率或价格、为展业人员和客户提供服务等几个方面。

　　核保是承保的首要环节，要建立严密的核保制度，对可保风险进行严格的识别、衡量和控制，并提高对标的风险的评估能力，以确定承保范围和保险责任大小，从而提高承保质量。具体来讲，展业人员应对标的风险状况有客观的认识和了解，并向被保险人或投保人说明其应负的如实告知义务，警惕有明显欺诈倾向的投保人，必要时应拒保；围绕标的价值和风险状况展开评估调查工作，以确定是否承保和可保的费率条件；严格执行条款，不得任意放宽承保条件、扩大保额、降低费率；为了防止道德风险，对高风险标的和高额投保的标的尤其要严格核保和评估，必要时加费承保或拒保，尽量减少发生欺诈风险的可能性。

保险公司应建立科学、完善的核保体系来控制风险。核保贯穿从受理投保到保单终止的车险业务流程的始终，是业务流程的核心，是保险公司经营管理的重点。

二、核保的基本要求

（一）加强核保和业务选择

如前所述，核保是指保险人对将要承保的新业务加以全面评价、估计和选择，以决定是否承保的过程。核保的必要性在于：核保有利于合理分散风险；核保是达成公正费率的有效手段；核保有利于促进被保险人防灾防损，减少实质性损失。

核保的主要内容包括：投保人资格，即审核投保人是否具有保险利益；保险标的；保险金额；适用费率是否正确、合理；被保险人的信誉等。

核保人员主要包括保险公司核保人、代理人及其他与核保有关的服务机构。

（二）注意承保控制，避免道德风险

承保控制就是适当控制保险责任，以避免心理风险和道德风险。承保控制的措施通常包括：适当控制保险金额；规定一定的免赔额；规定被保险人自己承担一部分损失；限定责任范围，控制承保风险；实行无赔款优待，多赔款加费政策等。

（三）制单工作的具体要求

严格制单手续，保证承保质量。制单质量的好坏，事关保险合同能否顺利履行。要加强制单管理，以保证承保质量。

（1）单证齐全。

（2）明确保险合同三要素。保险合同三要素是指保险合同的主体、客体和保险合同的内容。

（3）数字要准确。在保险制单过程中，每一个数字都代表着保险人和被保险人的利益。数字准确主要包括三个方面的内容：确定的保险金额准确；适用费率准确；保证数字计算准确。

（4）字迹清楚、签单齐全。保险人签发的保险单是保险合同权利义务关系宣告成立的依据，其他各单证也是保险合同的重要组成部分。在制单过程中，一定要书写工整、字迹清楚，不涂改，清楚、真实地反映当事人双方的意向。

三、核保的程序

核保工作原则上采取两级核保体制。先由展业人员、保险代理人进行初步核保，然后再由保险公司专业核保人员复核决定是否承保、承保条件及保险费率的适用等。核保的程序一般要包括审核投保单、查验车辆、核定保险费率及计算保险费等步骤。

（一）审核投保单

业务人员在收到投保单以后，首先要根据保险公司内部制定的承保办法决定是否接受此业务。如果不属于拒保业务应立即加盖公章，载明收件日期。首先审查投保单所填写的各项内容是否完整、清楚、准确。核保所要审查投保单的项目包括以下几项。

1. 投保人资格

对投保人资格进行审核的核心是认定投保人对保险标的拥有保险利益。汽车保险业务中主要是通过核对行驶证来完成的。

2. 投保人或被保险人的基本情况

投保人或被保险人的基本情况主要是针对车队业务的。通过了解企业的性质、是否设有安保部门、经营方式、运行主要线路等，分析投保人或被保险人对车辆的技术管理状况，保险公司可以及时发现其可能存在的经营风险，采取必要的措施降低和控制风险。

3. 投保人或被保险人的信誉

投保人或被保险人的信誉是核保工作的重点之一。对投保人或被保险人的信誉调查和评估已逐步成为汽车核保工作的重要内容。评估投保人或被保险人信誉的一个重要手段是对其以往损失和赔付情况进行了解。那些没有合理原因，却经常"跳槽"的被保险人往往存在道德风险。对保险车辆应尽可能采用"验车承保"的方式，即对车辆进行实际的检验，包括了解车辆的使用和管理情况，复印行驶证和购置车辆的完税费凭证，拓印发动机与车架号码，对于一些高档车辆还应当建立车辆档案。

4. 保险金额

保险金额的确定涉及保险公司及被保险人的利益，往往是双方争议的焦点，因此，保险金额的确定是汽车保险核保中的一个重要内容。在具体的核保工作中应当根据公司制定的汽车市场指导价格确定保险金额。对投保人要求按照低于这一价格投保的，应当尽量劝说并将理赔时可能出现的问题进行说明和解释。对于投保人坚持己见的，应当向投保人说明后果并要求其对于自己的要求进行确认，同时在保险单的批注栏上注明。

5. 保险费

核保人员对于保险费的审核主要分为费率适用的审核和保费计算的审核。

6. 附加条款

主险和标准条款提供的是适应汽车风险共性的保障，但是作为风险的个体是有其特性的。一个完善的保险方案不仅解决共性的问题，更重要的是解决个性问题，附加条款适用于风险的个性问题。特殊性往往意味着高风险，所以，在对附加条款的适用问题上更应当注意对风险的特别评估和分析，谨慎接受和制定条件。

（二）查验车辆

根据投保人提供的有关证件，如车辆行驶证、介绍信等，进行详细审核。首先确定投保人称谓与其签章是否一致，如果投保人称谓与投保车辆的行驶证明不符合，则要求投保人提供其对投保车辆拥有可保利益的书面证明；其次，检验投保车辆的行驶证与保险车辆是否吻合以及投保车辆是否年检合格。核实投保车辆的合法性，确定其使用性质。检验车辆的牌照号码、发动机号码是否与行驶证一致等。

根据投保单、投保单附表和车辆行驶证，对投保车辆进行实际的查验。查验的具体内容包括以下几个方面。

（1）确定车辆是否存在和有无受损，是否有消防和防盗设备等。

（2）车辆本身的实际牌照号码、车型及发动机号、车身颜色等是否与行驶证一致。

（3）检查发动机、车身、底盘、电气等部分的技术情况。

根据检验结果，确定整车的新旧成数。对于私有车辆一般要填具验车单，附于保险单副本上。

（三）核定保险费率及保费计算

应根据投保单上所列的车辆情况和保险公司的机动车辆保险费率规章，确定投保车辆所应适用的保险费率。

1. 首先需要确定车辆使用性质

目前，各保险公司一般把车辆分为家庭自用车辆、非营业车辆和营业车辆三类。

（1）家庭自用车辆：指用作个人家庭代步的车辆。

（2）非营业车辆：指各级党政机关、社会团体、企事业单位自用的车辆或仅用于个人及家庭生活的车辆。

（3）营业车辆：指从事社会运输并收取运费的车辆。

对于兼有不同类使用性质的车辆，按高档费率计费。

2. 分清车辆种类

（1）国产与进口车辆的划分：从中国境外直接进口的或经香港、澳门、台湾地区转口的整车以及全部由进口零配件组装的车辆，按进口车辆计费；余者按国产车辆计费。由于目前各保险公司已经停止以 2000 年条款为核心的传统汽车保险业务，转而经营新条款及费率的综合保险业务，当承保主险时，国产车辆与进口车辆的划分已经失去实际意义。但在计算风挡玻璃单独破碎险时，还是要考虑到国产与进口车辆的划分标准。

（2）车种中"以下"二字，是指不含其本身的意思。例如：六座"以下"客车，是指不含六座的客车。

（3）客车：客车的座位（包括驾驶员座位）以交通管理部门核发的行驶证载明的座位为准，不足标准座位的客车按同型号客车的标准座位计算。

（4）货车：所有通用载货车辆、厢式货车、集装箱牵引车、电瓶运输车、简易农车、装有起重机械但以载重为主的起重运输车等，均按其载重量分档计费。客货两用车按客车或货车中相应的高档费率计费。

（5）挂车：适用于没有机动性能，需用机动车拖带的载重车、平板车、专用机械设备车、超长悬挂车等。

（6）油罐车、气罐车、液罐车、冷藏车：适用于各类装载油料、气体、液体等的专用罐车，同时适用于装有冷冻或加温设备的厢式车辆。普通载重货车加装罐体都按此档计费。

（7）起重车、装卸车、工程车、监测车、邮电车、消防车、清洁车、医疗车、救护车等：适用于各种有起重、装卸、升降、搅拌等工程设备或功能的专用车辆；同时适用于车内固定装有专用仪器设备，从事专业工作的监测、消防、清洁、医疗、救护、电视转播、雷达、X射线检查等车辆；邮电车辆也按此档计费。

3. 其他说明

（1）短期收费：基本险和附加险的保险期限不足一年的按短期费率表计算。不足一个月的按一个月计算。

（2）对其他特种型车辆，按本费率表中相应档次计费，如啤酒罐车按罐车档计费，大于0.5t的载货三轮车按"2t以下货车"档计费。

（3）机动车辆提车暂保单承保的机动车辆，购置价在10万元以下的，固定保险费为300元；购置价在10万元以上，30万元以下的，固定保险费为400元；购置价在30万元以上的，固定保险费为500元。

4. 保险费计算公式

（1）一年期保险费计算

根据费率表查定的费率及相应的固定保费公式计算各险种保费。

（2）短期保险费计算

保险期限不足一年，按短期费率计算。短期费率分两类。

1）按日计算保费：适用于已参加保险的被保险人新增车辆投保或同一保险车辆增加其他险种，为统一终止日期而签订的短期保险合同。其计算方法如下：

$$短期保险费 = 年保费 \times 保险天数 / 365$$

2）按月计算保费：适用于根据被保险人要求签订的短期保险合同，短期保险的费率根据短期费率表确定，保险期限不足整月的按整月计算。其计算方法如下：

$$短期保险费 = 年保费 \times 短期费率$$

（3）合同解除时的保险费计算

保险合同生效后，在未发生保险事故的情况下，被保险人要求解除保险合同的，保险人应按照下述方式计算日费率，收取保险合同生效日起至保险合同解除日止期间的保险费，并退还剩余部分保险费。

1）保险合同有效期不足或等于8个月的，按年费率的1/300计算日费率。

2）保险合同有效期超过8个月且不足一年的，按年费率的1/365计算日费率。

3）除法律另有规定或合同另有特别约定外，保险车辆发生车辆损失险保险事故，被保险人获取部分保险赔偿后一个月内提出解除合同的，则保险人应当根据保险合同有效期的长短，按第1）项所列方法计算日费率，并将保险金额扣除保险赔款和免赔金额后的未了责任部分的剩余保险费退还被保险人。

4）被保险人在单独投保商业第三者责任险时，因保险车辆发生灭失，且保险人未支付任何保险赔款情况下，保险人应按年费率的1/365计算日费率，并退还未了保险责任部分的保险费。

5）因保险赔偿致使保险合同终止时，保险人不退还保险费。

（4）机动车辆提车暂保单承保的机动车辆

新车购置价在10万元以下的，固定保险费为300元；新车购置价在10万元以上，30万元以下的，固定保险费为400元；新车购置价在30万元以上的，固定保险费为500元。

案 例

保险费计算说明

一、计算总公式

商业车险保费＝标准保费 × 折扣系数（NCD系数 × 渠道系数 × 自主核保系数 × 交通违法系数）

1. 标准保费

标准保费＝基准纯风险保费 ÷（1－附加费用率）

其中附加费用率为35%。

2. 基准纯风险保费

（1）第三者责任保险、车上人员责任保险、全车盗抢险、玻璃单独破碎险

基准纯风险保费由中国保险行业协会直接制定，可直接查表得出。

（2）车损险

$$车损险基准纯风险保费＝查找表格得出的机动车及特种车基准纯风险保费 +（协商实际价值－车辆参考实际价值） × 全损概率$$

式中：协商实际价值即保额；车辆参考实际价值为系统"基本信息"页面带出的数据，由行业平台给出；全损概率为0.09%。

备注：如果附加险的保费计算基础为机动车损失保险基准纯风险保费，则是指计算过后得出的车损险基准纯风险保费，其实就是系统中显示的车损险的标准保费。

（3）摩托车及拖拉机

摩托车及拖拉机的基准纯风险保费＝查表得出的基准纯风险保费 + 保额 × 纯风险费率

二、各险种计算

1. 机动车损失保险（举例）

例 山东地区一辆车龄为4年的"北京现代BH7141MY舒适型"投保车辆损失保险，根据山东地区机动车基准纯风险保费表（见表3-3）查询该车对应的机动车损失保险基准纯风险保费为992元。投保时该车实际价值为4.9万元，客户要求投保保额6万元。

（1）该车损险基准纯风险保费＝查找表格得出的机动车及特种车基准纯风险保费 +（协商实际价值－车辆参考实际价值） × 全损概率

即车损险基准纯风险保费＝992 +（60000－49000）×0.09% ≈ 1002（元）

（2）显示在系统上的车损险标准保费＝车损险基准纯风险保费 ÷（1－附加费用率）
$$= 1002÷0.75 = 1336（元）$$

表3-3　机动车损失保险基准纯风险保费表（部分）

（山东地区）

单位：元

车辆使用性质	车辆种类	车型名称	车型编码	机动车损失保险基准纯风险保费			
				车辆使用年限			
				1年以下	1~2年	2~6年	6年以上
家庭自用汽车	6座以下	北京现代BH7141MY舒适型	BBJKROUC0001	1054	1005	992	1026
家庭自用汽车	6~10座	五菱LZW6376NF	BSQDZHUA0114	610	581	575	594
家庭自用汽车	10座以上	金杯SY6543US3BH	BJBDRDUA0237	1082	1032	1019	1053

2. 第三者责任保险（举例）

例　广西地区一辆6座以下家庭自用车投保第三者责任险20万元，查广西地区机动车综合商业保险基准纯风险保费表（见表3-4）对应基准纯风险保费768.3元，附加费用率为25%。则第三者责任险标准保费＝查表基准纯风险保费÷（1－附加费用率）=768.3÷0.75＝1024.4（元）。

表3-4　机动车综合商业保险示范产品基准纯风险保费表（部分）

（广西地区）

单位：元

车辆使用性质	车辆种类	第三者责任保险						
		5万元	10万元	15万元	20万元	30万元	50万元	100万元
家庭自用汽车	6座以下	429.00	620.10	707.20	768.30	867.75	1041.30	1355.90
	6~10座	470.60	663.65	750.10	807.95	905.45	1077.70	1403.35
	10座以上	470.60	663.65	750.10	807.95	905.45	1077.70	1403.35

（四）核保

1. 核保手册

核保工作的主要依据是核保手册，因为核保手册已经将进行汽车保险业务过程中可能涉及的所有文件、条款、费率、规定、程序、权限等全部包含其中，并将可能遇到的各种问题及其处理方法用书面文件的形式予以明确。分支机构初级核保人员主要负责常规业务的核保，即按照核保手册的有关规定对保险单的各个要素进行形式上的审核。但是，在核保过程中还可能遇到一些核保手册没有明确规定的问题，例如，高价值车辆的核保、特殊车型业务的核保、车队业务的核保、投保人特别要求的业务的核保等，在这些情况下，应由上级机构的中级核保人员来核保。中级核保人员应运用保险的基本原理、相关的法律法规和自己的经验，通过研究分析来解决这些特殊的问题，必要时应请示总公司核保部门。

现以某保险公司在某个区域某个年度的核保手册为例，说明核保手册应具备的要素包括哪些内容。

案例

核保手册

本核保手册根据全辖总体历史赔付数据、承保经验总结、理赔案件反馈、市场环境等综合考虑后制定。要点主要包括鼓励拓展型业务、风险控制型业务及原则禁止型业务。

一、鼓励拓展型业务

分公司应当集中优势，尽可能通过各种渠道或途径争取该类业务，在销售政策、承保条件、客户维护服务等方面给予支持。

1．未出险优质客户（含我司续保以及平台查询无赔付业务）；

2．历年合作且赔付较好的规模型客户；

3．政府机关、事业单位及国内大型企业、外资企业等优质型业务的保险招标及业务攻关；

4．综合条件较好、内部管理规范的大型新车共保中心；

5．家用车一类车型（车型分类见附表1和附表2）；

附表1　家用车车型分类

类别	机构
一类	上海大众桑塔纳系列、波罗、朗逸、速腾、一汽大众捷达、奥迪、东风雪铁龙富康、爱丽舍、上海通用别克系列、雪佛兰spark和长安、通用五菱、昌河、哈飞等微客及其他6~10座客车
二类	其他南北大众系列、宝马7系、奔驰S系、广州本田、广州丰田、一汽丰田、东风日产、海南马自达、天津夏利
三类	大众高尔、长安福特系列、奇瑞旗云、北京现代、马自达M6、马自达M3、日产蓝鸟、日产阳光、标志307、东南菱帅、东风本田、宝马3系及5系，其他国产车型，混合动力型新能源汽车
四类	奇瑞汽车、吉利汽车、比亚迪汽车、北汽克莱斯勒铂锐、青年莲花、雷诺系列、丰田锐志、重庆力帆、红旗奔腾、起亚赛拉图、本田思域、三菱欧蓝德、雪铁龙赛纳及原装进口车辆，停产车辆，纯电动型新能源车辆
五类	稀有特异车型（见附表2）；配件价格昂贵、车辆总成比例高、渠道短缺的车型业务，拼装车、切割车、以改变使用性质及车辆性能为目的的改装车
盗抢险控制车型	昌河、长安、一汽佳宝、通用五菱等微客及广州本田、桑塔纳、广州丰田

附表2　稀有特异车型

厂牌	车型	严控承保险种
丰田	皇冠2.8（MS130、131、132）	车损
	皇冠3.0（MS135）	
	92款CAMRY2.2（SXV10）	
	92款CAMRY3.0（VCV10）	
	原装花冠CORROLLA	
	科罗娜CORONA	
	丰田红杉	
	基先达CRESSIDA	
	小霸王LITEACE YR21	
	92款大霸王PREVIA2.4 TCR10	

续表

厂牌	车型	严控承保险种
丰田	塞利卡 CELICA 跑车	车损
	雷克萨斯 ES300（VCV10）	
	雷克萨斯 ES250（VZV25）	
本田 HONDA	雅阁 1.8（CA1）	车损
	雅阁 2.0（CB3）	
	雅阁 2.2（CB7）	
	里程 2.7LEGEND（KA4）	
日产	千里马 MAXIMA3.0（HJ30）	车损
	蓝鸟 BLUEBIRD（T12、U11、U12）	
	途乐 PATROL3.0（160）	
	公爵 CEDRIC3.0（Y30、UY31）	
	巴宁面包车 VANETTE1.5（GC120）	
	皮卡 PICKUP D21（2.0L）	
马自达	马自达 121、929	车损
奥迪	奥迪 90	车损
	奥迪 80	
	A318（直 4 缸）	
	A426（V6）	
奔驰 BENZ	奔驰 W124、W126、W202、W129 系列	车损
	91-93 款 W140 系列	车损
宝马 BMW	316i（直 4，1.6L）	车损
	318i（直 4，1.8L）	
	518i（直 4，1.8L）	
	520i（直 4，2.0L）	
	88-91 款 525i（直 6，2.5L）	
	88-91 款 530i（直 6，3.0L）	
	88-93 款 535i（直 6，3.5L）	
	86-93 款 735i（直 6，3.5L）	
	Z 系列跑车	
富豪（沃尔沃）VOLVO	VOLVO C 系列	车损
	240	
	940（2.3L，直 4）	
拉达	拉达 2108	车损
	2109	
福特 FORD	天霸（TEMPO）	车损
	野马（MUSTANG）	
标 致	标致 505	车损
法拉利	FERRARI 系列	车损
兰博基尼	LAMBORGHINI 系列	车损
保时捷	911、Boxer、Cayenne 系列	车损
劳斯莱斯	ROLLS ROYCE	车损
宾利	BENTLEY	车损

续表

厂牌	车型	严控承保险种
捷豹	JAGUAR	车损
特威尔	TVR	车损
阿斯顿·马丁	ASTON.MARTIN	车损
其他	轿车（跑车）：玛莎拉蒂、路虎、庞蒂克、奥兹莫比尔、君王、罗孚、莲花、阿尔法·罗密欧、道奇、斯巴鲁系列、悍马	所有险种
	客车：安凯 HFC6850、凤凰客车、青年客车、JNP6120G 低底盘豪华公交车、华利面包车	
	货车：万国系列货车、日野系列货车及搅拌车、黄河大货、日本五十铃货车、江西五十铃 E 系列、XML6127、四平货车、玛斯、吉尔、格斯、斯堪尼亚、日产 D21	
	右舵车、跑车、旧款车型、稀有车型或零配件难以采购的其他车型	

6．家用车及非营业用客车的高额责任险；

7．旅游车队、一级和二级道路客运企业的营业客车业务，拓展车上人员责任险业务承保比例；

8．内部管理规范，使用自有车辆和驾驶人员，具备一定风险控制意识的营业车队业务；

9．银行、高速公路管理部门等从事特殊工作的特种车三业务。

二、风险控制型业务

分公司应当充分重视该类业务，在日常承保工作中做好风险宣导工作，以合理的销售费用配置、引导、调整业务承保数量，通过承保条件调整等手段保持承保风险与保费收入的匹配性，使该类业务风险整体处于可控范围内。附表3汇总了本公司风险控制型业务的主要政策。对于多次出险的车辆、老龄车、高档车和控制承保车型，各机构根据渠道和业务类型，具体制定承保条件，对系数、险种、保额作详细规定，便于业务人员展业承保。对于车队业务、渠道业务须事先分析风险状况，提出承保方案，报分公司审批。

附表3　风险控制型业务主要承保政策

产品名称	风险分类	承保政策
家用车	当年新上市车型	市场上有同类车型参照同类车型承保，无同类车型参照车型控制承保。新车型以分公司下发的联系单为准。
	二类车型	多次出险客户调整承保条件。出险多次客户可以提高系数、增加效益附加险、不保不计免赔等控制条件承保，具体以各机构承保政策为准。
	三类车型	控制承保，混合动力轿车参照相关一般动力车型承保，严格控制承保发动机单独损坏险。对多次出险客户按二类车型条件控制承保。
	四类车型	1. 从严审核业务，严格控制承保划痕险； 2. 严格控制承保地方性小厂商生产的新能源车辆，与比亚迪等大型生产厂商合作时限制保费规模及承保条件，单均保费应高于同等排量汽车，合理确定新车购置价格。对关键零部件谨慎制定承保条件。对以电池租赁方式为前提的车辆业务严格控制承保。对多次出险客户按二类车型条件控制承保。
非营业客车	承保数量在5台以内的企业客车	核实车辆是否私用，私用情况下承保条件从家用车。核实行驶证承保，不得套用。

续表

产品名称	风险分类	承保政策
非营业货车	2 吨以上个人非营业货车	核实实际使用性质后承保。2 吨以上货车控制承保不计免赔。
	低速载货汽车	核实实际使用性质后承保。严格控制承保，承保前须报分公司审批。
营业客车	出租车	以地市为单位，综合数据分析后方可承保。经营范围跨地市的车队控制承保。
	4 年以上老龄车	控制承保划痕险。
	新能源类城市公交车辆	控制该类车型在公交车队中所占比例及保费规模前提下可以适当承保。
营业货车	10 吨以上个人车辆、挂靠车辆	控制承保。
	4 年以上老龄车	1. 严格控制承保划痕险。 2. 控制老龄车在车队中的数量占比。 3. 6 年以上车辆第三者责任险限额最高 50 万元，保额 50 万元时严格控制承保条件。
	自卸车	严格控制承保，第三者责任险限额最高 50 万元，严格控制承保不计免赔险。事先须报分公司审批方可承保。
特种车	特种车一	控制承保承运货物责任险，第三者责任险限额最高 50 万元，车上人员险限额最高 10 万元 / 座。
	特种车二	1. 混凝土搅拌车、泵车等水泥工程车车辆占比 20% 以下的车队报分公司审核； 2. 控制承保营业性起重车、挖掘机。
	特种车四	高价车辆控制承保条件，第三者责任险限额最高 50 万元，车上人员险限额最高 10 万元 / 座。做好车型辨识，不得对 10 吨以上货车套用此类车型承保。
拖拉机		严格控制承保。
摩托车	车上人员责任险	严格控制承保车上人员责任险。

三、原则禁止型业务

分公司应当严格禁止该类业务承保，如有特殊情况，必须书面上报总公司审批。

1. 未在车管所登记的无牌照车辆（新车除外）；

2. 家用车五类车型；

3. 用于试驾用途车辆；

4. 配件价格昂贵、车辆总成比例高、渠道短缺的车型业务；

5. 大吨小标货车；

6. 挂军、警用牌照营业货车；

7. 混凝土搅拌车、泵车等水泥工程车车辆占比在 20% 以上的车队；

8. 变型拖拉机；

9. 拼装车、切割车，以改变使用性质及车辆性能为目的的改装车；

10. 以易碎物品、危险性物品、易腐蚀物品、易腐烂食品作为标的的承运货物责任险。

2. 保险公司的二级核保制度

（1）分支机构的初级核保

1）审核保险单是否按照规定内容与要求填写，有无疏漏；审核保险价值与保险金额是否合理。对不符合要求的，退给业务人员，让其指导投保人重新填写，进行相应的更正。

2）审核业务人员或代理人是否在一级核保时验证和查验了车辆，是否按照要求向投保人履行了告知义务，对特别约定的事项是否已在特约栏内注明。

3）审核适用的费率标准和计收保险费是否正确。

4）对于高保额和投保盗抢险的车辆，审核有关证件以及实际情况是否与投保单填写的一致，是否按照规定"拓印发动机与车架号码"存档。

5）对事故高发和风险集中的投保单位，提出公司的限制性承保条件。

6）对费率表中没有列明的车辆，包括高档车和其他专用车辆，可视风险情况提出厘定费率的意见。

7）审核其他相关情况

审核完毕后，核保人应在投保单上签署意见。对超出本级核保权限的，应上报上级公司核保。

（2）上级核保

上级公司接到请示公司的核保申请以后，应有重点地开展核保工作。

1）根据掌握的情况，考虑是否接受投保人的投保。

2）接受投保的险种、保险金额、赔偿限额是否需要限制和调整。

3）是否需要增加特别的约定。

4）协议投保的内容是否准确、完善，是否符合保险监管部门的有关规定。

上级公司核保完毕后，应签署明确的意见并立即返回请示公司。核保工作结束后，核保人将投保单、投保意见一并转给业务内勤部门，公司的内勤缮制保险单证。

3. 核保业务的分类

核保的具体方式应当根据公司的组织结构和经营情况进行选择和确定。通常将核保的方式分为标准业务核保和非标准业务核保、事先核保和事后核保、集中核保和远程核保等。

（1）标准业务核保和非标准业务核保

标准业务是指常规风险的汽车保险业务，这类风险的特点是其基本符合汽车保险险种设计设定的风险情况，按照核保手册能够对其进行核保。保险金额巨大等需有效控制的业务称为非标准业务，核保手册对于这类业务没有明确规定。

标准业务可以依据核保手册的规定进行核保，通常是由三级核保人完成。

而非标准业务则是无法完全依据核保手册进行核保的，应由二级或者一级核保人进行核保，必要时核保人应当向上级核保部门进行请示。

汽车保险非标准业务主要有以下几种。

1）保险价值浮动超过核保手册规定的范围。

2）特殊车型业务。

3）军牌和外地牌业务。

4）高档车辆的盗抢业务。

5）统保协议。

6）代理协议。

（2）计算机智能核保和人工核保

计算机技术的飞速发展和广泛应用给核保工作带来了革命性的变化。从目前计算机发展的水平看，随着智能化计算机的发展和应用，计算机已经完全可以胜任标准业务的核保工作。在核保过程中应用计算机技术可以大大缓解人工核保的工作压力，提高核保业务的效率和准确性，减少在核保过程中可能出现的人的负面因素。但是，计算机不可能解决所有的核保问题，至少在现阶段还需要人工核保的模式与之共存，解决计算机所无法解决的核保方面的问题。

（3）集中核保和远程核保

从核保制度发展的过程分析，集中核保的模式代表了核保技术发展的趋势。集中核保可以有效地解决统一标准和规范业务的问题，最大限度地利用技术和经验。但是，以往集中核保在实际工作中遇到的困难是经营网点分散，缺乏便捷和高效的沟通渠道。

计算机技术的出现及其广泛的应用，尤其是互联网技术的出现带动了核保领域的革命性进步，远程核保的模式应运而生。远程核保就是建立区域性的核保中心，利用互联网等现代通信技术，对辖区内的所有业务进行集中核保。这种核保的方式较以往任何一种核保模式均具有不可比拟的优势，它不仅可以利用核保中心的人员技术的优势，还可以利用中心庞大的数据库，实现资源的共享。同时，远程核保的模式还有利于防范经营过程中的管理疏忽，甚至可以有效防范道德风险。

（4）事先核保和事后核保

事先核保是在核保工作中广泛应用的模式。它是指投保人提出申请后，核保人员在接受承保之前对标的风险进行评估和分析，决定是否接受承保。在决定接受承保的基础上，根据投保人的具体要求确定保险方案，包括确定适用的条款、附加条款、费率、保险金额、免赔额等承保条件。

事后核保主要是针对标的金额较小、风险较低、承保业务技术比较简单的业务。这些业务往往是由一些偏远的经营机构或者代理机构承办的，单笔保费较小。保险公司从人力和经济的角度难以做到事先核保的，可以采用事后核保的方式。所以，事后核保是对事先核保的一种补救措施。

4. 机动车辆保险核保管理准则

为了加强车险承保管理，规范车险核保人员的操作行为，防范和化解操作风险，发挥车险核保人员的风险管控能力，需制订机动车辆保险核保管理准则。各级核保人员应严格遵守和执行《中华人民共和国保险法》、监管规定、车险条款、费率规章、核保政策、承保实务及各地行业的规定。

（1）岗位管理职责及工作要求

1）熟悉《中华人民共和国保险法》、车险条款、费率、承保政策、监管要求，在合规的前提下对不同的业务给出指导性承保意见。

2）制定核保政策，为承保实务提供业务政策、承保条件及相关专业知识的咨询工作。

3）审核核心业务系统内的投保单、批单，审核非标准业务合作协议，并按规定报送各级机构审核。

4）熟悉核心系统的整个操作流程、控制环节，能够根据环境等各方面因素的变化对系统提出改进需求。

5）关注当地市场上的相关信息、市场动态，及时收集、整理相关的资料。

6）定期对承保业务进行分析，形成报告，根据结果对下级机构进行政策调整，并将分析结果和政策调整方案上报上级机构。

7）及时处理下级机构的业务请示，有疑问的应当主动联系经办人了解情况。

8）对上报上级机构的业务请示、政策方案等须提供详细、周全的资料，并及时跟踪处理结果。

9）监督核保政策、承保实务的执行，进行现场或非现场检查。

10）对下级机构的承保人员进行管理、培训和考核。

（2）核保人员注意事项

1）严格按照车辆种类、使用性质及根据费率调整因子确定的费率及费率系数计算保费。通过费率调整系数给予投保人的所有优惠总和不得超过车险产品基准费率的30%。每个险别的优惠不得超过其基准费率的30%。

2）严禁通过滥用乱用风险调整系数、变更车辆使用性质、套用车辆种类和非正常批单退费等行为来变相降低保费。

3）同时投保商业车险和交强险的应使用关联录入，除特殊规定外交强险与商业车险的标的信息要保持一致。

4）严禁使用可选免赔额特约条款变相降低保费。

5）未经被保险人书面同意不得以特别约定形式变更保险责任（如约定免赔额、免赔率）。

6）车损险不足额投保的，特别约定应有"车损险不足额投保，出险后按照保险金额与新车购置价比例赔付"。

7）禁止一切非正常批退行为，退保和注销批改必须收回保单正本后再进行系统操作。

8）在车险招标业务中，严禁向招标方承诺保险合同规定以外的其他利益，如以补充协议、约定或备忘录等方式扩大保险责任范围或支付额外费用。

9）严禁擅自承诺扩大招标车辆范围，将不符合招标范围或未实施正常招标程序的车辆纳入招标业务进行承保。

10、禁止串用条款和费率，不得随意使用费率调整系数，不得用保险协议或增加约定的方式扩展保险责任。

（3）条款费率使用规定

1）凡行驶证注明车辆使用性质的，按行驶证注明的使用性质承保。行驶证不能判

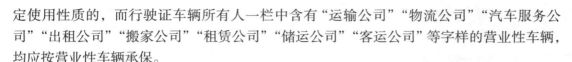

定使用性质的，而行驶证车辆所有人一栏中含有"运输公司""物流公司""汽车服务公司""出租公司""搬家公司""租赁公司""储运公司""客运公司"等字样的营业性车辆，均应按营业性车辆承保。

2）行驶证车辆所有人为个人的非营业客车按家庭自用汽车承保。行驶证车辆所有人一栏为个人的货车，按行驶证记载的使用性质确定适用费率；行驶证不能确定使用性质的，按照实际使用性质确定适用费率。

3）行驶证记载使用性质为非营运，而有证据证明车辆为营运性质的按营业用车承保。

4）客货两用车（皮卡等）依据使用性质原则上按非营业货车和营业货车承保。

5）自卸车根据使用性质归入非营业货车或营业货车。

6）油罐车、气罐车、液罐车和加装油、气、液罐体的改装车按照特种车一承保。

7）用于驾驶教练、警车、普通囚车、医院的普通救护车、殡葬车的车辆按照其行驶证上载明的核定载客数，适用对应的企业非营业客车的费率。

8）邮递公司、快递公司用于快递业务的机动车适用企业非营业客车或非营业货车费率。

9）旅游用车按照营业用汽车的公路客运营业客车承保；具有公交营业执照的短途郊县客运按照营业用汽车的城市公交营业客车承保（需注明固定路线）。

10）租赁车辆租期在一年以上（含一年）且被保险人为承租人、驾驶员为承租人或其员工的，可凭长期正式租赁合同根据承租人对车辆的实际使用性质按照营业或非营业车辆承保。

11）教练车可在投保了非营业用汽车损失险后加保"机动车教练责任扩展特约条款"。

12）集装箱拖头按照特种车四承保。集装箱体按照车上货物投保承运货物损失责任险。

13）对于半挂型主车和挂车分别具有行驶证的，应分开承保。货车、牵引车的牵引头（非集装箱拖头），按照准牵引质量对应的营业用货车或非营业用货车费率承保；其拖挂部分（无动力装置的道路机动车）按照挂车承保，依据其车型和使用性质适用相应的挂车费率。

14）正三轮摩托车费率按照摩托车排量分类确定，参照车辆行驶证和车辆号牌正确区分正三轮摩托车和三轮汽车，对于难以区分的，应使用费率较高的类型。

15）联合收割机原则上保险期间不得少于6个月，并要求投保人在投保单上明示"在保险期内不申请退保"，同时在保单上特别约定"经投保人和保险人商定，保险期间内不得退保"。

16）农机主管部门发放车辆牌照的农用三轮车、变形拖拉机按照拖拉机承保；公安车管部门发放牌照的按照相应吨位的货车承保。

（4）保险金额和责任限额确定方式

1）机动车损失险的保险金额参照新车购置价确定。软件系统整车含税价格为新车购置价的确定基准，投保人提供的新车购置价和软件系统价格差别超过15%的，需核实新车购置价的合理性。当地行业协会有统一规定的，执行行业协会标准。

2）车龄较长的车辆（特别是已经不再生产的车型）必须以该车的二手车市场交易价格确定全损时的赔偿金额。

3）新增设备的保额不得超过投保时的实际价值，5年以上车龄车辆的新增设备保额必须经过评估后确定。

（5）**费率调整系数使用方式**

1）对于上年度未在本公司投保的机动车，能够通过当地车险信息平台获得该车辆历年赔款记录的，根据历史赔款记录正确使用无赔款优待系数；投保人若能够提供上一保险年度（或两年及以上）赔款记录相关证明的，按规定进行费率调整；新车及无法获得以往赔款记录的车辆该系数为"1"。

2）同时投保车损险和第三者责任险时，可按规定的系数区间使用"多险种同时投保"系数。

3）"客户忠诚度"费率调整系数，要求投保人在本公司续签保单，且上年保险期间为一个保险年度时，方可使用。

4）"安全驾驶"系数的根据是该机动车上一年度无交通违反记录。新车及无法得到上年度数据信息的，该系数为"1"。

5）"约定行驶区域"的"省内""固定线路""场内"三项系数不得同时使用，家用车不能使用"固定线路"和"场内"费率调整系数。

6）在同一保险年度在本公司投保5台以上车辆的可以使用"承保数量"系数，家用车不得使用"承保数量"费率调整系数。

7）"指定驾驶人""性别""驾龄""年龄"系数仅适用于家庭自用汽车指定驾驶人的情况，当指定多名驾驶人时，以该四项系数乘积最高者为准。

8）"经验及预期赔付率"系数和"管理水平"系数仅限车队业务使用，且两者不能同时使用。经验及预期赔付率的依据是满期赔付率，各机构可根据所掌握的投保车队信息，估算历年的满期赔付率（含已决赔款和未决赔款），或根据历年业务的费率和赔款情况，预估新业务的赔付率。同一保险年度在本公司投保10台以上车辆的客户可以使用该系数。

9）费率调整系数不适用于摩托车和拖拉机的费率调整。

10）每一险别承保时使用系数累计调整幅度均不得超过30%的上限，超过30%时按照30%计算。

（6）**系统投保单审核**

核心业务系统根据设定权限对录入系统的投保单、批单赋予相应的审核权限，核保人根据核保权限对权限内的业务决定承保条件和是否承保。对提交上级审核的投保单也需要认真履行审核责任，对投保信息不完整、不符合业务政策和监管要求的，要退回录单机构。核保人主要审核要点有以下几个。

1）投保单信息录入是否完整，是否有符号代替录入的现象。

2）投保人、被保险人、车辆所有人是否一致，如果不一致可要求录单机构提供相关说明。

3）逻辑性审核，包括条款费率适用、折旧率选择、吨位/座位填写、新车购置价确定、车型的选择、车型信息和车龄等确定保费计算因素之间的关系。

4）风险审核，包括保险期间、投保险别、保额确定、不计免赔使用、玻璃单独破碎险加费、保费缴纳方式、特别约定等内容是否符合业务政策和条款费率规章的要求。

5）核保人应在"审核意见"栏明确注明核保意见或需要说明的事项，不得以特殊符号代替核保意见。

6）费率调整系数的使用是否符合费率规章要求。

7）对在本级审核的投保单，核保人须在当天审核完毕，特殊业务在24小时内给出核保意见。

8）增加投保车损险、盗抢险、划痕险、玻璃单独破碎险、自燃损失险、新增设备损失险等附加险，以及变更保险金额或变更保险期间的，验车后方可进行批改。

9）是否有利用特别约定变更保险责任的行为。

10）异地牌照车辆是否有异地展业的可能，一般情况下异地牌照只接受直销业务。

11）批单生效日期原则上不得早于批单录入日期。

12）严禁出险后通过批单变更扩大理赔范围的行为，在保险期间内，严禁对出险标的进行影响赔款金额项目的批改。

13）应该使用增减型、合同型批单的批改不得使用内容型批单，禁止用变更特别约定的方式批改应该用增减型或合同型批单变更的项目。

14）严禁通过批改来承保禁止或控制承保的业务。

15）退保或减少险种的批改要求在核实没有相应险种的未决赔案后方可进行系统批改操作。

16）在保险期间内，严禁对同一标的涉及车身颜色、车架号码、发动机号码、车牌号码等内容中三项及以上进行批改。对于未上牌车辆，禁止同时对发动机号码和车架号码进行批改，原则上不得对车辆型号进行批改。

17）车辆更换但要求保留号牌的，不得在原保单上批改，应退保原车辆保单，出具新保单承保。

18）过户批单应核实保单是否已实收确认，没有实收确认的不得给予过户批改。过户批单需核实过户登记证书或二手车交易发票，核实买卖双方的身份证明。

19）车险实施见费出单制度，在付费之前可以将投保单作废，付费之后需要解除保险合同的使用退保批单。退保批单需按照条款要求收取退保手续费或短期保险费。合同类批单必须收回保单、发票正本（对退保批单，投保人已经将发票入账的可不要求提供）和保险卡（或保险标志），并在批单的情况说明中注明单证收回情况。投保人确实遗失上述单证的，需签署"单证遗失声明"。

（7）核保人风险审核流程

机动车辆保险实行逐级审核方式，核保人对权限内的车险业务有审核通过的权利，对需要上级核保人审核的投保单也具有审核职责，不符合要求的不得提交上级核保人审核。核保人在系统审核投保单时，重点审核标的信息、风险系数使用，注意条款适用、保额确定、投保险种、免赔率和免赔额的使用、特别约定、保险期间、折旧率，防止串用条款、串用费率、套用车型等情况的出现。对系统设定的逻辑关联、保费计算也要审核是否出现异常。

核保人在审核批单时，要注意选用的批单种类是否准确、是否用批单变相承保业务政策控制的业务，还要注意批单保费计算是否出现异常。

四、缮制与签发保险单证

（一）缮制单证

缮制单证就是在接受业务后，填制保险单或发放保险凭证以及办理批单手续。保险单或保险凭证是载明保险合同关系双方当事人的权利与义务的书面凭证，是被保险人向保险人索赔和保险人处理赔款事项的主要依据。因此，缮制单证是承保工作的重要环节，其质量的好坏直接关系到保险合同当事人双方的义务和权利能否正常履行与实现。业务内勤接到投保单及其附表以后，根据核保人员签署的意见，即可开展缮制保险单工作。

保险单原则上应由计算机出具，暂无计算机设备而只能由手工出具的营业单位，必须得到上级公司的书面同意。

（1）计算机制单的，将投保单有关内容输入保险单对应栏目内，在保险单"被保险人"和"厂牌型号"栏内登录统一规定的代码。录入完毕检查无误后，打印出保险单。

（2）手工填写的保险单，必须是保监会统一监制的保险单，保险单上的印制流水号码即保险单号码。将投保单的有关内容填写在保险单对应栏内，要求字迹清晰、单面整洁。如果有涂改，涂改处必须有制单人签章，但涂改不能超过 3 处。制单完毕后，制单人应在"制单"处签章。

（3）缮制保险单时应注意的事项如下。

1）双方协商并在投保单上填写的特别约定内容，应完整地载明到保险单对应栏目内，如果核保有新的意见，应该根据核保意见进行修改或增加。

2）无论是主车和挂车一起进行投保，还是挂车单独投保，挂车都必须同时出具具有独立保险单号码的保险单。在填制挂车的保险单时，"发动机号码"栏统一填写"无"。当主车和挂车一起投保时，可以按照多车承保方式处理，给予一个合同号，以方便调阅。

3）特约条款和附加条款应印在或贴在保险单的正本背面，加贴的条款应加盖骑缝章。应注意责任免除、被保险人义务和免赔等规定的印刷字体，应该与其他内容的字体不同，以提醒被保险人注意阅读。

保险单缮制完毕后，制单人应将保险单、投保单及其附表一起送复核人员复核。

（二）复核签单

单证复核是业务承保工作的一道重要程序，也是确保承保质量的关键环节，因此，必须配备具有较高政治和业务素质的人员担此重任。复核时应注意审查投保单、验险报告、保险单、批单、明细表及其他各种单证是否齐全，内容是否完整符合要求，字迹是否清楚，计算是否正确，并与原始凭证相对照，力求无差错。一切复核无误后，要加盖公章及负责人、复核员签名，然后对外发送。

（三）收取保险费

收费员经复核保险单无误以后向投保人核收保险费，并在保险单"会计"处和保险费收据的"收款人"处签章，在保险费收据上加盖财务专用章。只有被保险人按照约定缴纳

了保险费，该保险单才能产生效力。

（四）签发保险单证

汽车保险合同实行一车一单（保险单）和一车一证（保险证）制度。投保人缴纳保险费后，业务人员必须在保险单上注明公司名称、详细地址、邮政编码及联系电话，加盖保险公司业务专用章。根据保险单填写"汽车保险证"并加盖业务专用章，所填内容应与保险单有关内容一致。险种一栏填写总险种代码，电话应填写公司报案电话，所填内容不得涂改。

签发单证时，交由被保险人收执保存的单证有保险单证正本、保险费收据（保户留存联）、汽车保险证。

对已经同时投保车辆损失险、第三者责任险、车上人员责任险、不计免赔特约险的投保人，还应签发事故伤员抢救费用担保卡，并做好登记。

（五）保险单证的补录

手工出具的汽车保险单、提车暂保单和其他定额保单，必须按照所填内容录入保险公司的计算机车险业务数据库中，补录内容必须完整准确。补录时间不能超过出单后的第十个工作日。

单证补录必须由专人完成，由专人审核，业务内勤和经办人不能自行补录。

（六）保险单证的清分与归档

投保单及其附表、保险单及其附表、保险费收据、保险证应由业务人员清理归类。投保单的附表要贴在投保单的背面，保险单及其附表需要加盖骑缝章。清分时，应按照以下送达的部门清分。

（1）财务部门留存的单证：保险费收据（会计留存联）、保险单副本。

（2）业务部门留存的单证：保险单副本、投保单及其附表、保险费收据（业务留存联）。留存业务部门的单证应由专人保管并及时整理、装订、归档。每套承保单包含保险费收据、保险单副本、投保单及其附表，其他表单的整理，按照保险单（包括作废的保险单）流水号码顺序装订成册，并在规定时间内移交档案部门归档。

➤　**思考练习**

1. 什么是核保？核保工作有哪些具体要求？
2. 核保的程序有哪些？
3. 核保手册应包括哪些要点？

模块四　汽车保险的续保、批改与退保业务

> **教学目标**

通过本模块的学习，要求学生掌握汽车保险的续保、批改与退保知识。

> **工作任务**

掌握汽车保险的续保、批改与退保知识。

> **问题探究**

一、续保

汽车保险的期限一般为一年，保险期满后，投保人在同一保险人处重新办理汽车保险的事宜称为续保。

在汽车保险实务中，续保业务一般在原保险到期前的一个月开始办理。为防止续保以后至原保险单到期这段时间发生保险责任事故，在续保通知书内应注明"出单前，如有保险责任事故发生，应重新计算保险费。全年无保险责任事故发生，可享受无赔款优待"等字样。

首先，在办理续保时，保户应提供下列单据。

（1）提供上一年度的机动车辆保险单。

（2）保险车辆经交通管理部门核发并检验合格的行驶证和车牌号。

（3）所需的保险费。保险金额和保险费须重新确定。

其次，保户应到上一年度机动车辆保险单的出单地点办理，如保险公司分公司或支公司，代办点不能出单。另外，如果投保车辆在上一年保险期限内无赔款，续保时可享受减收保险费优待，通常情况下优待金额为本年度续保险种应缴保险费的10%。

被保险人投保车辆不止一辆的，无赔款优待按车辆分别计算。上年度投保的车辆损失险、商业第三者责任险、附加险中任何一项发生赔款，续保时均不能享受无赔款优待。不续保者不享受无赔款优待。

上年度无赔款的机动车辆，如果续保的险种与上年度不完全相同，无赔款优待则以险种相同的部分为计算基础；如果续保的险种与上年相同，但投保金额不同，无赔款优待则以本年度保险金额对应的应缴保险费为计算基础。在2002年以前，全国实行统一的保险费率，不论机动车辆连续几年有无事故，无赔款优待一律为应缴保险费的10%。2003年开始各公司都有自己的无赔款优待的优惠利率。

最后，各基层营业机构利用承保台账管理做好车险续保管理工作。主要包括以下内容。

（1）业务内勤在每月 20 日之前将下个月保险到期的保单明细提交承保管理人员，明细包括保单号、被保险人名称、联系方式、本年度的出险理赔情况和业务来源。

（2）承保管理人员根据业务质量确定是否续保和续保条件，并将续保方案通知客户服务人员。

（3）客户服务人员按照续保方案及时和客户取得联系，争取续保成功。

（4）在新车销售渠道将续保作为业务合作的前提条件。

（5）续保业务录入核心业务系统时注明上年保单号。

二、批改

批改是指在保险单签发以后，在保险合同有效期限内，若保险事项发生变更，经保险双方当事人同意办理变更合同内容的手续。对已经签发的保险单，投保人提出变更保险合同内容可采用批单进行更改，批单的效力大于保单，批改日期在后的批单效力优于批改日期在前的批单。

保险合同签订之后，保险合同的双方当事人都应严格遵守并履行合同所规定的内容，任何一方都无权擅自变更合同。但是，在保险有效期限内，由于实际情况的变化，对合同内容所规定的有关事项会产生变更的要求，如被保险人名称、保险财产占用性质、保险财产所在地址、保险财产危险程度等事项的变更和投保科目（或投保项目）、保险金额的增减，以及单位撤并、中途加保附加险等，若不及时办理变更的批改手续，在保险财产遭受保险责任范围内的灾害事故损失时，因与合同规定不符，会影响到保险的赔偿处理。因此，在保险合同有效期内，被保险人的名称、保险财产占用性质、保险财产所在地址、保险财产增加危险程度等事项若有变更，被保险人应当及时向保险人申请办理批改手续。保险合同内容变更的批改手续，一般由被保险人提出申请，填写固定格式的《批改申请书》，经保险人同意后凭以出立"批单"（也称"背书"）。"批单"是保险单（合同）的组成部分，具有同等的法律效力。

根据机动车保险条款，在保险合同有效期内，保险车辆转变、转让、赠送他人、变更用途或增加危险程度，被保险人应当事先书面通知保险人并申请办理批改。

1. 保险车辆转卖、转让、赠送他人可分不同情况办理

（1）在保险合同有效期内，若保险车辆合法转卖、转让与赠送他人，被保险人应该事先通知保险人。

（2）转卖的保险车辆经车辆交易市场合法交易后，应凭工商部门认可的发票向保险人申请办理批改被保险人称谓。

（3）保险车辆转让和赠送他人，在向交通部门办理异动手续后，应向保险人申请办理批改被保险人称谓。

保险车辆转卖、转让、赠送他人，虽未到交通管理部门办理行驶证车主异动手续，但只要产权转移、转卖、转让、赠送他人已成事实，可保利益也就随之转移。因此，也必须向保险人申请办理变更被保险人称谓。

2. 变更用途

在保险合同有效期内，若保险车辆改变使用性质或改装车型，被保险人应事先通知保险人，并申请批改车辆使用性质或车型。

3. 增加危险程度

这是指订立合同未曾预料和未予估计的危险程度可能性的增加，直接影响到保险人在承保当时是否增收保险费或接受承保。在保险合同有效期内，若保险车辆增加危险程度，被保险人应事先书面通知保险人，并申请办理批改，按规定补加保险费。

所以，在上述情况下，批改的主要内容包括：保险金额增减；保险险种增加或变更和保险期间的变更。

三、批单

（一）批单类型

商业车险批单分为增减型、内容型和合同型三种类型。（见表3-5）

表3-5　商业车险批单类型

序号	增减型	内容型	合同型
1	增加主险	变更被保险人信息	注销
2	减少主险	变更车主信息	退保
3	增加主险保额	变更车辆信息	
4	减少主险保额	变更特别约定	
5	增加附加险	过户及转籍	
6	减少附加险		
7	增加附加险保额		
8	减少附加险保额		
9	延长保险期限		
10	缩短保险期限		
11	修改不计免赔险		
12	修改驾驶人信息		
13	修改扩展条款		
14	修改费率调整系数		

（二）批单使用说明

1. 增减型

增加车辆损失险、盗抢险及相关附加险的，必须安排验车，并在验车单上注明验车人、验车时间和标的情况，留存验车照片和验车资料，根据验车结果确定是否同意客户的加保申请。

对于6年及以上车辆加保盗抢险、自燃险时，必须合理确定车辆的保险金额。

投保人申请减少险种或要求退保的，应首先确认没有减少险种的未立案出险案件，然后按照条款要求退还未到期保险费。

（1）增加／减少主险：在保险合同有效期内，投保人提出书面申请，要求增加／减少基本险，适用该类批单。

（2）增加／减少附加险：在保险合同有效期内，投保人提出书面申请，要求增加／减少附加险，适用该类批单。

（3）增加／减少主险保额：在保险合同有效期内，投保人提出书面申请，要求增加／减少基本险保险金额，适用该类批单。

（4）增加／减少附加险保额：在保险合同有效期内，投保人提出书面申请，要求增加／减少附加险保险金额，适用该类批单。

（5）延长／缩短保险期限：在保险合同有效期内，投保人提出书面申请，要求延长／缩短保险期间的，适用该类批单。保险期限不足1年的保单可延长保险期限，延长时间原则上不超过6个月，超过6个月的按续保业务出具新的保单。延长后的保险期限不得超过1年。

（6）修改不计免赔险：在保险合同有效期内，投保人提出书面申请，要求投保或取消某险别不计免赔的，适用该类批单。

（7）修改驾驶人信息：在保险合同有效期内，投保人提出书面申请，要求修改驾驶人信息的，适用该类批单。修改驾驶人信息，须复印驾驶证留存归档；涉及保费变化的要按照费率规章的要求重新计算保费；涉及免赔率变化的要告知投保人。

（8）修改扩展条款：对于经投保人书面申请需要变更教练责任扩展条款、特种车损失责任扩展条款和出入境责任扩展条款的适用该类批单。

2. 内容型

（1）在保险合同有效期内，投保人提出书面申请，要求变更被保险人、车辆所有人、车辆信息和特别约定的使用内容型批单。

（2）如果变更被保险人、车辆所有人后，车辆的使用性质也发生了改变，应退保原保单，按照变更后的车辆使用性质选择相应条款重新出具保单。

（3）原则上不得对车辆型号进行批改。

（4）禁止用变更特别约定的方式批改应该用增减型或合同型批单变更的项目。

（5）在保险合同有效期内，车辆所有权发生变更的，去车管所办理过户手续后，客户申请变更被保险人、号牌号码、行驶证车主等信息的适用过户及转籍批单。办理过户手续时，原被保险人需填写批单申请书并签字（盖章），提供原保单正本、过户登记证书、原被保险人身份证复印件、现被保险人身份证复印件。涉及使用性质变更的，需退保重新出具保单。

3. 合同型

保险责任开始之前尚未实收确认需解除保险合同的使用注销批单，保险责任开始后及已经实收确认的保单需要解除保险合同的使用退保批单。退保批单需按照条款要求收取退保手续费或短期保险费。合同类批单必须收回保单、发票正本（对退保批单，投保人已经将发票入账的可不要求提供）和保险卡（或保险标志）。投保人确实遗失上述单证的，需签署单证遗失声明。

（三）批单使用基本要求

各机构必须使用公司制定的统一样式批改申请书，批单申请书由投保人填写批改内容，并且由投保人签字（个人）或盖章（单位）同意。

批单生效日期原则上不得早于批单录入日期。

批单必须明确批改原因、变更内容及项目、相应约定和生效日期。

批改申请书、单证收回情况、验车照片、相关证明材料按照档案管理的规定由基层营业机构留存，四级、三级核保人逐级核实，并在核保意见中注明"已核实批改申请和××证明"字样。上级核保人认为有必要时，可要求传真证明或发送扫描件进行核实。

严禁出险后通过批单变更扩大理赔范围的行为。

应该使用增减型、合同型批单的批改不得使用内容型批单。

严禁通过批改承保控制承保的业务。

退保、注销批单，需在批单的情况说明中注明单证收回情况。

退保或减少险种的批改要求核实没有相应险种的未决赔案后方可进行系统批改操作。

在保险期间内，无充分证据不得对车架号和发动机号两项都作批改变更。

车辆更换但要求保留号牌的，不得在原保单上批改，应退保原车辆保单，出具新保单承保。

商业车险涉及车辆使用性质发生变更的，必须将原保单退保，按照变更后的性质选择相应条款重新出具保单，不得通过批改被保险人、车主和其他批单方式批改。

通过批单增加车损险如属于不足额投保，或减少车损险保额的，必须在批单情况说明中注明："车损险不足额投保，出险后按照保险金额与投保时新车购置价的比例计算赔付。"

车辆报停，原则上不允许通过批单顺延保险期限，应当作退保处理，待车辆重新启用后按照承保实务重新出单。

过户批单应核实保单是否已实收确认，没有实收确认的不得给予过户批改。

需要增加保费的批单必须在投保人缴纳保费后方可出具批单。

（四）批单申请书填写内容举例

批单申请书由投保人或被保险人填写，并签字或盖章。

1. 增减型

（1）增加/减少险种：因××（原因），申请自×年×月×日×时增加/减少××险保额××万元，并增加/减少保费××元。

（2）增加/减少险种保额：因××（原因），申请自×年×月×日×时增加/减少××险保额，保额由××变更为××，并增加/减少保费××元。

（3）延长/缩短保险期限：因××（原因），申请自×年×月×日×时延长/缩短保险期限，保险止期由××变更为××。

（4）修改不计免赔：因××（原因），申请自×年×月×日×时增加/减少××险的不计免赔，并增加/减少保费××元。

2. 内容型

（1）变更被保险人：因××（原因），申请自×年×月×日×时起被保险人由××变更为××。

（2）变更车主信息：因××（原因），申请自×年×月×日×时起行驶证车主由××变更为××。

（3）变更车辆信息：因××（原因），申请自×年×月×日×时起车辆（车牌号、发动机号、车架号等）由××变更为××。

（4）变更特别约定：因××（原因），申请自×年×月×日×时起特别约定由××变更为××。

（5）过户及转籍：因车辆过户（转籍），申请自×年×月×日×时变更（车牌号、被保险人、行驶证车主等），（车牌号、被保险人、行驶证车主等）由××变更为××。

3. 合同型

退保：因××（原因），申请自×年×月×日×时起退保，并交回保单正本、发票、保险卡。

（五）批单情况说明录入

录单内勤根据客户填写的批单申请书，在情况说明里作相应的说明。由于系统自动会生成一些修改语句，录单内勤只需在情况说明里说明批改的原因。

四、退保

投保人于保险合同成立后，可以书面通知要求解除保险合同。保险公司在接到解除合同申请书之日起，接受退保申请，保险责任终止。

汽车保险退保一般出于以下几种原因。

（1）汽车按规定报废；

（2）汽车转卖他人；

（3）重复保险，为同一辆汽车投保了两份相同的保险；

（4）对保险公司不满，想换保险公司。

办理退保的车辆都必须符合下述条件。

（1）车辆的保险单必须在有效期内；

（2）在保险单有效期内，该车辆的所有赔案已结案。

退保时要向保险公司递交退保申请书，说明退保的原因和从什么时间开始退保，签上字或盖上公章，把它交给保险公司的业务管理部门。保险公司业务管理部门对退保申请进行审核后，出具退保批单，批单上注明退保时间及退保保费金额，同时收回汽车保险单。然后退保人持退保批单和身份证，到保险公司的财务部门领取应退给的保险费。

保险公司计算应退保费是用投保时实缴的保险费金额，减去保险已生效的时间内保险公司应收取的保费，剩下的余额就是应退的保险费。计算公式如下：

应退保险费 ＝ 实缴保险费 － 应收取保险费。

退保的关键在于应收取保险费的计算。一般按月计算，保险每生效一个月，收 10% 的保险费，不足一个月的按一个月计算。

退保时被保险人需要提供以下的证件。

（1）退保申请书：写明退保原因和时间，车主是单位的须盖章，车主是个人的须签字。

（2）保险单原件（正本）：若保险单丢失，则须事先补办。

（3）保险费发票：一般需要原件，有时复印件也可以。

（4）被保险人的身份证明：车主是单位的需要单位的营业执照；车主是个人的需要身份证。

 案例分析

承保方案设计

基本情况： 某 5 座家庭自用汽车投保车损险厂牌型号为广本雅阁 HG7240，初登日期为 2007 年 5 月 1 日，上年度总的行驶里程 2 万公里，上年度在人保投保未出险，主驾驶人驾龄 3 年，男性，35 岁。

车险的承保方案可以根据客户的经济情况为客户设定。

1. 必保型

险种组合：机动车交通事故责任强制保险。

保障范围：只对第三者的损失负赔偿责任。

适用对象：急于上牌照或通过年检的个人。

特点：适用于那些怀有侥幸心理，认为上保险没用的人或急于拿保险单去上牌照或验车的人。

优点：可以用来应付上牌照或验车。

缺点：一旦撞车或撞人，对方的损失能得到保险公司的一些赔偿，但是自己车的损失只有自己负担。

2. 经济型

险种组合：机动车交通事故责任强制保险＋车辆损失险＋第三者责任险＋车上人员责任险。

特点：适用部分认为事故后修车费用很高的车主，为自己的车、车上人员以及第三者的人身伤亡和财产损失寻求保障。此组合被很多车主青睐。

适用对象：个人，是精打细算的最佳选择。

优点：投保最有价值的险种，保险性价比最高。

3. 稳健型

险种组合：机动车交通事故责任强制保险＋车辆损失险＋第三者责任险（100 万元以上限额）＋车上人员责任险＋车身划痕损失险＋机动车增值服务特约条款。

特点：在经济投保方案的基础上，加入了车身划痕损失险和机动车增值服务特约条款，保障比较充分。

适用对象：一般公司或个人。

优点：投保价值大的险种，不花冤枉钱，物有所值。

➤ **思考练习**

　　1．什么叫批改？批改的内容有哪些？

　　2．汽车保险退保的原因有哪些？

项目四
汽车保险理赔实务

➤ **项目概述**

本项目共包括七个模块，分别为汽车保险理赔概述、汽车保险理赔流程、交强险理赔实务、汽车商业险赔款理算、汽车保险核赔实务、汽车保险理赔结案和车险理赔特殊案件的处理。本项目旨在帮助学生掌握汽车保险理赔知识和理赔实务操作技能。

➤ **教学目标**

通过本项目的学习，要求学生能了解汽车保险理赔基础知识、保险理赔结案的相关内容，掌握汽车保险理赔工作模式、汽车保险理赔流程、汽车保险赔款理算、汽车保险核赔实务和车险理赔特殊案件的处理。

➤ **重点难点**

重点是汽车保险理赔流程、赔款理算、汽车保险核赔实务；难点是赔款理算和汽车保险核赔实务。

模块一　汽车保险理赔概述

➤ **教学目标**

通过本模块的学习，要求学生掌握汽车保险理赔原则及保险理赔工作的模式。

➤ **工作任务**

掌握汽车保险理赔原则及保险理赔工作的模式。

➤ **问题探究**

一、保险理赔的概念、意义及原则

（一）保险理赔的概念

保险理赔是指当保险合同所规定的事故发生后，保险人履行合同的承诺，对被保险人提供经济损失补偿或给付的处理程序。保险理赔程序一般是依据保单条款来解释的，由于保单条款一般不列明细节，因而还要按照政府有关法规的规定、法院的判决、有关行业权威部门出具的鉴定或援用过去的惯例等事实酌情处理。

（二）保险理赔的意义

保险理赔是保险经营的重要环节。其意义在于：通过理赔，被保险人所享受的保险利益得到实现；保险人为客户提供服务，为社会再生产过程提供保障；保险承保的质量得到检验；增强人们的法律意识；保险经济效益得到充分体现。

（三）保险理赔的原则

理赔工作必须遵循以下原则：重合同、守信用原则；实事求是的原则；"主动、迅速、准确、合理"原则。

二、汽车保险理赔的含义与特点

（一）汽车理赔的含义

汽车理赔是指保险车辆在发生保险责任范围内的损失后，保险人依据汽车保险合同的约定解决赔偿问题的过程。

（二）汽车理赔的特点

汽车保险与其他保险不同，其理赔工作也具有显著的特点。理赔工作人员必须对这些特点有一个清醒和系统的认识，了解和掌握这些特点是做好汽车理赔工作的前提和关键。

（1）被保险人的公众性。我国的汽车保险的被保险人曾经以单位、企业为主，但是，随着个人拥有车辆数量的增加，被保险人中私家车主的比例逐步增加。这些被保险人的特点是他们购买保险具有较大的被动色彩，而且大部分私家车主对保险、交通事故处理、车辆修理等知之甚少，检验和理算人员在理赔过程中与其交流存在一些障碍。

（2）损失率高且损失幅度较小。汽车保险的另一个特征是保险事故虽然损失金额一般不大，但是，事故发生的频率高。保险公司在经营过程中需要投入的精力和费用较大。有的事故涉及的金额不大，但仍然涉及对被保险人的服务质量问题，保险公司同样应予以足够的重视。尽管从个案的角度看赔偿的金额不大，但是，积少成多也将对保险公司的经营产生重要影响。

（3）标的流动性大。汽车的功能特点决定了其具有相当大的流动性。车辆发生事故的地点和时间不确定，要求保险公司必须拥有一个运作良好的服务体系来支持理赔服务。该服务体系的主体是一个全天候的报案受理机制和庞大而高效的检验网络。

（4）受制于修理厂的程度较大。在汽车保险的理赔中扮演重要角色的是修理厂，修理厂的修理价格、工期和质量均直接影响汽车保险的服务。大多数被保险人在发生事故之后，均认为由于有了保险，保险公司就必须负责将车辆修复，所以在车辆交给修理厂之后就很少过问，一旦车辆修理质量或工期甚至价格等出现问题，就指责保险公司和修理厂。而事实上，保险公司在保险合同项下承担的仅仅是经济补偿义务，对于非保险事故造成车辆的修理费用以及相关的事宜并没有负责义务。

（5）道德风险普遍。在财产保险业务中汽车保险是道德风险的"重灾区"。汽车保险具有标的流动性强、户籍管理中存在缺陷、保险信息不对称等特点，以及汽车保险条款不完善、相关的法律环境不健全及汽车保险经营中的特点和管理中存在的一些问题和漏洞，给了少数不法之徒可乘之机，汽车保险欺诈案件时有发生。

（6）在交强险未正式实施之前，交通事故中的受伤第三者只能先向车主索赔，之后车主再向保险公司索赔。交强险出台后，按照规定，交通事故中的第三者受伤后，其损失可以直接向车主投保的公司索要交强险赔偿，超过交强险保险限额部分再按照"无过错责任原则"承担赔偿责任。

《中华人民共和国道路交通安全法》和交强险的实施就是要体现以人为本，在法律规则上采用"无过错责任原则"，也就是说，只要机动车辆造成第三者人身损伤，不论是否有事故责任都应该先承担赔偿责任。这将使保险公司车险理赔产生根本性转变，即由原来的按责赔付转变为无责赔付时代。

三、汽车理赔工作应遵循的基本原则

汽车理赔工作涉及面广，情况比较复杂。在赔偿处理过程中，特别是在对汽车事故进行查勘工作的过程中，必须提出应有的要求和坚持一定的原则。

（一）树立为保户服务的指导思想，坚持实事求是原则

整个理赔工作体现了保险的经济补偿职能作用。当发生汽车保险事故后，保险人要急被保险人所急，千方百计避免扩大损失，尽量减轻因灾害事故造成的影响，及时安排事故车辆修复，并保证基本恢复车辆的原有技术性能，使其能尽快重新投入使用；及时处理赔案，支付赔款，以保证运输生产单位（含个体运输户）生产、经营的持续进行和人民生活的安定。

在现场查勘、事故车辆修复定损以及赔案处理方面，要坚持实事求是的原则，在尊重客观事实的基础上，具体问题具体分析，既严格按条款办事，又结合实际情况进行适当灵活处理，使各方都满意。

（二）重合同，守信用，依法办事

保险人是否履行合同，就看其是否严格履行经济补偿义务。因此，保险方在处理赔案时，必须加强法制观念，严格按条款办事，该赔的一定要赔，而且要按照赔偿标准及规定赔足；不属于保险责任范围的损失，不滥赔，同时还要向被保险人讲明道理，拒赔部分要讲事实、重证据。要依法办事，坚持重合同、守信用，只有这样才能树立保险的

信誉，扩大保险的积极影响。

（三）坚决贯彻"八字"理赔原则

"主动、迅速、准确、合理"是保险理赔人员在长期的工作实践中总结出的经验，是保险理赔工作优质服务的最基本要求。

（1）主动：就是要求保险理赔人员对出险的案件要积极、主动地进行调查、了解和勘查现场，掌握出险情况，进行事故分析，确定保险责任。

（2）迅速：就是要求保险理赔人员查勘、定损处理迅速，不拖沓，抓紧赔案处理，对赔案要核得准，赔款计算案卷缮制快，复核、审批快，使被保险人及时得到赔款。

（3）准确：就是要求从查勘、定损以至赔款计算，都要做到准确无误，不错赔、不滥赔、不惜赔。

（4）合理：就是要求在理赔工作过程中本着实事求是的精神，坚持按条款办事。在许多情况下，要结合具体案情准确定性，尤其是在对事故车辆进行定损的过程中，要合理确定事故车辆维修方案。

理赔工作的"八字"原则是辩证的统一体，不可偏废。如果片面追求速度，不深入调查了解，不对具体情况作具体分析，盲目下结论，或者计算不准确，草率处理，则可能会发生错案，甚至引起法律诉讼纠纷。当然，如果只追求准确、合理，忽视速度，不讲工作效率，赔案久拖不决，则可能造成极坏的社会影响，损害保险公司的形象。总的要求是从实际出发，为保户着想，既要讲速度，又要讲质量。

四、保险理赔工作的模式

（一）国际成熟保险市场汽车保险理赔服务的模式及特点

国外专业从事车险理赔服务的机构数量较多，而且分工很细。保险公司与外部机构基于各自的利益，为达到使客户满意这一共同目的，特别重视相互之间的合作。他们既各司其职，又特别注重信息、资源的共享，主要体现在以下几个方面。

1. 查勘、定损环节方面的合作

查勘、定损工作作为理赔服务的第一环节，实际上也是保险公司对案件是否赔偿、赔偿多少的第一关，它直接关系到保险公司理赔案件的数量、结案的速度、社会影响、品牌效应等诸多方面，所以，保险公司都非常重视这一环节。为了应付大量烦琐的查勘、定损工作，发达国家和地区的保险公司普遍采用了与外部专业机构合作的模式。

2. 信息技术开发环节的合作

（1）提高查勘调度的合理性和时效性。美国第四大车险经营公司 Progresssive 公司采用 GPS 定位技术确定查勘人员位置，通过智能排班系统，查勘人员在很短时间内就被派到出险现场，另外，通过电脑网络查询修理厂的排班情况，及时为客户提供送修服务。

（2）提高查勘定损的准确性。德国安联集团一直使用 Audatex 系统（现属于美国 ADP公司），近期还使用 Glassmatix 估损系统，保证了车险理赔的规范、透明。

（3）提高接报案的及时性和方便性。日本安田火灾海上保险公司在车险理赔中使用24小时工作的事故受理报告系统，该系统与全国各地的14个理赔中心及全国252个理赔终端的远程计算机系统对应，客户从任何理赔终端都能得到保险公司的处理结果，并在7日内得到赔款。

（4）提高查勘定损效率。在我国的台湾地区，车险理赔已经开始启用远程定损系统，通过互联网传送，实现保险公司定损员既可以当场定损，又可以进行网上远程定损，客户和修理厂还可以上网查询定损结果和配件价格甚至购买配件等功能。

3. 提供多样化服务环节方面的合作

为客户提供全方位、多层次的服务是现代车险理赔的一大特点，其中，衍生服务已成为竞争的主要手段。在这方面做得最好的当属美国。作为全球最大的保险市场，美国保险公司与银行、电信、医院、警署、维修厂、玻璃店、救援公司、急救中心等外部机构的合作非常普遍。20世纪90年代初开始，美国还出现了一种专门为汽车保险公司做损余处理的公司。大量专业机构的出现不仅提高了保险业的总体水平，而且促进了保险保障质量的提高和保险服务成本的降低。

（二）当前我国保险市场汽车理赔服务的模式及其利弊分析

车险是我国国内保险市场上规模最大的险种业务，是我国财产保险业务的骨干险种。其业务量占财产保险的一半以上。2010年，全国产险保费收入达3895.6亿元，有2900亿元来自车险，车险占财产险业务的比例为74%。

1. 我国的理赔服务模式

由于机动车辆具有流动性的特点，要求保险公司在经营特别是在提供服务方面，要建立和完善与机动车辆特点相适应的服务体系或者服务机制，以便做好机动车辆出险后的处理工作。这种服务体系或机制主要是围绕在保险车辆出险后及时援救、查勘、定损和修复方面，同时，还包括处理涉及第三者责任的案件。目前，我国较为成熟和流行的模式是以保险公司自主理赔为主导的理赔服务模式，其特点如下。

（1）各自建立自己的服务热线，对被保险人实行全天候、全方位的服务，通过热线接受报案。

（2）各自建立自己的查勘队伍，自身配备齐全的查勘车辆和相应设备，接受自身客户服务中心的调度和现场查勘定损。

（3）各自建立自己的车辆零配件报价中心，针对车险赔付项目所占比重高、对车险赔付率和经营利润影响大、同时又是最容易产生暴利的零配件赔款，各家保险公司都非常重视，组织专人从事汽车配件价格的收集、报价和核价工作。

（4）查勘定损的某个环节或服务辐射不到的某个领域才交由公估公司、物价部门、修理厂、调查公司等外部机构去完成。

2. 目前我国汽车保险理赔服务模式的利弊分析

（1）自主理赔，即由保险公司的理赔部门负责事故的检验和损失理算。这种方式在我国保险业发展初期曾发挥了积极作用，同时也明显带有一系列特定历史时期的烙印。随着中国的改革开放和市场的发展变化，特别是加入 WTO（世界贸易组织）以后，全球经济一体化对中国产生了巨大影响，国际上先进的理赔估损方法和理念不断传入国内，被保险人的保险消费意识也不断提高，这种模式的弊端便日益凸显出来，主要表现在以下方面。

1）资金投入大、工作效率低、经济效益差。对于保险公司自身来说，从展业到承保，从定损到核赔，每个环节都抓在手里，大而全的模式造成效率低下。庞大的理赔队伍，加上查勘车辆、设备的相应配置，大量的人力、物力处理烦琐的估损理赔事务，导致其内部管理和经营核算的经济效益差，还常常出现业务人员查勘看不过来、估损定不过来、材料交不过来的不正常现象。这种资源配置的不合理性与我国保险公司要做大做强，参与国际竞争，培养核心竞争力，走专业化经营道路的要求相比，是不相适应的。

2）理赔业务透明度差，有失公正。汽车保险的定损理赔不同于其他社会生产项目，其涉及的利益面广、专业性强、理算类别多，这就要求理赔业务公开、透明。保险公司自己定损，就好比保险公司既当"运动员"又当"裁判员"，这对于被保险人来说，意味着定损结果违背了公正的基本原则和要求。对于这种矛盾，即使保险公司的定损结论是合理的，也往往难以令被保险人信服，在理赔工作中易产生纠纷。尤其是在信息不对称的市场中，这种弊端就愈加突出。

（2）物价评估，即公安交通管理部门委托物价部门强制定损。这种方式用得比较少，因为保险双方当事人都不认可、不欢迎。中国保监会也曾发文予以抵制。

（3）保险公估，即由专业的保险公估公司接受保险当事人的委托，负责汽车的损失检验和理算工作，这是国际上通行的做法。这种做法的好处如下。

1）可以减少理赔纠纷。由没有利益关系的公估人负责查勘、定损工作，能够更好地体现保险公司合同公平的特点，使理赔过程公开、透明，避免了可能出现的争议和纠纷，防止以权谋私。

2）完善了保险市场结构。由专业公司负责查勘、定损工作，能够更好地体现社会分工的专业化，同时可以促进保险公估业的发展，进一步完善保险市场结构。

3）可以促进保险公司优化内部结构，节省大量的人力、物力、财力。由于保险公司是按实际发生的检验工作量向公估公司支付检验费用的，因此能更如实反映经营的真实情况，避免保险公司配备固定的检验人员和相关设备可能产生的不必要的费用开支和增加的固定经营成本。

（三）对理赔工作人员的特殊要求

汽车保险业务经营的好坏，不仅事关保险公司自身的经济效益和发展，也影响到保险职能作用的发挥及社会效益的实现，为保障社会稳定和人民的安居乐业发挥着积极的作用。如何借鉴国际上成熟保险市场汽车保险理赔服务的先进经验来改进我国传统的汽车保险理赔服务模式，提高工作效率，降低服务成本，已成为摆在我国汽车保险从业人员面前亟待解决的问题。

这就要求从事车险理赔的工作人员必须具备较高的政策水平和较丰富的业务知识。具体要求包括以下方面。

（1）熟悉保险条款和有关业务规定。

（2）懂得有关专业知识。从事理赔的工作人员，除了要具备保险方面的专业知识外，还必须懂得有关法律和法规方面的知识、财务会计知识、标的估算方面的知识，以及建筑、设备、商品等方面的知识。

（3）有深入实际、联系群众和实事求是的工作态度。

（4）树立廉洁奉公、以身作则的工作作风。

► **思考练习**

1.汽车保险理赔的特点有哪些？

2.汽车保险理赔的基本原则是什么？

3.我国汽车保险理赔服务的模式有哪些？

4.对理赔员的工作要求有哪些？

模块二　汽车保险理赔流程

► **教学目标**

通过本模块的学习，要求学生掌握汽车保险理赔的流程。

► **工作任务**

掌握汽车保险理赔的流程。

► **问题探究**

一、机动车辆保险理赔服务流程

表4-1所示为机动车辆保险理赔服务流程。

表4-1　机动车辆保险理赔服务流程

报案		查勘定损	事故车修复	办理索赔手续	审核理算赔款	领取保险赔款
电话报案 1.向事故发生地交通管理部门报案； 2.向我司报案告知事故发生时间、地点、过程、原因及事故损失和施救情况。	上门报案： 1.交验保险单或保险证； 2.交验行驶证和驾驶证并留存复印件； 3.领取索赔所需提供的证明和资料清单及相应单据表格。	1.本公司派员查勘现场，调查取证并组织施救与必要的事故协调工作； 2.本公司与被保险人共同对事故车协商修复，确定更换部件； 3.本公司报价中心对更换部件报价定损； 4.双方在定损单上签字确认并各留存一份。	1.按定损项目送修； 2.变动项目及费用，需事先与本公司协商并复勘； 3.车主验车付款提车并向修理厂索取修理发票和修理清单。	提交查勘人员提供的"索赔须知"中列明或电话通知需提供的各项证明和资料。	1.审核验证有关单据； 2.调查核实疑难问题； 3.有关证明和资料齐全的分权限及时核批。	1.单位车辆以转账支票支付赔款； 2.个人车辆以现金支票支付赔款。领取时应出示车主及经办人身份证。

重要提示：

（1）盗抢案件须于发现后 24 小时内报保险公司，并详细提供有关情况及条款规定的有关单证。

（2）单方事故未经交通管理部门处理和保险公司同意擅离事发现场的，按保单特别约定，按同责处理，赔付一半损失直至拒赔。

（3）被保险人须向保险公司提供真实的与判定责任、确定损失金额有关的证明和资料，否则将有可能因此而承担法律责任。

（4）保险车辆发生保险责任范围内的损失应由第三方负责赔偿的，被保险人应当首先向第三方索赔。由于被保险人放弃对第三方请求赔偿的权利或过错，致使不能行使代位追偿的权利，保险公司将不承担保险赔偿责任。

二、理赔的有关注意事项

调度

（一）收费停车场中丢车、剐蹭不赔

按照保险公司的规定，凡是车辆在收费停车场或营业性修理厂中被盗或是剐蹭，保险公司一概不负责赔偿。因为上述场所对车辆有保管的责任，在保管期间，因保管人保管不善造成车辆损毁、丢失的，保管人应承担责任。因此，无论是车丢了，还是被剐蹭了，保险公司一概不管。正确的方式是建议车主找停车场去索赔。同时温馨提示被保险人，一定要注意每次停车时收好停车费收据。虽然很多收费停车场的相关规定中写着"丢失不管"，但根据我国合同法中关于格式合同的规定，这属于单方面推卸自己应负的责任。若无法协商解决，只好诉诸法律，目前已经有人打赢了这样的官司。

（二）未年检的车出险不赔

在保险合同中有规定：车辆未检或检验不合格不属于保险责任。业务员在客户投保时要切实履行告知义务，告知客户千万要切记按时年检，切不可后延，免得索赔时"屋漏更遭连夜雨"，罚款事小，被拒赔事大。而且，如果交通事故造成了第三者损失，费用也将由客户自己承担，保险就白买了。

（三）驾驶证到期未审验不赔

驾驶证到期未审验，不能驾驶车辆，保险公司可以根据保险合同拒绝任何理赔。这一点也要求业务员在客户投保时切实履行告知义务。

（四）汽车撞了非第三者不赔

商业第三者责任险中的第三者通俗地讲，就是排除 4 种人，即保险人、被保险人、本车发生事故时的驾驶员、被保险人的家庭成员。不仅在车险中，在其他责任险中也有相关规定。

（五）未上牌照的车不赔

车辆在出险时，除合同另有约定外，保险车辆必须具备两个条件：一是保险车辆须有公安交通管理部门核发的行驶证或号牌；二是在规定期间内经公安交通管理部门检验合格。这一点也要求业务员在客户投保时切实履行告知义务。

（六）撞人后精神损失费保险公司不赔

保险公司不是无条件地完全承担"被保险人依法应当支付的赔偿金额"，而是依照《道路交通事故处理办法》及保险合同的规定给予赔偿。保险条款明确规定了，因保险事故引起的任何有关精神损害赔偿为责任免除。

（七）涉及第三方赔偿责任的，要求客户须先向第三方索赔同时向保险公司报案

如果车辆出险是由第三方造成，被保险人必须先向第三方索赔，才有可能获得保险公司的赔偿。如果被保险人放弃了向第三方索赔的权利，而直接向保险公司索赔，保险公司将拒绝赔偿。因为一旦放弃了向第三方追偿的权利，也就放弃了向保险公司要求赔偿的权利。

（八）汽车保险是不定值保险，赔偿金额不能超过汽车的实际价值

汽车保险是不定值保险，赔偿金额不能超过汽车的实际价值。如被保险人给二手车投保，选择的保险金额超过了汽车实际价值（如按新车购置价投保），一旦发生车辆全损，只能得到出险时二手车实际价值的赔偿，不能按保险金额赔偿。

（九）其他情况

1. 适用于简易理赔程序的小赔案

车辆发生撞墙、水泥柱、树等不涉及向他人赔偿的事故时，被保险人可直接向保险公司报案，征求保险公司意见，是出具相关证明或是在事故现场等候保险公司来人查勘。

2. 汽车自燃案件的处理

保险业务员应告知客户万一汽车发生自燃的应急处理措施：客户应立即停车、灭火，向交警、消防队报警，同时通知保险公司。车主要记得向处理事故的交警、消防部门索取责任认定书或火灾证明。

3. 客户车辆在外地出险的处理

假如客户车辆在外地出险，可以向所投保的保险公司报案，保险公司会委托当地的保险公司派出专业人员协助处理事故、核定事故损失。

三、保险公司对不同性质的车险事故理赔程序的告知义务

（一）单方事故理赔程序

1. 报案

客户应直接向保险公司报案，如果损失较大可由保险公司确认是否向当地交警报案，或保险公司派人赴现场查勘。

2. 定损

由当事人配合保险公司索赔人员查勘、确认损失。如果在修理过程中发现还有其他损失，应马上报请保险人复查。

3. 索赔

客户应尽快收集索赔单证，15 天内向保险公司申请索赔，一般所需单证如下。
（1）出险通知书填写并加盖公章（私车需签字）；
（2）交通事故仲裁机关出具的调解书、责任认定书或有关政府职能部门的证明；
（3）保险公司的定损单；
（4）车辆的修理发票及维修清单、施救费；
（5）肇事车辆的行驶证正、副本及司机驾驶执照正、副本复印件（私车还要提供被保险人身份证复印件）；
（6）保单复印件；
（7）赔款通知书上加盖公章及公司账号（私车由被保险人签字）；
（8）如果汇款单位或个人与被保险人不符，还需提供被保险人的委托书。

（二）多方事故理赔程序

1. 报案

客户应及时向交警报案，并在 48 小时内向保险公司报案（越早越好），并尽量减少损失。

2. 定损

由当事人配合保险公司索赔人员查勘、确认损失。尽早地确认本车在事故中所承担的责任，并报请保险公司进行查勘。如果在修理过程中发现还有其他损失应马上报请保险人复查。

3. 索赔

客户应尽快收集索赔单证，15 天内向保险公司申请索赔，一般所需单证如下。
（1）出险通知书填写并加盖公章（私车需盖私章）；
（2）交通事故仲裁机关出具的调解书、责任认定书或有关政府职能部门的证明；
（3）保险公司的定损单；

（4）车辆的修理发票及维修清单、施救费；

（5）第三者车损修理发票及维修清单、施救费、物损发票；

（6）如有一次性赔偿的，需提供一次性赔偿凭证；

（7）肇事车辆的行驶证正、副本及司机驾驶执照正、副本复印件（私车还要提供被保险人身份证复印件）；

（8）保单复印件；

（9）赔款通知书上加盖公章及公司账号（私车由被保险人签字）；

（10）如果汇款单位或个人与被保险人不符，还需提供被保险人的委托书。

（三）伤亡事故理赔程序

1. 报案

客户应立即向警方报案，并抢救伤者，同时在 48 小时内向保险公司报案（越早越好），尽量减少损失。

2. 定损

客户应向保险公司咨询有关第三者或车上人员的伤残或死亡赔偿标准，如有必要可与保险公司调查员到医院了解伤者情况。到事故处理部门进行责任认定和事故调解。人伤入院不必垫付过多的医疗费用，以免被动，可在核实责任后向保险人咨询后认可。

3. 索赔

客户应尽快地收集索赔单证，15 天内向保险公司申请索赔，一般所需单证如下。

（1）出险通知书填写并加盖公章（私车需盖私章）；

（2）交通事故仲裁机关出具的调解书、责任认定书或有关政府职能部门的证明；

（3）伤残事故需要伤者诊断证明、伤残鉴定报告、出院小结、医疗病历、一次性赔偿凭证；

（4）死亡事故需要死亡证明、一次性赔偿凭证、被抚养人的户籍证明（仅限直系亲属）；

（5）医疗费、家属的交通费、住宿费；

（6）肇事车辆的行驶证正、副本及司机驾驶执照正、副本复印件（私车还要提供被保险人身份证复印件）；

（7）保单复印件；

（8）赔款通知书上加盖公章及公司账号（私车由被保险人签字）；

（9）如果汇款单位或个人与被保险人不符，还需提供被保险人的委托书。

（四）盗抢险理赔程序

1. 报案

客户应立即向当地公安刑侦部门（110）报案（24 小时以内），保留现场并立即向保险公司报案（出险 48 小时以内）。

2. 定损

客户应尽快在当地市级以上报社发布寻车启事，索取并保存该期报刊以备索赔用；3个月后到当地公安刑侦部门开具丢失证明，同时到车辆所属车管部门办理失窃车辆牌证注销手续。

3. 索赔

客户应尽快地收集索赔单证，15天内向保险公司申请索赔（保险公司一般在报案3个月后受理）。一般所需单证如下。

（1）出险通知书填写并加盖公章（私车需盖私章）；

（2）车钥匙两把；

（3）行驶证及副卡原件，驾驶证正、副本复印件；

（4）购车发票；

（5）登报寻车启事、公安报案受理单、公安刑侦部门3个月未破案证明；

（6）停车场证明、停车费收据正本；

（7）权益转让书；

（8）保单复印件；

（9）失窃车辆牌证注销登记表；

（10）单位营业执照复印件（私车提供身份证复印件）；

（11）赔款通知书上加盖公章及公司账号（私车由被保险人签字）；

（12）如果汇款单位或个人与被保险人不符，还需提供被保险人的委托书。

➤ **思考练习**

1.汽车保险理赔注意事项有哪些？

2.阐述盗抢险理赔程序。

模块三 交强险理赔实务

➤ **教学目标**

通过本模块的学习，要求学生掌握汽车交强险理赔处理方法

➤ **工作任务**

掌握汽车交强险赔款处理方法。

➤ **问题探究**

一、接报案和理赔受理

接报案

（1）接到被保险人或者受害人报案后，应询问有关情况，并立即告知被保险人或者受害人具体的赔偿程序等有关事项。

涉及人员伤亡或事故一方没有投保交强险的，应提醒事故当事人立即向当地交通管理部门报案。

（2）保险人应对报案情况进行详细记录，并录入业务系统统一管理。

（3）被保险机动车发生交通事故的，应由被保险人向保险人申请赔偿保险金。根据被保险人的请求，保险人应当直接向该第三者（受害人）赔偿保险金。被保险人怠于请求的，第三者（受害人）有权就其应获赔偿部分直接向保险人请求赔偿保险金。

保险人应增加专门单证，或在《索赔申请书》中设置项目，要求被保险人确认是否需要保险人直接向第三者（受害人）赔偿保险金。被保险人与第三者（受害人）协商一致后，由被保险人现场亲笔签字确认。

（4）书面一次性告知索赔单证。保险人应当在收到赔偿申请时立即以索赔须知的方式，一次性书面告知被保险人需要向保险人提供的与赔偿有关的证明和资料。索赔须知必须通俗、易懂，并根据《交强险索赔单证规范》勾选与赔偿有关的证明和资料。各公司可以减少交强险索赔单证，不得以任何理由增加索赔单证种类和要求。

二、查勘和定损

（1）事故各方机动车的保险人在接到客户报案后，有责方车辆的保险公司应进行查勘，对受害人的损失进行核定。无责方车辆涉及人员伤亡赔偿的，无责方保险公司也应进行查勘定损。

（2）事故任何一方的估计损失超过交强险各分项赔偿限额的，应提醒事故各方当事人依法进行责任划分。

（3）事故涉及多方保险人，但存在一方或多方保险人未能进行查勘定损的案件，未能进行查勘定损的保险人可委托其他保险人代为查勘定损；受委托方保险人可与委托方保险人协商收取一定费用。接受委托的保险人应向委托方的被保险人提供查勘报告、事故／损失照片和由事故各方签字确认的损失情况确认书。

三、垫付和追偿

（一）抢救费用垫付条件

同时满足以下条件的，可垫付受害人的抢救费用。

（1）符合《机动车交通事故责任强制保险条例》第二十二条规定的情形；

（2）接到公安机关交通管理部门要求垫付的通知书；

（3）受害人必须抢救，且抢救费用已经发生，抢救医院提供了抢救费用单据和明细项目；

（4）不属于应由道路交通事故社会救助基金垫付的抢救费用。

（二）垫付标准

（1）按照交通事故人员创伤临床诊疗指南和抢救地的国家基本医疗保险的标准，在交强险医疗费用赔偿限额或无责任医疗费用赔偿限额内垫付抢救费用。

（2）被抢救人数多于一人且在不同医院救治的，在医疗费用赔偿限额或无责任医疗费用赔偿限额内按人数进行均摊；也可以根据医院和交警的意见，在限额内酌情调整。

（三）垫付方式

自收到交警部门出具的书面垫付通知、伤者病历或诊断证明、抢救费用单据和明细之日起，及时向抢救受害人的医院出具《承诺垫付抢救费用担保函》，或将垫付款项划转至抢救医院在银行开立的专门账户，不进行现金垫付。

（四）追偿

对于所有垫付的案件，保险人垫付后有权向致害人追偿。追偿收入在扣减相关法律费用（诉讼费、律师费、执行费等）、追偿费用后，全额冲减垫付款。

四、抢救费用支付

（一）适用条件

支付抢救费用必须同时满足以下条件。

（1）接到交警部门签署的书面支付通知书；

（2）在交强险保险责任范围内；

（3）受害人被抢救，且抢救费用已经发生，医院提供了病历/诊断证明、抢救费用明细清单；

（4）抢救所用药品、检查费用等必须与本次事故有关，并符合国务院卫生主管部门组织制定的有关临床诊疗指南和国家基本医疗保险标准。

（二）不予支付抢救费用的情况

以下情形不予支付抢救费用。

（1）事故不构成保险责任，如受害人的故意行为等。

（2）应由道路交通事故社会救助基金垫付的抢救费用，这里指下述情况。

1）抢救费用超过交强险医疗费用赔偿限额的；

2）肇事机动车未参加机动车交通事故责任强制保险的；

3）机动车肇事后逃逸的。

（3）非抢救费用或抢救费用不符合国务院卫生主管部门组织制定的有关临床诊疗指南和国家基本医疗保险标准的费用。

（4）非本次事故交强险受害人的抢救费用。

（三）抢救费用的支付流程

（1）接到公安机关交通管理部门抢救费用支付的书面通知后，及时核实承保、事故情况，在1个工作日之内出具《承诺支付／垫付抢救费用担保函》，交被保险人送至伤者抢救所在医院，并向医院索要接受支付抢救费的划转账户的开户行及账号。

（2）对伤者病历或诊断证明、抢救费用单据和明细进行审核。

（3）满足以下条件之一的，及时将款项划至救治医院指定账户。

1）抢救费用总额达到或超过交强险医疗费用赔偿限额；

2）抢救过程结束。

抢救费用不得进行现金支付。

（4）向医院出具《交强险抢救费用支付／垫付说明书》。

五、赔偿处理

（一）赔偿原则

（1）保险人在交强险责任范围内负责赔偿被保险机动车因交通事故造成的对受害人的损害赔偿责任，赔偿金额以交强险条款规定的分项责任限额为限。

在上述损害赔偿责任中，被保险人未向受害人赔偿的部分，不得向保险人提出索赔。

（2）被保险人书面请求保险人直接向第三者（受害人）赔偿保险金的，保险人应向第三者（受害人）就其应获赔偿部分直接赔偿保险金。

被保险人未书面请求保险人向第三者（受害人）赔偿保险金，且接保险人通知后无故不履行赔偿义务超过15日的，保险人有权就第三者（受害人）应获赔偿部分直接向第三者（受害人）赔偿保险金。

（3）交强险的案件应与其他保险业务分开立案、分开记录、分开结案。

（4）道路交通事故肇事方（被保险人）、受害人等对交强险赔偿以上部分存在争议的，不影响其及时获得交强险的赔偿。道路交通事故肇事方（被保险人）、受害人等对交强险某分项责任赔偿存在争议的，不影响其及时获得交强险其他分项责任的赔偿。

（二）赔偿时限

1. 保险责任核定时限

对涉及财产损失的，保险公司应当自收到被保险人提供的证明和资料之日起1日内对是否属于保险责任做出核定，并将结果通知被保险人。对涉及人身伤亡的，保险公司应当自收到被保险人提供的证明和资料之日起3日内对是否属于保险责任做出核定，并将结果通知被保险人。

2. 拒赔通知时限

对不属于保险责任的，保险公司应当自作出核定之日起3日内向被保险人或者受益人发出拒绝给付保险金通知书，并书面说明理由。

3. 赔偿保险金时限

（1）对属于保险责任在 2000 元以下的仅涉及财产损失赔偿的案件，被保险人索赔单证齐全的，保险公司应在当日给付保险金。

（2）对属于保险责任在 10000 元以下的人身伤亡赔偿案件，被保险人索赔单证齐全的，保险公司应当在 3 日内给付保险金。

（3）对属于保险责任在 50000 元以下的人身伤亡赔偿案件，被保险人索赔单证齐全的，保险公司应当在 5 日内给付保险金。

（4）对属于保险责任的交强险赔偿案件，被保险人索赔单证齐全的，保险公司应当在被保险人提出索赔申请不超过 7 日内给付保险金。

4. 先予支付保险金承诺

保险人自收到赔偿或者给付保险金的请求和有关证明、资料之日起 20 日内，对其赔偿或者给付保险金的数额不能确定的，应当根据已有证明和资料可以确定的数额先予支付；保险人最终确定赔偿或者给付保险金的数额后，应当支付相应的差额。

（三）赔款计算

1. 基本计算公式

保险人在交强险各分项赔偿限额内，对受害人死亡伤残费用、医疗费用、财产损失分别计算赔偿。

$$总赔款 = \sum 各分项损失赔款$$
$$= 死亡伤残费用赔款 + 医疗费用赔款 + 财产损失赔款$$

各分项损失赔款为各分项核定损失承担金额，即

$$死亡伤残费用赔款 = 死亡伤残费用核定承担金额$$
$$医疗费用赔款 = 医疗费用核定承担金额$$
$$财产损失赔款 = 财产损失核定承担金额$$

各分项核定损失承担金额超过交强险各分项赔偿限额的，各分项损失赔款等于交强险各分项赔偿限额。

注："受害人"为被保险机动车的受害人，不包括被保险机动车本车车上人员、被保险人，下同。

2. 当保险事故涉及多个受害人时

（1）基本计算公式中的相应项目表示为：

各分项损失赔款为各受害人各分项核定损失承担金额之和，即

$$死亡伤残费用赔款 = \sum 各受害人死亡伤残费用核定承担金额$$
$$医疗费用赔款 = \sum 各受害人医疗费用核定承担金额$$
$$财产损失赔款 = \sum 各受害人财产损失核定承担金额$$

（2）各受害人各分项核定损失承担金额之和超过被保险机动车交强险相应分项赔偿限额的，各分项损失赔款等于交强险各分项赔偿限额。

（3）各受害人各分项核定损失承担金额之和超过被保险机动车交强险相应分项赔偿限额的，各受害人在被保险机动车交强险分项赔偿限额内应得到的赔偿为：

被保险机动车交强险对某一受害人分项损失的赔偿金额

$$=交强险分项赔偿限额 \times \frac{事故中某一受害人的分项核定损失承担金额}{\sum 各受害人分项核定损失承担金额}$$

3. 当保险事故涉及多辆肇事机动车时

（1）各被保险机动车的保险人分别在各自的交强险各分项赔偿限额内，对受害人的分项损失计算赔偿。

（2）各方机动车按其适用的交强险分项赔偿限额占总分项赔偿限额的比例，对受害人的各分项损失进行分摊。

$$某分项核定损失承担金额 = 该分项损失金额 \times \frac{适用的交强险该分项赔偿限额}{\sum 各致害方交强险该分项赔偿限额}$$

注：1）肇事机动车中的无责任车辆，不参与对其他无责方车辆和车外财产损失的赔偿计算，仅参与对有责方车辆损失或车外人员伤亡损失的赔偿计算。

2）无责方车辆对有责方车辆损失应承担的赔偿金额，由有责方在本方交强险无责任财产损失赔偿限额项下代赔。

一方全责，一方无责的，无责方对全责方车辆损失应承担的赔偿金额为全责方车辆损失，以交强险无责任财产损失赔偿限额为限。

一方全责，多方无责的，无责方对全责方车辆损失应承担的赔偿金额为全责方车辆损失，以各无责方交强险无责任财产损失赔偿限额之和为限。

多方有责，一方无责的，无责方对各有责方车辆损失应承担的赔偿金额以交强险无责任财产损失赔偿限额为限，在各有责方车辆之间平均分配。

多方有责，多方无责的，无责方对各有责方车辆损失应承担的赔偿金额以各无责方交强险无责任财产损失赔偿限额之和为限，在各有责方车辆之间平均分配。

3）肇事机动车中应投保而未投保交强险的车辆，视同投保机动车参与计算。

4）对于相关部门最终未进行责任认定的事故，统一适用有责任限额计算。

（3）肇事机动车均有责任且适用同一限额的，简化为各方机动车对受害人的各分项损失进行平均分摊。

1）对于受害人的机动车、机动车上人员、机动车上财产损失：

$$某分项核定损失承担金额 = \frac{受害人的该分项损失金额}{N-1}$$

2）对于受害人的非机动车、非机动车上人员、行人、机动车外财产损失：

$$某分项核定损失承担金额 = \frac{受害人的该分项损失金额}{N}$$

式中：N 为事故中所有肇事机动车的辆数。

肇事机动车中应投保而未投保交强险的车辆，视同投保机动车参与计算。

（4）初次计算后，如果有致害方交强险限额未赔足，同时有受害方损失没有得到充分补偿，则对受害方的损失在交强险剩余限额内再次进行分配，在交强险限额内补足。对于待分配的各项损失合计没有超过剩余赔偿限额的，按分配结果赔付各方；超过剩余赔偿限额的，则按每项分配金额占各项分配金额总和的比例乘以剩余赔偿限额分摊；直至受损各方均得到足额赔偿或应赔付方交强险无剩余限额。

4. 当受害者有财产损失时

受害人财产损失需要施救的，财产损失赔款与施救费累计不超过财产损失赔偿限额。

5. 出险时主车和挂车连接使用的

主车和挂车在连接使用时发生交通事故，主车与挂车的交强险保险人分别在各自的责任限额内承担赔偿责任。

若交通管理部门未确定主车、挂车应承担的赔偿责任，主车、挂车的保险人对各受害人的各分项损失平均分摊，并在对应的分项赔偿限额内计算赔偿。

主车与挂车由不同被保险人投保的，在连接使用时发生交通事故，按互为第三者的原则处理。

6. 被保险车辆投保一份以上交强险的

被保险机动车投保一份以上交强险的，保险期间起期在前的保险合同承担赔偿责任，起期在后的不承担赔偿责任。

7. 有关精神损害抚慰金

被保险人依照法院判决或者调解承担的精神损害抚慰金原则上在其他赔偿项目足额赔偿后，在死亡伤残赔偿限额内赔偿。

8. 死亡伤残费用和医疗费用的核定标准

按照《最高人民法院〈关于审理人身损害赔偿案件适用法律若干问题的解释〉》规定的赔偿范围、项目和标准，以及公安部颁布的《道路交通事故受伤人员伤残评定》（GB18667—2002）、交通事故人员创伤临床诊疗指南和交通事故发生地的基本医疗标准核定人身伤亡的赔偿金额。

案例

案例1 A、B两机动车发生交通事故，两车均有责任。A、B两车车损分别为2000元、5000元，B车车上人员医疗费用7000元，死亡伤残费用60000元，另造成路产损失1000元。设两车适用的交强险财产损失赔偿限额为2000元，医疗费用赔偿限额为10000元，死亡伤残赔偿限额为110000元。

（一）A 车交强险赔偿计算

A 车交强险赔偿金额

= 受害人死亡伤残费用赔款 + 受害人医疗费用赔款 + 受害人财产损失赔款

= B 车车上人员死亡伤残费用核定承担金额 + B 车车上人员医疗费用核定承担金额 + 财产损失核定承担金额

B 车车上人员死亡伤残费用核定承担金额 = 60000÷（2-1）= 60000（元）

B 车车上人员医疗费用核定承担金额 = 7000÷（2-1）= 7000（元）

财产损失核定承担金额 = 路产损失核定承担金额 + B 车损核定承担金额

= 1000÷2+5000÷（2-1）= 5500（元）（超过财产损失赔偿限额，按限额赔偿，赔偿金额为 2000 元）。

其中，A 车交强险对 B 车损的赔款 = 财产损失赔偿限额 × B 车损核定承担金额 ÷（路产损失核定承担金额 + B 车损核定承担金额）

= 2000×[5000÷（1000÷2+5000）]= 1818.18（元）

其中，A 车交强险对路产损失的赔款 = 财产损失赔偿限额 × 路产损失核定承担金额 ÷（路产损失核定承担金额 + B 车损核定承担金额）

= 2000×[（1000÷2）÷（1000÷2+5000）]= 181.82（元）

计算结果为：

A 车交强险赔偿金额 = 60000+7000+2000 = 69000（元）

（二）B 车交强险赔偿计算

B 车交强险赔偿金额 = 路产损失核定承担金额 + A 车损核定承担金额

= 1000÷2+2000÷（2-1）= 2500（元）

超过财产损失赔偿限额，按限额赔偿，赔偿金额为 2000 元。

案例 2 A、B 两机动车发生交通事故，A 车全责，B 车无责，A、B 两车车损分别为 2000 元、5000 元，另造成路产损失 1000 元。设 A 车适用的交强险财产损失赔偿限额为 2000 元，B 车适用的交强险无责任财产损失限额为 100 元。

（一）A 车交强险赔偿计算

A 车交强险赔偿金额 = B 车损核定承担金额 + 路产损失核定承担金额 = 5000+1000 = 6000 元（超过财产损失赔偿限额，按限额赔偿，赔偿金额为 2000 元）。

（二）B 车交强险赔偿计算

B 车交强险赔偿金额 = A 车损核定承担金额 = 2000 元（超过无责任财产损失赔偿限额，按限额赔偿，赔偿金额为 100 元）。

B 车对 A 车损应承担的 100 元赔偿金额，由 A 车保险人在交强险无责任财产损失赔偿限额项下代赔。

六、特殊案件处理

（一）满限额提前结案处理机制

1. 适用条件

同时满足以下条件的，属于交强险赔偿责任的事故。

（1）涉及人员伤亡，医疗费用支出已超过交强险医疗费用赔偿限额或估计死亡伤残费用明显超过交强险死亡伤残赔偿限额；

（2）被保险人申请并提供必要的单据。

2. 基本原则

对于涉及人员伤亡的事故，损失金额明显超过保险车辆适用的交强险医疗费用赔偿限额或死亡伤残赔偿限额的，保险公司可以根据被保险人的申请及相关证明材料，在交强险限额内先予赔偿结案，待事故处理完毕、损失金额确定后，再对剩余部分在商业险项下赔偿。

相关证明材料包括以下几种。

（1）索赔申请书、机动车行驶证、机动车驾驶证、被保险人身份证明、领取赔款人身份证明；

（2）交通事故责任认定书；

（3）医院诊断证明、医疗费报销凭证、死亡证明、被抚养人证明等。

3. 基本流程

（1）被保险人提出索赔申请。

（2）被保险人提供必要单证。

（3）保险公司在收到索赔申请和相关单证后进行审核，对于根据现有材料能够确定赔款金额明显超过医疗费用限额或死亡伤残限额的案件，应由医疗审核人员签署意见，在5日内先予支付赔款。不再涉及交强险赔付的，对交强险进行结案处理。

（二）交通事故责任未确定案件的抢救费用支付

保险公司收到受害人抢救费用支付申请时，被保险人在交通事故中是否有责任尚未明确的，在无责任医疗费用赔偿限额内支付抢救费用。

在道路交通管理部门能够确认被保险人在交通事故中负有责任后，保险公司应及时在交强险医疗费用赔偿限额内补充应垫付的抢救费用。

（三）交通事故中死者为无名氏的交强险赔偿

交通事故死亡人员身份无法确认的，其交强险赔偿金由道路交通事故社会救助基金管理机构提存保管。

无法由道路交通事故社会救助基金管理机构提存的，保险公司可以对已产生的费用如医疗费、丧葬费按照交强险赔偿标准凭票据赔偿，其他项目原则上不应向无赔偿请求权的个人或机构赔偿，可以根据法律文书另行处理。

七、赔款支付

（一）支付赔款

有关赔付情况应按规定及时上传至机动车交通事故责任交强险信息平台。未建立机动车交通事故责任交强险信息平台的，保险人支付赔款后应在保险单正本上加盖"×年×月×日出险，负××（全部、主要、同等、次要）责任，××（有无）造成死亡"条形章。

（二）单证分割

如果交强险和商业第三者责任险在不同的保险公司投保，如果损失金额超过交强险责任限额，由交强险承保公司留存已赔偿部分发票或费用凭据原件，将需要商业保险赔付的项目原始发票或发票复印件，加盖保险人赔款专用章，交被保险人办理商业险索赔事宜。

八、直接向受害人支付赔款的赔偿处理

（一）赔偿条件

发生受害人人身伤亡或财产损失，且符合下列条件之一的，保险人可以受理受害人的索赔。

（1）被保险人出具书面授权书；

（2）人民法院签发的判决书或执行书；

（3）被保险人死亡、失踪、逃逸、丧失索赔能力或书面放弃索赔权利；

（4）被保险人拒绝向受害人履行赔偿义务；

（5）法律规定的其他情形。

（二）索赔材料

受害人索赔时应当向保险人提供以下材料。

（1）人民法院签发的判决书或执行书，或交警部门出具的交通事故责任认定书和调解书原件；

（2）受害人的有效身份证明；

（3）受害人人身伤残程度证明以及有关损失清单和费用单据；

（4）其他与确认保险事故的性质、原因、损失程度等有关的证明和资料。

经被保险人书面授权的，还应提供被保险人书面授权书。

（三）赔款计算

保险事故涉及多个受害人的，在所有受害人均提出索赔申请，且受害人所有材料全部提交后，保险人方可计算赔款。

（1）事故中所有受害人的分项核定损失之和在交强险分项赔偿限额之内的，按实际损失计算赔偿。

（2）各受害人各分项核定损失承担金额之和超过被保险机动车交强险相应分项赔偿限额的，各受害人在被保险机动车交强险分项赔偿限额内应得到的赔偿为：

被保险机动车交强险对某一受害人分项损失的赔偿金额

$$= 交强险分项赔偿限额 \times \frac{事故中某一受害人的分项核定损失承担金额}{\sum 各受害人分项核定损失承担金额}$$

A 车肇事造成两个行人甲、乙受伤，甲医疗费用 7500 元，乙医疗费用 5000 元。设 A 车适用的交强险医疗费用赔偿限额为 10000 元，则 A 车交强险对甲、乙的赔款计算为：

A 车交强险赔偿金额＝甲医疗费用＋乙医疗费用＝7500＋5000＝12500（元），超过适用的交强险医疗费用赔偿限额，赔付 10000 元。

甲获得交强险赔偿：10000×7500/（7500＋5000）＝6000（元）。

乙获得交强险赔偿：10000×5000/（7500＋5000）＝4000（元）。

九、结案和归档

保险人向被保险人或受害人支付赔款后，将赔案所有单证按赔案号进行归档。必备单证包括以下几方面。

（1）保单抄件；

（2）报案记录、被保险人书面索赔申请；

（3）查勘报告、现场照片及损失项目照片、损失情况确认书、医疗费用原始票据及费用清单、赔款计算书（以上原始票据，由查勘定损公司留存）；

（4）行驶证及驾驶证复印件，被保险人和受害人的身份证明复印件（如直接支付给受害人）；

（5）公安机关交通管理部门或法院等机构出具的合法事故证明、有关法律文件及其他证明、当事人自行协商处理的协议书；

（6）其他能够确认保险事故性质、原因、损失程度等的有关证明、协议及文字记录；

（7）赔款收据、领取赔款授权书。

十、机动车交强险互碰赔偿处理

（一）均投保了交强险的两辆或多辆机动车互碰，不涉及车外财产损失和人员伤亡

1. 两辆机动车互碰，两车均有责

双方机动车交强险均在交强险财产损失赔偿限额内，按实际损失承担对方机动车的损害赔偿责任。

案 例

A、B 两车互碰，各负同等责任。A 车损失 3500 元，B 车损失 3200 元，则两车交强险赔付结果为：A 车保险公司在交强险项下赔偿 B 车损失 2000 元；B 车保险公司在交强险项下赔偿 A 车损失 2000 元。

对于 A 车剩余的 1500 元损失，按商业险条款规定，根据责任比例在商业车险项下赔偿。即如果 A 车投保了车损险、B 车投保了商业第三者责任险，则在 B 车的商业第三者责任险项下赔偿 750 元，在 A 车的车损险项下赔偿 750 元。

同时满足以下条件的事故，适用《机动车交强险财产损失互碰自赔处理办法》中规定的方式处理。

（1）两车或多车互碰，各方均投保交强险；

（2）仅涉及车辆损失（包括车上财产和车上货物）、不涉及人员伤亡和车外财产损失，各方损失金额均在 2000 元以内；

（3）由交警认定或当事人根据出险地关于交通事故快速处理的法律法规自行协商确定各方均有责任（包括同等责任、主次责任）；

（4）当事人各方对损失确定没有争议，并同意采用"互碰自赔"方式处理。

2. 两辆机动车互碰，一方全责、一方无责

无责方机动车交强险在无责任财产损失赔偿限额内承担全责方机动车的损害赔偿责任，全责方机动车交强险在财产损失赔偿限额内承担无责方机动车的损害赔偿责任。无责方车辆对全责方车辆损失应承担的赔偿金额，由全责方在本方交强险无责任财产损失赔偿限额项下代赔。

案 例

A、B 两车互碰造成双方车损，A 车全责（损失 1000 元），B 车无责（损失 1500 元）。设 B 车适用的交强险无责任赔偿限额为 100 元，则两车交强险赔付结果为：A 车交强险赔付 B 车 1500 元，B 车交强险赔付 A 车 100 元。

B 车对 A 车损失应承担的 100 元赔偿金额，由 A 车保险公司在本方交强险无责任财产损失赔偿限额项下代赔。

3. 多辆机动车互碰，部分有责（含全责）、部分无责

（1）一方全责，多方无责

所有无责方视为一个整体，在各自交强险无责任财产损失赔偿限额内，对全责方车辆损失按平均分摊的方式承担损害赔偿责任；全责方对各无责方在交强险财产损失赔偿限额内承担损害赔偿责任，无责方之间不互相赔偿。无责方车辆对全责方车辆损失应承担的赔偿金额，由全责方在本方交强险相应无责任财产损失赔偿限额内代赔。

案　例

A、B、C三车互碰造成三方车损，A车全责（损失600元），B车无责（损失600元），C车无责（损失800元）。设B、C车适用的交强险无责任赔偿限额为100元，则赔付结果为：A车交强险赔付B车600元，赔付C车800元；B车、C车交强险分别赔付A车100元，共赔付200元，由A车保险公司在本方交强险两个无责任财产损失赔偿限额内代赔。

（2）多方有责，一方或多方无责

所有无责方视为一个整体，在各自交强险无责任财产损失赔偿限额内，对有责方损失按平均分摊的方式承担损害赔偿责任；有责方对各方车辆损失在交强险财产损失赔偿限额内承担损害赔偿责任，无责方之间不互相赔偿。无责方车辆对有责方车辆损失应承担的赔偿金额，由各有责方在本方交强险无责任财产损失赔偿限额内代赔。

多方有责，一方无责的，无责方对各有责方车辆损失应承担的赔偿金额以交强险无责任财产损失赔偿限额为限，在各有责方车辆之间平均分配。

多方有责，多方无责的，无责方对各有责方车辆损失应承担的赔偿金额以各无责方交强险无责任财产损失赔偿限额之和为限，在各有责方车辆之间平均分配。

案　例

A、B、C、D四车互碰造成各方车损，A车主责（损失1000元），B车次责（损失600元），C车无责（损失800元），D车无责（损失500元）。设C、D两车适用的交强险无责任赔偿限额为100元，则赔付结果为：

（1）C车、D车交强险共应赔付200元，对A车、B车各赔偿（100＋100）÷2＝100（元），由A车、B车保险公司在本方交强险无责任财产损失赔偿限额内代赔。

（2）A车交强险赔偿金额＝B车损核定承担金额＋C车损核定承担金额＋D车损核定承担金额＝（600－100）＋800÷2+500÷2＝1150（元）。

（3）B车交强险赔偿金额＝A车损核定承担金额＋C车损核定承担金额＋D车损核定承担金额＝（1000－100）＋800÷2+500÷2＝1550（元）。

（二）均投保了交强险的两辆或多辆机动车互碰，涉及车外财产损失

有责方在其适用的交强险财产损失赔偿限额内，对各方车辆损失和车外财产损失承担相应的损害赔偿责任。

所有无责方视为一个整体，在各自交强险无责任财产损失赔偿限额内，对有责方损失按平均分摊的方式承担损害赔偿责任。无责方之间不互相赔偿，无责方也不对车外财产损失进行赔偿。

无责方车辆对有责方车辆损失应承担的赔偿金额，由各有责方在本方交强险无责任财产损失赔偿限额内代赔。

案 例

A、B、C三车互碰造成三方车损，A车主责（损失600元），B车无责（损失500元），C车次责（损失300元），车外财产损失400元。则A车、B车、C车的交强险赔付计算结果为：

（1）先计算出无责方对有责方的赔款

B车交强险应赔付A车、C车各100÷2＝50（元）。由A车、C车在各自交强险无责任财产损失赔偿限额内代赔。

（2）有责方再对车外财产、各方车损进行分摊

A车交强险赔款＝（500＋400）÷2+（300-50）＝700（元）。

C车交强险赔款＝（500＋400）÷2+（600-50）＝1000（元）。

（3）计算有责方交强险和代赔款之和

A车交强险赔款＋代赔款＝700＋50＝750（元）。

C车交强险赔款＋代赔款＝1000＋50＝1050（元）。

（三）均投保了交强险的两辆或多辆机动车发生事故，造成人员伤亡

（1）肇事机动车均有责且适用相同责任限额的，各机动车按平均分摊的方式，在各自交强险分项赔偿限额内计算赔偿。

案 例

A、B两机动车发生交通事故，两车均有事故责任，A、B车损分别为2000元、5000元，B车车上人员医疗费用7000元，死亡伤残费用60000元，另造成路产损失1000元。则A车交强险初次赔付计算结果为：

B车车上人员死亡伤残费用核定承担金额＝60000÷（2-1）＝60000（元）。

B车车上人员医疗费用核定承担金额＝7000÷（2-1）＝7000（元）。

财产损失核定承担金额＝1000÷2+5000÷（2-1）＝5500（元），超过财产损失赔偿限额，按限额赔偿，赔偿金额为2000元。

A车交强险赔偿金额＝60000+7000+2000＝69000（元），其中：

A车交强险对B车损的赔款＝2000×[5000÷（500+5000）]＝1818.18（元）；

A车交强险对路产损失的赔款＝2000×[500÷（500+5000）]＝181.82（元）。

（2）肇事机动车中有部分适用无责任赔偿限额的，按各机动车交强险赔偿限额占总赔偿限额的比例，在各自交强险分项赔偿限额内计算赔偿。

案 例

A、B、C三车发生交通事故，造成第三方人员甲受伤，A、B两车各负50％的事故责任，C车和受害人甲无事故责任，受害人甲支出医疗费用4500元。设适用的交强险医疗费用赔偿限额为18000元，交强险无责任医疗费用赔偿限额为1800元，则A、B、C三车对受害人甲应承担的赔偿金额分别为：

A 车交强险医疗费用赔款＝ 4500×[18000÷（18000+18000+1800）] ＝ 2142.86（元）。

B 车交强险医疗费用赔款＝ 4500×[18000÷（18000+18000+1800）] ＝ 2142.86（元）。

C 车交强险医疗费用赔款＝ 4500×[1800÷（18000+18000+1800）] ＝ 214.29（元）。

（3）支付、垫付抢救费金额参照以上方式计算。

（四）无责财产赔付简化处理方法

1. 适用条件

同时满足以下条件的双方或多方事故，适用无责财产赔付简化处理机制。

（1）两方或多方机动车互碰，各方均投保交强险；

（2）交警认定或根据法律法规能够协商确定事故责任，部分有责、部分无责；

（3）无责方车号、交强险保险人明确。

2. 基本原则

（1）无责代赔仅适用于车辆损失部分的赔偿，对于人员伤亡部分不进行代赔。

（2）对于应由无责方交强险承担的对有责方车辆损失的赔偿责任，由有责方承保公司在单独的交强险无责任财产损失代赔偿限额内代赔。代赔偿限额为无责方交强险无责任财产损失赔偿限额之和，在各有责方之间平均分配。

（3）各保险公司之间对代赔金额进行分类统计，但不进行清算。

（4）有责方代赔的部分不影响交强险费率浮动。

（5）各无责方车辆不参与对其他无责车辆和车外财产损失的赔偿计算。

3. 基本流程

（1）出险后，由有责方向其承保公司报案，无责方不必向其承保公司报案。

保险公司接报案时应提醒客户注意记录对方车牌号、被保险人名称、驾驶证号码、联系方式、交强险保险公司等信息。

当事人根据法律法规自行协商处理事故或要求自行协商处理的，应指导客户填写《机动车交通事故快速处理协议书》。

（2）原则上由有责方保险公司对双方车辆进行查勘、定损，拍摄事故照片，出具查勘报告、定损单。查勘报告和定损单应由当事人签字确认。

（3）对于本应由无责方交强险承担的对有责方车损的赔偿责任，由有责方承保公司在本方交强险无责任财产损失代赔偿限额内代为赔偿。

有责方交强险项下合计赔款为：

①有责方交强险赔款＝其他有责方车损核定承担金额＋无责方车损核定承担金额＋车外财产损失核定承担金额（≤ 2000 元）

②有责方保险公司无责代赔部分＝有责方车损（≤无责方车辆数 × 无责任财产损失赔偿限额 ÷ 有责方车辆数）

③有责方保险公司交强险合计赔款＝①＋②

（4）为准确统计无责代赔数量和金额，有责方保险公司应对代赔款项加注"无责代赔"标识，并在查勘报告、业务系统中记录无责方车号、保险公司名称。

（5）有责方保险公司代赔后，应将无责方车号、代赔金额等有关数据上传至交强险信息平台。

4. 注意事项

（1）当事人协商确定事故责任的，保险公司有权通过查勘、比对等方式，对事故原因和协商结果进行核实。

（2）满足无责代赔条件，无责方已经支付赔款并向己方保险公司索赔的，应提供付款证明或有责方保险公司未代赔的证明材料。

（3）对于人员伤亡损失，有责方保险公司原则上不予代赔，仍应由无责方被保险人或其授权委托人向其承保公司索赔。

对于不符合无责代赔条件，仍需无责方自行向其承保公司索赔的，应及时告知双方当事人。

（五）特殊情况处理

1. 一方机动车投保交强险，另一方仅投保商业险的机动车发生事故

依照《机动车交通事故责任强制保险条例》，军队、武警机动车参加交强险的办法由中国人民解放军、中国人民武装警察部队另行规定。在相关规定出台前，对于仅投保商业第三者责任险的军队、武警机动车，与投保交强险的车辆互碰，按以下方式计算赔偿。

（1）对于军队、武警车辆，按照其所投保的商业险条款和特别约定的规定计算赔偿。

（2）对于与军队、武警车辆碰撞的车辆，在计算其车损险赔款时，根据损失补偿原则，不扣除对方交强险应赔偿部分。

（3）两车同时碰撞车外财产或行人，按照事故责任比例，承保交强险的在交强险限额内承担受害人的损失，承保原商业第三者责任险的在商业险限额内按条款规定承担受害人的损失。

案 例

A、B 共同造成车外 C 的财产损失，A 主责，B 次责，C 损失 5000 元。交警调解确定 A 承担 60% 的损失，B 承担 40% 的损失。A 投保了交强险，B 为军队车辆，未投保交强险。则 A 交强险对 C 的赔偿金额应为：

$$5000 \times 60\% = 3000\ 元 > 2000\ 元（交强险财产损失赔偿限额）$$

因此，A 交强险对 C 的赔偿金额为 2000 元。

2. 一方机动车投保交强险，另一方无保险的机动车发生事故

2006 年 10 月 1 日以后发生保险车辆与应投保而未投保交强险的机动车碰撞的事故，所有无保险的机动车均视同投保交强险参与赔款计算。

（1）原则上认为无保险车辆应该承担相当于交强险的赔偿责任。在计算本方车损赔款时，应当扣除对方相当于交强险的赔偿金额。

（2）但如果本车损失确实不能得到对方相当于交强险赔偿（如已按交警调解结果履行赔偿责任，或法院判决未要求对方承担相当于交强险的赔偿责任），可由本方交强险先行代为赔付。

对方无责，保险公司可先行在另一个交强险无责任赔偿限额内赔付全责方的本车车损和车上人员伤亡损失（道路交通事故社会救助基金成立后，由基金垫付的抢救费部分应予扣除）。

对方有责，保险公司可先行在另一个交强险赔偿限额内赔付本车车损和车上人员伤亡损失。

（3）为准确统计代赔数量和金额，应对代赔款项加注"无保险代赔"标识，代赔部分在另一个交强险限额内列支。

（4）保险公司代赔后应要求被保险人签具权益转让书，转让追偿的权利。

（5）应注意防范无保险车辆惧怕罚款，已私下向被保险车辆支付赔款，被保险人又向保险公司重复索赔的情况。

3. 关于挂靠同一单位的机动车互碰的赔偿方式

对于被保险人（营业性车队、挂靠单位等）为同一人，但投保人（所有人）为不同自然人的机动车互碰，可按互为第三者的原则，由各方机动车交强险在其分项赔偿限额内，按实际损失承担对方机动车（车辆、车上人员、车上财产）的损害赔偿责任。

注：此种处理方式仅适用于投保人在投保时如实向保险人告知了车辆属于挂靠的情况，并且在保险合同中明确体现。如果在保单中体现为投保人完全相同（即不能体现出实际的所有人），则将视互碰的各车为同一被保险人所有，不能在交强险项下进行赔偿。

4. 经交警调解或当事各方协商，由各方机动车承担本方车辆损失

（1）能够找到事故对方机动车并勘验损失的，对事故对方车辆损失在本方交强险赔偿限额内计算赔偿，超过限额部分在商业车险项下按过错责任比例计算赔偿。

案　例

A、B两车互碰，各负同等责任。A车损失3500元，B车损失3200元，交警调解结果为各自修理本方车辆。在能够勘验双方车辆损失的情况下，A车保险公司在交强险项下赔偿B车损失2000元；B车保险公司在交强险项下赔偿A车损失2000元。对于A车剩余的1500元损失，如果A车投保了车损险、B车投保了商业第三者责任险，则可以在B车的商业第三者责任险项下赔偿750元，在A车的车损险项下赔偿750元。

（2）事故对方已无法找到并勘验损失，被保险机动车无法得到对方赔偿的，可对被保险机动车的车辆损失在本方机动车交强险赔偿限额内计算赔偿，超过限额部分在本方机动车商业车损险项下按条款规定计算赔偿。

案　例

　　A、B 两车互碰，各负同等责任。A 车损失 3500 元，B 车损失 3200 元。交警调解结果为各自修理本方车辆。在无法找到 B 车勘验损失的情况下，A 车保险公司可在交强险项下赔偿 A 车损失 2000 元。对于 A 车剩余的 1500 元损失，如果 A 车投保了车损险，则在 A 车的车损险项下按条款规定计算赔偿。

（六）理算程序

　　第一步：确定哪些损失属于本方机动车交强险受害人的损失。

　　第二步：判断是否满足无责代赔处理机制，若满足，按简化方式计算。若不满足则进入以下步骤。

　　第三步：确定本方机动车交强险项下的分项核定损失承担金额。根据肇事机动车的分项赔偿限额占总分项赔偿限额的比例分摊，各方机动车适用限额一致的，按平均分摊的方式计算。

　　第四步：对于分项核定损失承担金额没有超过交强险赔偿限额的，按分摊结果赔付；分项核定损失承担金额超过交强险赔偿限额的，在交强险限额内，按受害人分项核定损失承担金额占总分项核定损失承担金额的比例分摊。

　　第五步：判断交强险限额是否用足，若有受害方没有得到全额赔付，同时又有需赔付方交强险限额未用足，则在交强险限额内补足。对于待分配的各项损失合计没有超过剩余赔偿限额的，按分配结果赔付各方；超过剩余赔偿限额的，则按每项分配金额占各项分配金额总和的比例乘以剩余赔偿限额分摊；直至受损各方均得到足额赔偿或应赔付方交强险无剩余限额。

十一、机动车交强险财产损失互碰自赔处理办法

　　交强险"互碰自赔"是建立在交通事故快速处理基础上的一种交强险快速理赔机制，即对于事故各方均有责任，各方车辆损失均在交强险财产损失赔偿限额以内，不涉及人员伤亡和车外财产损失的两车或多车互碰事故，由各保险公司在本方机动车交强险财产损失限额内对本车损失进行赔付。

（一）适用条件

　　同时满足以下条件的，适用"互碰自赔"方式处理。

　　（1）两车或多车互碰，各方均投保了交强险；

　　（2）仅涉及车辆损失（包括车上财产和车上货物），不涉及人员伤亡和车外财产损失，各方损失金额均在 2000 元以内；

　　（3）由交警认定或当事人根据出险地关于交通事故快速处理的法律法规自行协商确定各方均有责任（包括同等责任、主次责任）；

　　（4）当事人各方对损失确定没有争议，并同意采用"互碰自赔"方式处理。

　　单方肇事事故、涉及人员伤亡的事故、涉及车外财产损失的事故，以及任何一方损失

金额超过交强险财产损失赔偿限额的事故，都不适用"互碰自赔"方式处理。

（二）处理原则

（1）满足"互碰自赔"条件的，由各保险公司分别对本方车辆进行查勘定损，并在交强险财产损失赔偿限额内，对本方车辆损失进行赔偿。

1）事故经交警处理的，被保险人可凭交警事故责任认定书、调解书，直接到各自的保险公司索赔。

2）双方根据法律法规规定自行协商处理交通事故的，经保险公司查勘现场，核对碰撞痕迹。

3）出险地建有行业交通事故集中定损中心的，由各方当事人共同到就近的定损中心进行查勘、定损。

（2）原则上，任何一方车辆损失金额超过 2000 元的，不适用"互碰自赔"方式，按一般赔案处理，即对第三者车辆损失 2000 元以内部分，在交强险限额内赔偿；其他损失在商业险项下按事故责任比例计算赔偿。

特殊情况下（如当地行业对损失金额限定标准有其他规定的，或事后发现损失金额超过限定标准、已无法勘验第三方损失等），可参照《机动车交强险互碰赔偿处理规则（2009版）》中，"交警调解各方机动车承担本方车辆损失"的相关规定处理，即对被保险机动车的车辆损失在本方机动车交强险赔偿限额内计算赔偿，超过限额部分在本方机动车商业车险项下按条款规定计算赔偿。

（3）各保险公司对"互碰自赔"机制下支付的赔款，不进行清算追偿。

（三）基本流程

1. 接报案

出险后，各方当事人均应向各自的承保公司报案。

（1）接报案时应详细记录出险时间、出险地点、事故双方当事人、损失情况、责任划分等内容，并根据客户提供的事故原因、事故性质等基本信息初步判断是否满足"互碰自赔"条件。

（2）初步判断可能满足"互碰自赔"条件的，应主动告知客户"互碰自赔"的适用条件、处理程序和注意事项。请客户在事故现场等待或到指定地点进行查勘、定损。

（3）接报案时不能够确定是否满足"互碰自赔"条件的，可引导客户查勘后确定。

（4）提示双方当事人按照出险地有关交通事故快速处理的相关规定，通知交警处理或依据有关法律法规规定自行协商处理。

2. 查勘定损

查勘人员要注意核实事故的真实性，填写查勘记录，并拍摄事故现场照片或损失照片。查勘时初步估计满足"互碰自赔"条件的，应告知客户"互碰自赔"的适用条件、处理程序和注意事项。发现不满足"互碰自赔"条件的，应协助各方当事人通知本方保险公司参与处理。

（1）交警参与事故处理并出具《事故责任认定书》，或当事人依据有关法律法规规定自行协商处理交通事故的，如果各方损失明显低于 2000 元，满足"互碰自赔"条件，可由各事故方保险公司直接对本方保险车辆进行查勘、定损。查勘人员事后发现痕迹不符或存在疑问的，应向对方保险公司调查取证，必要时对各方车辆进行复勘。

（2）当事人自行协商处理交通事故时不能确定是否满足"互碰自赔"条件的，可共同到一方保险公司进行查勘估损。满足"互碰自赔"条件的，由各方保险公司分别对本方车辆进行定损。进行查勘的公司应向对方保险公司提供事故现场照片或车辆损失照片。

（3）出险地建有行业交通事故集中定损中心的，由各方当事人共同到就近的定损中心进行查勘、定损。由各方保险公司分别对本方车辆进行查勘、定损。

（4）对于当事人自行协商处理，但未及时报案，也未经保险公司同意撤离事故现场的交通事故，应勘验双方车辆，核实事故情况。

3. 赔偿处理

满足"互碰自赔"条件的，事故各方分别凭交警《事故责任认定书》或《机动车交通事故快速处理协议书》等单证，直接到本方保险公司进行索赔。承保公司在交强险财产损失限额内赔偿本方车辆损失。

索赔材料有以下几种。

（1）索赔申请书；

（2）责任认定书、调解书或自行协商处理协议书；

（3）查勘记录、事故照片、损失情况确认书（定损单）；

（4）车辆修理费发票；

（5）驾驶证和行驶证（复印件或照片）。

（四）注意事项

（1）各保险公司应加强对事故真实性的查勘。事故双方自行协商处理交通事故的，应尽可能对双方车辆进行查勘，比对碰撞痕迹。有条件的地区要利用交强险信息平台进行监控，以防范道德风险。

（2）保险车辆在异地发生互碰事故，适用出险地保险行业协会、交管部门出台的相关规定。应由当地交警处理，并出具《事故责任认定书》，或由保险公司查勘第一现场，方可按"互碰自赔"方式赔偿。

（3）双方车号、交强险保险人需明确。事故对方车辆不明确的，应按找不到第三方处理。

（4）建有交强险信息平台的地区，应及时将相关出险、赔付数据上传至交强险信息平台。

交强险实施后，赔偿的原则是由交强险先进行赔付，不足的部分再由商业第三者责任险来补充。组合购买交强险和商业第三者责任险的，保障额度也不是两个险种额度的简单相加。比如 A、B 两车发生追尾事故，但未发生人员伤亡，仅发生车辆损失，A 车是肇事方负全责，B 车为被追车无责。两辆车都投保了交强险。赔偿时，A 车将对 B 车进行有责赔偿，最高赔 2000 元，不足部分由商业第三者责任险补充。B 车虽无责，但在交通事故中，两辆车互为第三方，被追车也需给 A 车赔偿，但限额最高 100 元。

交通事故中双方都有责任，也先由交强险按责任限额赔偿。如果 A、B 两车相撞造成车辆损失，两车都需按责在 2000 元限额内赔偿，如果 A 车损失超过 2000 元，超出部分需要 B 车另外支付，这也可以从商业第三者责任险来补充。

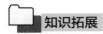 **知识拓展**

交强险各分项赔偿限额（见图 4-2）。

表 4-2　交强险各分项赔偿限额

单位：元

项目	有责	无责
死亡、伤残	180000	18000
医疗费	18000	1800
财产损失	2000	100

 **案　例**

交强险赔款理算

甲车投保交强险，在保险期间内，与多名行人发生了交通事故，导致多个行人死亡和伤残，并发生抢救费用，同时造成路政设施损坏。核定损失如下：人员死亡伤残费共 90000 元，医疗费用 6000 元，路政损失 300 元。

（1）假设交通管理部门确定甲车负同等责任，请计算交强险赔款。

（2）假设交通管理部门确定甲车无责，请计算交强险赔款。

解答

（1）假设交通管理部门确定甲车负同等责任，交强险赔款计算如下。

死亡伤残费：90000 < 180000，核定赔款 90000 元。

医疗费：6000 < 18000，核定赔款 6000 元。

财产损失：300 < 2000，核定赔款 300 元。

各分项核定赔款合计：90000+6000+300 = 96300（元）。

（2）假设交通管理部门确定甲车无责，交强险赔款计算如下。

死亡伤残费：90000 > 18000，核定赔款 18000 元。

医疗费：6000 > 1800，核定赔款 1800 元。

财产损失：300 > 100，核定赔款 100 元。

各分项核定赔款合计：18000+1800+100 = 19900（元）。

➤ **思考练习**

1.掌握交强险的赔款处理方法。

2.掌握交强险的赔款理算方法。

审核立案

模块四　汽车商业险赔款理算

➤ **教学目标**

通过本模块的学习，要求学生掌握汽车商业险赔款理算方法。

➤ **工作任务**

掌握汽车商业险赔款理算方法。

➤ **问题探究**

在进行赔款理算之前，保险公司相关工作人员要核对有关的索赔单证材料和发生事故的驾驶员的机动车驾驶证及保险车辆机动车行驶证的原件和复印件，核对无误后留存复印件。在审核索赔单证材料时，对于不符合规定的项目和金额应予以剔除；有关的证明和资料不完整的，应及时通知被保险人补充提供有关的证明和资料。

对被保险人提供的各种必要单证审核无误后，理赔人员根据保险条款的规定，迅速审查核定，对车辆损失险、商业第三者责任险、附加险、施救费用等分别计算赔款金额，并将核定计算结果及时通知被保险人。保险人应在与被保险人达成赔偿协议后 10 日内支付赔款。

在进行赔款理算时，由于新的商业车险条款费率改革，车险条款修订对理赔的影响较大，而客户的理解不同也会导致事故处理索赔的差异。对于双方责任事故，若客户选择代位求偿，车损险取消事故责任比例，第三者责任按照事故责任比例进行赔偿，客户可能在事故处理中对条款理解不同，从而影响理赔的结果。理赔人员应积极引导客户向责任方或责任方保险公司索赔的方式，减少代位求偿的索赔案件。交强险"互碰自赔"和商业险代位求偿两种索赔方式同时存在，也可能造成客户在赔偿过程中的理解差异，不能区分"互碰自赔"与代位求偿的差异，需要理赔人员及时告知客户。

一、车辆损失险的赔款计算

1. 非代位求偿案件的赔款计算

全损：赔款 =（保额 + 施救费用 − 交强险赔偿金额）× 事故责任比例 ×
　　　　（1 − 绝对免赔率）− 可选免赔额

部分损失：赔款 =（修理费用 + 施救费用 − 交强险赔偿金额）× 事故责任比例 ×
　　　　　　（1 − 绝对免赔率）− 可选免赔额

2. 代位求偿案件的赔款计算，按新理赔实务

全损：赔款＝（保额＋施救费用－被保险人已从第三方获得的赔偿金额）×

（1－绝对免赔率）－可选免赔额

部分损失：赔款＝（修理费－残值＋施救费用－被保险人已从第三方获得的赔偿

金额）×（1－绝对免赔率）－可选免赔额

需特别强调，车损险承保公司代位赔付后，按以下方式计算和分摊应向责任对方追偿的代位赔款金额：

应追偿代位赔款金额＝代位求偿方式车损险及附加不计免赔率险总赔款金额－

常规索赔方式车损险及附加不计免赔率险应赔付金额

3. 追偿代位赔款金额计算原则

应追偿代位赔款金额向各责任对方计算分摊追偿金额时，应遵循以下原则。

（1）先交强、后商业。

（2）交强险赔款计算按行业交强险理赔实务规程执行，按照有责、无责分项限额计算。

（3）超出交强险部分，按各责任对方的事故责任比例，分别计算向各责任对方的追偿金额。

4. 责任对方公司交强险和商业第三者责任险的赔款计算

责任对方保险公司在接收到代位公司追偿申请之后，首先在交强险范围内按照行业协会交强险实务计算规则计算赔款，然后对交强险赔偿金额之外的损失在商业第三者责任险范围内计算赔款，将计算得到的赔款支付给代位公司。超出追偿款部分，支付给代位公司的被保险人；不足部分，由代位公司再向责任对方进行追偿。

 **知识拓展**

代位求偿案件理赔操作实务

第一章　总则

第一条　被保险人选择代位求偿进行索赔的案件，按照本实务进行操作。本实务仅讲解代位求偿流程的特殊要点，未提及部分仍按公司相关理赔规定执行。

第二条　代位求偿的含义

投保了车损险的被保险人在车损险项下申请先行赔付损失的，由车损险保险公司在车损险项下先行赔付被保险人的损失，再向责任对方或者责任对方的保险公司进行追偿。

第三条　代位求偿的适用条件

一、被保险人投保机动车辆损失险（以下简称"车损险"）且发生车损险保险责任范围内的事故；人伤、物损不适用代位求偿方式处理。

二、事故责任明确，未得到责任对方的赔偿，且根据《中华人民共和国保险法》第六十一条规定，保险事故发生后，被保险人未放弃对责任方请求赔偿的权利。

三、被保险人向保险公司申请需以代位求偿方式先行赔付的。

第四条 代位求偿案件分类及赔偿处理。

一、追偿案件：当被保险人无责或有责时，申请其保险公司先行赔付标的车辆损失，并由保险公司向责任对方或责任对方保险公司对已赔付被保险人的损失进行追偿的案件。

二、清付案件：当被保险人全责或有责时，由其保险公司赔付被保险人车辆损失的同时，向追偿方保险公司赔付三者车辆损失的案件。

三、互为追偿案件：当事故双方均有责时，由保险公司先行赔付本公司标的车辆损失，同时向对方保险公司进行追偿和清付的案件。

四、代位求偿赔款计算分摊原则

（一）先交强、后商业：代位方保险公司应首先向责任对方的交强险承保公司进行追偿；超出交强险财产分项限额部分的，责任对方投保商业第三者责任险（以下简称"三者险"）的，代位方向责任对方的三者险承保公司进行追偿；如果在责任对方的保险责任范围内追偿后，不足以偿付代位方应追偿金额的，代位方可继续向责任对方进行追偿。

（二）先人伤、后车损：被追偿方保险公司在三者险项下被多个权利人追偿，且赔偿金额超出责任限额的，应优先赔付人身伤亡损失；人身伤亡损失赔付完毕或不存在人身伤亡损失的，再按照各个权利人财产损失赔偿金额占总财产损失赔偿金额的比例在三者险责任限额下进行分摊赔偿。

（三）赔款应参照行业协会制定的《交强险理赔实务规程（2009版）》规定的分摊原则和三者险条款的规定进行理算赔付。

第五条 追偿方保险公司与责任对方或责任对方保险公司的追偿/清付对应关系

一、保险公司A向保险公司B追偿：保险公司A的车损险赔款剔除自担赔款后，由保险公司B的交强险和三者险的赔款进行清付。

二、保险公司A向致害人B追偿：保险公司A商业车损险赔款剔除自担赔款后，由致害人B清付。

第六条 机构委派理赔负责人为本级机构代位求偿案件的责任人，负责代位求偿案件的指导与管控。

第七条 机构理赔部应设立代位求偿处理岗，相关人员应当熟悉代位求偿流程和相关理赔系统的操作。

第八条 代位求偿岗主要负责代位求偿案件的系统操作，以及对内和对外的沟通协调。

第九条 总、分公司均须设立代位求偿岗，负责处理涉及代位求偿案件的相关事宜。

第二章 流程实务

第一节 接报案

第十条 95***负责受理、记录客户报案信息，如实告知客户相关权益，提醒客户注意事项，对客户进行理赔服务和索赔流程引导。操作时应遵循以下要点。

一、按统一的接报案标准话术进行操作，话术要简洁、明确、礼貌。

二、按照报案人提供的保险信息，查询、核对保单等相关信息，核实报案人身份及与被保险人关系。

三、询问报案人与事故有关的案情和相关信息，根据询问内容规范记录报案信息等内容，初步判断保险责任。

四、请求三者方在我司查勘人员到达现场前与客户一同等待。

五、对于涉及人员伤亡、水淹车、自燃等案件，应提醒客户相关理赔注意事项。

六、根据案情告知客户必要的后续理赔事宜。

七、对于发生保险条款列明的、符合代位求偿条件的案件应按代位求偿相关规定做好记录，并对客户做好告知和引导。

（一）原则上无须主动询问客户是否需要使用代位求偿，如客户主动要求进行代位求偿的，95***应予以受理。

（二）告知客户代位求偿的条件，同时告知客户如采用代位求偿方式进行索赔对其保险费率等造成的影响，以便客户做出选择。

（三）如果客户选择代位求偿方式，应要求客户提供对方完整的信息（姓名、车牌号、保单信息等内容），以便95***人员录入信息；如果信息不完整，应当在系统中予以标注。

（四）如果95***已说明不适用代位求偿方式，但客户仍强烈要求的，可按代位求偿案件受理并在系统内进行备注。

（五）如果涉及人伤赔案，告知客户须等人伤处理完毕后才可进行代位求偿。

第十一条　95***须确认标的责任，同时提示客户需取得相关事故证明材料（交通事故处理证明、快速处理协议书、第三方事故处理部门提供的事故证明），并告知客户在车辆查勘时提供给查勘人员，同时核实以下信息。

一、95***须确认是否为双方（或多方）事故，单方事故不适用代位求偿。

二、如果标的为追偿方，应核实标的是否承保车损险，否则不适用代位求偿。

三、如果标的为被追偿方，应核对标的是否承保商业三者险或交强险。如果承保险种不全，应当提示客户险种不全将影响代位求偿的赔付方式，具体事由可现场询问查勘人员，并确认三者保险公司名称和报案号，在系统内备注。

四、如果事故双方互为追偿，应当核对是否承保车损险、商业三者险和交强险；如果承保险种不全，须提示客户险种不全将影响代位求偿的赔付方式，具体可现场询问查勘人员，并在系统内备注。

第十二条　追偿案件责任对方为机动车的，应确认第三者姓名、第三者联系电话、车牌号、号牌种类、VIN车架号、发动机号、第三者承保公司、第三者承保地区等关键信息；责任对方为非机动车的，应确认对方姓名或单位完整名称、联系人、联系电话等关键信息；如果客户无法明确责任对方的信息，提示客户尽量寻找，否则将按条款约定免赔30%处理。

第十三条　第三者保险公司代报案的代位求偿案件，如果客户已报案的，先与第三者保险公司确认案件属实后，提醒其与机构代位求偿岗联系，处理其他事宜。

第十四条　客户咨询相关代位求偿问题时，可提供机构代位求偿岗联系方式由其进行解释。

第二节　调度

第十五条　调度人员在进行调度时，应当标注此案件为代位求偿案件，并将承保信息告知查勘人员，便于查勘人员准备相关材料。

第三节　现场查勘

第十六条　客户要求使用代位求偿的，应当按照以下规则操作。

一、查勘人员到达现场后，应当详细了解事故情况，主动向客户介绍车损险的三种索赔方式，即向责任对方索赔、向责任对方的保险公司索赔、代位求偿，判断是否符合代位求偿的条件，正确引导客户优先选择前两种方式处理事故。如果客户主动提出要进行代位求偿且事故损失属于代位求偿范围的，应当使用以下标准话术："您好，** 财能在您的保险范围内提供代位求偿服务，但需要您提供一些必要的单证，包括事故责任认定书、代位求偿申请书等，在此基础上您还需要配合我司，向我们提供事故对方必要的信息，以便我们更好地为您维护合法权益，包括对方的车牌号、车架号、姓名、联系方式、保险承保公司与承保单号。当然，除了代位求偿这种赔偿方式外，我们公司还提供其他两种索赔方式供您选择，包括我司将协助您积极向责任方或责任方的保险公司直接索赔这两种方式，此两种方式的优势在于您将更加快速、直接地获得事故赔偿，更重要的是不会留下出险记录，不会影响您明年的保费。"

若案件涉及人伤，则需告知客户："您好，您的事故涉及人员受伤（死亡），您申请的代位求偿需在人伤损失处理完毕后方可申请，且人伤事故处理往往需要较长的时间，因此建议您采取向事故责任方或责任方的保险公司索赔的方式索赔，我司将会积极协助您处理相关索赔事宜。"

二、查勘人员应当对代位求偿的注意事项进行宣导，二次告知客户如果采用代位求偿方式进行索赔对其造成的影响，以便客户做出选择。

（一）代位求偿方式只涉及车辆损失，如有人伤、物损仍需按责按条款进行计算赔付；

（二）如果通过商业险赔付的，则会影响下一年度的保费；

（三）必须保留对责任对方请求赔偿的权利，如果放弃，保险公司将按保险法规定不予代位赔偿；

（四）被保险人有配合保险公司后续追偿的义务；

（五）如果标的保单设置了免赔率或免赔额，可能会导致客户无法获得全额赔偿，剩余部分仍应向责任对方获得补偿；

（六）标的已从责任对方获取损失赔偿的，我司代位赔款将扣除此笔费用；

（七）以上事项告知后需再次确认是否使用代位求偿方式处理。如果确认不使用的，按照正常流程处理；如果确认继续使用的，则按以下要求继续处理。

1.确认标的事故是否属于保险责任范围，如果不属于保险责任，则不适用代位求偿。

2.确认标的是否承保了车损险，如果未承保车损险的，则不适用代位求偿。

3."一纸快赔""车易赔"案件不适用代位求偿。

4.确认事故责任，收集事故证明材料（交通事故处理证明，快速处理协议书、第三方事故处理部门提供的事故证明）。

5.收集第三者信息。责任对方为机动车的，需要收集责任对方的姓名、车牌号、号牌种类、VIN车架号、发动机号、责任对方的承保公司（商业、交强）、承保地区（商业、交强）、商业第三者责任险责任限额、是否投保不计免赔特约险以及其他影响免赔的因素、保险期限等相关信息；责任对方为非机动车的，需要收集对方的姓名或单位完整名称、联系人、联系电话、家庭（或单位）详细地址、邮政编码、身份证号码、投保保险情况等信息，针对单位，还应尽量获取并记录其法定代表人姓名和联系电话等信息。如果客户无法明确第三者责任方（无任何信息）的，明确应按条款规定无法找到责任方免赔30%处理。

6.如果关键信息现场无法收集齐全，查勘人员应协助客户联系第三者收集，避免造成案件因无法及时提交而拖延理赔时效或后续获取困难造成无法追回代位款的情况发生。

7.责任对方在现场的，应协调标的客户和责任对方共同处理事故，并积极引导责任对方向被保险人履行赔偿义务。如果责任对方为机动车且已投保保险的，确认其是否已经向承保公司报案，并收集报案号，未报案的要求马上报案。

8.责任对方不在现场，客户明确可以取得联系的，应收集相关关键信息并及时反馈机构代位求偿岗，由机构代位求偿岗联系确认相关事宜。

9.责任对方保险公司理赔人员在现场处理的，应共同确认车辆损失（含残值估损金额、施救费用），并提醒其尽快反馈公司相关经办人与我司代位求偿岗沟通赔付事宜。

10.客户已确认使用代位求偿，须一次性告知客户所需资料，并出具《代位求偿索赔须知》，当场引导客户详细填写《代位求偿案件索赔申请书》，索赔时交回我司，并提示客户须由被保险人本人到公司提交材料，填写权益转让书，我司查勘人员应及时通知代位求偿岗。

第十七条 涉及被追偿案件且第三者要求按代位求偿方式处理的

一、必须优先告知标的客户的注意事项。

（一）代位求偿方式只涉及车辆损失，若有人伤、物损仍需按责按条款进行计算赔付；

（二）第三者车损赔款将由我司直接赔付给第三者保险公司，客户仅能获得标的车损赔款；

（三）第三者直接向其承保公司索赔不代表第三者放弃了向客户请求赔偿的权利，如果第三者因其承保险种不全、免赔率、免赔额等原因有未足额赔付的部分，或标的承保险种不全、免赔率、免赔额、限额不足等原因未足额清付的部分，第三者或第三者保险公司仍可向客户要求赔偿。

二、确认标的事故是否属于保险责任范围，如果不属于保险责任，则不适用代位求偿。

三、确认第三者承保公司、报案号，如果第三者未承保车损险，则不适用代位求偿。

四、确认标的是否承保第三者责任险和交强险，如果险种不全则建议客户积极给付全额赔偿金而无须使用代位求偿方式处理。

五、应确认事故责任，收集事故证明材料（交通事故处理证明、快速处理协议书、第三方事故处理部门提供的事故证明）。

六、应积极协调客户与第三者共同处理事故，双方保险公司查勘员同在现场时，需共同确认车辆损失（含残值估损金额、施救费用）。

第十八条 互为追偿案件，如果双车损失均在2000元以内的，应协调按"互碰自赔"处理，无须使用代位求偿。

第十九条 现场确定不适用代位求偿的，应对客户做好解释工作，并积极协调引导责任对方向被保险人履行赔偿义务；现场确定适用代位案件的，应及时反馈代位求偿处理岗，以便代位求偿处理岗及时沟通协调相关事宜。

第四节 定损

第二十条 定损人员在定损时，应当对第三者车的承保情况进行全面了解，如果第三者为非机动车的，应当对第三者个人信息进行全面调查了解，并将调查了解的信息备注在系统里，由单证环节补录，同时通知代位求偿岗。

第二十一条 定损时应尽量协调双方保险公司协商定损。定损人员应当核实事故责任比例，如果我方为全责或主责，以我方定损为主；如果事故双方为同责，应本着友好协商的原则共同参与定损；如果我方为次责或无责，以对方保险公司定损为主；如果车辆定损金额未能协商一致，以责任占比大的一方或第三方评估为准；一方保险公司未及时进行查勘定损的，应以另一方保险公司的定损意见为准。

第二十二条 追偿方保险公司需回收残值（损余物资）的，由追偿方和被追偿方保险公司共同确认残值估损金额；如果有争议无法协商解决的，残值归被追偿方保险公司处置；对于双方被保险人在事故中均有责的，以残值处置费用高的公司意见为准，并由其收回，同时按照此金额进行双方的清算。

第二十三条 按理赔系统要求据实录入相关代位案件信息，并详细备注说明代位案件、双方代位关系、是否双方保险公司共同协商定损等；有残值（损余物资）的，还应详细备注残值名称、归属、是否双方确认等信息。

第二十四条 如果被追偿方保险公司已经结案，则无法系统锁定，须机构代位求偿岗线下联系对方公司。

第二十五条 关于无责方全损案件，及时与责任方的保险公司做好沟通。

第五节 核价核损

第二十六条 核损人员应当审核是否符合代位求偿条件，并按照正常流程进行处理。

第二十七条 追偿案件应核对第三者的车牌号、发动机号、车架号等是否与代位信息内的数据一致，若有不符，及时通知代位求偿岗。

第六节 单证收集

第二十八条 追偿案件（追偿方）

一、前期已经确定为代位求偿案件，直接收集齐全相关单证，直接交理算进行结案支付。

二、对于客户直接申请代位求偿的，首先须告知其注意事项，包括所需资料、赔付时效等内容，标准话术如下。

"您好，您是否确定选择代位求偿的方式处理案件？如果确认选择代位求偿，须向您告知该种处理方式会留下出险记录并影响您明年的保费，同时需要向你核实以下信息：

被保险人有效身份证明原件、车辆行驶证及驾驶证；

三者方相关信息，如车牌号、发动机号、车架号、姓名、联系方式、地址、身份证号、三者车辆承保情况；

事故责任认定书、代位求偿申请书、权益转让书。

当然，我们有义务再次向您明确，除了代位求偿这种赔偿方式外，我们公司还提供其他两种索赔方式供您选择，包括我司将协助您积极向责任方或责任方的保险公司直接索赔这两种方式，此两种方式的优势在于您将更加快速、直接地获得事故赔偿。"

如果案件涉及人伤，则需告知客户："您好，您的事故涉及人员受伤（死亡），您申请的代位求偿须在人伤损失处理完毕后，方可申请，且人伤事故处理往往需要较长的时间，因此建议您采取向事故责任方或责任方的保险公司索赔方式索赔，我司将会积极协助您处理相关索赔事宜。"

同时还应当按照以下规则进行操作。

（一）当场确认其保险责任、承保险种及报案情况等关键信息，对于属于代位求偿范围的需引导客户或联系代位求偿专岗进行下一步处理。

（二）对符合代位求偿条件的案件需一次性收集齐全客户提交的索赔资料，包括代位索赔申请书、权益转让书、身份证明材料、事故证明材料（交通事故处理证明、快速处理协议书、第三方事故处理部门提供的事故证明）、损失情况证明材料（交通事故调解书、判决书或交警

（法院）证明、车辆维修发票等）、行驶证、驾驶证等相关资料，如果前期查勘定损无法取得第三方信息，需增加事故责任方相关信息。

（三）确保代位索赔申请书和权益转让书由被保险本人面签。

（四）代位求偿案件必须收集被保险人本人身份证明及银行账户信息（不建议委托其他人收款）。

（五）资料收集齐全后扫描所有资料并正确上传至系统单证栏（代位索赔申请书、事故证明、代位求偿权益转让书为必选）。

（六）完成核心系统单证收集环节，将该类案件进行标识勾选，并录入相关责任方保险公司报案号等信息协助代位求偿专岗进行系统锁定。

（七）与代位求偿岗确认锁定情况后交理算进行赔款计算、支付处理（对于未锁定案件不能随意理算）。

（八）对核赔审核因资料或支付信息有异议的退回案件进行及时处理。

（九）将理赔档案与常规进行区分编号，并单独归档保管，以便责任对方保险公司进行调阅。

第二十九条 清付案件（责任方）

一、确认追偿保险公司提供的索赔单证是否齐全，包括代位索赔申请书、权益转让书、身份证明材料、事故证明材料（交通事故处理证明、快速处理协议书、第三方事故处理部门提供的事故证明）、损失情况证明材料（交通事故调解书、判决书或交警（法院）证明、车辆维修发票等）、行驶证、驾驶证等相关资料。

二、资料收集齐全后将所有资料扫描并正确上传系统单证栏。

第七节 理算

第三十条 追偿案件

一、代位求偿的追偿案件，应明确属于保险责任，并核实代位索赔申请书、身份证明材料、事故证明材料（交警事故处理证明、快速处理协议书、第三方事故处理部门提供的事故证明）、损失情况证明材料（交通事故调解书、判决书或交警（法院）证明、车辆维修发票等）、权益转让书等上传齐全。

二、检验前端理赔岗位，与理算相关的数据是否录入、准确；对数据录入有误的案件退回单证处理。

三、对资料齐全的赔案，按照规定时效及时进行理算，并保证数据录入的准确性和完整性。（不建议采用支付委托的形式）

第三十一条 清付案件

一、审核案件资料是否齐全，支付信息需分项支付，并核对单证备注的支付对象（详见总则第四条）是否符合要求。

二、对于被锁定案件无法理算的案件，理算人员应将案件退回单证收集环节并通知代位求偿岗。

第三十二条 车损险代位求偿案件赔款计算

一、被保险机动车发生全部损失时，且被保险人申请车损险代位求偿索赔方式，按以下公式计算：

车损险赔款＝（车损赔款＋施救费用赔款）－绝对免赔额

车损赔款＝（保险金额－被保险人已从第三方获得的车损赔偿金额）×（1－绝对免赔率之和）

施救费用赔款＝（核定施救费－被保险人已从第三方获得的施救费用赔偿金额）×（1－绝对免赔率之和）

其中，核定施救费＝合理的施救费用×本保险合同保险财产的实际价值／总施救财产的实际价值，最高不超过机动车损失险的保险金额（下同）。

二、被保险机动车发生部分损失，且被保险人申请车损险代位求偿索赔方式，按以下公式计算：

车损险赔款＝（车损赔款＋施救费用赔款）－绝对免赔额

车损赔款＝（实际修复费用－被保险人已从第三方获得的车损赔偿金额）×（1－绝对免赔率之和）

施救费用赔款＝（核定施救费－被保险人已从第三方获得的施救费用赔偿金额）×（1－绝对免赔率之和）

三、代位求偿方式下车损险赔付及应追偿赔款计算

车损险被保险人向承保公司申请代位求偿索赔方式时，承保公司应先在车损险及不计免赔率险项下按代位求偿索赔方式计算出总赔款金额并支付给被保险人，然后再向各责任对方分摊应追偿金额；责任对方投保了交强险、商业第三者责任险时，代位公司先向责任对方的保险公司进行追偿（即行业间代位追偿），不足部分再向责任对方进行追偿。

（一）车损险承保公司代位赔付后，按以下方式计算和分摊应向责任对方追偿的代位赔款金额：

应追偿代位赔款金额＝代位求偿方式下车损险及附加不计免赔率险总赔款金额－按常规索赔方式车损险及附加不计免赔率险应赔付金额。

应追偿代位赔款金额向各责任对方计算分摊追偿金额时，应遵循以下原则：一是先交强、后商业；二是交强险赔款计算按行业交强险理赔实务规程执行，按照有责、无责分项限额计算；三是超出交强险部分，按各责任对方的事故责任比例，分别计算向各责任对方的追偿金额。

1. 代位方首先向责任对方的交强险承保公司进行追偿。

应向某一责任对方交强险追偿金额等于按照行业交强险理赔实务计算出的该责任对方交强险应承担本车损失的赔偿金额。

2. 超出交强险财产分项限额部分的，责任对方投保商业第三者责任险的，代位方向责任对方的商业第三者责任险承保公司进行追偿。

代位方应追偿代位赔款金额减去应向各责任对方交强险追偿金额后，按各责任对方的事故责任比例，分别计算向各责任对方的追偿金额。

3. 如果在责任对方的保险责任范围内追偿后，不足以偿付代位方应追偿金额，代位方可继续向责任对方追偿。

（二）车损险被保险人从代位保险公司得到赔款后，就未取得赔偿的部分可以继续向责任对方进行索赔。

说明：

1. "被保险人已从第三方获得的赔偿金额"是指被保险人从所有第三者以及第三者保险公司已经获得的赔偿金额，车损与施救费分开计算。

2."绝对免赔率之和"是指根据条款规定适用的各项免赔率之和。

3."绝对免赔额"是指投保人与保险人在投保车损险时确定的每次事故绝对免赔金额。每次事故车损险及其附加险共扣一次绝对免赔额。

4.施救费用在被保险机动车损失赔偿金额以外另行计算，最高不超过保险金额的数额。"实际施救费用"为保险人与被保险人共同协商确定的合理施救金额。施救的财产中，如果含有保险合同未保险的财产，应按保险合同保险财产的实际价值占总施救财产的实际价值比例分摊施救费用。

5.保险金额按投保时被保险机动车的实际价值确定，以保单载明的保险金额为准。

6."实际修复费用"是指保险人与被保险人共同协商确定的修复费用。

7.因自然灾害引起的不涉及第三者损害赔偿的单纯车损险案件，不扣减事故责任免赔率。

8.被保险机动车的损失应当由第三方负责赔偿，无法找到第三方的，实行30%的绝对免赔率，并注意掌握以下要点。

（1）损失应该由第三方负责赔偿；

（2）第三方确实无法找到。

9.客户投保时选择绝对免赔额时，如果车损险赔款计算结果小于0，则车损险赔款按0赔付。

第八节　核赔

第三十三条　追偿案件应确认系统选项、单证图片（代位求偿索赔申请书、权益转让书、事故证明、协议书、调解书、损失确认书、修理发票等）是否已正确上传。如果不正确则退回理算核实。

第三十四条　应核实是否符合代位求偿适用条件、标的及第三者是否承保对应险种（详见总则第三条、第七条），如果不符合须及时向被保险人发出不受理代位求偿通知书。

第三十五条　所有代位案件应核实是否已正确产生清算码，可在理算信息内查询；查勘/机构备注代位求偿信息而系统无清算码生成的，须退回理算核实。

第三十六条　确认赔款理算的金额是否正确、支付信息录入是否正确等(详见总则第四条)，注意查勘/机构代位相关意见是否合理，如果计算不合理，须退回理算处理。

第三十七条　核赔任务提交后如果系统提示错误，须及时向系统管理员反馈核实处理。

第三十八条　代位求偿案件核赔通过后，应将处理结果及须追偿的金额告知代位求偿岗。

第九节　追偿环节

第三十九条　对赔付完毕后（核赔通过）的代位求偿案件进行分类，对两种类型案件采取不同的追偿方式。

一、向责任方保险公司追偿的案件

（一）对于已经锁定责任方保险公司的案件

1.代位求偿岗通过行业车险信息平台，向责任方保险公司发起追偿请求，并通知责任方保险公司，进入相互清算与审核环节。

（1）对于追偿金额在5000元以下的案件，原则上不进行互审，平台等待责任对方保险公司结案后，以清付金额、追偿金额小者作为结算金额。

（2）对于追偿金额在5000元以上的案件，代位求偿岗须联系责任方保险公司开展案件互审工作，获取对方保险公司相关赔付单证与赔付金额后，应按以下方式处理。

1）若责任对方保险公司赔付金额大于或等于我司追偿金额，则互审通过；

2）若责任对方保险公司赔付金额小于我司追偿金额，应与我司内部各相关理赔岗位共同审核理赔材料，确认追偿金额后，与责任方保险公司沟通，就最终赔付金额达成一致，进行追偿金额结算。

3）若无法就赔付金额达成一致的，应在发起互审任务后10个工作日内及时提交当地争议处理小组，按照争议处理小组的处理结果进行追偿金额结算。

（二）对于未锁定责任方保险公司的案件

代位求偿岗应采取线下追偿的方式，整理相关索赔材料，向责任方保险公司直接索赔。

二、向责任方追偿的案件

对于在向责任方保险公司追偿后仍不足的或责任方无保险的案件，代位求偿岗应整理、补充责任方关键信息及相关追偿材料，固定对方有效联系方式，并与理赔各环节岗位共同确认可追偿金额后，按如下顺序开展追偿工作。

（一）电话追偿方式（三次）；

（二）告知函追偿方式；

（三）诉讼追偿方式（须考虑追偿成本是否合理）。

三、被追偿案件

（一）对于已被对方保险公司锁定的案件

我司在收到对方保险公司通过行业信息平台发起的追偿申请后：

1.对于被追偿金额在5000元以下的案件，确认相关索赔材料齐全后，直接通知理算人员进行案件理算、核赔，原则上以我司赔付金额为准。

2.对于被追偿金额在5000元以上的案件，代位求偿岗应及时查询对方保险公司的追偿金额，会同理赔各相关环节人员确认可赔付的金额，对于不涉及人伤的案件应在10个工作日内做出赔付意见，逾期未做出的，即视为认可代位保险公司提出的追偿金额。

3.对于涉及第三方人身伤亡的案件，我司应在包括人身伤亡在内的全部损失确定后再进行赔付。我司在商业第三者责任险项下被多个权利人追偿的，且赔偿金额超出责任限额的，应优先赔付人身伤亡损失。

在我司向代位保险公司赔付结算前应通知本公司被保险人赔付意见和金额。

（二）对于未被对方保险公司锁定的案件

在收到对方保险公司的线下追偿申请后，积极与对方保险公司人员沟通联系，在材料收集齐全后，转入正常理算环节处理，并负责解答对方保险公司人员的各类咨询。

在我司向代位保险公司赔付结算前应通知本公司被保险人赔付意见和金额。

第十节 代位求偿岗

第四十条 岗位分类

根据公司架构以及实际工作重点不同，将代位求偿岗分为总公司代位求偿岗、省分公司代位求偿岗。

第四十一条 岗位职责

负责与行业平台、各大保险公司、各分公司（包括同行业的）、中支公司之间的协调沟通以及各理赔环节（查勘、定损、单证、理算、核赔）涉及代位求偿案件的跟踪、协调、联系、处理、收集材料等。

第四十二条 岗位设置

总、分公司至少须设立1名代位求偿岗，鉴于前期案量较少，可采用兼岗模式。各分公司须将全辖代位求偿岗名单上报总公司。

第四十三条 操作实务

一、省分公司级代位求偿岗

（一）负责登记查勘、定损、单证人员反馈的代位求偿案件。

（二）负责已登记代位求偿案件的资料审核。

（三）负责对缺少责任方信息及责任方保险公司信息案件的查询信息。

（四）负责与各分公司（包含行业的）代位求偿岗进行联系，了解相关案件信息并及时反馈相关岗位。

（五）负责反馈追偿方公司提出的相关追偿要求（信息反馈、受理索赔申请）。

（六）负责对已登记的代位求偿案件的日常跟踪。

（七）负责将争议案件上报出险地争议处理平台。

（八）负责与其他分公司（含行业的）案件的互审。

（九）负责与公司法务岗联系沟通追偿事宜（追偿责任人的案件）。

（十）负责对无法锁定案件的线下追偿和被追偿事宜。

（十一）负责将与其他分公司的争议案件提交总公司代位求偿岗处理。

（十二）负责代位求偿案件或被追偿案件材料的流转工作。

（十三）负责每月对下发的财务清单进行核实与上报。

二、总公司级代位求偿岗

（一）负责每月定期向平台抽取支付清单并核对以及对平台数据进行调整。

（二）负责与财务的数据交接工作。

（三）负责各分公司代位求偿岗的管理工作。

（四）负责特殊情况代位求偿或被追偿案件的指导或处理工作。

（五）监控各机构被追偿案件的支付情况和当地保监局的通报情况。

第四十四条 关系流程图

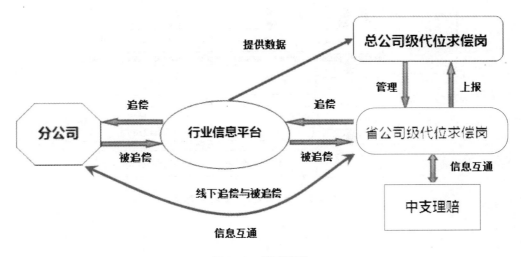

图4-1 关系流程

第四十五条 工作原则和要求

一、我司与其他公司代位求偿岗的沟通归口在省分公司级的代位求偿岗。

二、省分公司代位求偿岗应第一时间处理中支查勘、定损、单证环节上报的情况并登记，且做到及时反馈，不得无故拖延。

三、需要做好追偿方与被追偿方保险公司的信息互通，确保案件在锁定前尽量做到金额一致，减少后期互审的争议。

四、对于我司其他理赔环节提供的责任方保险信息不完善的，应尽量利用现有的信息通过多渠道收集相关保险信息。

五、省分公司级代位求偿岗均应充分了解事故各方车辆的保险情况和其他公司的赔付情况，以免造成追偿金额不足或重复赔付的情况。

六、各级代位求偿岗均应对手上已登记的案件（追偿与被追偿）定期清理，更新进度和情况并反馈相关理赔处理岗位。

代位求偿实务培训

案 例

客户 A 向甲保险公司投保车损险、第三者责任险、不计免赔险以及交强险，事故中承担 30% 事故责任，车辆损失 5000 元；客户 B 向乙保险公司投保车损险、第三者责任险以及交强险，事故中承担 70% 事故责任，车辆损失 7000 元。甲、乙保险公司互相申请代位求偿流程如图 4-2 所示。

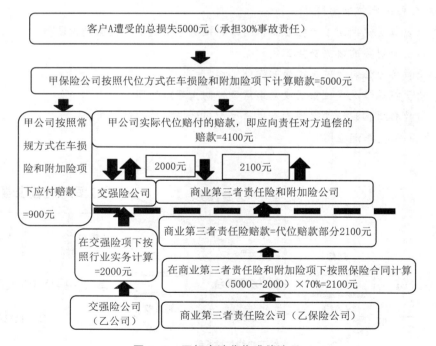

图 4-2 互相申请代位求偿流程

二、第三者责任险的赔偿计算

第三者责任险赔款＝（死亡伤残费用赔款＋医疗费用赔款＋财产损失赔款）×

事故责任比例 ×（1－免赔率之和）

死亡伤残费用赔款＝受害人死亡伤残费用核定金额—∑各肇事机动车交强险对受

害人的死亡伤残赔偿总金额

医疗费用赔款＝受害人医疗费用核定金额—∑各肇事机动车交强险对受害人的医

疗费用赔偿总金额

财产损失赔款＝受害人财产损失核定金额—∑各肇事机动车交强险对受害人的财

产损失赔偿总金额

主车与挂车由不同保险公司承保的，按主车、挂车责任限额占总责任限额的比例分摊赔款。

三、车辆损失险及第三者责任险赔款计算应注意事项

（1）赔款计算依据交通管理部门出具的《道路交通事故责任认定书》以及据此作出的《道路交通事故损害赔偿调解书》。

当调解结果与责任认定书不一致时，对于调解结果中认定的超出被保险人责任范围的金额，保险人不予赔偿；对于被保险人承担的赔偿金额低于其应按责赔偿的金额的，保险人只对被保险人实际赔偿的金额在限额内赔偿。

（2）对于不属于保险合同中规定的赔偿项目，但被保险人已自行承诺或支付的费用保险人不予承担。

（3）法院判决被保险人应赔偿第三者的金额，如精神损失赔偿费等保险人不予承担。

（4）保险人对第三者责任事故赔偿后，对受害第三者的任何赔偿费用的增加不再负责。

（5）车辆损失的残值确定，应以车辆损失部分的零部件残值计算。

四、车身划痕损失险的赔款计算

在保险金额（5000 元）内按实际损失计算赔偿，并使用批单冲减保险金额，则赔款等于实际损失费用。

如果在保险期限内，赔款累计达到本险种保险金额（5000 元），本险种保险责任终止。

五、修理期间费用补偿险的赔款计算

1. 全部损失

赔款 ＝ 保险合同中约定的日赔偿金额 × 保险合同中约定的最高赔偿天数减一天

2. 部分损失

在计算赔偿天数时，首先比较《机动车辆保险车辆损失情况确认书》中约定的修理天数和实际修理天数，两者时间以短者为准，即《机动车辆保险车辆损失情况确认书》中约定的修理天数大于或等于实际修理天数，以实际修理天数为计算基础;《机动车辆保险车辆损失情况确认书》中约定的修理天数小于实际修理天数，以《机动车辆保险车辆损失情况确认书》中约定的修理天数为计算基础减一天。

（1）赔偿天数未超过保险合同中约定的最高赔偿天数，则

赔款 = 保险合同中约定的日赔偿金额 × 赔偿天数减一天

（2）赔偿天数超过保险合同中约定的最高赔偿天数，则

赔款 = 保险合同中约定的日赔偿金额 × 保险合同中约定的最高赔偿天数减一天

赔偿后，使用批单批改保险合同中约定的最高赔偿天数。在保险期限内，赔款金额累计达到保险单载明的保险金额，本附加险保险责任终止。保险期限内发生保险事故时，约定赔偿天数超出保险合同终止期限部分，仍应赔偿。

六、车上人员责任险的赔款计算

车上人员责任险赔款按以下情况计算。

（1）当被保险人按事故责任比例应承担的每座车上人员伤亡赔偿金额未超过保险合同载明的每人责任限额时，每人赔款等于每人应承担的赔偿金额。

（2）当被保险人按事故责任比例应承担的每座车上人员伤亡赔偿金额超过保险合同载明的每人责任限额时，每人赔款等于每人责任限额。

赔款等于每人赔款之和，赔偿人数以投保座位数为限。

七、车上货物责任险的赔款计算

车上货物责任险赔款按以下情况计算。

（1）当被保险人按事故责任比例应承担的车上货物损失金额未超过保险合同载明的责任限额时，则

赔款 = 应承担的赔偿金额 × （1−20%）

（2）当被保险人按事故责任比例应承担的车上货物损失金额超过保险合同载明的责任限额时，则

赔款 = 责任限额 × （1−20%）

八、重复保险处理

（1）重复保险是指投保人对同一保险标的、同一保险利益、同一保险事故分别向两个以上保险人订立保险合同，保险金额总和超过保险价值的保险。

（2）重复保险的，各保险人的赔偿金额的总和不得超过保险价值。除合同另有约定外，各保险人按照其保险金额与保险金额总和的比例承担赔偿责任。

保险价值指被保险机动车出险当时的实际价值。

（3）重复保险赔款的计算：

$$赔款＝核定赔款 ×（本保险合同的保险金额 ÷ 所有有关保险合同保险金额总和）$$

 **案　例**

保险赔款理算

甲厂和乙厂的车在行驶中相撞。甲厂车辆损失 5000 元，车上货物损失 10000 元，乙厂车辆损失 4000 元，车上货物损失 5000 元。交通管理部门裁定甲厂车负主要责任，承担经济损失 70％，为 16800 元；乙厂车负次要责任，承担经济损失 30％，为 7200 元。这两辆车都投保了机动车交通事故责任强制保险、车辆损失险和第三者责任险。保险赔款计算方法如下。

1. 交通管理部门裁定赔款的计算方法

甲厂应承担经济损失 ＝（甲厂车损 5000 元 ＋ 乙厂车损 4000 元 ＋ 甲厂车上货损 10000 元 ＋ 乙厂车上货损 5000 元）x70％ ＝16800 元

乙厂应承担经济损失 ＝（甲厂车损 5000 元 ＋ 乙厂车损 4000 元 ＋ 甲厂车上货损 10000 元 ＋ 乙厂车上货损 5000 元）×30％ ＝7200 元

这两辆车都投保了机动车交通事故责任强制保险、车辆损失险和第三者责任险，由于第三者责任险不负责本车上货物的损失，所以，保险人的赔款计算与交通管理部门裁定赔款的计算是不一样的。

2. 保险公司的赔款计算方法

甲厂自负车损 ＝ 甲厂车损 5000 元 ×70％ ＝3500 元

甲厂应赔乙厂 ＝（乙厂车损 4000 元 ＋ 乙厂车上货损 5000 元）×70％ ＝6300 元

由于事故中甲、乙厂车均有责任，两车损失均超过了交通事故责任强制保险的保险限额，交通事故责任强制保险对两车的赔款均为 2000 元。且给对方造成的财产损失都超过了甲、乙厂得到的保险公司机动车交通事故责任强制保险的保险限额。

3. 保险人负责甲厂车损和第三者责任赔款

商业险赔偿＝甲厂自负车损 3500 元 ＋ 甲厂应赔乙厂 6300 元 －2000 元 ＝7800 元

甲厂得到的赔款＝商业险赔偿 7800 元 ＋ 交通事故责任强制保险赔款 2000 元 ＝ 9800 元

乙厂自负车损 ＝ 乙厂车损 4000 元 ×30％ ＝1200 元

乙厂应赔甲厂 ＝（甲厂车损 5000 元 ＋ 甲厂车上货损 10000 元）×30％ ＝4500 元

4. 保险人负责乙厂车损和第三者责任赔款

商业险赔偿＝乙厂自负车损 1200 元 ＋ 乙厂应赔甲厂 4500 元 －2000 元 ＝3700 元

乙厂得到的赔款＝商业险赔偿 3700 元 ＋ 交通事故责任强制保险赔款 2000 元 ＝ 5700 元

这样，此案甲厂应承担经济损失 16800 元，得到保险人赔款 9800 元；乙厂应承担经济损失 7200 元，得到保险人赔款 5700 元，这里的差额部分即保险合同规定不赔的部分。

车险综合改革 132 问

政策篇

1. 车险综合改革（以下简称"综改"）什么时候开始实施？

答：车险综改从 2020 年 9 月 19 日开始正式实施。

2. 车险综改的背景是什么？

答：我国车险经过多年的改革发展，取得了积极成效，但是人民日益增长的车险保障需要与车险供给之间的矛盾依然突出，同时一些长期存在的问题仍然没有得到根本解决，距离高质量发展要求还有较大差距。为贯彻以人民为中心的发展思想和高质量发展要求，深化供给侧结构性改革，更好维护消费者权益，实现车险高质量发展，根据《中华人民共和国保险法》《中共中央、国务院关于新时代加快完善社会主义市场经济体制的意见》和全国金融工作会议等精神，实施车险综合改革。

3. 车险综合改革对消费者有什么好处？

答：本次改革明确将"保护消费者权益"作为改革的主要目标，同时将降价、增保、提质确定为阶段性目标。车险综改后，短期内对于消费者可以做到"三个基本"，即"价格基本上只降不升，保障基本上只增不减，服务基本上只优不差"。一是交强险责任限额大幅提升；二是商业车险保险责任更加全面；三是商业车险产品更为丰富；四是商业车险价格更加科学合理；五是车险产品市场化水平更高；六是无赔款优待系数进一步优化。

4. 车险综合改革后，交强险责任限额有什么变化吗？

答：交强险总责任限额从 12.2 万元提高到 20 万元，其中死亡伤残赔偿限额从 11 万元提高到 18 万元，医疗费用赔偿限额从 1 万元提高到 1.8 万元，财产损失赔偿限额维持 0.2 万元不变。无责任赔偿限额按照相同比例进行调整，其中死亡伤残赔偿限额从 1.1 万元提高到 1.8 万元，医疗费用赔偿限额从 1000 元提高到 1800 元，财产损失赔偿限额维持 100 元不变。

5. 车险综合改革后，商业车险整体相较之前有哪些变动？

答：拓展和优化商业车险保障服务，主要包括 4 个方面：（1）理顺商业车险主险和附加险责任；（2）优化商业车险保障服务；（3）提升商业车险责任限额；（4）丰富商业车险产品。

6. 车险综合改革后，商业车险主险和附加险责任，相较之前有哪些变动？

答：将原来四个主险改为三个，原盗抢险相关责任并入车损险；将玻璃、自燃、涉水、无法找到第三方、不计免赔五个附加险并入车损险；删除了指定修理厂附加险；增加绝对免赔率特约条款、车轮单独损失险、发动机进水损坏除外特约条款、法定节假日限额翻倍险、医保外医疗费用责任险、机动车增值服务特约条款六个附加险。

7. 车险综合改革后，商业车险增加了哪些新产品？

答：此次综合改革，将为消费者提供更加规范和丰富的车险保障服务。中国银行保险监督管理委员会（以下简称"银保监会"）支持行业制定新能源车险、驾乘人员意外险、机动车延长保修险示范条款，探索在新能源汽车和具备条件的传统汽车中开发机动车里程保险（UBI）等创新产品，制定医保外医疗费用责任险以及包括代送检、道路救援、代驾服务、安全检测等车险增值服务险的示范条款。

条款篇

8. 车险综合改革后，商业车险责任限额，相较之前有哪些变动？

答：商业第三者责任险责任限额由5万～500万元提升到10万～1000万元，案均赔款增加。综改后产品的商业第三者责任险责任限额从5万～500万元档次提升到10万～1000万元档次，更加有利于满足消费者风险保障需求，更好发挥经济补偿和化解矛盾纠纷的功能作用。

9. 行业商业保险示范条款（2020版）都包括哪些内容？

答：行业商业保险示范条款（2020版）包括《中国保险行业协会机动车综合商业保险示范条款（2020版）》《中国保险行业协会特种车综合商业保险示范条款（2020版）》《中国保险行业协会摩托车、拖拉机综合商业保险示范条款（2020版）》《中国保险行业协会机动车单程提车保险示范条款（2020版）》《中国保险行业协会驾乘人员意外伤害保险示范条款》。

10. 行业商业保险示范条款（2020版）修订的主要亮点有哪些？

答：一是扩大保险责任、提升保障。示范条款（2020版）中的车损险在现有产品（2014版）保险责任的基础上增加了以下7项保险责任：机动车全车盗抢损失、自燃、不明原因火灾损失、玻璃单独破碎损失、发动机涉水损失、无法找到第三方的车辆损失、各项事故免赔率。二是将7项列明式保险责任改为两项定义式保险责任。三是原有11个附加险保留5个，另新增6个附加条款。四是合理删减容易引发理赔争议的免责条款，合理删减事故责任免赔率、无法找到第三方免赔率等免赔约定。五是优化无赔款优待系数，将考虑赔付记录的范围由前1年扩大到至少前3年，降低了对偶然赔付消费者的费率上调幅度。

11. 行业商业保险示范条款（2020版）包括哪些主险？

答：主险包括机动车损失保险、机动车第三者责任保险、机动车车上人员责任保险共三个独立的险种，投保人可以选择投保全部险种，也可以选择投保其中部分险种。

12. 行业商业保险示范条款（2020版）包括哪些附加险？

答：附加险包括绝对免赔率特约条款、车轮单独损失险、新增加设备损失险、车身划痕损失险、修理期间费用补偿险、发动机进水损坏除外特约条款、车上货物责任险、精神损害抚慰金责任险、法定节假日限额翻倍险、医保外医疗费用责任险、机动车增值服务特约条款。

13. 行业商业保险示范条款（2020版）的两项定义式保险责任是什么？

答：一是自然灾害，指对人类以及人类赖以生存的环境造成破坏性影响的自然现象，包括雷击、暴风、暴雨、洪水、龙卷风、冰雹、台风、热带风暴、地陷、崖崩、滑坡、泥石流、雪崩、冰陷、暴雪、冰凌、沙尘暴、地震及其次生灾害等。 二是意外事故，指被保险人不可预料、无法控制的突发性事件，但不包括战争、军事冲突、恐怖活动、暴乱、污染（含放射性污染）、核反应、核辐射等。

14. 行业商业保险示范条款（2020版）车损险条款修订减少了哪些责任免除事项？

答：车损险条款减少了8条责任免除事项。（1）实习期内驾驶公共汽车、营运客车或者执行任务的警车、载有危险物品的机动车或牵引挂车的机动车；（2）驾驶出租机动车或营业性机动车无交通运输管理部门核发的许可证书或其他必备证书；（3）学习驾驶时无合法教练员随车指导；（4）非被保险人允许的驾驶人；（5）地震及其次生灾害；（6）人工直接供油、高温烘烤、自燃、不明原因火灾；（7）遭受保险责任范围内的损失后，未经必要修理并检验合格继续使用，致使损失扩大的部分；（8）发动机进水后导致的发动机损坏。

15．第三者责任险条款修订减少了哪些责任免除事项？

答：第三者责任险条款减少了以下3条责任免除事项。（1）实习期内驾驶公共汽车、营运客车或者执行任务的警车、载有危险物品的机动车或牵引挂车的机动车；（2）驾驶出租机动车或营业性机动车无交通运输管理部门核发的许可证书或其他必备证书；（3）学习驾驶时无合法教练员随车指导。

16．车上人员责任险条款修订减少了哪些责任免除事项？

答：车上人员责任险条款减少了以下4条责任免除事项。（1）实习期内驾驶公共汽车、营运客车或者执行任务的警车、载有危险物品的机动车或牵引挂车的机动车；（2）驾驶出租机动车或营业性机动车无交通运输管理部门核发的许可证书或其他必备证书；（3）学习驾驶时无合法教练员随车指导；（4）违法、违章搭乘人员的人身伤亡。

17．什么是发动机损坏除外特约条款？

答：投保了车损险的机动车，可投保发动机损坏除外特约条款。投保了该附加险的被保险机动车在使用过程中，因发动机进水后导致的发动机的直接损毁，保险人不负责赔偿。

18．什么是法定节假日限额翻倍险？

答：投保了第三者责任险的家庭自用汽车，可投保法定节假日限额翻倍险。被保险人或其允许的驾驶人在法定节假日期间使用被保险机动车发生机动车第三者责任保险范围内的事故，并经公安部门或保险人查勘确认的，被保险机动车第三者责任保险所适用的责任限额在保险单载明的基础上增加一倍。

19．什么是医保外医疗费用责任险？

答：投保了第三者责任险或车上人员责任保险的机动车，可投保本附加险。保险期间内，被保险人或其允许的驾驶人在使用被保险机动车的过程中，发生主险保险事故，对于被保险人依照中华人民共和国法律（不含港澳台地区法律）应对第三者或车上人员承担的医疗费用，保险人对超出《道路交通事故受伤人员临床诊疗指南》和国家基本医疗保险同类医疗费用标准的部分负责赔偿。

20．什么是机动车增值服务特约条款？

答：投保了机动车保险后，可投保本特约条款。特约条款包括道路救援服务特约条款、车辆安全检测特约条款、代为驾驶服务特约条款、代为送检服务特约条款共四个独立的特约条款，投保人可以选择投保全部特约条款，也可以选择投保其中部分特约条款。保险人依照保险合同的约定，按照承保特约条款分别提供增值服务。

21．什么是道路救援服务特约条款？

答：保险期间内，被保险机动车在使用过程中发生故障而丧失行驶能力时，保险人或其受托人根据被保险人请求，向被保险人提供如下道路救援服务。（1）单程50公里以内拖车；（2）送油、送水、送防冻液、搭电；（3）轮胎充气、更换轮胎；（4）车辆脱离困境所需的拖拽、吊车。责任免除：（1）根据所在地法律法规、行政管理部门的规定，无法开展相关服务项目的情形；（2）送油、更换轮胎等服务过程中产生的油料、防冻液、配件、辅料等材料费用；（3）被保险人或驾驶人的故意行为。保险期间内，保险人提供2次免费服务，超出2次的，由投保人和保险人在签订保险合同时协商确定，分为5次、10次、15次、20次4档。

22．什么是车辆安全检测特约条款？

答：保险期间内，为保障车辆安全运行，保险人或其受托人根据被保险人请求，为被保险机动车提供车辆安全检测服务，车辆安全检测包括以下项目。（1）发动机检测（机油、空滤、燃油、冷却等）；（2）变速器检测；（3）转向系统检测（含车轮定位测试、轮胎动平衡测试）；（4）底盘检测；（5）轮胎检测；（6）汽车玻璃检测；（7）汽车电子系统检测（全车电控电器系统检测）；（8）车内环境检测；（9）蓄电池检测；（10）车辆综合安全检测。责任免除：（1）检测中发现的问题部件的更换、维修费用；（2）洗车、打蜡等常规保养费用；（3）车辆运输费用。保险期间内，本特约条款的检测项目及服务次数上限由投保人和保险人在签订保险合同时协商确定。

23. 什么是代为驾驶服务特约条款？

答：保险期间内，保险人或其受托人根据被保险人请求，在被保险人或其允许的驾驶人因饮酒、服用药物等原因无法驾驶或存在重大安全驾驶隐患时提供单程30公里以内的短途代驾服务。责任免除：根据所在地法律法规、行政管理部门的要求，无法开展相关服务项目的情形。保险期间内，本特约条款的服务次数上限由投保人和保险人在签订保险合同时协商确定。

24. 什么是代为送检服务特约条款？

答：保险期间内，按照《中华人民共和国道路交通安全法实施条例》，被保险机动车需由机动车安全技术检验机构实施安全技术检验时，根据被保险人请求，由保险人或其受托人代替车辆所有人进行车辆送检。责任免除：（1）根据所在地法律法规、行政管理部门的要求，无法开展相关服务项目的情形；（2）车辆检验费用及罚款；（3）维修费用。

25. 新老条款针对车损险的保险责任及责任免除变化点主要有哪些？

答：在保险责任中：（1）将被保险人允许的驾驶员改成驾驶员；（2）列明式保险责任改为定义式（即自然灾害、意外事故）；（3）将盗抢险并入车损险保险责任范围。在责任免除中：（1）离开事故现场改为交通肇事逃逸；（2）取消实习期内驾驶公共汽车、出租车或营业客车无许可证书、学习驾驶时无合法教练员随车指导、非被保险允许的驾驶人四项责任免除；（3）取消行驶证年审过期、车辆被政府征用期间、地震及次生灾害、自燃、不明原因火灾情形的责任免除；（4）取消未经必要修理致使损失扩大、玻璃单独破碎、全车盗抢损失、发动机进水导致的发动机损失情形的责任免除；（5）增加非全车盗抢、仅车上零部件或附属设备损失的责任免除。

承保篇

26. 综改车险新条款执行后，是否可以将之前承保的旧条款换成新条款？

答：交强险新旧产品不涉及条款内容的变更，交强险对应的责任限额按照出险时间自动切换到新的责任限额。　商业险的新旧产品无法自行切换，依据合同订立的相关原理，保险公司只能按照与客户签订的条款对应承担保险责任。

27. 保险公司可否随便调整费率？

答：保险公司的费率调整遵循严格的精算规则和监管规定，保险公司将按相关规定拟订车险条款费率，杜绝频繁调整条款费率损害保险消费者权益。

28. 什么是费率调整系数？

答：费率调整系数是指根据对保险标的的风险判断，对保险基准保费进行上下浮动比率的调整，包括无赔款优待系数、自主系数和交通违法系数，费率调整系数 = 无赔款优待系数 × 自主系数 × 交通违法系数，是保单折扣率的计算依据。

29. 费率调整系数使用适用于哪些条款？

答：费率调整系数适用于机动车综合商业保险、特种车商业保险、单程提车保险，但是不适用于摩托车和拖拉机商业保险。

30．交强险差异化区域费率浮动系数是什么？

答：本次综改后，各地交强险保费将通过费率浮动系数体现差异化，赔付率低的区域，对于未出险客户在无赔款优待系数（NCD）中将给予更大的保费折扣。

31．什么是"零整比"？

答：所谓"零整比"，即市场上车辆全部零配件的价格之和与整车销售价格的比值。也就是具体车型的配件价格之和与整车销售价格的比值。

32．商业车险无赔款优待系数（NCD）是如何规定的？

答：无赔款优待系数（NCD）是根据客户所投保车辆近三年的出险情况进行浮动费率的系数，由中国保险行业协会制定并颁布，并通过车险信息平台统一查询使用。

33．无赔款优待系数的计算依据是什么？

答：车险信息平台查找结案时间在"本保单"投保查询时间近三年内的赔付情况，作为无赔款优待系数的计算依据。

34．无赔款优待系数（NCD）系数值如何计算？

答：新 NCD 等级浮动规则：（1）首年投保，等级为 0，对应系数为 1。（2）非首年投保，考虑最近三年连续投保和赔付记录。最近三年连续投保 N 年（$N \leq 3$），NCD 等级降 N 级；最近三年发生 L 次赔付，NCD 等级升 L 级；NCD 最高等级为 5 级。最终 NCD 等级 =NCD 等级升级数（L）-NCD 等级降级数（N）。（3）连续 4 年及以上投保且没有发生赔付，等级为 -4，对应系数 0.5。无赔款优待系数范围为 0.5 ～ 2.0，对于北京、厦门地区连续 5 年没有发生赔款的，无赔款优待系数仍沿用 0.4。

35．什么是车险信息平台？

答：车险信息平台全称为车险行业信息集中平台，是集交强险、商业险承保、理赔功能为一体的综合性车险信息平台，是由各财险公司共同出资统一建立的全国平台。从商业价值看，车险行业信息集中平台规范了车险经营市场，防止恶意竞争，避免单方对政策和实务的理解错误，同时规避道德风险；在行业价值方面，以车辆信息为主链，可以综合汇总保险业的车险、公安交警部门、地税部门、交通运输部门、卫生部门以及政府信息办等相关系统中与车辆相关的数据信息；通过整合信息资源，集中信息数据，提供信息服务。目前机动车辆（拖拉机、摩托车除外）投保交强险、商业车险都需通过车险信息平台。

36．车险信息平台返回的无赔款优待系数，保险公司可以调整吗？如果返回的系数有错误，如何处理？

答：无赔款优待系数（NCD）返回给保险公司后，保险公司只能据实使用，无法更改。　如发现标的车辆无赔款优待系数平台返回错误的：若保单在保险期限内的，由原承保保险公司进行信息调整；若保单在保险期间外的，由续保保险公司提供行驶证等相关资料，平台核实后协助处理。如果因理赔案件信息错误导致无赔款优待系数错误，原保险公司应负责处理其产生的问题赔案。

37．如果客户将老条款保单进行全单退保形成短期单，再按新条款投保时，无赔款优待系数如何计算？

答：首先考虑短期单承保期间内的赔付情况。若短期单内存在赔案，新保单则按照赔案次数进行上浮；若短期单内未发生赔案，则进一步考虑短期单的承保期限。 短期单的承保期限以6个月为标准，短期单内未发生赔案的前提下，若短期单的承保期限大于或等于6个月，将短期单视同整年单，并结合以往年度赔付情况来确定新保单的浮动；若短期单的承保期限小于6个月，则忽略该短期单，根据短期单投保时的浮动情况确定新保单的浮动。

38．如客户想退保重新投保新条款，无赔款优待系数如何确定？

答：2020版条款启用后，2014版示范条款整年保单全单退保形成的短期单，再按2020版示范条款承保时，无赔款优待系数浮动规则如下：若短期单的承保期限大于或等于6个月，将短期单视同整年单；若短期单的承保期限小于6个月，则不计入保单投保年数，其间赔案计入出险次数。

39．投保人投保短期保单，保费如何计算？

答：短期保险费＝年保险费$\times N \div 365$（N为投保人的投保天数）。

40．车险信息平台如何界定新车？

答：当车龄（保险起期－车辆初次登记日期）小于9个月，且平台未匹配到标的存在完整年度历史保单时，平台判断标的为"新车"。

41．车辆上年没有交通违法记录，投保时保费是否有优惠？

答：对于平台已经与交通管理平台对接的地区，可以使用交通违法系数进行费率的浮动。交通违法系数由平台返回保险公司，保险公司据实使用，不得调整。对于平台未与交通管理平台对接的地区，交通违法系数由平台返回保险公司系数值1.0，保险公司不得调整。

42．特别约定录入有哪些要求？

答：特别约定是对保单中未详尽事项的明确和补充，保险人在增加特别约定时应遵守依法合规的原则，约定内容不能与条款相悖，不能损害被保险人的合法权益，不能缩小或扩大保险责任，不能赠送附加险。

43．商业车险改革后，车损险保额该如何确定？

答：车损险保额按投保时被保险机动车的实际价值确定。投保时被保险机动车的实际价值由投保人与保险人根据投保时的新车购置价减去折旧金额后的价格协商确定或其他市场公允价值协商确定。

44．车辆实际价值如何协商确定？

答：车辆实际价值（即车损险保额）由客户与保险公司共同协商确定。

45．什么是新车购置价？

答：指本保险合同签订地购置与被保险机动车同类型新车的价格，无同类型新车市场销售价格的，由投保人与保险人协商确定。

46．什么是市场公允价值？

答：指熟悉市场情况的买卖双方在公平交易的条件下和自愿的情况下所确定的价格，或无关联的双方在公平交易的条件下一项资产可以被买卖或者一项负债可以被清偿的成交价格。

47．行业是否有参考的车辆折旧系数？

答：目前没有行业参考的车辆折旧系数。现阶段执行的车辆折旧系数依据国家对车辆报废年限的相关管理规定制定，与综改前商业车险条款的折旧率表保持一致，即按月计算折旧金额的方案。

48．折旧金额如何计算？

答：折旧按月计算，不足一个月的部分，不计折旧。最高折旧金额不超过投保时被保险机动车新车购置价的 80%。 折旧金额＝新车购置价 × 被保险机动车已使用月数 × 月折旧系数。

49．投保人投保时，保险公司应履行哪些告知义务？

答：一是向投保人提供投保单并附商业险条款，向投保人介绍条款，主要包括保险责任、保险金额、保险价值、责任免除、投保人义务、被保险人义务、赔偿处理等内容；二是对于投保人选择投保基本型条款的，应详细说明基本型条款的保障范围以及与其他类型条款的差异；三是关于免除保险人责任的条款内容必须在投保单上作出足以引起投保人注意的提示，并对该条款的内容以《机动车辆保险免责事项说明书》形式向投保人作出明确说明；四是保险人在履行如实告知义务时应客观、准确、全面，实事求是，不能故意隐瞒关键信息误导客户。

50．投保人不履行如实告知义务可能导致哪些法律后果？

答：投保人故意或因重大过失未履行如实告知义务，足以影响保险人决定是否同意承保或提高保险费率的，保险人有权解除合同；投保人故意不履行如实告知义务的，保险人对于合同解除前发生的保险事故，不承担赔偿保险金的责任，并不退还保险费；投保人因重大过失未履行如实告知义务，对保险事故的发生有严重影响的，保险人对于合同解除前发生的保险事故，不承担赔偿保险金的责任，但退还保费。

51．投保人在办理投保手续时，需要特别注意什么？

答：为确保保险人提示投保人阅读条款，尤其是责任免除部分，投保人需要在"投保人声明"一页上手书"保险人已明确说明免除保险人责任条款的内容及法律后果"的内容并签名。

52．商业险保单是否可以即时生效？

答：投保人可与保险人约定保险期间的起止时点，但起保时点必须在保险人接受投保人的投保申请时点及确认全额保费入账时点之后。

53．新费率切换后，未投保确认并缴费生成保单的投保查询单（即中间状态保单）应如何处理？

答：新费率切换后，未投保确认并缴费生成保单的投保查询单（即中间状态保单）将全部作废，必须重新投保查询并计算保费。

54．即时生效保单终止日期如何确定？

答：即时生效保单保险终止日期统一调整为终保日期的 24:00，即保险起期当日剩余时间为赠送保险期限。

55．批单的起止日期如何计算？

答：批单的起保日期：保险责任开始前完成批改，批单的起保日期为原保单的起保日期；保险责任开始后完成批改，批单的起保日期为批改手续办理完成日期之后。 批单的终保日期：同原保单的终保日期。

56．退保时投保人无法提供保险单怎么办？

答：对于投保人无法提供保险单的，投保人应向保险人书面说明情况并签字（章）确认，保险人同意后可办理退保手续。已经执行电子保单的省份或地区，投保人退保时无须提供保险单。

57．保险责任开始前，投保人申请解除保险合同收取 3% 的退保手续费？

答：保险责任开始前，投保人申请解除保险合同，保险公司可按照条款规定向投保人收取 3% 的退保手续费后办理退保手续。

58．综改后，履行告知义务相对于综改前有哪些要点变化？

答：对于投保了附加绝对免赔率特约险、附加发动机损坏除外特约险的客户，保险人应向投保人重点解释和说明保险责任范围的变化；向投保人明确说明保险公司按照商业车险无赔款优待相关方案实行商业险的费率浮动。

59．什么情况下保险人可以按照合同约定增加保险费或者解除合同？

答：一是投保人未如实告知重要事项，对保险费计算有影响的，并造成按照保单年度重新核定保险费上升的；二是在保险合同有效期限内，被保险机动车因改装、加装、使用性质改变等导致危险程度增加，未及时通知保险人，且未办理批改手续的。

60．批改保费的计算规则是什么？

答：当投保人申请批改车辆的使用性质／所属性质时，对于批改后保费计算的追溯时间有两种情况：一种为全程批改，即按投保查询时点计算纯风险保费，如最初出单时信息录入错误；另一种为非全程批改，即按批改查询时点计算纯风险保费，如车辆批改过户导致的使用性质／所属性质变更。

61．发生什么变更事项时，投保人可申请对保险单进行批改？

答：一是车辆行驶证车主或使用性质变更；二是车辆及人员基本信息变更；三是车辆承保险别变更；四是变更其他事项。

62．录单过程中过户车辆未点选过户选项，怎样操作补交该单折扣差额？

答：首先上报电子联系单，待中国保险行业协会批示后，在系统内对该单进行批改（例如修改车牌号一位），系统自动带出折扣差额，客户将差额补缴后，再将该单批改为原状态（例如车牌号修改为正确车牌）即可。

63．贷款车辆在完成还款后，如何解除保单第一受益人特约？

答：客户须持身份证及银行出示的贷款结清证明到柜面办理，如银行未提供证明的，可提供车辆登记证代替结清证明，柜员要核实客户提供的车辆登记证是否为该车辆，车辆登记证上必须要有解除抵押字样，满足以上条件方可办理该业务。

64．××省地区如果优先切换实行车险综合改革后，其他省牌照的车辆可以到××省投保吗？

答：根据监管规定，保险公司不能主动拓展异地车业务，对于确实在本地使用的异地车辆，车辆使用地的保险公司可以承保，客户需配合提供被保险人本地暂住证、被保险车辆在本地使用的声明，以及带有本地参照物的验车照片等相关材料。

理赔篇

65．被保险人投保2020版车损险，车辆停放时车标被盗，保险公司是否赔付？

答：不赔付。机动车车辆损失险条款约定：非全车盗抢险、仅车上零部件或附属设备被盗或损坏，属于责任免除。

66．被保险人投保修理期间费用补偿保险。保险截止日期2020年12月30日，被保险人12月28日出险，经确认车辆需要修理5天，理赔时应赔付被保险人几天的修理期间补偿费用？依据？

答：5天。修理期间费用补偿保险期限内约定的赔偿天数超过保险合同终止的部分，仍应赔偿。故按5天赔付。

67. 车辆发生事故造成了售车前单独加装的前保险杠护杠损坏，保险公司是否赔付护杠损失？

答：不能赔付，因为车损险条款约定本车标准配置以外的新增设备损失为除外责任；如果投保附加新增设备险的情况下，且该零部件也在列明的备件范围内，则可以赔付。

68. 当一次事故车上人员的受伤人数超过我司承保的车上人员座位险个数，我司该如何赔付？

答：仅按承保的座位险个数赔付，具体人员由被保险人自行选择确认。

69. 被保险人在保险公司投保了 2020 版示范条款，保险期间内车辆在自家楼下停放过程中，由于自家老人带着被保险人的子女在楼下违规燃放爆竹，使车辆风挡玻璃和机器盖受损。被保险人向保险公司提出索赔，请问应如何处理？

答：（1）要求客户报警，调查事故原因，核实事故相关情况；（2）属于意外事故保险责任；（3）自己家庭成员造成的损失，无追偿权。

70. 甲的车辆停在自家小区楼下，不知被谁在车门上刻画了涂鸦，甲没有购买附加车身划痕损失险，无明显碰撞痕迹的车身划痕损失不在保险责任范围内，无奈甲自费维修车辆，但甲依旧向我司提出了索赔，原因是其购买了附加修理期间费用补偿险，你认为是否合理，为什么？

答：不合理。保险期间内，机动车在使用过程中，要发生机动车损失保险责任范围内的事故，造成车身损毁，致使被保险机动车停驶，保险人按保险合同约定，在保险金额内向被保险人补偿修理期间费用，作为代步车费用或弥补停驶损失。对于不属于保险责任的事故或责任免除的，不予赔偿。

71. 某车主在 2020 版商业综合险条款内投保三者险限额 50 万元，附加绝对免赔率特约 20%。以及附加法定节假日限额翻倍险。10 月 1 日发生全责事故，经核定三者总损失 120 万元，不考虑交强险赔付的情况下，被保险人可以在第三者责任险和假日翻倍险内得到的赔款金额为？

答：主险赔付 50 万元 × （1−0.2）=40 万元，总损失超过三者险及翻倍限额之和，因此附加险赔付 50 万元，合计赔付 90 万元。

72. 附加车轮单独损失险责任免除情形有哪几项？

答：（1）车轮（含轮胎、轮毂、轮毂罩）的自然磨损、朽蚀、腐蚀、故障、本身质量缺陷；（2）未发生全车盗抢，仅车轮单独丢失。

73. 被保险人或其允许的驾驶人给第三者造成损害，对第三者应负的赔偿责任确定的，可以采用哪几种赔偿处理方式？

答：（1）根据被保险人的请求，保险人应当直接向该第三者赔偿。（2）被保险人怠于请求的，第三者就其应获赔偿部分直接向保险人请求赔偿的，保险人可以直接向该第三者赔偿。（3）被保险人已向该第三者赔偿的，保险人可以向被保险人赔偿。

74. 遇到车辆燃烧的案件时，怎样对该案进行查勘？

答：核实起火原因，提供事故证明，做好相关笔录。固定前端证据，有无找到责任方，做好追偿工作。

75. 酒后和醉酒的区别，在交强险中处理有何不同？

答：驾驶人血液中的酒精含量大于（等于）20mg/100mL、小于 80mg/100mL 的行为属于饮酒驾车，含量大于（等于）80mg/100mL 的行为属于醉酒驾车。（1）如果属饮酒后驾车出险，造成第三方损失，保险公司会在交强险责任范围内对第三者给予赔付，但赔付的条件仅限于"酒后"；（2）如果被判定为醉酒驾驶，则保险公司会在交强险赔偿限额内先行垫付后，事后再向致害人追偿。

76. 新老条款针对车损险的保险责任及责任免除变化点主要有哪些？

答：在保险责任中：（1）将被保险人或其允许的驾驶人改成被保险人或被保险机动车驾驶人；（2）列明式保险责任改为定义式（即自然灾害、意外事故）；（3）将盗抢险加入车损险下赔付。在责任免除中：（1）离开事故现场改为交通肇事逃逸；（2）取消实习期内驾驶公共汽车、出租车或营业客车无许可证书，学习驾驶时无合法教练员随车指导，非被保险允许的驾驶人四项责任免除；（3）取消行驶证年检过期、车辆被政府征用期间、地震及次生灾害、自燃、不明原因火灾情形的责任免除；（4）取消未经必要修理致使损失扩大、玻璃单独破碎、全车盗抢损失、发动机进水导致的发动机损失情形的责任免除；（5）增加非全车盗抢、仅车上零部件或附属设备损失的责任免除。

77. 被保险人车辆停放期间，车外水管爆裂，导致发动机进水造成损失 3 万元，投保险种为 2020 版车损险，且加保附加发动机进水损坏除外特约条款，请问该事故损失应如何赔付，在哪个险种赔付？

答：2020 版机动车保险包含发动机进水损失责任，但因被保险人投保了发动机进水损坏除外特约条款，故本次事故造成的发动机进水损坏不予以赔付。

78. 牵引车及挂车投保第三者责任险（主车限额 50 万元，挂车限额 20 万元），发生保险事故后，三者损失 70 万元，保险公司能全部赔偿损失吗？

答：能全额赔付，主车和挂车连接使用时视为一体，发生保险事故时，由主车保险人和挂车保险人按照保险单上载明的机动车第三者责任保险责任限额的比例，在各自的责任限额内承担赔偿责任，但赔偿金额总和以主挂车的责任限额为限。因此保险公司能赔付三者损失 70 万元。

79. 被保险机动车停在小区内，被三者偷盗过程中，被被保险人和小区保安发现，三者逃跑。被保险机动车转向盘损坏。经过 60 天未找到肇事人，标的车转向盘是否赔付？依据为？

答：不予赔付。车损险关于盗抢的保险责任是保险期间内，被保险机动车被盗窃、抢劫、抢夺，经出险当地县级以上公安刑侦部门立案证明，满 60 天未查明下落的全车损失，以及因此造成的车辆部分零部件直接损失且不属于免除保险人责任范围。非全车盗抢、仅车上零部件或附属设备被盗窃属于责任免除。

80. 被保险人投保了机动车车上人员责任险，司机和 4 名乘客各保额 1 万元。被保险车辆发生保险事故，被保险机动车超载，车上人员为 1 名司机和 5 名乘客。司机和乘客都不同程度受伤。车上人员如何赔付？

答：车上人员的驾驶员和乘客间的限额不互通。故司机在限额 1 万元内赔付。车上人员责任险免除条款未对超载进行责任免除，故理赔时尊重被保险人的索赔选择原则由被保险人选择 1 至 4 名乘客，每人在限额 1 万元内进行理赔。

81. 甲驾驶机动车在凹坑路面行驶时，底盘不小心与路面刮擦，驾驶员未发现异常继续行驶，直至车辆无法正常行驶后熄火，事故造成油底壳及发动机内部受损，保险公司赔付哪些损失？

答：油底壳及发动机损失均属于意外事故所导致的损失，可以赔付。

82.车辆在修理厂修复竣工后，修理驾驶外出工试车，在试车过程中发生碰撞事故，标的车损失保险公司赔付吗？

答：不赔付。车损险责任免除包括了维修保养期间，维修保养期间包含场所的界定和人员的界定，在车辆没有交还被保险人之前都属于维修保养期间。

83.甲驾驶货车在路上行驶时，货车货物超过限定高度，与路面上限高杆发生碰撞，造成车辆损失及三者限高杆损失，保险公司能赔付车辆和限高杆损失吗？

答：车辆不赔付，限高杆可以赔付。车损险责任免除包含车辆违反装载规定。

84.驾驶证过了换证时间，但查询公安交管系统该证件为有效状态，驾驶员持该驾驶证驾车发生事故，保险公司是否赔付？

答：赔付，新条款约定"无驾驶证，驾驶证被依法扣留、暂扣、吊销、注销期间"为责任免除。

85.车辆发生事故造成了厂家出厂后加装的配件及装饰损坏，保险公司是否赔付加装件的损失？

答：购买了机动车损失保险未附加新增设备险的情况不属于保险责任，不予赔付。购买了机动车损失保险且附加新增设备险的情况，且该零部件也在列明的备件范围内，属于保险责任，则可以赔付。

86.乘客正在上车过程中，车辆突然起动，导致乘客摔伤，该乘客能否界定为车上人员？

答：属于车上人员，发生意外事故的瞬间，在被保险机动车车体内或车体上的人员，包括正在上下车的人员都属于车上人员。

87.投保了车轮单独损失险，可以多次赔付吗？

答：保险期内，累计赔款金额达到车轮单独损失险保险金额，保险责任终止。（保额不是自动恢复的）

88.车轮单独被盗，保险公司是否赔付？

答：不能赔付，因附加车轮单独损失险约定"车轮单独损失及未发生全车盗抢，仅车轮单独丢失"为责任免除。

89.投保了绝对免赔率特约险，如何进行赔偿计算？

答：主险实际赔款＝按主险约定计算的赔偿×（1－绝对免赔率）。

90.车辆未按规定检验，发生事故，保险公司是否赔付？

答：赔付，新条款约定"车辆行驶证、号牌被注销"为责任免除。

91.因第三方导致车辆损坏，被保险人有哪些索赔方式？

答：（1）向责任方保险公司索赔。（2）向责任方索赔。（3）代位求偿。

92.车辆出险后，如需施救，保险公司如何赔付施救费用？

答：对于必要的、合理的施救费用，保险公司给予赔付。施救费用另行计算，最高不超过保险金额的数额。如果施救的财产中含未保险的财产，按照应施救财产的实际价值占总施救财产的实际价值比例分摊施救费用。

93.在涉水行驶过程中车辆发动机进水而损毁，保险公司是否赔付？

答：购买了机动车损失保险未附加发动机进水损坏除外特约条款的情况属于保险责任，予以赔付。购买了机动车损失保险且附加发动机进水损坏除外特约条款的情况虽然可以降低保费，但是不属于保险责任，不予赔付。

94.货车由于所载货物超宽行驶时与桥洞相撞，货车及桥洞损失保险公司是否赔付？

答：车损险不赔，条款约定违反安全装载是保险事故发生的直接原因的，造成标的车损失为责任免除，桥洞损失属于三者财产损失，正常赔付。

95.王某倒车时，不慎将自己父亲撞伤，同时又撞坏了父亲家的大门，保险公司是否能在商业险三者险项下赔付事故损失？

答：王某父亲受伤保险公司应赔付，因为三者险条款责任免除仅约定了"被保险人、驾驶人、本车车上人员的人身伤亡"为责任免除。王某父亲家大门损失保险公司不赔付，因为三者险条款责任免除约定了"被保险人及其家庭成员、驾驶人及其家庭成员所有、承租、使用、管理、运输或代管的财产损失以及本车上财产的损失"为责任免除。

96.标的车投保了车损险，附加车身划痕损失险，只要车被划伤了，保险公司均应赔偿吗？

答：不是的，车身划痕险条款约定以下几种情况责任免除：一是被保险人及其家庭成员、驾驶人及其家庭成员的故意行为造成的损失；二是因投保人，被保险人与他人的民事、经济纠纷导致的任何损失；三是车身表面自然老化、损坏，腐蚀造成的任何损失。

97.车辆投保商业三者险，附加车上货物责任险，发生翻车交通事故，车上拉的10头牦牛，当场死亡8头，走失8头，保险公司如何赔付牦牛损失？

答：车上货物责任险条款约定"偷盗、哄抢、自然损耗、本身缺陷、短少、死亡、腐烂、变质、串味、生锈，动物走失、飞失，货物自身起火燃烧或爆炸造成的货物损失"为责任免除，因此保险公司只能赔付事故中死亡的2头牦牛的损失。

98.车辆投保了车上货物责任险，发生保险事故导致运输期限延迟，这部分损失能否得到赔偿？

答：不赔付，车上货物责任免除条款约定"保险事故导致货物减值、运输延迟、营业损失及其他各种间接损失"，属于除外责任。

99.被保险人将车辆借给朋友使用，其朋友利用车辆盗窃石油途中发生交通事故，造成车辆损坏，保险公司是否赔付？

答：不予赔付，车损险条款约定"被保险人或驾驶人故意或重大过失，导致被保险机动车被利用从事犯罪行为"为责任免除。

100.车辆投保第三者责任险，发生意外事故，造成三者人员死亡，三者家属向保险公司提出索要精神损害抚慰金，保险公司是否赔付？

答：不能赔付，三者险条款约定精神损害抚慰金为除外责任；如果投保附加精神损害抚慰金责任险条款，可以在保险限额内进行赔偿。

101.机动车第三者责任保险中医疗费用如何核定？

答：按照《道路交通事故受伤人员临床诊疗指南》和国家基本医疗保险的同类医疗费用标准核定医疗费用赔偿金额。如果投保医保外医疗费用责任险，对超出标准的部分也负责赔偿。

102.车辆加装氙气大灯，某日车辆因为大灯线路过载起火燃烧，该车已投保车损险，该事故造成的损失保险公司是否赔付？

答：不予赔付，车损险条款约定"被保险机动车被转让、改装、加装或改变使用性质等，导致被保险机动车危险程度显著增加，且未及时通知保险人，因危险程度显著增加而发生保险事故的"为责任免除。

103.车辆投保了修理期间费用补偿险，发生事故的车辆修复仅需一天，能否得到修理期间费用补偿险的补偿？

答：能，本次综合改革删除了本附加险的"每次事故的绝对免赔额为1天的赔偿金额"，但存在下列情况，保险人不承担修理期间费用补偿：（1）因机动车损失保险责任范围以外的事故而致被保险机动车的损毁或修理；（2）非在保险人认可的修理厂修理时，因车辆修理质量不合要求造成返修；（3）被保险人或驾驶人拖延车辆送修期间。

104. 车辆行驶时因急刹车，车厢内所载货物将车体撞坏，此次事故造成的车辆损失保险公司是否赔付？

答：赔付，因意外事故造成被保险机动车直接损失，且不属于免除保险人责任的范围，属于车损险保险责任。

105. 王某投保了交强险，某日王某醉酒驾车将三者行人张某撞伤，现伤者张某向保险公司请求赔偿，保险公司是否赔付？

答：先在交强险责任限额内予以赔付，后向王某（致害人）追偿。

依据最高人民法院《关于审理道路交通事故损害赔偿案件适用法律若干问题的解释》规定，因"醉酒、服用国家管制的精神药品或者麻醉药品后驾驶机动车发生交通事故导致第三者人身损害，当事人请求保险公司在交强险责任限额范围内予以赔偿，人民法院应予支持；保险公司在赔偿范围内向侵权人主张追偿权的，人民法院应予支持"。

106. A车与B车相撞，交警队判定B车全责，双方因交通事故产生矛盾，B车不配合赔偿事宜，A车损失是否可以直接向B车的保险公司申请赔偿？

答：可以，《保险法》第六十五条规定被保险人怠于请求的，第三者有权就其应获赔偿部分直接向保险人请求赔偿。

A车与B车相撞，交警队判定B车全责，B车车主没有赔偿能力，A车损失是否可以向A车的保险公司申请赔偿？

如果A车承保车损险，且A车及驾驶人员无车损险条款中"责任免除"所列相关事项的，可以请求保险公司赔付，保险公司代位赔付A车损失后，取得向B车车主追偿的权利，向B车车主追偿A车损失。

前提是A车在保险公司未赔偿之前，不能放弃对第三方请求赔偿的权利，还需配合提供必要的文件和所知道的有关情况。

107. 车辆投保车上人员责任险，发生交通事故造成车上人员受伤，交警队判定标的车负事故的主要责任，被保险人能向承保的保险公司申请赔偿人伤的全部损失吗？

答：不能，行业示范条款车上人员责任险条款约定车上人员责任险按责赔付。

108. 保险事故发生后，多长时间可以领到赔款？

答：按照《保险法》的相关规定，保险人收到被保险人的赔偿请求后，应当及时作出核定；情形复杂的，应当在三十日内作出核定。

保险人应当将核定结果通知被保险人；对属于保险责任的，在与被保险人达成赔偿协议后十日内履行赔偿义务。保险合同对赔偿期限另有约定的，保险人应当按照约定履行赔偿义务。

109. 车辆在修理厂修复竣工后，修理工试车过程中发生碰撞事故，对标的车损失保险公司是否赔付？

答：不赔付，车损险条款约定"竞赛、测试期间，在营业性场所维修、保养、改装期间造成的车损"为责任免除。

110.王某驾车撞亡一行人后驾车逃逸，迫于压力，第二天王某投案自首，王某为车辆投保了交强险及商业第三者责任险，保险公司对亡人损失费用是否赔付？

答：保险公司在交强险责任限额内赔付行人死亡损失费用，但商业第三者责任险不赔付。因为交强险没有将肇事逃逸列为责任免除，而商业第三者责任险约定"交通肇事逃逸"为责任免除。

111.因紧急刹车，发生本车上副驾驶室乘坐人员头部碰撞前挡玻璃，本车前挡玻璃破碎，乘员受伤的事故。车辆投保车损险，保险公司是否赔付前挡玻璃损失？

答：赔付，综合改革后"玻璃单独破碎险"已并入车损险主险范围内。

112.一台停放车辆起火燃烧，公安消防部门火因鉴定结论为"燃烧严重，火因无法确定，不排除自然原因"，请问车辆损失保险公司是否赔付？

答：投保了车损险即可赔付，改革后自燃险纳入车损险保障范围，同时条款将不明原因火灾纳入保险责任范围。

运营篇

113.车险综合改革后，是否可以将之前承保的旧条款换成新条款？

答：新示范条款正式启用后，交强险责任限额按照出险时间自动切换到新产品，但是商业险由于新旧产品的保险责任不同，新旧条款之间不能直接切换或更改。

114.对于综改之前投保的自燃险、盗抢险，车险综合改革后，都合并在车损险中后，能不能退这部分保费？

答：综改前投保的自燃险、盗抢险是按照综改前原条款签订的保险合同……如果想保留这两项保险责任，是无法退保费的；如果不再需要这两项保险责任，可以选择退保这两个险种，退保后保险公司按照原保单承担保险责任。

115.上一年保单在其他保险公司购买，没有发生过事故，当年转投到太平洋保险公司续保还有优惠吗？

答：有优惠的，目前车险平台支持全国NCD系数的查询访问，所以您在太平洋保险公司续保也会获得同样的NCD系数浮动优惠。

116.车险综合改革试点时，我能在试点城市购买车险吗？

答：根据银保监规定，保险公司不能主动拓展异地车业务，但对于确实在本地使用的异地车辆，车辆使用地的保险公司可以承保，需要投保人配合提供被保险人本地暂住证、被保险车辆在本地使用的声明以及带有本地参照物的验车照片等相关材料。

117.车险综合改革后，为什么我们这的费率浮动比别的城市高？

答：地区间风险状况不同，导致赔付水平差异，所以依据精算规则测算的费率略有差异。

118.车险综合改革后，新能源车该如何投保？

答：截至目前，中国保险行业协会还未出台针对新能源车的专属示范条款，目前各保险公司仍将以机动车商业险条款为依据予以承保。

119.车险综改后，互碰自赔是否影响交强险费率上浮？

答：车险综改后，对于轻微交通事故，中国银保监会鼓励当事人采取"互碰自赔"、在线处理等方式进行快速处理，但是是否纳入费率上调浮动因素视各地政策而定。

120.绝对免赔特约附加险的保险责任是什么？

答：被保险机动车发生主险约定的保险事故，保险人按照主险的约定计算赔款后，扣减本特约条款约定的免赔，即：主险实际赔款＝按主险约定计算的赔款×（1－绝对免赔率）。

121.附加险中的绝对免赔特约与之前的不计免赔有什么区别？

答：附加绝对免赔率特别条款：被保险人选择承担绝对免赔率，换取应缴纳保费的降低。不计免赔险：如果发生了交通事故，超过了第三者责任险或者车损险的赔付限额，仍有部分费用需要车主自己承担。如果车主投保了不计免赔险，按照对应投保的险种约定的免赔率计算的、应当由被保险人自行承担的免赔金额部分，保险人负责赔偿。

122.购买增值服务附加险后，都可以享受哪些增值服务？

答：道路救援服务、车辆安全检测、代为驾驶服务、代为送检服务特约共四个增值服务。

123.附加险增值服务有没有次数限制？

答：道路救援服务：保险期间内，保险人提供2次免费服务，超出2次的，由投保人和保险人在签订保险合同时协商确定，分为5次、10次、15次、20次四档。 车辆安全检测：保险期间内，本特约条款的检测项目及服务次数上限由投保人和保险人在签订保险合同时协商确定。 代为驾驶服务：保险期间内，本特约条款的检测项目及服务次数上限由投保人和保险人在签订保险合同时协商确定。 代为送检服务：一年一次。

124.增值服务附加险在投保时是客户自行选择服务类型，还是统一包含道路救援、安全检测、代驾、代送检四类？

答：投保人可以选择投保全部特约条款，也可以选择投保其中部分特约条款。

125.道路救援在车损保障范围内，是否有必要再购买增值服务附加险？

答：在车损保障范围内，发生保险事故时，被保险人或驾驶人为防止或者减少被保险机动车的损失所支付的必要的、合理的施救费用，由保险人承担；但若未发生保险事故，无法使用道路救援服务，故有必要再购买增值服务附加险。

126.增值服务附加险使用后，会影响下年保费吗？

答：该附加险体现的是服务享权，不属于保险事故的赔偿，所以不会影响下年保费。

127.没有购买增值服务附加险，发生事故导致需要救援，施救费保险公司赔吗？是否可以用增值的道路救援替代事故救援？是否所有地区可以送油、送水、送防冻液？

答：（1）发生保险事故时，被保险人或驾驶人为防止或者减少被保险机动车的损失所支付的必要的、合理的施救费用，由保险人承担；施救费用数额在被保险机动车损失赔偿金额以外另行计算，最高不超过保险金额。（2）不可替代事故救援，附加险中的道路救援仅针对被保险机动车在使用过程中发生故障而丧失行驶能力的救援。（3）非全部地区，根据所在地法律法规、行政管理部门的规定确定无法开展相关服务项目。

128.综改之后，之前投保的福利待遇是否会有影响？

答：新综改后，原保单的服务享权在保单有效期内依然按照原保单责任继续享受。

129.什么是法定节假日？

答：法定节假日包括中华人民共和国国务院规定的元旦、春节、清明节、劳动节、端午节、中秋节和国庆节放假调休日，以及星期六、星期日，具体以国务院公布的文件为准。法定节假日不包括(1)因国务院安排调休形成的工作日；(2)国务院规定的一次性全国假日；(3)地方性假日。

财经篇

130. 如何优化成本，应对综改？

答：一是加强销售费用精细化管理。二是加强标准成本管理体系建设与应用，优化管理成本结构。三是通过绿色行动优本优效项目，强化"全员参与"的成本管理理念，建立闭环管理机制，深挖各类成本优化潜力。

131. 监管如何强化偿付能力刚性约束？

答：中国银保监会、中国人民银行在 2020 年 7 月对《保险公司偿付能力管理规定》进行修订，形成征求意见稿。按照征求意见稿要求，对于核心偿付能力充足率低于 50% 或综合偿付能力充足率低于 100% 的保险公司，中国银保监会应当采取以下第（1）项至第（4）项的全部措施：（1）监管谈话；（2）要求保险公司提交预防偿付能力充足率恶化或完善风险管理的计划；（3）限制董事、监事、高级管理人员的薪酬水平；（4）限制向股东分红。中国银保监会还可以根据其偿付能力充足率下降的具体原因，采取以下第（5）项至第（12）项的措施：（5）责令增加资本金；（6）责令停止部分或全部新业务；（7）责令调整业务结构，限制业务和资产增长速度，限制增设分支机构，限制商业性广告；（8）限制业务范围、责令转让保险业务或责令办理分出业务；（9）责令调整资产结构，限制投资形式或比例；（10）对风险和损失负有责任的董事和高级管理人员，责令保险公司根据聘用协议、书面承诺等追回其薪酬；（11）依法责令调整公司负责人及有关管理人员；（12）中国银保监会根据保险公司的风险成因和风险程度认为必要的其他监管措施。对于采取上述措施后偿付能力未明显改善或进一步恶化的，由中国银保监会依法采取接管、申请破产等监管措施。中国银保监会可以视具体情况，依法授权其派出机构实施必要的监管措施。

132. 车险综改对确认纳税义务保费时点和发票开具有何影响？

答：根据财税〔2016〕36 号规定：增值税纳税义务纳税人发生应税行为并收讫销售款项或者取得索取销售款项凭据的当天；先开具发票的，为开具发票的当天。保险公司发生应税行为的对应税率为 6%。因此车险综改对车险保费确认的纳税义务时点和发票开具没有影响。

► **思考练习**

1. 掌握商业险下各险种的赔款理算方法。

2. 案例分析：张某在 2019 年 3 月 1 日为其家庭使用的小轿车向 A 保险公司投保了机动车交通事故责任强制保险及机动车第三者责任保险，保额 10 万元，家庭自用汽车损失保险 15 万元，基本险不计免赔特约险，保单次日生效。2019 年 4 月 11 日，标的车在行驶过程中与 B 保险公司承保的乙车发生碰撞，乙车又撞伤路旁的行人丙，交警部门认定标的车负事故的主要责任，乙车负事故的次要责任，行人丙在本次事故中无责任。经保险公司查勘核定，标的车损失 22000 元，乙车损失 12000 元，丙发生的医疗费用共 36000 元，其中超出国家基本医疗保险部分为 10000 元，请计算：

（1）A 保险公司在机动车交通事故责任强制保险项下对乙车和行人应赔偿的金额是多少？

（2）A 保险公司在机动车第三者责任保险项下应赔偿的金额是多少？

（3）A 保险公司在家庭自用汽车损失保险项下对标的车应赔偿的金额是多少？

模块五　汽车保险核赔实务

➤ **教学目标**

通过本模块的学习，要求学生掌握汽车保险核赔知识。

➤ **工作任务**

掌握汽车保险核赔知识。

➤ **问题探究**

一、核赔工作的流程

在经过赔款理算之后，要根据有关单证缮制赔款计算书。首先由相关工作人员制作《机动车辆保险赔款计算书》和《机动车辆保险结案报告书》。《机动车辆保险赔款计算书》各栏要详细录入，项目要齐全，数字要正确，损失计算要分险种、分项目计算并列明计算公式，应注意免赔率要分险种计算。《机动车辆保险赔款计算书》一式两份，经办人员要盖章、注明缮制日期。业务负责人审核无误后，在《机动车辆保险赔款计算书》上签注意见和日期，送核赔人。

核赔是在授权范围内独立负责理赔质量的人员，按照保险条款及保险公司内部有关规章制度对赔案进行审核的工作。

核赔的主要工作内容包括审核单证、核定保险责任、审核赔款计算、核定车辆损失及赔款、核定人员伤亡及赔款、核定其他财产损失及赔偿、核定施救费用等。核赔是对整个赔案处理过程进行控制。核赔对理赔质量的控制体现在核赔师对赔案的处理过程。一是及时了解保险标的出险原因、损失情况，对重大案件，应参与现场查勘；二是审核、确定保险责任；三是核定损失；四是审核赔款计算。

二、核赔的主要内容

1. 审核单证

审核被保险人按规定提供的单证、经办人员填写赔案的有关单证是否齐全、准确、规范和全面。

2. 核定保险责任

核定的内容包括：被保险人与索赔人是否相符；驾驶员是否为保险合同约定的驾驶员；出险车辆的厂牌型号、牌照号码、发动机号、车架号与保险单证是否相符；出险原因是否属保险责任；出险时间是否在保险期限内；事故责任划分是否准确合理；赔偿责任是否与承保险别相符等。

3. 核定车辆损失及赔款

核定的内容包括：车辆定损项目、损失程度是否准确、合理；更换零部件是否按规定进行了询报价，定损项目与报价项目是否一致；换件部分拟赔款金额是否与报价金额相符；残值确定是否合理等。

4. 核定人员伤亡及赔款

根据查勘记录、调查证明和被保险人提供的事故责任认定书、事故调解书和伤残证明，依照国家有关道路交通事故处理的法律、法规规定和其他有关规定进行审核；核定伤亡人员数、伤残程度是否与调查情况和证明相符；核定人员伤亡费用是否合理；被抚养人口、年龄是否真实，生活费计算是否合理、准确等。

5. 核定其他财产损失赔款

根据照片和被保险人提供的有关货物、财产的原始发票等有关单证，核定财产损失、损余物资处理等有关项目和赔款。

6. 核定施救费用

根据案情和施救费用的有关规定，核定施救费用有效单证和金额。

7. 审核赔付计算

审核残值是否扣除、免赔率使用是否正确、赔款计算是否准确等。

如果上级公司对下一级进行核赔，应侧重审核：普通赔案的责任认定和赔款计算的准确性；有争议赔案的旁证材料是否齐全有效；诉讼赔案的证明材料是否有效；保险公司的理由是否成立、充分；拒赔案件是否有充分证据和理由等。

结案时《机动车辆保险赔款计算书》上赔款的金额必须是最终审批金额。在完善各种核赔和审批手续后，方可签发《机动车辆保险赔款通知书》，并通知被保险人。

 案例1

甲车在保险公司投保了交通事故强制责任保险和机动车辆损失保险。某日，陈某驾驶甲车在行驶过程中与借道行驶的驾驶电动车的刘某发生碰撞，造成刘某受伤、电动车受损的交通事故，报交警处理后认定陈某负事故全部责任。损失情况如下。

1. 标的车经保险公司查勘定损后核损金额为6100元，无残值。

2. 刘某医疗费1166.3元、误工费3000元、交通费275元、电动车损失费600元，合计5041.3元。

陈某向保险公司提交索赔材料后，经保险公司核实：标的车损失金额为6100元。刘某治疗过程中不符合国家医疗保险规定的费用为200.9元，核定金额为965.4元、误工费核定为2744元、交通费核定为140元。

假定甲车足额投保，保险事故中无其他加扣免赔率情形存在。计算保险公司本案中赔款金额。

一、交强险有责项下赔偿金额

交强险有责项下赔偿限额为：死亡伤残赔偿限额 180000 元、医疗费赔偿限额 18000 元、财产损失赔偿限额为 2000 元。

1. 死亡伤残赔偿金额 =2744 元 +140 元 =2884 元＜ 180000 元，按核定金额赔偿 2884 元。

2. 医疗费赔偿金额为 965.4 元＜ 18000 元。按核定金额赔偿 965.4 元。

3. 财产损失赔偿金额为 600 元＜ 2000 元。按核定金额赔偿 600 元。

甲车交强险项下赔偿金额 =2884+965.4+600=4449.4（元）。

二、商业险项下赔偿金额（代位情况下）

甲车机动车辆损失险赔偿金额 =（核定损失－残值－被保险人已从第三方获得的赔偿金额）×（1－绝对免赔率）=（6100-0-0）×100%×1×1=6100（元）。

案例 2

甲、乙两车投保在不同的保险公司，两车足额投保。某日，两车发生碰撞，报交警处理后交警认定双方负同等责任。经保险公司核定，两车损失及人伤费用如下：

1. 甲车驾驶员医疗费为 12000 元，车损 3000 元。乙车驾驶员构成 6 级伤残，假定伤残费为 120000 元，医疗费 24000 元，车辆损失金额为 5000 元。

2. 甲、乙两车均投保了强制责任保险和商业车辆保险及车上人员责任险，其中商业车辆保险第三者责任险为 300000 元。

根据上述资料，试计算两车所在保险公司的赔款金额。

一、交强险赔款计算

1. 甲车所在保险公司交强险赔款金额

乙车财产损失：5000 元＞ 2000 元，取 2000 元。

乙车驾驶员死亡伤残金额 120000 元＜ 180000 元，取 120000 元。

乙车驾驶员医疗费 24000 元＞ 18000 元，取 18000 元。

甲车交强险项下共赔偿：2000+120000+18000=140000（元）。

2. 乙车所在保险公司交强险赔款金额

甲车财产损失：3000 元＞ 2000 元，取 2000 元。

甲车驾驶员医疗费 12000 元＜ 18000 元，取 12000 元。

乙车交强险项下共赔偿：2000 元 +12000 元 =14000 元。

二、商业险赔款计算

1. 甲车所在保险公司商业险赔款（代位情况下）

车损险：3000-2000=1000（元）。

第三者责任险：（120000+24000+5000-140000）×50%=4500（元）。

甲车驾驶员责任险 =（12000-12000）×50%=0（元）。

总赔款金额 =0+4500=4500（元）。

2. 乙车所在保险公司商业险赔款（代位情况下）

车损险：5000-2000=3000（元）。

第三者责任险：（12000+3000-14000）×50%=500（元）。

乙车驾驶员责任险 =（24000+120000－18000－120000）×50%=3000（元）。

总赔款金额 =3000+500+3000=6500（元）。

► **思考练习**

1.简述汽车保险核赔的流程。

2.汽车保险核赔的主要内容有哪些?

核赔

模块六　汽车保险理赔结案

► **教学目标**

通过本模块的学习，要求学生掌握汽车保险结案知识。

► **工作任务**

掌握汽车保险结案知识。

► **问题探究**

一、结案

在赔案经过分级审批通过之后，业务人员应制作《机动车辆保险领取赔款通知书》，并通知被保险人，同时通知会计部门支付赔款。保户领取赔款后，业务人员按赔案编号输录《机动车辆保险已决赔案登记簿》，同时在《机动车辆保险报案、立案登记簿》备注栏中注明赔案编号、赔案日期，作为续保时是否给付无赔款优待的依据。

未决赔案的处理办法：未决案是指截至规定的统计时间，已经完成估损、立案，尚未结案的赔款案件，或被保险人尚未领取赔款的案件。处理原则：定期进行案件跟踪，对可以结案的案件，须敦促被保险人尽快备齐索赔材料，赔偿结案；对尚不能结案的案件，应认真核对、调整估损金额；对超过时限，被保险人不提供手续或找不到被保险人的未决赔案，按照"注销案件"处理。

二、理赔案卷管理

（1）理赔案卷须一案一卷整理、装订、登记、保管。赔款案卷要做到单证齐全、编排有序、目录清楚、装订整齐，照片及原始单据一律粘贴整齐并附说明。

（2）理赔案卷按分级审批、分级留存并按档案管理规定进行保管。

1. 车险业务档案卷内的排列顺序一般遵循的原则

承保单证应按承保工作顺序依次排列，理赔案卷应按理赔卷内目录内容进行排列。

2. 承保单证、赔付案卷的装订方法

（1）承保单证、赔付案卷中均采用"三孔一线"的装订方法，孔间距为6.5cm，承保单证一律在卷上侧统一装订，赔付卷一律在卷左侧统一装订。承保和理赔中需要附贴的单证，如保费收据、赔案收据和各种医疗费收据、修理费发票等一律粘贴在"机动车辆保险（单证）粘贴表"上，粘贴整齐、美观，方便使用。

（2）承保单证一律按编号排序整齐，每50份装订为一卷，赔付卷要填写卷内目录和备考线，装订完毕后打印自然流水号，以防卷内形式不一的单证、照片等重要原始材料遗失。卷内规格形式不一的单证（如照片、锯齿发票等）除一律粘贴在统一规格的粘贴表上之外，还应加盖清晰的骑缝章，并在粘贴表中注明粘贴张数。

3. 卷内承保、理赔卷的外形尺寸

卷内承保、理赔卷的外形尺寸分别以承保副本和机动车辆保险（单证）粘贴表的大小为标准，卷皮可使用统一的"车险业务档案卷皮"加封，并装盒保存（每盒承保50份，理赔10份）。

4. 承保单证及赔付案卷卷皮上应列明内容

承保的卷皮上应列明的内容为机构名称、险种、年度、保单起止号和保管期限；赔案卷皮应注明的内容为机构名称、险种、赔案年度、赔案起止号和保管期限。

5. 档案管理要求

业务原始材料应由具体经办人提供，按顺序排列整齐，然后交档案管理人员。档案管理人员按上述要求统一建档。保管案卷人员应以保证卷内各种文件、单证的系统性、完整性和真实性为原则。当年结案的案卷归入所属业务年度，跨年度的赔案归入当年的理赔案卷。

6. 业务档案的利用

业务档案的利用工作既要积极主动，又必须坚持严格的查阅制度。查阅时要填具调阅登记簿，由档案管理人员亲自调档案并协助查阅人查阅。

7. 承保及理赔档案的销毁和注销

根据各个公司的规定，对于车险业务一般保管期限为三年，对于超过保存期限的经内勤人员和外勤人员共同确定确实失去保存价值的，要填具业务档案销毁登记清单，上报部门经理方可销毁。

案例1

交强险理赔案例

甲车投保了交强险，在保险期间内与乙车、丙车发生了交通事故。核定损失如下：甲车车上人员死亡伤残费3000元，车上人员医疗费用600元，车损9000元；乙车车上人员死亡伤残

费 2000 元，车上人员医疗费用 5000 元，车损及车载货物 8000 元；丙车车上人员死亡伤残费 1000 元，车上人员医疗费用 400 元，车损 700 元。

（1）假设交通管理部门确定甲车有责，但未确定保险事故各方车辆在强制保险项下所承担的赔偿责任，计算甲车交强险赔款。

（2）假设交通管理部门确定甲车在强制险项下各分项赔偿限额均承担赔偿责任比例为 30%，计算甲车交强险赔款。

（3）假设交通管理部门确定甲车在本次事故中无责，计算甲车交强险赔款。

解答

（1）假设交通管理部门确定甲车有责，但未确定保险事故各方车辆在强制保险项下所承担的赔偿责任，交强险赔款按下式计算。

死亡伤残费：（2000+1000）÷（3−1）= 1500（元）< 180000 元，核定赔款 1500 元。

医疗费：（5000+400）÷（3−1）= 2700（元）< 18000 元，核定赔款 2700 元。

财产损失：（8000+700）÷（3−1）= 4350（元）> 2000 元，核定赔款 2000 元。

各分项核定赔款合计：1500+2700+2000 = 6200（元）。

（2）假设交通管理部门确定甲车在强制险项下各分项赔偿限额均承担赔偿责任比例为 30%，交强险赔款按下式计算。

死亡伤残费：（3000+2000+1000）×30% = 1800（元）< 180000 元，核定赔款 1800 元。

医疗费：（600+5000+400）×30% = 1800（元）< 18000 元，核定赔款 1800 元。

财产损失：（9000+8000+700）×30% = 5310（元）> 2000 元，核定赔款 2000 元。

各分项核定赔款合计：1800+1800+2000=5600（元）。

（3）假设交通管理部门确定甲车在本次事故中无责，交强险赔款按下式计算。

死亡伤残费：（2000+1000）÷（3−1）= 1500（元）< 18000 元，核定赔款 1500 元。

医疗费：（5000+400）÷（3−1）= 2700（元）> 1800 元，核定赔款 1800 元。

财产损失：（8000+700）÷（3−1）= 4350（元）> 100 元，核定赔款 100 元。

各分项核定赔款合计：1500+1800+100 = 3400（元）。

综合理赔案例

甲车投保了交强险，同时购买了 10 万元限额的商业第三者责任险，在保险期内发生了与其他车辆及行人的交通事故，核定第三者损失如下：对方死亡伤残费 200000 元，医疗费用 800 元，财产损失 600 元。

（1）假设交通管理部门确定甲车负事故责任比例为 70%，请计算交强险赔款和商业第三者责任险赔款。

（2）假设交通管理部门确定甲车在事故中无责，请计算交强险赔款和商业第三者责任险赔款。

解答

（1）假设交通管理部门确定甲车负事故责任比例为 70%，交强险赔款按下式计算。

死亡伤残费：200000 元＞180000 元，核定赔款 180000 元。

医疗费：800 元＜10000 元，核定赔款 800 元。

财产损失：600 元＜2000 元，核定赔款 600 元。

各分项核定赔款合计：180000+800+600 ＝ 181400（元）。

商业第三者责任险赔款按下式计算。

第三者全部损失：（200000+800+600－交强险赔款 181400）×70%

　　　　　＝ 14000（元）＜100000 元，商业第三者责任险赔款为 14000 元。

（2）假设交通管理部门确定甲车在事故中无责，交强险赔款按下式计算。

死亡伤残费：200000 元＞18000 元，核定赔款 18000 元。

医疗费：800 元＜1800 元，核定赔款 800 元。

财产损失：600 元＞100 元，核定赔款 100 元。

各分项核定赔款合计：18000+800+100 ＝ 18900（元）。

商业第三者责任险赔款为零。

➤ 思考练习

1. 汽车保险理赔结案手续有哪些？

2. 汽车保险理赔案卷如何管理？

模块七　车险理赔特殊案件的处理

➤ 教学目标

通过本模块的学习，要求学生掌握汽车保险理赔特殊案件的处理知识。

➤ 工作任务

掌握汽车保险理赔特殊案件的处理知识。

➤ 问题探究

一、简易赔案

在实际工作中很多案件案情简单，出险原因清楚，保险责任明确，事故金额低，可在现场确定损失。为简化手续，方便客户，加快理赔速度，根据实际情况可对这些案件实行简易处理，称之为简易赔案。

实行简易赔案处理的理赔案件必须同时具备以下条件。

（1）车辆损失险列明：自然灾害和被保险人或允许的合格驾驶员或约定的驾驶员，单方肇事导致的车损险案件。

（2）出险原因清楚，保险责任明确，损失容易确定。

（3）车辆部分损失可以一次核定，损失容易确定。

（4）车辆部分损失可以一次核定，已损失金额在 5000 元以内。

（5）受损零部件可以准确容易地确定金额。

简易赔案处理的程序是：接受报案→现场查勘、施救，确定保险责任和初步损失→查勘定损人员定损→填写《简易赔案协议书》→报相关处理中心→办理赔款手续→支付赔款。

二、救助案件

救助案件是指对投保机动车辆保险附加救助特约责任范围内的出险车辆，实施救助理赔的案件。救助案件处理过程是：接受报案并抄单→通知救助协作单位→救助单位实行救助并反馈，被保险人予以确认→财务中心向救助协作单位支付救助款→立案→核对缮制赔案→支付赔款。

三、疑难案件

疑难案件分争议案件和疑点案件两种情况。

（1）争议案件指保险人和被保险人对条款理解有异议或责任认定有争议的案件，在实际操作中应采用集体讨论研究、聘请专家论证和向上级公司请示等方式解决，以保证案件圆满处理。

（2）疑点案件指赔案要素不完全、定损过程中存在疑点或与客户协商不能达成一致的赔案。疑难案件调查采取的形式：一是在查勘定损过程中发现的有疑点的案件由查勘定损人员进行调查；二是在赔案制作和审批过程中发现有疑点的案件由各保险公司的专门机构负责进行调查；三是骗赔、错赔案件调查由各保险公司的专门机构完成。

四、注销案件

注销案件指保险车辆发生保险责任范围内的事故，被保险人报立案后未行使保险金请求权致使案件失效注销的案件。它分为超出索赔时效注销和主动声明放弃索赔权利注销两种情况。

对超出索赔时效注销，即自被保险人知道保险事故发生之日起两年内未提出索赔申请的案件，由业务处理中心在两年期满前 10 天发出《机动车辆保险结案催告、注销通知书》。被保险人仍未索赔的，案件报业务管理处（科）后予以注销处理。

对主动声明放弃索赔权利注销的案件，在业务处理中心发出《机动车辆保险结案催告、注销通知书》后，由被保险人在回执栏签署放弃索赔权利意见。案件报业务管理处（科）后予以注销处理。对涉及第三方损害赔偿的案件，被保险人主动声明放弃索赔权利的，要慎重处理。

五、拒赔案件

拒赔案件的拒赔原则如下。

（1）拒赔案件要严格按照《中华人民共和国保险法》《机动车辆保险条款》有关规定处理。拒赔要有确凿的证据和充分的理由，慎重决定。

（2）拒赔前应向被保险人明确说明原因，认真听取意见并向被保险人做好解释工作。

六、代位追偿案件

代位追偿案件的实施原则如下。

（1）代位追偿必须是发生在保险责任范围内的事故。

（2）代位追偿是《中华人民共和国保险法》和《机动车辆保险条款》规定的保险人的权利，根据权利义务对等的原则，代位追偿的金额应在保险金额范围内根据实际情况接受全部或部分权益转让。

（3）代位追偿工作必须注意诉讼时效。

代位追偿案件的工作程序是：被保险人向造成损失的第三者提出书面索赔申请→被保险人向保险人提出书面索赔申请，签署权益转让书→业务处理中心将赔案资料转业务管理部门→业务管理部门组织进行代位求偿→业务处理中心整理赔案、归档→财务中心登记、入账。

七、损余物资处理

损余物资处理是指对车损换件、全损残值和盗抢追回车辆等的处理。

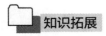

知识拓展

我国车险行业的服务规范

针对消费者反映较集中的车险、意外险、健康险等服务问题，中国保险行业协会牵头制定了《全国机动车辆保险服务承诺》和《全国个人意外伤害保险、健康保险服务承诺》，并正式向社会公布。中国人保、中国人寿、平安、太平洋等目前国内市场上经营这三类保险业务的45家保险公司的负责人共同签署了承诺协议。

此举意味着，我国车险、意外险和健康险承保理赔服务首次有了全国统一的基本标准。这也是中国保险业第一次全行业范围内面向社会公众进行规范化的服务承诺。

中国保险行业规范保险业服务，制订行业服务标准，是维护消费者权益的重大举措。

45家公司包括国内保险市场上所有经营车险、个人意外险、健康险的保险公司总公司以及部分经总部授权的外资保险公司分支机构共同向全社会公布上述服务承诺，让广大保险消费者清晰地了解在承保、理赔等环节，保险公司所应提供的服务内容。中国保险行业协会牵头制定的服务承诺是全行业的基础服务承诺和基本服务标准，开展汽车保险业务的保险公司必须遵守。

服务承诺对消费者关心的问题，尤其是承保和理赔的时限作出了明确的规定，强调了保险公司的告知义务，并要求各公司都要向社会公布报案、咨询电话，切实为消费者提供周到服务。

加强保险行业诚信建设、制订行业服务标准有助于解决中国保险行业"理赔难"问题。从一些社会普遍关注的车险业务领域入手，制订理赔服务标准，规范和约束保险公司的理赔程序和时限。

《全国机动车辆保险服务承诺》明确了保险公司应当设立公布报案、咨询电话，实施全年无间断接受报案、咨询服务；对向客户推荐的汽车修理厂的修理质量等履行监督职责；对事故责任和保险责任明确、单证齐全、真实且不涉及人员受伤的 2000 元以下小额赔款建立快捷的理赔服务机制；对有人员伤亡或重大财产损失的案件，如果事故责任和保险责任明确，但暂不能确定赔付金额的，保险公司可根据保险人已经支付的费用先行赔付 30% ～ 50%。在《全国个人意外伤害保险、健康保险服务承诺》中，明确保险公司对于索赔材料齐全、属于保险责任且不需要调查的案件，在 10 个工作日内必须作出理赔决定；对 10 个工作日内不能确定结果的索赔案件，应将理赔进展通知客户。

这一服务承诺仅仅是规定了车险、健康险、意外险服务及理赔方面的基本程序和时限，应该说是一个最基本的标准。但既然是公开发布的标准，就对行业内部有执行效力，是行业的一种自律公约；对社会具有法律效力，可以成为保险投诉处理的参考依据。行业协会要对承诺执行情况定期进行监督检查，并制定相应的自律惩戒措施，可以进行通报、批评、媒体曝光、经济制裁等处罚；对违反承诺情节严重的，要报告监管部门。

《全国机动车辆保险服务承诺》的颁布，对我国汽车保险行业优质服务起到了积极的推动作用，各保险公司为投保的客户都精心准备了不同的贴心服务。

1. 全国统一的服务专线电话受理报案

比如，中国人保的"95518"专线获得 ISO9001、2000 标准国际国内双认证，这也是国内首家通过该项认证标准的金融行业服务专线电话。"95518"专线为广大保户及社会各界提供了全方位的保险服务，和中国人保"名优工程"等一系列创新服务构筑了客户服务的新平台。在人保财险金华市分公司，"95518"专线共有 6 条中继线，配备了 15 名接线人员，确保每天 24 小时无间断受理机动车辆出险报案，提供业务咨询、承保预约、紧急救援等服务。

2. 实施快速查勘

制定快速查勘制度，实行限时查勘、限时理赔、及时委托。机动车辆本地出险，本市范围内 1 小时赶到现场。

3. 实施"代查勘、代定损"制度

发挥机构网络优势，实施"代查勘、代定损"，凡是承保的机动车辆，无论在何地出险，都可拨打当地服务专线电话，出险地公司无条件接受代查勘、代定损工作。如投保车辆在外地出险，可凭保险卡直接向当地同系统的保险公司报案，由当地同系统的保险公司代为办理现场查勘、损失核定等保险索赔程序。

4. 提供 7 天 24 小时保险车辆紧急救援服务

保险车辆在省内出险，可提供紧急施救，外地出险，也可通过服务专线获得救援服务。

5. 提供免费的医疗咨询服务

各公司有专职的医疗专家，若招标单位的车辆发生保险事故涉及人身伤害，保险公司将免费提供医疗咨询，并可协助招标单位前往医院了解伤者治疗情况，以免支付不必要的费用。

6. 尊重客户对车辆维修单位的选择权

不强求客户对出险车辆修理厂的选拔，如有出险可选择：　　、

（1）在当地政府指定的修理厂范围内选择；

（2）被保险人自行选择修理厂；

（3）接受被保险人委托，由保险人提供资质较高的修理厂。

7. 提供理赔无忧——车险快捷服务

对于出险原因清楚、责任明确，不涉及第三方保险赔偿，本车定损金额在 5000 元以下的保险事故，可提供 7 日内将车辆修理完毕（修理质量按国家规定保修），通知车主提车或 3 日内通知车主来领取赔款，无须被保险人垫付任何修理费用的全程服务，解决被保险人的后顾之忧。

8. 提供预付赔款

保险车辆出险后，如果保户有需求，可依据交警部门开具的《事故责任书》在预计赔款 60% 以内垫付；若已保不计免赔特约险的车辆出险，则可在预计赔款 80% 以内垫付；若属重特大事故可按规定预付赔款。

9. 提供赔案的"无绝对免赔额"服务

对于车险赔案，有的保险公司对每次事故不设绝对赔额，减少了投保人的损失；同时对车上人员的理赔有的公司不设责任免赔，体现保险公司对投保人的关怀。

10. 规定时限内支付赔款

每次事故 20 万元的理赔权限使绝大多数的案件能在保险公司权限范围内得到解决，而无须经过上级公司的再次审核，使赔款能在最短时间内得以支付。如有的保险人对索赔单证齐全、双方达成理赔一致意见的赔案，在以下规定的时限内支付赔款。

（1）损失在 5 万元以内，1 个工作日内赔付；

（2）损失在 5 万～ 10 万元，2 个工作日内赔付；

（3）损失在 10 万～ 20 万元，3 个工作日内赔付；

（4）损失在 20 万元或以上，7 个工作日内赔付。

11. 坚持上门服务

根据被保险单位的通知，及时上门宣传，上门送保单，上门协助防灾，上门送赔款。

12. 提供应急代步车服务

对于发生保险事故的车辆，提供应急代步车的部门帮助客户将车送达指定地点，并可免费提供急难用车。

13. 协助处理交通事故

保险车辆出险后，如果保户有需求，可接受委托，协助处理交通事故。

14. 设立车友俱乐部，提供配套服务

建有专门的车友俱乐部，由专人为投保车辆提供专业的车辆配件配送服务。同时不定期开展各种类型的车友活动。

15. 提供方便、快捷的免费洗车服务

16. 实施重要客户管理办法

对重要客户在承保、理赔方面提供系列化优质服务，实行重点优先政策，建立重要客户定期走访、征询意见制度，定期组织重要客户座谈会、团拜会等联谊活动，优先组织和安排重要客户赴外地参观、学习和交流。

17. 积极开展防灾防损活动

保险公司努力配合被保险单位举办驾驶人员安全教育和表彰活动。另外，保险公司将积极参与市政府组织的防灾防损、安全生产检查活动及其他社会公益事业，并尽可能提供必要的资助。

18. 其他相关服务

客户有需求，可以提供免费新车导购、代办车牌、协助年检、代缴养路费规费、提供事故的法律援助等其他相关服务。

紧急避险导致的车损如何理赔

2019年12月2日17时左右，湖北省某市个体驾驶员刘某（系车损险及第三者责任险被保险人）驾驶的小客车在行驶途中，因天冷路滑，在急弯道内侧（占道）处与相对而行的个体驾驶员张某驾驶的三轮车交会。为避免相撞，三轮车急转弯，倾覆于公路边沟内。三轮车受损，两名乘客及驾驶员受伤。该市交警大队调解后认定：刘某负此次事故的全部责任，应赔偿张某损失6000余元。事故处理结案后，刘某向保险公司索赔，而保险公司在审理此案时则以"两车未发生碰撞"及"紧急避险超过必要限度"为由予以拒赔，双方遂引起纠纷。

案例分析　这实际上是一起因紧急避险问题而引发的案件。根据有关法律规定，"紧急避险"是指为了国家、公民利益、本人或他人的人身财产和其他权利免受正在发生的危险不得已采取的突发性行为。本案中，三轮车驾驶员张某的行为属紧急避险行为。《民法通则》第一百二十九条规定："因紧急避险造成损害的，由引起险情发生的人承担民事责任。"

因此，张某因紧急避险所造成的车倾人伤损失应由引起险情的被保险人刘某承担责任。另外，在这次事故中，张某应视为第三方。根据《机动车辆保险条款》有关规定，被保险人在使用保险车辆过程中发生意外事故，致使第三者遭受人身伤亡或财产直接损毁，依法应由被保险人支付的赔偿金额，保险人应依照保险合同给予赔偿。

结论　刘某依据第三者责任险条款索赔是合理的，保险公司应予赔付。

> **思考练习**

1. 车险理赔特殊案件如何处理？
2. 查阅有关汽车保险的特殊案例，选择一个较有启发性的案例进行分析。

项目五
汽车保险现场查勘实务

> **项目概述**

　　本项目共包括四个模块，分别为现场查勘分类和查勘要求、现场查勘技术、交通事故责任认定技术基础、模拟现场查勘。本项目旨在帮助学生掌握现场查勘知识和实务操作技能。

> **教学目标**

　　通过本项目，让学生了解有关现场查勘分类、现场查勘前期工作要求，掌握汽车保险现场查勘技术及交通事故责任认定技术基础，学会如何填写现场查勘报告，掌握现场查勘报告制作要求。

> **重点难点**

　　重点是汽车保险现场查勘技术、填写现场查勘报告；难点是汽车保险现场查勘技术的掌握。

查勘规范和标准培训

模块一　现场查勘分类和查勘要求

> **教学目标**

　　通过本模块的学习，要求学生掌握汽车保险现场查勘分类和查勘要求知识。

> **工作任务**

　　掌握汽车保险现场查勘分类和查勘要求知识。

> **问题探究**

一、现场分类

　　根据现场的完整真实程度，现场分为以下几类。

1. 原始现场（第一现场）

原始现场是指事故发生以后，在现场的车辆和遗留下来的一切物体、痕迹仍保持着事故发生的原始状态没有变动和被破坏的现场，常被称作第一现场。

2. 变动现场

变动现场是指事故发生后，改变了现场原始状态的一部分、大部分或全部面貌的现场，也称非第一现场、第二现场。变动原因通常有下面几种。

（1）抢救伤者。这是指因抢救伤者变动了现场的车辆和有关物体的位置。

（2）保护不善。这是指现场的痕迹被过往车辆和行人碾踏、触动而破坏或消失。

（3）自然影响。这是指因雨、雪、风、冰、风沙等自然因素的影响，造成现场物体上遗留下来的痕迹不同程度地被破坏或完全消失。

（4）特殊情况。这是指执行特殊任务的车辆或公安部门一、二级保卫的车辆，出于某些特殊情况的需要而离开现场，以及为了保证特殊车辆通行而未查勘即被公安部门拆除的现场。

（5）其他情况。这里指如果汽车发生事故后，当事人没有察觉，驾车离开了现场。这种事故通常为轻微事故。

3. 恢复原始现场

在保险查勘中，时常碰到被保险人或保险事故当事人对保险人现场查勘要求不甚了解，以至于对一些单方车损事故未保存原始现场。然而保险人为了规避道德风险，通常要求被保险人或当事人提供原始现场，这就出现了恢复原始现场的情况，即被保险人或当事人为了证明保险事故的真实性，将保险车辆恢复到保险事故发生时的"原始"状态。

4. 伪造现场

伪造现场是指与事故有关或被唆使的人员有意改变现场的车辆、物体、痕迹或其他物品的原始状态，甚至对某个部位进行拆卸和破坏，企图达到逃脱罪责或嫁祸于人的目的的行为。

二、现场查勘分类和查勘要求

查勘和定损流程

车险查勘中通常将原始现场查勘和恢复原始现场查勘统称为第一现场查勘，其他现场查勘均称为非第一现场查勘，从而车险现场查勘也就分为第一现场查勘和非第一现场查勘。

（一）对现场查勘人员的要求

现场查勘人员的工作是理赔实务流程中的现场查勘、填写查勘报告和初步确定保险责任，是整个理赔工作的中前期工作。它关系到本次事故是否是保险事故、保险人是否应该立案，从而关系到保险人的赔款准备金等。查勘工作未做好，整个理赔工作就会很被动，后面的工作甚至无法进行，所以现场查勘工作是保险理赔工作的重中之重。由于现场查勘中包括众多保险知识和汽车知识，并且查勘人员又是外出独立工作，所以对现场查勘人员有下列要求。

1. 良好的职业道德

查勘工作的特点是与保险双方当事人的经济利益直接相关，而它又具有相对的独立性和技术性，从而使查勘人员具有较大的自主空间。在我国现阶段，总体来说社会诚信度还不是很高，一些不良的修理厂、被保险人会对查勘人员实施各种方式的利诱，希望虚构、谎报或高报损失，以获得不正当利益。因而要求查勘人员具有较高的职业道德水平。首先，应加强思想教育工作，使查勘人员树立建立在人格尊严基础上的职业道德观念。其次，应当加强内部管理，建立和完善管理制度，形成相互监督和制约的机制（如双人查勘、查勘定损分离等）。同时，应采取定期和不定期审计的检查方式，对检验人员进行验证和评价，经常走访修理厂和被保险人，对被保险人进行问卷调查以了解其工作情况。最后，加强法制建设。加强对检验人员的法制教育，使其树立守法经营的观念。加大执法力度，对于违反法律的应予以严厉的处分，以维护法律的尊严，起到应有的震慑和教育作用。同时，实施查勘定损人员的准入制度，使查勘人员收入和劳动、技术输出相适应，是管控查勘人员的有效的办法。

2. 娴熟的专业技术

机动车辆查勘人员需要具备的专业技术主要包括机动车辆构造和修理工艺知识、与交通事故有关的法律法规以及处理办法、机动车辆保险的相关知识。这些都是作为一个查勘人员分析事故原因、分清事故责任、确定保险责任范围和确定损失所必需的知识。

3. 丰富的实践经验

丰富的实践经验有助于查勘人员准确地判断损失原因，科学而合理地确定修理方案。另外，在事故的处理过程中，丰富的实践经验对于施救方案的确定和残值的处理也会起到重要的作用。同时，具有丰富的实践经验对于识别和防止日益突出的道德风险和保险欺诈有着十分重要的作用。

4. 灵活的处理能力

尽管查勘人员是以事实为依据，以保险合同及相关法律法规为准绳的原则和立场开展工作的，但是，有时各个关系方由于利益和角度的不同，往往产生意见、分歧甚至冲突。而焦点大都集中表现在查勘人员的工作上，所以，查勘人员应当在尊重事实、尊重保险合同的大前提下，灵活地处理保险纠纷，尽量使保险双方在"求大同，存小异"的基础上对保险事故形成统一的认识，使案件得到顺利的处理。

（二）查勘现场的要求

1. 赶赴现场必须迅速、及时

现场查勘要力争在发案后短时间内遗留的痕迹、物证明显清晰的有利条件下抓紧进行，绝不能拖延时间，失去查勘良机，贻误收集证据的时间，给事故的调查、处理工作带来困难。

2. 现场查勘必须全面、细致

全面、细致地查勘现场是获取现场证据的关键。无论什么类型的事故现场，查勘人员都要力争把现场的一切痕迹、物证甚至微量物证收集、记录下来。对变动的现场更要认真细致地查勘。

三、查勘前的准备工作

1. 查阅抄单

查阅抄单的具体内容如下：

（1）查阅保险期限，复核出险时间是否在保险期限以内，对出险时间接近保险起讫时间的案件，做出标记，以便现场查勘时重点核实。

（2）查阅承保险种，注意是否只承保了第三者责任险种；对于报案有人员伤亡的案件，注意是否承保了车上人员责任险，车上人员责任险是否指定座位；对于火灾车损案件，注意是否承保了自燃损失险；对于与非机动车的碰撞案件，注意是否承保了无过失责任险等等。

（3）注意各险种的保险金额和责任限额，以便于现场查勘时心中有数。

2. 阅读报案登记表

阅读报案登记表的主要内容有以下几点。

（1）被保险人的名称、标的车牌号。

（2）出险时间、地点、原因、处理机关、损失概要。

（3）被保险人的联系电话。

（4）查勘时间、地点。

上述内容不应有缺失，若有缺失应向接报案人员了解缺失原因及相应的情况。

3. 带好必要的资料及查勘用具

根据出险原因及损失概要准备查勘工具。检查查勘包中是否有必要的资料和用具，资料部分有：委托公司的《机动车辆保险索赔须知》《出险通知书》《汽车保险理赔现场查勘报告》，相应车型的汽车技术资料，如《零件目录》《维修手册》《碰撞估价指南》等。用具部分包括照相机、卷尺、手电筒、砂纸、记号表、记录笔等。

➤ **思考练习**

1. 如何对现场进行分类？

2. 现场查勘的要求有哪些？

保险事故现场查勘1

模块二　现场查勘技术

▶ **教学目标**

通过本模块的学习，要求学生掌握汽车保险现场查勘技术。

▶ **工作任务**

掌握汽车保险现场查勘技术。

▶ **问题探究**

现场查勘工作技术、主要包括车辆查验技术、调查取证技术、现场照相技术、现场图绘制技术等。

一、车辆查验技术

（一）查验保险标的

1. 车架号（VIN 码）、发动机号

现代汽车大多数车架号与 VIN 码相同，现场查勘往往采取拓印的方法将车架号取下，与保单对比检查是否是标的车，这项工作必不可少，是现场查勘的一项重要工作。不要用核对 VIN 码的方法来替代车架号，因为 VIN 码相对于车架号容易仿造。发动机号码现场查勘经常无法看到，国家标准《机动车运行安全技术条件》（GB 7258—2004）对发动机号码已做修改，取消了原国标（GB 7258—1997）中的发动机型号和出厂编号应易于拓印的要求，一般说来，现代车险查勘对发动机号码不作要求。

2. 行驶证正本和副本

要验明行驶证的真伪。《中华人民共和国机动车行驶证证件》（GA 37—2008）规定，为了防止伪造行驶证，机动车行驶证塑封套 B 页有荧光印刷图文。图文没有重影，不影响机动车行驶证的复印效果。该图文在自然光下依稀可见，整个表面直径 0.3mm ～ 1.0mm 的荧光斑点不超过 10 个，没有明显的大斑点。在紫外灯照射下，图案清晰，有完整的图案。马车图案呈黄绿色荧光，波浪线，"中国行驶证"和"VEHICLE LICENSE"呈红色荧光。行驶证上按要求粘贴车辆彩色照片。因此机动车行驶证识伪办法：一是查看识伪标记；二是查看汽车彩照与实物是否相符；三是将行驶证纸质、印刷质量、字体、字号与车辆管理机关核发的行驶证进行比对，对有怀疑的行驶证可去发证的公安车辆管理机关核实。最常见的伪造是行驶证副页上的检验合格章，车辆没有按规定时间到车辆管理机关去办理检验手续，却私刻公章私自加盖检验合格章。现在许多地方采用电脑打印检验合格至 ×× 年 × 月并加盖检验合格章的办法来增加防伪能力。车辆管理机关规定超过两年未检验的汽车按报废处理。汽车评估人员要对副页上的检验合格章，即行驶证的有效期格外

重视。验明行驶证车主与保险单是否相同。如果相同，再了解行驶证车主与被保险人的关系，是否具备保险利益；如果与保险单不符，是否有批改单；如果无批改单，询问是否经保险人同意；如果未经保险人同意，一般可认为被保险人对标的车已不具备保险利益。

3. 号牌

如果保单有号牌，核对号牌与保险单是否相符，是否是标的车。

4. 车辆类型

这里指的是行驶证正本的车辆类型是否是保险公司允许承保的车辆类型，其目的主要是核实行驶证车辆类型是否与保单车辆类型一致，被保险人是否如实告知，费率选择是否正确，是否按比例赔付。

5. 车辆型号

核实车辆型号的主要目的是该型号的车是否是委托公司愿意承保的车辆型号；确认保险单新车购置价选择是否正确，是否如实告知，费率确定是否正确，是否按比例赔付。

6. 使用性质

这里所述的汽车使用性质与行驶证和机动车辆登记证的使用性质有差异。汽车保险中汽车使用性质通常分类为：党政机关用车、企业自备用车、个人私用车、租赁用车、出租用车、长途客运车、营运货车等。各保险公司在使用性质上的划分不尽相同。保险人按确定使用性质的目的确定风险大小，从而确定保险人是否承保，费率选择是否正确，出险后是否按比例赔付。被保险人对使用性质有异议时，可以通过行驶证和机动车登记证相关信息确认。

7. 检验合格期限

这一点非常重要，这是确定保险合同是否有效，被保险人是否拥有有效行驶证的重要依据，现场查勘中一般采用现场照相、复印的方法取证。

8. 核定载荷

查验车辆装载与核定载荷是否一致，可通过货物每件重量、运单、货单等方式确定。

9. 其他冷僻车型

款式、车辆外观颜色、转向盘左右形式、燃料的种类、变速器形式、后视镜及门窗运动方式、驱动方式与一般常见车型不同。这些都是为一些冷僻车型车辆定制的。

（二）查验标的是否有改装、加装情况

几乎所有的机动车辆保险条款都规定，在保险期限内，保险车辆改装、加装导致保险车辆危险程度增加的，应当及时书面通知保险人。否则，因保险车辆危险程度增加而发生的保险事故，保险人不承担赔偿责任。

车辆改装几乎都是不合法。《中华人民共和国保险法》第十二条第二款规定，保险利

益是指投保人对保险标的具有的法律上承认的利益。可见非法改装会造成合法保险利益的散失。加装情况分为两种，一种是合法的。《机动车登记规定》第十六条规定，有下列情形之一，在不影响安全和识别号牌的情况下，机动车所有人不需要办理变更登记：（1）小型、微型载客汽车加装前后防撞装置；（2）货运机动车加装防风罩、水箱、工具箱、备胎架等；（3）增加机动车车内装饰。其他都是不合法的。

常见的汽车改装主要表现在载货汽车上，主要有下列几种表现形式。

1. 改变车厢尺寸

（1）增加栏板高度

国家标准《道路车辆外廓尺寸、轴荷及质量限值》（GB1589—2004）中，有明确的规定：挂车及二轴货车的货厢栏板高度不得超过600mm，二轴自卸车、三轴及三轴以上货车的货厢栏板高度不得超过800mm，三轴及三轴以上自卸车的货厢栏板高度不得超过1500mm。对于栏板高度超过标准的汽车，与机动车登记证上登记的参数进行核对，对于超过机动车登记证上登记数值的，可作为私自改装依据。

（2）增加车厢长度

单车增加车厢长度造成车的总长加长，经常超载的可能性加大，安全性能下降，造成重心后移，制动力分配变化，安全性能下降，后悬变大，外摆值加大，通过性下降，安全性能变差。挂车增加车厢长度的方法常为变更挂车的方法，由于政府管理力度的加大，这种现象较过去有所减少。

（3）增加车厢宽度

单车增加车厢宽度造成车的通过性下降及稳定性下降，倾覆风险加大。

2. 加大轮胎、增加钢板弹簧的片数或厚度

加大轮胎、增加钢板弹簧的片数或厚度会使负荷能力加大，经常超载的可能性加大，安全性能下降。车厢变高，载物时通过性下降，造成安全性能下降。

加大轮胎、增加钢板弹簧的片数或厚度是造成集装箱车超高的根本原因之一。

二、调查取证技术

（一）现场查勘的基本方法、步骤

（1）对范围较小的、肇事车辆和痕迹相对集中的现场，可以肇事车辆和痕迹集中的地点为中心，采取由内向外查勘的方法。

（2）对范围较大的现场，肇事车辆和痕迹物证相对分散，为防止远处的痕迹被破坏，可以从现场外围向中心查勘，即由外向内查勘。

（3）对车辆痕迹比较分散的重大事故现场，可以从事故发生的起点向终点分段推进查勘或从痕迹、物证容易受到破坏的路段开始查勘。现场查勘的重点是搜集和提取能够判明事故发生原因和责任的痕迹、物证，如现场的各种擦划痕迹、制动痕迹、事故发生的第一接触点，肇事车辆和物体上的痕迹、附着物等物证，也包括事故发生后车辆及尸体的状

态、姿势及抛出的物品。对上述痕迹、物证，应首先拍照，然后进行必要的测量。其中重要的痕迹、物证，在拍照时，应加放比例尺，然后小心提取以备日后进行技术检验分析。

（二）调查取证内容

1. 出险时间

出险时间的确定非常重要，它关系到是否属于保险责任。尤其是对于接近保险期限起讫时间的案件，必须仔细核对公安部门的证明与当事人陈述的时间是否一致，对有疑问的案件，要详细了解车辆启程或返回的时间、行驶路线、运单以及伤者住院治疗时间，及时去公安部门核实和向当地的群众了解情况。

2. 出险地点

（1）出险地点是否超出保单所列明的行驶区域。

（2）出险地点是否是保单所列明的责任免除地点，如营业性修理场所。

3. 出险原因

出险原因必须是近因，近因原则是保险的基本原则。如果近因为保险责任，则是保险事故；反之，则不是保险事故。如果是保险事故，出险原因就按保险责任列明，如碰撞、倾覆、火灾等。一般情况下，应依据公安、消防部门的证明来认定出险原因。

4. 标的车驾驶员情况

（1）驾驶证的真伪方法同行驶证。

（2）调查驾驶员姓名、证号主要目的如下。

1）确定是否是被保险人允许的驾驶员。

2）确定是否是保单上约定的驾驶员，以保证准确理算。

3）确定是否与公安部门的证明一致。

4）通过姓名和证号查阅驾驶证的真实情况。

（3）调查驾驶员的准驾车型、主要目的，并确认准驾车型与标的车型是否相符。

（4）调查驾驶员的性别、年龄、驾龄，其目的主要是为保险公司做好各类驾驶员出险率的统计工作，为保险公司重新修订费率提供原始数据。

（5）调查驾驶员初次领证时间，其目的是确定在高速公路上出险车辆的驾驶员驾驶证是否在实习期内。

5. 出险经过与原因

出险原因及经过的填写，原则上要求当事驾驶员自己填写，如果驾驶员不能填写，要求被保险人或相关当事人填写，将出险经过、原因与公安交通主管部门的事故证明（如责任认定书）做对比，应基本一致，或主要关键内容一致。所谓主要关键内容，即与保险责任相关的内容，主要关键内容有误的，应找当事人和公安交通主管部门，重新核实不一致的原因，如果当事人填写的出险经过、原因与事实不符，原则上应以事实为依据，以公安部门的证明为依据。

6. 处理机关

为核对事故证明提供原始凭证，特别是非道路交通事故，一定要注明。

7. 财产损失情况

（1）车损情况

会同被保险人详细记录、确认标的车损失情况，注意列明标的车的加装设备，如附加音响、出租车计价器、防护网等外观装饰物，对于投保附加设备险的车辆将附加险设备损失单独列明。认真填写车辆损失情况现场核定表（见表 5-1），表上应列明车辆损失部位、损失清单、修理方式等。

表 5-1　车辆损失情况现场核定表

车辆号码		车辆型号		
序号	损失项目	更换	拆装	修理

（2）第三者车损情况

会同被保险人与第三者，详细记录、确认车辆损失情况，认真填写第三者车辆损失情况现场核定表。

（3）标的车车上物损

投保车上货物责任险的案件，记录受损物的品名、规格、型号数量、发运地点、发票、运单、货单、生产厂家、厂址，对于损失较小的案件，车险现场查勘人员可直接评定损失。对于损失较大的案件建议转给财产险定损人员处理。

（4）第三者物损

对于第三者车上物损和固定物损，车上物损的查勘与标的车车上物损相同，固定物损失，损失较小的如交通设施、行道树、当地各级政府和有关部门都有赔偿标准，记录下受损物品的规格、型号、数量；对于非上述物品，损失较大的，建议转财产定损人员评定。

8. 人员伤亡情况

首先要明确伤亡人员的关系，哪些属于本车人员，他们的姓名、性别、年龄，他们与被保险人、驾驶员的关系以及受伤人员的受伤程度；哪些人员属于对方人员，他们的姓名、性别、年龄以及受伤人的受伤程度。为医疗核损人员提供查勘核损的原始依据。

9. 施救情况

对事故尚未控制或保险车辆及人员尚处在危险之中的，应采取积极的施救、保护措施。

施救费用是指当保险标的遭遇保险责任范围内的灾害事故时，被保险人或其代理人、雇用人员等采取必要、合理的措施进行施救，以防止损失的进一步扩大而支出的费用。

施救费用的确定要严格按照条款规定事项，并注意以下几点。

（1）被保险人使用他人（非专业消防单位）的消防设备施救保险车辆所消耗的费用设备损失可以赔偿。

（2）保险车辆出险后，雇用吊车和其他车辆进行抢救的费用，以及将出险车辆拖运到修理厂的运输费用，按当地物价部门颁布的收费标准予以负责。

（3）在抢救过程中，因抢救而损坏他人的财产，如果应由被保险人承担赔偿责任的，可酌情予以赔偿。但在抢救时抢救人员个人物品的丢失，不予赔偿。

（4）抢救车辆在拖运受损保险车辆途中发生意外事故造成的损失和费用支出，如果该抢救车辆是被保险人自己或他人义务派来抢救的，应予赔偿；如果该抢救车辆是有偿的，则不予赔偿。

（5）保险车辆出险后被保险人赶赴肇事现场所支出的费用不予负责。

（6）公司只对保险车辆的救护费用负责。保险车辆发生保险事故后，涉及两车以上的，应按责分摊施救费用。受损保险车辆与其所装货物（或其拖带其他保险公司承保的挂车）同时被施救，其救货（或救护其他保险公司承保的挂车）的费用应予剔除。如果它们之间的施救费用分不清楚，则应按保险车辆与货物（其他保险公司承保的挂车）的实际价值进行比例分摊赔偿。

（7）保险车辆为进口车或特种车，在发生保险责任范围内的事故后当地确实不能修理的，经公司同意去外地修理的移送费，可予负责。但护送车辆者的工资和差旅费不予负责。

（8）施救、保护费用与修理费用应分别理算。当施救、保护费用与修理费用相加估计已达到或超过保险车辆的实际价值时，则可推定全损予以赔偿。

（9）车辆损失险的施救费是一个单独的保险金额，但第三者责任险的施救费用不是一个单独的责任限额。第三者责任险的施救费用与第三者损失金额相加不得超过第三者责任险的责任限额。

（10）施救费应根据事故责任、相对应险种的有关规定扣减相应的免赔率。要了解施救的工具，如拖车吨位的大小、行驶里程，起重机吨位的大小，施救是否恰当，都有哪些车、物被施救，施救是有偿还是无偿，施救过程有无扩大损失，以便为尚未施救的车、物提供合理有效的施救措施，为施救费的理算提供凭证。

10. 事故现场笔录

（1）询问和访问的准备工作

做好询问、访问前的准备工作是保证询问和访问工作顺利进行的前提，准备工作主要有以下几点。

1）查勘人员应首先熟悉现场的基本情况，并对询问和访问的内容进行全面考虑，如在访问中可能遇到什么问题、应采取什么方法、注意哪些问题等。

2）对于比较复杂的重大事故，应首先研究制订访问提纲，明确访问的重点、步骤和方法，必要时应了解被询问人的社会经历、文化程度、性格等。

（2）询问的方法和重点问题

发生重大肇事事故的当事人，一般在思想上顾虑重重，在介绍事故经过时，常常掩盖事实真相，不吐实情，在询问前，应告知被询问人要如实回答问题，不得隐瞒事实和编造假情况。询问人应根据需要审查的问题逐一问清楚，尤其是关键性的问题不能一谈而过，一定要深追细问，直到把问题查清为止。询问时应重点询问以下问题。

1）事故发生的时间、地点，乘车人数及载物名称、数量。

2）发生事故时道路的交通状况。

3）双方车辆（人）在道路上各自行驶（行走）的方向、位置及速度。

4）发生事故前当事各方发现自己与对方和关系方的距离，发现险情后采取的措施。

5）当事人自述发生事故的经过。

6）车、人碰撞、碾压部位，车、人损失情况。

7）在行车中是否发觉车辆机件有异常现象。

8）当事人陈述发生事故的具体原因及其对事故的看法。

9）走访证人时，应详细询问发生事故前后听见的情况。

有条件的话查一查是否有重复保险，是否存在道德风险。

对重大复杂的案件或有疑问的案件，尤其应注意通过对当事人双方的询问来证实事情的真实情况。询问记录应注重证明询问日期和被询问人地址，并由被询问人过目签字。

11．现场物证

（1）术语

1）地面轮胎痕迹：车辆轮胎相对于地面作滚动、滑移等运动时，留在地面上的印迹。

①滚印：车辆轮胎相对于地面作纯滚动运动时留在地面上的痕迹。其可显示出胎面花纹。

②压印：车辆轮胎受制动力作用，沿行进方向相对于地面作滚动、滑移的复合运动时留在地面上的痕迹。其特征为胎面花纹痕迹在车辆行进方向有所延长。

③拖印：车辆轮胎受制动力作用，沿行进方向相对于地面滑移运动时，留在地面上的痕迹。其特征为带状，不显示胎面花纹。通过拖印与路面情况可推断出事故前的车速，可通过汽车制动距离与车速对照表查出当时的车速。

④侧滑印：车辆轮胎受制动力作用，在车速、车辆装载、制动系、轮胎、道路及路面等因素的影响下，偏离原行进方向，相对于地面作斜向滑移运动时留在地面上的痕迹。其特征为印迹宽度一般大于轮胎胎向宽度，不显示胎面花纹。

2）车体痕迹：车辆在交通事故中与其他车辆、人体、物体相接触，留在车辆上的印迹。

3）人体痕迹：人员在交通事故中与车辆、道路、物体接触，留在伤亡人员衣着和体表上的印迹。

（2）各类痕迹、物证查勘的具体要求

1）地面痕迹

①查勘地面轮胎痕迹。查勘地面轮胎痕迹的种类、形状、方向、长度、宽度，痕迹中的附着情况，以及轮胎的规格、花纹等。逃逸事故现场应勘验肇事逃逸车辆两侧轮胎痕迹的间距和前后轮胎痕迹起止点的间距，判明肇事逃逸车辆的类型的行进方向。查勘滚印、压印、拖印、侧滑印分段点外侧相对路面边缘的垂直距离，痕迹与道路中心线的夹角，痕迹的滑移、旋转方向、度数。滚印、压印、拖印、侧滑印迹及痕迹突变点应分别查勘，弧形痕迹应分段查勘，轮胎跳动引起的间断痕迹应作为连续痕迹查勘，根据需要记录间断痕迹之间的距离。

②查勘人体倒卧位置。

③查勘车辆、鞋底或其他物体留在地面上的挫伤和沟槽痕迹的长度、宽度、深度，痕迹中心或起止点距离，确定痕迹的造型客体。

④查勘与交通事故有关的地面散落物、血迹、类人体组织等的种类、形状、颜色及其分布位置，确定主要散落物第一次着地点和着地方向。

⑤水泥、沥青、块石路面上的痕迹被尘土、散落物覆盖时，在不妨碍其他项目查勘的前提下，可照相后清除覆盖物再查勘。

⑥根据需要制作痕迹模型，提取地面的橡胶粉末、轮胎的橡胶片、轮胎胎面上的附着物等，进行检验、鉴定。

2）车体痕迹

①查勘车体上各种痕迹产生的原因。查勘车辆与其他车辆、人员、物体第一次接触的部位和受力方向，确定另一方相应的接触部位。

②查勘车体上各种痕迹的长度、宽度、凹陷程度，痕迹上、下边缘距离地面的高度，痕迹与车体相关一侧的距离。

③查勘车辆部件损坏、断裂、变形情况。车辆起火燃烧的，应确定火源起点。

④与车辆照明系统有关的交通事故，应提取车辆的破碎灯泡和灯丝。

⑤车辆与人员发生的交通事故，要特别注意查勘、提取车体上的纤维、毛发、血迹、类人体组织、漆片等附着物。

⑥需要确定车辆驾驶人员的，应提取转向盘、变速杆、驾驶室门和踏脚板等处的手、足痕迹。

肇事机动车前部痕迹一般反映在前保险杠、前照灯、散热器、风窗玻璃和翼子板等处，侧面痕迹重点是在翼子板外侧、后视镜、车门、轮胎侧面、挡泥板等处，底盘痕迹重点是在转向横竖拉杆、前后轴、曲轴箱外壳、排气管等处。对肇事车辆进行查勘时，应重点查勘上述部位有无新鲜擦蹭痕迹，查勘中应进行细目拍照，并详细记录痕迹的部位、形态、面积、距地面的高度。对于条状痕迹应记录其长度和宽度、起始部位，以便认定肇事瞬间双方的接触位置、运动方向。对车辆驾驶室内的查勘，应重点记录车辆挡位、车钥匙位置、灯光开关挡位及是否有效、制动气压表的刻度，必要时应对肇事车进行全面的检测，检验其安全性能是否合格。机动车辆保险事故种类繁多，形式各种各样，除机动车与机动车相撞最为常见以外，机动车因操作不当、路况不好、机件失灵引发的独立撞损事故或者线路故障引起的车辆自燃烧毁事故也经常可以遇到。对此类事故，查勘人员应该认真研究分析现场及车辆的有关痕迹、物证，同时注意听取、分析驾驶员、目击者的陈述和证言。通过认真地查勘、检验鉴定，查清事故真相。查勘此类事故现场，除应详细记录现场及车辆的有关痕迹、物证外，还要同时与现场环境、被撞击物上的痕迹相互对应，对车辆有关机件的安全性也应同时进行检查、记录。查勘被烧毁的车辆时，应重点查勘车辆底盘油管、油箱有无被撞击痕迹，行车路线上有无石块等妨碍安全行车的凸起物和车辆上的起火点和火势蔓延方向，同时注意检查记录事故车辆发动机号码、车架号码，以便确定是否属于保险责任车辆。

应尽可能在第一现场进行初次检验工作，到达现场后，对事故尚未控制住或保险车辆及人员尚处在危险之中的，应采取积极的施救、保护措施。如果第一现场已经清理，必须进行第二现场检验的，应注意调查了解车辆转移的有关情况，尽可能还原事故现场情况。对于第二现场情况存有疑问的，可以到交通事故处理部门调查，和事故第一现场的情况进行核实。

3）人体痕迹

①人体痕迹查勘应从外到里进行，先衣着后体表。

②查勘衣着痕迹。勘验衣着上有无勾挂、撕裂、开缝、脱扣等痕迹，有无油漆、油污等附着物，鞋底有无挫划痕迹。查勘衣着上痕迹、附着物的位置、形状、特征，造成痕迹的作用力方向，痕迹中心距足跟的距离。根据需要查勘衣着的名称、产地、颜色、新旧程度等特征及穿着顺序，提取必要的衣着物证。

③查勘体表痕迹。交通事故死者的体表痕迹由查勘人员或法医勘验，伤者的体表痕迹一般由医院诊断检查，必要时可由法医检查或由勘验人员在医务人员协助下检查。

查勘交通事故死者体表的损伤和尸斑、尸僵形成情况，确定死亡原因和时间。

检查性别、体长、体型等体表特征。

查勘体表损伤的部位、类型、形状尺寸，造成损伤的作用力方向，损伤部位距足跟的距离，损伤部位的附着情况。

查勘各主要骨骼有无骨折，肢体有无断离现象，体内组织有无外溢。

根据需要提取伤亡人员的衣着、血液、组织液、毛发、体表上的附着物等，进行检查、鉴定。

4）其他痕迹、物证

①查勘行道树、防护桩、桥栏等固定物上痕迹的长度、宽度、深度及距离地面的高度。

②根据需要提取有关部件碎片，拼复原形，留作物证。

③逃逸事故现场应提取现场遗留的所有与交通事故有关的痕迹物证。

现场物证是证明保险事故发生的最客观的依据，收取物证是查勘第一现场最核心的工作，多种查勘方法和手段均为收取物证服务，如散落车灯、玻璃碎片、保险杠碎片、各种油料痕迹、轮胎痕迹等，做好物证的收取是确定事故时的重要依据，同时是确定是否为保险责任的依据。

查勘结束后，检验人员按规定据实详细填写现场查勘记录，并将检验的情况与被保险人和修理厂交流，必要时可以要求被保险人对于检验的初步结果进行确认。

三、现场照相技术

1．术语

（1）方位照相，指从远距离采用俯视角度拍摄交通事故发生地周围环境特征和现场所处位置的照相方式。拍摄时视角应覆盖整个现场范围。一张照片无法包括的，可以使用回转连续拍摄法或者平行连续拍摄法拍照。

（2）概览照相，指从中远距离采用平视角度拍摄交通事故现场有关车辆、尸体、物体的位置及相互间关系的照相方式。以现场中心物体为基点，沿现场道路走向的相对两向位或者多向位分别拍摄。各向位拍摄的概览照相，其成像中各物体间的相对位置应当基本一致，上一个视角的结束部分与下一个视角的开始部分应有联系。

（3）中心照相，指在较近距离拍摄交通事故现场中心、重要局部、痕迹的位置及有关物体之间联系的照相方式。

（4）细目照相，指采用近距或微距拍摄交通事故现场路面、车辆、人体上的痕迹及有关物体特征的照相方式。拍摄时照相机镜头主光轴与被摄痕迹面相垂直，视角应当覆盖整个痕迹。一张照片无法覆盖的，可以分段拍摄。

2．查勘照相的一般要求

（1）能够提供第一现场，要求拍摄第一现场的全景照片、痕迹照片、物证照片和特写照片。

（2）要求拍摄能够反映车牌号码与损失部分的全景照片。

（3）要求拍摄能够反映局部损失的特写照片。

（4）查勘照相是固定和记录交通事故有关证据材料的重要手段，照相内容应当与交通事故查勘笔录的有关记载相一致。查勘现场时，可根据需要和实际情况确定拍摄项目。

（5）交通事故查勘照相应当客观、真实、全面地反映被摄对象。

（6）查勘照相不得有艺术夸张，应影像清晰、反差适中、层次分明。

（7）现场照相应尽量使用标准镜头，以防成像变形。

（8）拍摄痕迹时，应当在被摄物体一侧同一平面放置比例尺。比例标尺的长度一般为50cm。当痕迹、物体面积的长度大于 50cm 时，可用卷尺作为比例标尺。

3．查勘照相的具体要求

（1）现场环境照相

1）按照现场查勘的要求，运用方位照相、概览照相方式，拍摄交通事故现场环境、现场位置和现场概貌。

2）拍摄交通事故发生周围的地形、道路走向和现场所处位置。

3）拍摄交通事故的状态，事故现场有关车辆、尸体、物体的位置、状态。

（2）痕迹查勘照相

1）尽量按照《道路交通事故痕迹物证勘验》标准规定的查勘内容和要求，运用中心照相、细目照相方式，拍摄现场中心和物体分离痕迹、物体表面痕迹、路面痕迹、人体衣着痕迹以及现场遗留物等。

2）拍摄事故现场中心部位或重要局部。

3）拍摄车辆与其他车辆、人员、物体的接触部位以及在路面的痕迹。

4）拍摄事故现场路面、车辆、人体或物体上的各种有关痕迹。

5）拍摄与事故有关并且具有证据作用的物体的形状、大小、特征及颜色。

6）进行近距或微距照相时，被摄物体为深色的，应加白底黑字比例标尺；被摄物体为浅色的，应加黑底白字比例标尺。

7）物体分离痕迹

①拍摄分离端面的痕迹特征。

②拍摄分离物在原物体中的具体位置。

③拍摄原物体的基本状况及内部结构特征。

8）物体表面痕迹

①拍摄痕迹的形状、大小、深浅、受力方向、颜色、质感。

②拍摄痕迹在物体上的具体位置。

③有必要进行拍摄检验认定的细微痕迹，可按所需比例直接放大照相。

9）路面痕迹

①拍摄痕迹在路面上的特定位置和起止距离。

②拍摄痕迹形态、深浅、受力方向。

③拍摄路面痕迹的造形客体及其与痕迹的相互位置。

10）人体衣着痕迹

①拍摄人体衣着表面上痕迹的形状、大小、受力方向、颜色。

②拍摄痕迹在衣着上的具体位置。

③每个痕迹拍摄一张照片，同一部位多层衣着和体表都有痕迹的，应根据需要分别拍摄。

11）遗留物

①拍摄遗留物的形状、体积特征，并充分反映物品的质地。

②拍摄遗留物品在现场中的原始位置。

③需要反映物品的立体形状时，拍摄不得少于两个侧面。

12）必要时，应拍摄人体手足迹提取照片。

13）需要鉴定的，应拍摄本物体与原形照片。

（3）车辆检验照相

1）根据检验鉴定交通事故车辆的需要，运用中心照相和细目照相方式，拍摄事故车辆的号牌、车型、部件、零件等。

2）分解检验的车辆及其部件、零件，应当完整地拍摄被检验车辆的损坏情况、形态、号牌、部件、零件及其所属部位。

3）对分解的部件、零件可根据需要由表及里拍摄分解的各层次，表现出发生故障和损坏的情况。

4）对直接造成交通事故的故障和损坏的机件，可根据需要拍摄该机件的完好与损坏来比照。

5）根据车辆检验鉴定书提列，拍摄有关照片。

①碰撞痕迹：这种痕迹一般在外形上表现为凹陷、隆起、变形、断裂、穿孔、破碎等特征，一般只要选择合适的拍摄角度即可表现出来。凹陷痕迹，特别是较小、较浅的凹陷痕迹较难拍摄，拍摄这种痕迹时，用光是关键，一般可采用侧光，也可利用反光板、闪光灯进行拍摄。

②刮擦痕迹：这种痕迹一般表现为被刮擦的双方表皮剥脱，互相粘挂，如接触点有对方车辆的漆皮或者被刮伤者的衣服纤维，人的皮肉、毛发等。如果刮擦痕迹为对方物体的表面漆皮等有颜色物体，可选择相应的滤色镜拍摄，突出被粘挂物。

③机件断裂痕迹：一般都有明显的陈旧裂痕，能在现场照相，应立即拍摄，如果不便拍摄，可拆下后进行拍摄。

（4）人体照相

1）根据检验鉴定交通事故当事人死亡或受伤原因的需要，运用中心照相、细目照相方式，拍摄人体的伤痕，为辨认需要，拍摄有关人员的辨认照片。

2）人体伤痕

①拍摄痕迹的形状、大小、特征，应尽量表现出创伤程度；有擦、挫伤痕迹和创口的，应放置比例尺。

②拍摄伤痕在人体上的具体位置。

③拍摄伤员伤痕，应在不影响救护工作的前提下，尽可能拍摄伤痕的原始状况。

④尸体头部有伤痕的，应剪去局部毛发，显现伤痕后再拍摄。

3）尸体

①拍摄遗留在现场的尸体原始位置。

②拍摄单独尸体原始着装侧面全身照片和正面半身照片。

③多人死亡事故，可拍摄群尸排列场面。

④死者脸部严重受损无法辨认的，应拍摄该死者有关证件的照片。

⑤无名尸体还应当拍摄尸体生理、病理特征照片和整容后的正面半身照片。

⑥尸体检验时，应拍摄正面或侧面全身裸体照片。

⑦尸体解剖检验时，应根据法医鉴定需要拍摄有关照片。

4）肇事者

根据案情需要拍摄造成重、特大事故无身份证明的肇事者全身或半身辨认照片。拍摄时，可将肇事者安置在肇事车辆的车牌或车门旁。

4．现场照相中的一般技术常识

现场照相中常存在如下一些技术问题，如现场照相的取景、接片技术在现场照相中的运用、滤色镜的使用、事故现场常见痕迹的照相等。

（1）现场照相的取景

所谓取景，就是根据照相的目的和要求，确定照相范围、照相重点，选择照相角度、距离的过程。简单地说，就是选择和确定能最充分地反映照相目的和要求，能突出主体物的照相。有以下要点。

1）照相距离

照相距离是指照相立足点和被照相的物体之间的距离。照相距离远则照相范围大，但物体影像小，宜于表现大场面。根据照相点的距离不同，所拍图像分别称为远景、中景、近景和特写，在现场照相中远景、中景用来表现现场概貌，而近景和特写用来表现景物的局部较小物体及某些痕迹等。

2）照相角度

照相角度是指照相立足点与被拍物体的上下和左右的关系。上下关系分俯拍、平拍、仰拍，左右关系分正面照相、侧面照相。

3）光照方向及角度

光照方向就是指光线与相机拍摄方向的关系，所谓光照角度是指光线与被照射物体的上下左右关系，有顺光、侧光和逆光之分。

（2）接片技术在现场照相中的应用

由于受到拍摄距离和相机视角的限制，一次照相不能全部摄入被拍物，可把被拍摄物体分为几段，几次拍摄，然后把印好的照片拼接在一起，组成一幅照片，表现所需拍摄的景物，这就叫作接片。其方法有回转连续照相法和平行直线连续拍摄法等。

5．照片管理

（1）照相地点：照相位置的正式名称。

（2）摄影人：执行照相的人员姓名。

（3）摄影时间：照相的年、月、日、时、分，并与照片组合。

（4）照片尺寸规格：标准单幅照片尺寸不小于 5 英寸。

（5）照片编排：一般应按照现场环境照片、痕迹查勘照片、车辆检验照片、肇事者照片的顺序编排，也可根据需要按照案卷材料分类编排。

（6）照片标示

1）直线标示：用直线画在照片上，顶端为所示物，下端伸出照片下沿 5mm，由左向右依次编号，再按编号分别加文字或数据注释。

2）框形标示：在局部照片处围画框形线，用箭头指向整体照片中的具体位置，框形线距局部照片边缘 2mm。

3）箭头标示：在照片具体部位用箭头表示人、车的行进方向、道路走向或其他需要标明、认定的物体。

4）符号标示：用各种符号表明照片中的具体物品的位置，另加文字或数据注释。

5）线条、符号标示使用红色，线条粗不超过 1.5mm。

6）文字说明要简练，使用蓝、黑墨水书写，字迹清楚。

6．相机选择

现代照相机有数码照相机和胶片照相机，对于现场查勘建议有条件时采用两种照相机，因为数码照相机拍摄的照片便于计算机管理，便于网上传输，成像快，缺点是易被修改、伪造，胶片照相机正好相反。

　　现场查勘人员应当十分注重通过摄影记录损失情况，因为，照片不仅是赔款案件的第一手资料，而且是查勘报告具有形象性的旁证材料，也是对文字报告的一个必要补充，应予以充分的重视，防止出现技术失误。

　　车险查勘人员的理想照相机要求光学变焦范围（相当于 35mm 相机）不小于 28 ～ 112mm，镜头有旋转功能最好。

四、现场图绘制技术

（一）现场图的意义

　　现场图是以正投影原理的绘图方法绘制的。它实质上是一张保险车辆事故发生地点和环境的小范围地形平面图。根据现场查勘要求必须迅速全面地把现场上的各种交通元素、遗留痕迹、道路设施以及地物地貌，用一定比例的图例绘制在平面图纸上。它所表现的基本内容如下。

　　（1）能够表明事故现场的地点和方位、现场的地物地貌和交通条件。

　　（2）表明各种交通元素以及与事故有关的遗留痕迹和散落物的位置。

　　（3）表明各种事物的状态。

　　（4）根据痕迹表明事故过程，车、人、畜的动态。

　　所以，现场图是研究分析出险事故产生原因、判断事故责任、准确定损、合理理赔的重要依据，现场图不仅是绘图者能看懂，更重要的是能使别人看懂，使没有到过出险现场的人，能从现场图中了解到出险现场的概貌。

　　通常第一现场查勘须绘制现场图，非第一现场一般已不具备绘制现场图的条件。机动车辆保险中第一现场查勘多为单方事故，现场查勘图无判断事故为哪一方责任的意义，只是为了反映现场状况，使他人通过现场图能够对事故现场状况有一个总体的认识。

（二）现场图的种类

　　现场图根据制作过程可分为现场记录图和现场比例图。

1. 现场记录图

　　现场记录图是勘查交通事故现场时对现场环境、事故、形态有关车辆、人员、物体、痕迹的位置及其相互关系所做的图形记录。它是现场查勘的主要记录资料。由于现场记录图是在现场绘制的，而且绘图时间短，因而就不那么工整，但内容必须完整，物体位置和形状、尺寸、距离的大小要成比例，尺寸数字要准确。出图前发现问题，可以修改、补充。在一般情况下，通过平面图和适当的文字说明，即可反映出出险事故现场的概貌。有时，为了表达出险事故现场的空间位置和道路纵、横断面几何线形的变化，也常采用立面图和纵横剖面图。

2. 现场比例图

　　为了更形象、准确地表现事故形态和现场车辆、物体、痕迹，根据现场记录图和其他勘查记录材料，按规范图形符号（GB 11797—1989）和一定比例重新绘制的交通事故现场全部或局部的平面图形。

现场比例图是根据现场记录图所标明的尺寸、位置，选用一定比例，按照绘图要求，工整准确地绘制而成的正式现场比例图。它是理赔或诉讼的依据。

（三）绘图的一般要求

（1）现场记录图是记载和固定交通事故现场客观事实的证据材料，应全面、形象地表现交通事故现场客观情况。但一般案情简明的交通事故，在能够表现现场客观情况的前提下，可力求制图简便。

（2）绘制各类现场图需要做到客观、准确、清晰、形象，图栏各项内容填写齐备、数据完整、尺寸准确、标注清楚。用绘图笔或墨水笔绘制、书写。

（3）现场记录图、现场比例图以正投影俯视图形式表示。

（4）交通事故现场图各类图形应按实际方向绘制。

（5）交通事故现场的方向，应按实际情形在现场图右上方用方向标标注；难以判断方向的，可用"←"或"→"直接标注在道路图例内，注明道路走向通往的地名。

（6）图线宽度为 0.25 ～ 2.0mm。在同一图中同类图形符号的图线宽度应基本一致。

（7）绘制现场图的图形符号应符合《道路交通事故现场图形符号》标准（GB 11797—1989）的规定。《道路交通事故现场图形符号》标准中未作规定的，可按实际情况绘制，但应在说明栏中注明。

（8）比例

1）绘制现场比例图时可优先采用 1：200 的比例，也可根据需要选择其他比例。

2）绘制比例应标注在图中比例栏内。

（9）尺寸数据与文字标注

1）现场数据以图上标注的尺寸数值和文字说明为准，与图形符号选用的比例、准确度无关。

2）图形中的尺寸，以厘米（cm）为单位时可以不标注计量单位。如果采用其他计量单位，则必须注明计量单位的名称或代号。

3）现场丈量的尺寸一般只标注一次。需更改时，应做好记录。

4）标注文字说明应当准确简练，一般可直接标注在图形符号上方或尺寸线上方，也可引出标注。

（10）尺寸线和尺寸界线

1）尺寸数字的标注方法参照《总图制图标准》（GBJ 103—1987）的规定。

2）尺寸线用细实线绘制，其两端可为箭头型。在没有位置时也可用圆点或斜线代替。

3）尺寸界线用细实线绘制，一般从被测物体、痕迹的固定点引出，尺寸界线一般应与尺寸线垂直，必要时才允许倾斜。

（11）现场记录图的绘制要求

1）现场记录图以平面图为主。

2）现场绘图时应注意绘制以下几个要点。

①基准点（选择现场一个或几个固定物）和基准线（选择一侧路缘或道路标线）；

②道路全宽和各车道宽度，路肩宽度及性质；

③第一冲突点遗留在路面的痕迹及与其相关物体、痕迹间的关系数据；

④各被测物体的痕迹，尸体所在位置，距丈量基准线尺寸及相互间尺寸；

⑤3%以上的道路坡度，弯道的半径及超高，超车视距及停车视距；

⑥路口各相位的宽度及视线区。

3）绘制的现场记录图应反映出现场全貌。现场范围较大的可使用双折线压缩无关道路的画面。

4）现场记录图中各物体、痕迹、标志、标线、基准点、基准线等间距，一般使用尺寸线、尺寸数据标注或说明，必要时可使用尺寸界线。

5）现场图绘制完毕，必须在现场进行审核，检查有无基准点、基准线及第一冲突点；各被测物体及痕迹有无遗漏，测量数据是否准确，有无矛盾等。

6）现场记录图应在事故现场测绘完成。

（12）现场比例图的绘制要求

1）现场比例图作为证据是现场记录图的补充和说明。

2）现场比例图以现场记录图、现场查勘记录所载的数据为基础和依据，以现场记录图中的基准点和基准线为基准，以俯视图表示，使用相应的图形符号，将现场所绘制的图形及数据按比较严格的比例绘制。

（四）现场记录图的绘制

现场记录图要求在现场查勘结束时当场出图，在很短的时间内，把现场复杂的情况完整无误地反映在图面上，就要求绘图者必须具备一定的业务水平和熟练的绘图技巧。现场记录图的绘制过程如下。

（1）根据出险现场情况，选用适当比例，进行图面构思。

（2）按近似比例画出道路边缘线和中心线。通常现场图上北下南，上北下南不易表达时，可利用罗盘确定道路走向。在图的右上方绘指北标志，标注道路中心线与指北线的夹角。

（3）根据图面绘制的道路，用同一近似比例绘制出险车辆图例，再以出险车辆为中心向外绘制各有关图例。

（4）根据现场具体条件选择基准点，应用定位法为现场出险车辆及主要痕迹定位。

（5）按现场查勘顺序先标尺寸，后注文字说明。

（6）根据需要绘制立面图、剖面图或局部放大图。

（7）核对、检查图中各图例是否与现场相符，尺寸有无遗漏和差错。

（8）经核对无误，现场查勘人员、当事人或代表应签名。

（五）现场比例图的绘制

对于需要绘制比例图的案件，笔者建议采用交通事故现场图专用计算机软件绘制，这里不再赘述。

➤ **思考练习**

1.简述车辆查验技术有哪些？
2.简述车辆现场查勘调查取证技术有哪些？

模块三　交通事故责任认定技术基础

➤ **教学目标**

通过本模块的学习，要求学生掌握汽车保险交通事故责任认定知识。

➤ **工作任务**

掌握汽车保险交通事故责任认定知识。

➤ **问题探究**

交通事故责任的认定是事故处理机关按照事故现场的勘查和调查的事实，依据《道路交通安全法》《道路交通安全法实施条例》以及事故发生地的《×××道路交通安全条例》的规定，对交通事故当事人在事故发生过程中有无违章行为，以及违章行为与事故损害的因果关系、作用大小，作出定量、定性分析的结论。定性是对当事人有无违法行为与交通事故之间有无因果关系的分析，即认定当事人有无责任；定量是指当事人违章行为在事故中所起作用的大小，即应承担的多少。

一、责任认定的原则

（一）依法定责的原则

认定责任的法律依据主要是《道路交通管理条例》。其中主要是右侧通行原则、各行其道原则、先后通行原则和安全原则等。

（二）以事实为依据的原则

客观事实是认定交通事故责任的基础。认定交通事故责任的事实就是交通事故发生的真实过程，造成事故的主、客观原因，人、车、路、环境等因素与交通事故之间的关系。客观事实是通过现场查勘得到的，是认定责任的依据，其中包括客观的直接证据和主观的间接证据。

（三）分析因果关系的原则

责任认定所分析的因果关系，就是作为事故原因的违章行为与造成交通事故之间的关系。要分析与事故发生有直接的、内在的、必然的、联系的违章行为。简单地运用"违章是肇事的前因，肇事是违章的后果"这种逻辑关系，往往会把责任认定搞错。

（四）全面分析、综合评断的原则

所谓全面分析就是分析交通事故诸原因中的内在联系和相互影响，防止片面性，从而找出决定发生事故的内在的、本质的、必然的因素。综合评断就是综合评断违章行为在交通事故中的作用，进而认定交通事故责任的大小，因为违章行为在交通事故中作用的大小，并不与违章行为的严重程度成正比。

在交通事故中，违章作用的大小主要是根据路权原则和安全原则来确定的。路权原则是认定交通事故责任大小的根本原则，起主导作用，当违反路权原则的违章行为与违反安全原则的违章行为发生事故时，前者应负主要责任。

所谓路权，《道路交通安全法》第三十五条规定，机动车、非机动车实行右侧通行；第三十六条规定，根据道路条件和通行需要，道路划分为机动车道、非机动车道和人行道的，机动车、非机动车、行人实行分道通行，没有划分机动车道、非机动车道和人行道的，机动车在道路中间通行，非机动车和行人在道路两侧通行；第三十七条规定，道路划设专用车道的，在专用车道内，只准许规定的车辆通行，其他车辆不得进入专用车道内行驶。上述法律条文明确指出了车辆、行人根据道路的划分，按交通法规规定属于谁的路就由谁走，这就是交通参与者所享有的法定通行道路的权利。

路权的种类按通行方式可分为：在道路一侧或单向路上，同一方向通行路权；在划分上下行路上的对向通行路权；不按车种，只按方向分道行驶的导向路权；在某一区域准许通行区域的通行路权。

若按主次分可分为本道通行权和借道通行权。借道通行权与本道通行权发生矛盾时，以本道通行权为主优先通行。借道通行的含义，按公安部的行政解释规定，是指行人在没有画人行横道的路上通过车行道，车辆在转弯、会车、超车、掉头、停车时驶入其他道路，包括机动车变更车道，驶入非机动车道或人行道，非机动车驶入机动车道或人行道。

二、构成交通事故责任的条件

构成交通事故责任必须同时具备以下条件。

1. 交通事故责任的主体

交通事故责任的主体就是通常说的交通事故当事人。交通事故责任的主体绝大多数是自然人，在个别情况下公路建设养护部门和车辆制造部门等法人也可以成为交通事故责任的主体。

2. 交通事故责任的主体必须有违法行为

所谓违法行为，就是违反《道路交通安全法》和其他有关道路交通管理法规、规章的行为。交通事故当事人如果没有违法行为就不构成交通事故责任。

3. 违章行为和交通事故之间存在因果关系

违法是事故的前因，事故是违法的后果，这是一种宏观的逻辑关系。但并不是所有的违法都一定要发生事故。违法行为和交通事故之间是否存在因果关系是构成交通事故责任认定的决定性条件，是交通事故责任认定的核心。也就是说，交通事故当事人虽有违法行为，但违法行为与交通事故如无因果关系，则不构成交通事故责任。

三、交通事故中的检验与鉴定

《道路交通事故处理程序规定》第四十九条规定，需要进行检验、鉴定的，公安机关交通管理部门应当按照有关规定，自事故现场调查结束之日起三日内委托具备资质的鉴定机构进行检验、鉴定。尸体检验应当在死亡之日起三日内委托。对交通肇事逃逸车辆的检验、鉴定自查获肇事嫌疑车辆之日起三日内委托。对现场调查结束之日起三日后需要检验、鉴定的，应当报经上一级公安机关交通管理部门批准。对精神疾病的鉴定，由具有精神病鉴定资质的鉴定机构进行。

《道路交通事故处理程序规定》第五十一条规定，公安机关交通管理部门应当与鉴定机构确定检验、鉴定完成的期限，确定的期限不得超过三十日。超过三十日的，应当报经上一级公安机关交通管理部门批准，但最长不得超过六十日。

《道路交通事故处理程序规定》第五十二条规定，尸体检验不得在公众场合进行。为了确定死因需要解剖尸体的，应当征得死者家属同意。对身份不明的尸体，无法通知死者家属的，应当记录在案。

《道路交通事故处理程序规定》第五十三条规定，尸体检验报告确定后，应当书面通知死者家属在十日内办理丧葬事宜。无正当理由逾期不办理的应记录在案，并经县级以上公安机关交通管理部门负责人批准，由公安机关或者上一级公安机关交通管理部门处理尸体，逾期存放的费用由死者家属承担。对身份不明的尸体，由法医提取人身识别检材，并对尸体拍照、采集相关信息后，由公安机关交通管理部门填写身份不明尸体信息登记表，并在设区的市级以上报纸刊登认尸启事。登报后三十日仍无人认领的，经县级以上公安机关或者上一级公安机关交通管理部门负责人批准，可以及时处理。

《道路交通事故处理程序规定》第五十四条规定，鉴定机构应当在规定的期限内完成检验、鉴定，并出具书面检验报告、鉴定意见，由鉴定人签名，鉴定意见还应当加盖机构印章。检验报告、鉴定意见应当载明以下事项：（一）委托人；（二）委托日期和事项；（三）提交的相关材料；（四）检验、鉴定的时间；（五）依据和结论性意见，通过分析得出结论性意见的，应当有分析证明过程。

《道路交通事故处理程序规定》第五十五至五十七条规定，公安机关交通管理部门应当在收到检验报告、鉴定意见之日起五日内，将检验报告、鉴定意见复印件送达当事人。当事人对检验报告、鉴定意见有异议，申请重新检验、鉴定的，应当自公安机关交通管理部门送达之日起三日内提出书面申请，经县级以上公安机关交通管理部门负责人批准，原办案单位应当重新委托检验、鉴定。重新检验、鉴定应当另行委托机构。同一交通事故的同一检验、鉴定事项，重新检验、鉴定以一次为限。

《道路交通事故处理程序规定》第五十八条规定，自检验报告、鉴定意见确定之日起五日内，公安机关交通管理部门应当通知当事人领取扣留的事故车辆。因扣留车辆发生的费用由作出决定的公安机关交通管理部门承担，但公安机关交通管理部门通知当事人领取，当事人逾期未领取产生的停车费用由当事人自行承担。经通知当事人三十日后不领取的车辆，经公告三个月仍不来领取的，对扣留的车辆依法处理。

四、道路交通事故等级划分

现公安交通管理部门的交通事故等级划分仍按 1992 年 1 月 1 日起实行的公安部《交通事故等级划分标准》，具体如下。

道路交通事故分为以下四类。

轻微事故，是指一次造成轻伤 1 至 2 人，或者财产损失机动车事故不足 1000 元，非机动车事故不足 200 元的事故。

一般事故，是指一次造成重伤 1 至 2 人，或者轻伤 3 人以上，或者财产损失不足 3 万元的事故。

重大事故，是指一次造成死亡 1 至 2 人，或者重伤 3 人以上 10 人以下，或者财产损失 3 万元以上不足 6 万元的事故。

特大事故，是指一次造成死亡 3 人以上，或者重伤 11 人以上，或者死亡 1 人，同时重伤 8 人以上，或者死亡 2 人，同时重伤 5 人以上，或者财产损失 6 万元以上的事故。

五、交通事故责任认定程序

交通事故责任认定程序是指在认定交通事故责任的过程中，事故处理机关及人员必须遵循先干什么，后干什么的行为准则。

一般程序分为审核材料、分析起因、上报审批、宣布认定和受理复查。

（1）审核材料，是指对全部事故证据材料逐一审查。一是看证据是否收集齐全；二是看证据文书是否已按规定形成。

（2）分析起因，是指根据收集得到的证据，分析造成事故的各种原因及其内在的因果关系，由经办人根据分析研究的结果，载入《交通事故成因报告表》。

（3）上报审批，是指经集体研究分析交通事故原因，提出认定意见后，由经办人填写《审批报告表》附上交通事故的全部档案材料，按规定的审批权限，逐级上报审批。

（4）宣布认定。交通事故发生后，公安机关应当依法查勘交通事故现场、收集证据，在查明事实的基础上认定交通事故责任。《道路交通事故处理程序规定》第六十二条规定，公安机关交通管理部门应当自现场调查之日起十日内制作道路交通事故认定书。交通肇事逃逸案件在查获交通肇事车辆和驾驶人后十日内制作道路交通事故认定书。对需要进行检验、鉴定的，应当在检验报告、鉴定意见确定之日起五日内制作道路交通事故认定书。有条件的地方公安机关交通管理部门可以试行在互联网公布道路交通事故认定书，但对涉及的国家秘密、商业秘密或者个人隐私，应当保密。

（5）受理复查。当事人对交通事故认定书有异议的，可向公安交通管理部门申请复查，当事人有申请调解和直接向人民法院提起民事诉讼的权利。

六、交通事故损害赔偿与责任认定

（一）交通事故损害赔偿

（1）《道路交通安全法》第七十条规定，在道路上发生交通事故，未造成人身伤亡，当事人对事实及成因无争议的，可以即行撤离现场，恢复交通，自行协商处理损害赔偿事宜。

（2）《道路交通安全法》第七十四条规定，对交通事故损害赔偿的争议，当事人可以请求公安机关交通管理部门调解，也可以直接向人民法院提起民事诉讼。经公安机关交通管理部门调解，当事人未达成协议或者调解书生效后不履行的，当事人可以向人民法院提起民事诉讼。

（3）《道路交通安全法》第七十五条规定，肇事车辆参加机动车第三者责任强制保险的，由保险公司在责任限额范围内支付抢救费用；抢救费用超过责任限额的，未参加机动车第三者责任强制保险或者肇事后逃逸的，由道路交通事故社会救助基金先行垫付部分或者全部抢救费用。道路交通事故社会救助基金管理机构有权向交通事故责任人追偿。

（4）《道路交通安全法》第七十六条规定，机动车发生交通事故造成人身伤亡、财产损失的，由保险公司在机动车第三者责任强制保险责任限额范围内予以赔偿；不足的部分，按照下列规定承担赔偿责任：

1）机动车之间发生交通事故的，由有过错的一方承担赔偿责任；双方都有过错的，按照各自过错的比例分担责任。

2）机动车与非机动车驾驶人、行人之间发生交通事故，非机动车驾驶人、行人没有过错的，由机动车一方承担赔偿责任；有证据证明非机动车驾驶人、行人有过错的，根据过错程度适当减轻机动车一方的赔偿责任；机动车一方没有过错的，承担不超过百分之十的赔偿责任。交通事故的损失是由非机动车驾驶人、行人故意碰撞机动车造成的，机动车一方不承担赔偿责任。

（二）责任认定与推定

1. 责任认定

《道路交通安全法实施条例》第九十一条规定，公安机关交通管理部门应当根据交通事故当事人的行为对发生交通事故所起的作用以及过错的严重程度，确定当事人的责任。

《道路交通事故处理程序规定》第六十条规定，公安机关交通管理部门应当根据当事人的行为对发生道路交通事故所起的作用以及过错的严重程度，确定当事人的责任。（1）因一方当事人的过错导致道路交通事故的，承担全部责任；（2）因两方或者两方以上当事人的过错发生道路交通事故的，根据其行为对事故发生的作用以及过错的严重程度，分别承担主要责任、同等责任和次要责任；（3）各方均无导致道路交通事故的过错，属于交通意外事故的，各方均无责任。一方当事人故意造成道路交通事故的，他方无责任。

交通事故责任认定确定后，应当制作《道路交通事故认定书》，并将《道路交通事故认定书》送交有关事故当事人。

当事人对交通事故责任认定有异议时，有权要求交通事故办案人员出具有关证据，说明责任认定的依据和理由。所谓有关证据，主要是指现场图、现场照片和鉴定结论。鉴定结论包括痕迹鉴定、车速鉴定、车辆安全运行技术鉴定、酒精鉴定等。上述证据均应让当事人阅看。

当事人对交通事故责任认定不服的，可以在民事损害赔偿时，向人民法院提出抗辩，人民法院经审查认为交通事故认定确属不妥，则不予采信，以人民法院审理认定的案件事实作为定案的依据。

2. 责任推定

（1）《道路交通安全法实施条例》第九十二条规定，发生交通事故后当事人逃逸的，逃逸的当事人承担全部责任。但是，有证据证明对方当事人也有过错的，可以减轻责任。当事人故意破坏、伪造现场、毁灭证据的，承担全部责任。

（2）《道路交通事故处理程序规定》第六十六条规定，交通肇事逃逸案件尚未侦破，受害一方当事人要求出具道路交通事故认定书的，公安机关交通管理部门应当在接到当事人书面申请后十日内，根据本规定第六十一条确定各方当事人责任，制作道路交通事故认定书，并送达受害方当事人。道路交通事故认定书应当载明事故发生的时间、地点、受害人情况及调查得到的事实，以及受害方当事人的责任。第六十七条规定，道路交通事故基本事实无法查清、成因无法判定的，公安机关交通管理部门应当出具道路交通事故证明，载明道路交通事故发生的时间、地点、当事人情况及调查得到的事实，分别送达当事人，并告知申请复核、调解和提起民事诉讼的权利、期限。

➤ **思考练习**

1. 交通事故责任认定的原则是什么？
2. 简述交通事故责任认定程序。

模块四　　模拟现场查勘

➤ **教学目标**

通过本模块的学习，要求学生掌握汽车保险现场查勘实训技能。

➤ **工作任务**

掌握汽车保险现场查勘实训技能。

➤ **问题探究**

根据案例模拟现场查勘，填写《机动车辆理赔现场查勘报告》。

一、接到接报案调度时的准备工作

（1）查勘人员平时应准备好各种理赔所需单证及查勘工具，包括照相机、卷尺、手电、印泥、拓印纸等。

（2）接到查勘定损调度后应立即查看保单抄件，了解标的基本情况及投保险种等情况。

（3）查阅报案信息，了解案件基本情况，初步确定查勘方案及重点。

（4）迅速与客户取得联系，初步了解报案人的身份、现场情况、事故过程及目前状况。

（5）了解前往现场的查勘路线，并根据路途的远近，确定前往现场的方式，告知客户前往现场查勘的具体时间安排。

二、掌握到达事故现场后查勘的要求

（一）事故不涉及第三者财产损失的现场查勘要求

（1）到达现场后应立即向查勘调度岗反馈到达现场的时间和地点。

（2）现场如果有人员伤亡或车辆处于危险、紧急状态的，应立即协助客户进行施救，尽量减少损失。

（3）核对保险标的（核对出险车辆的车牌、车型、发动机号、车架号）与保单抄件是否相符，并记录、拍照标的情况、拓印（或拍摄）发动机号、车架号。如果标的不相符，应现场要求被保险人或肇事司机签名及盖手印加以确认；在其未确认前不得透露任何情况。

（4）按要求拍摄事故现场照片、损失照片。

（5）认真查验、测量损失部位与事故经过是否吻合，并分析受损成因，确定受损项目是否是本次事故所致。

（6）详细列明损失部件的名称、损失程度，并初步确定受损件的更换或修复，初步确定是否足额投保。

（7）现场查清肇事司机的基本情况，包括姓名、年龄、性别、驾龄、准驾车型、身份、与被保险人的关系等，尤其是否酒后驾车、疲劳驾车、服药后驾车、无证驾驶、准驾车型不相符，对可能属于责任免除或违反被保险人义务的情况，应现场取得书面证据。如：做调查笔录并让肇事司机当场签名确认；驾驶证应现场设法复印并由当事人签名确认，注明复印件与原件核对无误；如发现或怀疑酒后驾驶应立即报警，并请求交警部门当场测试、甄别等。

（8）现场检验肇事车辆与行驶证是否相符、有效，驾驶证及车辆行驶证是否按时年审。

（二）事故涉及第三者财产损失的现场查勘要求

（1）对第三者车辆的现场查勘参照被保险车辆的现场查勘工作的要求进行。对本公司所保车辆负主要责任以上（三者损失超1万元）的必须介入定损。

（2）对第三者物损的现场查勘应遵循实事求是的原则，实地查勘受损财产的具体损失情况。如测量受损物资的长宽高、面积，仔细清点受损物资的数量（或重量）、种类（或型号）、生产厂家等，分门别类做好详细记录，并将损坏情况进行实地拍照，相片必须清晰地反映所有的损失项目。

（3）根据现场查勘的情况，及时向上级汇报有关损失情况。遇到受损物资如果不尽快处理损失程度会不断加重的情况（如易腐、易烂的物资等），必须立即请示上级，尽量现场确定损失程度，避免扩大损失。

（三）事故涉及车辆承运货物损失的现场查勘要求

（1）发生承运货物的损失应现场查勘货物的装载情况（如装载货物是否超重、超长、超高、超宽等），确定货物的装载是否符合安全运输的规定。

（2）实地查勘受损财产的具体损失情况，如测量受损物资的长宽高、面积；仔细清点受损物资的数量（或重量）、种类（或型号）、生产厂家等，分门别类做好详细记录。并将损坏情况进行实地拍照，相片必须清晰地反映所有的损失项目。

（3）现场必须收集承运货物的运单、调拨单、货物发票等货物的相关资料。

（4）现场应确定受损货物的包装和配载情况，以便确定是否符合国家和行业的相关规定。

（5）现场向货物受损方了解货物的保险情况，是否办理货物运输险及货运险的保单详细情况。

（6）根据现场查勘的情况，及时向上级汇报有关损失情况。遇到受损物资如果不尽快处理损失程度会不断加重的情况（如易腐、易烂的物资等），必须立即请示上级，尽量现场确定损失数量及损失程度，避免损失扩大。

（四）事故涉及人员伤亡的现场查勘及调查工作要求

（注：此部分内容在后面项目七汽车保险人伤理赔实务会详细加以阐述，这里为了强调现场查勘的完整性只是简要加以说明）

（1）现场应迅速确定伤、亡人数，明确区分伤亡人员属于标的车上人员还是第三者，并做好记录。

（2）现场应调查标的车所载人员是否符合载客的规定。如果发现标的车人员超载，应现场取得书面证据（如可采取向司机、乘客等相关人员做笔录、收集所有乘客的车票、向现场事故处理的交警了解情况等方式）。

（3）现场应调查、登记伤者的受伤情况。对于已送往医院抢救和治疗的伤者，要查清救治医院的名称、地址，并立即前往医院调查了解人员伤亡情况（包括伤者的个人情况、入住病区、床位号、住院号、主治医生、伤情诊断、受伤原因、治疗情况、所需治疗的大约费用等），现场缮制人伤调查报告。

（4）对死者应调查死亡原因、死者的个人情况及家庭基本情况。

（5）对所有本次事故所致伤、亡的人员均应逐一拍照。

（6）调查伤者救治所在（曾经在）的医院是否规范，调查了解伤者的病情、治疗方法、贵重药品及器材、后期治疗费用（包括转院、出院）、医药费范围等，以及伤者的年龄、工作单位、收入情况、护理人员的相关信息、被抚养人、事故的发生过程等，分项目预估事故的损失及事故责任。

（7）调查伤者的工作单位及工种或所从事的行业属性等，当事人实际收入的情况，并尽量取得当事人单位的书面证明。

（8）调查伤者护理人员情况（护理人员人数、姓名、工作单位、护理时段、护理时间等）。

（9）向死、残者户籍所在地的派出所调查死者的户籍注销情况，死、残者的家庭成员情况，并做好书面记录。

三、掌握现场查勘的要点及注意事项

（1）查勘人员在现场查勘过程中应多听、多问、多记、多观察、多安慰客户，不得擅自对日后的理赔情况进行表态或承诺，严禁未经公司许可与他人签署定损协议或赔偿协议。

（2）现场查勘应确保"时"与"效"，重点是"查"与"照"。"时"即赶赴现场的及时性，确保现场处于原始状态；"效"即通过"查"与"照"的相互印证，准确反映出本次事故及损失的原始面貌。"查"是为了确保两个真实，一个准确，即事故真实、损失真实，定损准确；"照"是为了全面、客观、清晰地反映事故及损失的真实情况。

（3）注意查找现场有关痕迹、物证及询问现场当事人或目击者，从中分析出险原因、过程，初步确定是否属于保险事故。

（4）详细记录事故现场有关物体的原有形态及相互位置关系，现场草图应参照交通事故处理部门的标准进行绘制，要求能全面反映事故车辆方位、道路情况、外界影响因素等，以便在必要时可根据现场草图，进行现场复原。

（5）发生交通事故的保险车辆应坚持"就近修复""以修为主"的原则。对于被保险人提出特别需求的，应与之协商，妥善解决。

（6）损失项目确定后（包括第三者车）应要求被保险人签名确认。标的车如有待查项目应予列明，按规定复勘确认后方可追加，未列入待查项目不得追加。第三者车损原则上一次定损，不得追加。受损部件扣除残值或收回的应予注明。

（7）对可能涉及道德风险、责任免除、违反被保险人义务的案件应将调查取证工作作为现场查勘的重点，并注意及时取得书面证据，确保证据的有效性、合法性。

（8）索赔须知应一式两份，一份现场送达被保险人或肇事司机，另一份经被保险人或肇事司机签收后作为查勘资料之一入档，作为日后资料接收的凭据。

（9）对电话报案的被保险人向其提供出险机动车辆保险出险通知书，同时，根据报案与现场查勘情况，在保险事故索赔须知上注明索赔时需要提供的单证和证明材料后交给被保险人，并对被保险人进行必要的事故处理和保险索赔的指导。

四、填写车险现场查勘报告

（1）认真填写汽车受损查勘记录，这是做好查勘工作的必要条件，所以必须认真对待。漏项是查勘定损水平较差的表现，定要避免。

（2）根据现场查勘记录，在没有事故证明等有关材料的情况下，依据保险条款，全面分析主客观原因，初步确立是否属于保险责任，如果属于保险责任确定还涉及险种。

（3）在备注说明栏里填写对保险责任确定可能造成异议的情况，如被保险人是否尽到应尽的义务等。

（4）凡有交警（盗抢险为公安机关）负责现场处理的案件，应在查勘报告中当场记录处理部门及处理人员情况，询问交警部门对事故责任的初步认定。现场已出具快速（或简易）事故证明的，需在查勘报告中当场记录事故证明的编号。

（5）查勘报告应现场缮制完成，对于有疑点或情况异常的要着重予以详细说明。并要求肇事司机或被保险人现场签名确认。

工作任务案例

2018 年 5 月 11 日 6 时 30 分许，A 财险公司客户祁某驾驶浙 A2**70 宝来车在杭州涌金广场家乐福门口行驶时由于操作不当与停放在路旁的王某的浙 A8N**7 普通桑塔纳车辆发生碰撞，导致两车车损。事发后，祁某当即报交警，交警作出责任认定，浙 A2**70 负本起事故的全部责任。经核查，浙 A2**70 于 2018 年 4 月 24 日在 A 财险公司投保了商业险和第三者强制责任保险。浙 A8N**7 于 2017 年 10 月 6 日投保在平安保险公司，已投保了第三者强制责任保险。

工作任务要求：根据上述资料，填写标的车现场查勘报告（如表 5-2 所示）。

表 5-2　机动车保险现场查勘报告

报案号：

查勘内容	查勘具体项目			
（一） 核查保单抄件和保单正本，记录查勘事项	被保险人	祁某	保险单号	略
	保险期间	2018 年 4 月 24 日 0 时 30 分—2019 年 4 月 23 日 24 时	出险时间	2018 年 5 月 11 日 6 时 30 分
	接到调度时间	2018 年 5 月 11 日 6 时 35 分	查勘时间	2018 年 5 月 11 日 7 时
	查勘地点	杭州涌金广场家乐福门口	查勘类别	√□第一现场□其他现场□复勘
	出险地点	杭州涌金广场家乐福门口	行驶区域	是否约定行驶区域：□是√□否

续表

查勘内容	查勘具体项目			
（二） 查验行驶证和 事故车	查验行驶证	持有证件：√□正本 □副本 □临时移动证 □无证		
		证件内容与事故车：√□相符 □不相符内容：		
		年审记录：√□按期年审 □未按期年审		
		真实性：√□真实 □有作假嫌疑，疑点：		
	车牌号码	保单：浙A2**70	使用性质	保单：家庭自用车
		事故车：√□相符 □不相符		出险时：√□相符　□不相符
	厂牌型号	保单：宝来车	初次登记年月	保单：2010年5月
		事故车：√□相符 □不相符		事故车：√□相符　□不相符
	发动机号	保单：略	车架号码 或VIN号码	保单：略
		事故车：√□相符 □不相符		事故车：√□相符　□不相符
	第三者车情况	所有人：王某　　　车牌号码：浙A8N**7 厂牌型号：普通桑塔纳		
		驾驶人：王某　是否保险：√□是 □否 投保保险公司：平安保险公司		
（三） 查询驾驶人和 查验驾驶证	查验驾驶证	持有证件：√□正本 □副本 □专用机械车或特种车操作证 □无证		
		真实性：√□真实 □有作假嫌疑，疑点：		
	驾驶证号码	略	年审记录	√□按期年审　□未按期年审
	驾驶人姓名	约定驾驶人：无	驾驶证的 准驾车型	C
		出险驾驶人：祁某		事故车型：√□相符 □不相符
（四） 调查事故原因 和经过	事故类别	√□碰撞、倾覆、平行坠落 □火灾、爆炸、外界物体倒塌 □自然灾害 □其他		
	调查事故原因 和经过	√□在现场，调查、询问驾驶人和其他目击证人关于事故的原因和经过， 记录在《机动车保险事故调查报告》中。		
	事故确认	√□请驾驶人和其他目击证人在《机动车保险事故确认书》上当场签 字确认。		
	事故现场痕迹	与车辆损失痕迹：√□相符 □不相符　与驾驶人确认原因： √□相符 □不相符		
	事故处理情况	□未报交警 □自行协商赔偿 √□交警处理□交警初步责任认定意见：		
（五） 排查并取证责 任免除和免赔 事项	责任免除事项	□改变使用性质 □证件不符或无效 □事故原因与痕迹不符		
		□故意行为 □酒后驾驶		
	增加免赔事项	□闯红灯 □单行道路逆行 □超速 □约定区域外行驶		
（六）事故现场草图				

续表

查勘内容	查勘具体项目
（七）发动机号和车架号（VIN 码）拓印 略	
（八）查勘结论	
1.事故近因：标的车驾驶员祁某操作不当导致与第三者车辆发生碰撞。	
2.适用赔偿或免责条款：	
3.定责意见：√□确认属于保险责任，立案受理 □确认不属于保险责任，注销本案 □需要等待事故处理部门意见 □建议进一步调查或复勘，再做定责结论	
4.查勘认定责任比例： 100%　　　　 事故处理部门认定责任比例：100%	
5.应增加免赔率项目：□约定区域外行驶 □非约定驾驶人 □闯红灯 □单行道路逆行 □超速 □超载	
6.其他意见和建议：根据现场查勘，事故真实，属于碰撞保险责任。	
查勘人：　　　　　　　　　　　　日期：	

➤ **思考练习**

1. 现场查勘报告的填写要求是什么？

2. 事故不涉及第三者财产损失的现场查勘要求是什么？

3. 事故涉及第三者财产损失的现场查勘要求是什么？

项目六
汽车保险定损实务

➤ **项目概述**

　　本项目共包括八个模块，分别为碰撞损坏的诊断与测量，常损零件修与换的掌握，损失项目的确定，工时费的确定，涂饰费用的确定，材料价格、修复价值和残值的确定，灾害性车险水淹案件处理、模拟车险定损。本项目旨在帮助学生掌握汽车保险定损知识及实务操作技能。

➤ **教学目标**

　　通过本项目的学习，要求学生了解汽车碰撞损坏和碰撞损伤的诊断与测量等知识，汽车常损零件修与换的掌握标准，损失项目的确定，工时费的确定，涂饰费用的确定，材料价格、修复价值和残值的内容。

➤ **重点难点**

　　重点是常损零件修与换的掌握标准、损失项目的确定；难点是损失项目的确定。

模块一　汽车碰撞损坏的诊断与测量

➤ **教学目标**

　　通过本模块的学习，要求学生掌握汽车碰撞损坏的诊断与测量知识。

➤ **工作任务**

　　掌握汽车碰撞损坏的诊断与测量。

➤ **问题探究**

一、碰撞事故分类及特征

　　汽车碰撞事故可分为单车事故和多车事故，其中单车事故又可细分为翻车事故和与障碍物碰撞事故。翻车事故一般是驶离路面或高速转弯造成的，其严重程度主要与事故车辆的车速和翻车路况有关，既可能是人车均无大恙的局面，也可能造成车毁人亡的严重后果。与障碍物碰撞的事故主要可分为前撞、尾撞和侧撞，其中前撞和尾撞较常见，而侧撞较少发生。与障碍物碰撞的前撞和尾撞又可根据障碍物的特征和碰撞方向的不同再分类。尽管在单车事故中，侧撞较少发生，但当障碍物具有一定速度时也有可能发生。

单车事故中汽车可受到前、后、左、右、上、下的冲击载荷，且对汽车施加冲击载荷的障碍物可以是有生命的人体或动物体，也可以是无生命的物体。显然障碍物的特性和运动状态对汽车事故的后果影响较大。这些特性包括质量、形状、尺寸和刚性等。这些特性参数的实际变化范围很大，如人体的质量远比牛这类动物体的质量小，而路面和混凝土墙的刚性远比护栏和松土的刚性大。障碍物特性和状态的千变万化导致的结果是对事故车辆及乘员造成不同类型和不同程度的伤害。

多车事故为两辆以上的汽车在同一事故中发生碰撞。尽管在多车事故中可能有两辆以上的汽车同时相撞，但讨论其特征时可只考虑两辆车相撞的情形，正面相撞和侧面相撞都是具有极大危险性的典型事故状态，且占事故的 70% 以上。追尾事故在市内交通中发生时，一般相对碰撞速度较低。但由于追尾可造成被撞车辆中乘员颈部的严重损伤和致残，其后果仍然十分严重。在多车事故中，不同车辆所受的碰撞类型是不一样的，在正面碰撞中，两辆车均受前撞；在追尾事故中，前面车辆受到尾撞，而后面的车辆却受到前撞；在侧撞事故中，一辆汽车受侧碰，而另一辆汽车却受前撞。在多车事故中，汽车的变形模式也是千变万化的，但与单车事故比，有两个明显的特征：一是在多车事故中一般没有来自上、下方向的冲击载荷；二是给事故汽车施加冲击力的均为其他车辆，尽管不同车辆的刚性不一样，但没有单车事故中障碍物的刚性变化大。

在实际生活中，除了以上描述的典型单车事故和典型多车事故外，还有这两类典型事故的综合性事故，如在多车事故中，一辆或多辆车与行人或其他障碍物发生碰撞。对于这类综合性事故的分析，可结合典型单车事故和典型多车事故的分析方法来讨论。

在实际生活中，汽车事故发生的状态和结果千差万别，很难用有限的篇幅描述全部可能出现的情况。同时，从上述分析可以看出，尽管单车事故看上去只涉及单一车辆，似乎情况相对简单，但车辆本身可能造成的损伤比多车事故更复杂，因为单车事故包括了上、下受冲击载荷的情形，而多车事故中一般不包括这一情形。

二、汽车碰撞机理分析

（一）碰撞冲击力

在汽车碰撞过程中，碰撞冲击力的方向总是同某点冲击力的特定角度相关。因此，冲击合力可以分成分力，通过汽车向不同方向分散。

例如，某汽车在碰撞过程中，冲击力以垂直和侧向角度撞击汽车的右前翼子板，冲击合力可以分解成为三个分力：垂直分力、水平分力和侧向分力。这三个分力都被汽车零部件所吸收。水平分力使汽车右前翼子板变形方向指向发动机罩中心。侧向分力使汽车的右前翼子板向后变形。这些分力的大小及对汽车造成的损坏取决于碰撞角度。

冲击力造成大面积的损坏也同样取决于冲击力与汽车质心相对应的方向。假设冲击力的方向并不是沿着汽车的质心方向，一部分冲击力将形成使汽车绕着质心旋转的力矩，该力矩使汽车旋转，从而减少冲击力对汽车零部件的损坏。

另一种情况是，冲击力指向汽车的质心，汽车不会旋转，大部分能量将被汽车零件所吸收，这种情况造成的损坏是非常严重的。

驾驶员的反应经常影响到冲击力的方向。尤其对于正面碰撞，驾驶员意识到碰撞不可避免时，其第一反应就是旋转转向盘以避免正面碰撞。这种反应所导致的汽车碰撞被称为侧面损坏。在众多的碰撞类型中，人们应首先了解这种碰撞类型损坏。

驾驶员的第二反应就是试图踩制动踏板，汽车进入制动状态，使汽车前沿向下俯冲。这种类型的碰撞一般发生在汽车的前沿，比正常接触位置低。由这种反应所导致的类型称为凹陷，经常在侧向损坏后立即发生。正面碰撞中的凹陷能导致碰撞点高于汽车的前沿。这将引起前罩板件和车顶盖向后移动及汽车尾部向下移动。如果碰撞点的位置低于汽车的前沿，汽车的本身质量将引起汽车的尾部向上变形，迫使车顶盖向前移动，这就是为什么在车门的前上部和车顶盖之间形成一个大缝隙的原因。

（二）碰撞接触面积

假设汽车以相同的速度和相近的载货量行驶，碰撞的类型不同，损坏的程度也就不同。例如，撞击电线杆和一面墙，如果撞击的面积较大，损坏程度就较小。

从另一个角度说，接触面积越小，损坏就越严重。保险杠、发动机罩、散热器等都发生严重的变形。发动机向后移动，碰撞所带来的影响甚至扩展到后悬架。

三、汽车碰撞损伤类型

按汽车碰撞行为分，汽车碰撞损伤可分为直接损伤（或一次损伤）和间接损伤（或二次损伤）。

（一）直接损伤

直接损伤是指车辆直接碰撞部位出现的损伤。例如直接碰撞点为车辆左前方，推压前保险杠车辆左前翼子板、散热器护栅、发动机罩、左车灯等导致其变形，称为直接损伤。

（二）间接损伤

间接损伤是指二次损伤，损伤离碰撞点有一段距离，是因碰撞力传递而导致的弯曲变形和各种钣金件的扭曲变形等，如车架横梁、行李箱底板、护板和车轮外壳等。

按汽车碰撞后导致的损伤现象不同，汽车碰撞损伤可归纳为五大类，即侧弯、凹陷、折皱或压溃、菱形损坏、扭曲等。

1. 侧弯

汽车前部、汽车中部或汽车后部在冲击力的作用下，偏离原来的行驶方向发生的碰撞损坏称为侧弯。如果是汽车的前部侧弯，冲击力使"汽车"的一边伸长，一边缩短。侧弯也有可能在汽车中部和后部发生。侧弯可以通过视觉观察和对汽车侧面的检查判别出来，在汽车的伸长侧面会留下一条刮痕，而在另一缩短侧面会有折皱。发动机罩不能正常开启等情况都是侧面损坏的明显特征。对于非承载式车身结构的汽车，折皱式侧面损坏一般发生在汽车车架横梁的内部和相反方向的外部。承载式车身结构的汽车车身也能够发生侧面损坏。

2. 凹陷

凹陷就是在汽车的前罩区域出现比正常规定低的情况。损坏的车身或车架背部呈现凹陷形状。凹陷一般是由于正面碰撞或追尾碰撞引起的，有可能发生在汽车的一侧或两侧。当发生凹陷时，可以看到在汽车翼子板和车门之间顶部变窄、底部变宽，也可以看到车门闩处过低。凹陷是一种普通碰撞损坏类型，大量存在于交通事故中。尽管折皱或扭结对汽车车架本身结构的破坏并不明显，但是一定的凹陷将破坏汽车车身的钣金件的结合。

3. 折皱或压溃

折皱就是在车架（非承载式车身结构的汽车）或侧梁（承载式车身结构的汽车）上微小的弯曲。如果仅仅考虑车架或侧梁上的折皱位置，常常是另一种类型损坏。例如，在车架或在车架边纵梁内侧有折皱，表明有向内的侧面损坏；折皱在车架或在车架边梁外侧，表明有向外的侧面损坏；在车架或在车架边梁的上表面有折皱，一般表明是向上凹陷类型；如果折皱在相反的方向即位于车架的下表面，则一般为向下凹陷类型。

压溃是一种简单、具有广泛性的折皱损坏。这种损坏使得汽车框架的任何部分都比规定要短。压溃损坏一般发生在前罩板之前或后窗之后。车门没有明显的损坏痕迹，然而在前翼子板、发动机罩和车架棱角等处会有折皱和变形。在轮罩上部车身框架常向上升，引起弹簧座损坏。伴随压溃损坏，保险杠的垂直位移很小。发生正面碰撞或追尾碰撞，会引起这种损坏。

在决定严重压溃损坏的修理方法时，必须记住一点：在承载式车身上，高强度钢加热后易于拉伸，但这种方法要严格限制，因为这些钢材若加热处理不当，会使其强度、刚度降低。

此外，对弯曲横梁冷却拉直可能导致板件撕裂或拉断。对小的撕裂，可用焊接的方法修复，但必须合理地考虑零件是修理还是换新件。如果结构部件扭绞，即弯曲超过90°，该零件应该换新件；如果弯曲小于90°，可能拉直并且能够满足设计强度，该零件可以修理。用简单的方法拉直扭绞零部件可能会使汽车结构性能下降。当这种未达到设计标准的汽车再发生事故时，气囊将有可能无法正常打开，这样就会危及乘客的生命。

4. 菱形损坏

菱形损坏就是一辆汽车的一侧向前或向后发生位移，使车架或车身不再是方形，汽车的形状类似一个平行四边形，这是由于汽车碰撞发生在前部或尾部的一角或偏离质心方向所造成的。明显的迹象就是发动机罩和车尾行李箱盖发生了位移。在后驾驶室后侧围板的后轮罩附近或在后侧围板与车顶盖交接处可能会出现折皱。折皱也可能出现在乘客室或行李箱地板上。通常，压溃和凹陷会带有菱形损坏。

菱形损坏经常发生在非承载式车身结构的汽车上。车架的一边梁相对于另一边梁向前或向后运动。可以通过量规交叉测量方法来验证菱形损坏。

5. 扭曲

扭曲即汽车的一角比正常的要高，而另一角要比正常的低。当一辆汽车以高速撞击到路边或高级公路中间分界之"安全岛"时，有可能发生扭曲损坏。后侧车角发生碰撞也常发生扭曲损坏，仔细检查能发现板件不明显的损坏，然而真正的损坏一般隐藏在下部。由于碰撞，车辆的一角向上扭曲，同样，相应的另一角向下扭曲。由于弹簧弹性弱，所以如果汽车的一角凹陷到接近地面的程度，应该检查是否有扭曲损坏。当汽车发生滚翻时，也会有扭曲。

只有非承载式车身的汽车才能真正发生扭曲。车架的一端垂直向上变形，而另一端垂直向下变形。从一侧观察，可看到两侧纵梁在中间处交叉。

承载式车身结构的汽车前后横梁并没有连接，因此不存在真正意义上的"扭曲"。承载式车身损坏相似的扭曲是，前部和后部元件发生相反的凹陷。例如：右前侧向上凹陷，左后侧向下凹陷，左前侧向下凹陷而右后侧向上凹陷。

要区别车架扭曲和车身扭曲，因为它们的修理方法和修理工时是不同的。对于承载式车身结构的汽车而言，在校正每一端的凹陷时应对汽车的拉伸修理进行评估；对于非承载式车身结构的汽车，需要两方面的拉伸修理，即汽车前沿的拉伸修理和汽车后端的修理。

四、汽车碰撞损坏的诊断与测量

要准确地评估好一辆事故汽车，就要对其碰撞受损情况做出准确的诊断。就是说，要确切地评估出汽车受损的严重程度、范围及受损部件。确定完这些之后，才能制定维修工艺，确定维修方案。一辆没有经过准确诊断的汽车会在修理过程中发现新的损伤情况，这样，必然会造成修理工艺及方案的改变，从而造成修理成本的改变。由于需要控制修理成本，往往会造成修理质量不尽如人意，甚至留下质量隐患。对碰撞做出准确的诊断是衡量一名汽车评估人员水平的重要标志。

通常，一般的汽车评估人员对碰撞部位直接造成的零部件损伤都能做出诊断，但是对于与其相关联零部件的影响以及发生在碰撞部位附近的损伤常常可能会疏忽。因此，对于现代汽车，较大的碰撞损伤只用目测来鉴定是不够的，还必须借助相应的工具及仪器设备来鉴定汽车的损伤。

（一）在进行碰撞损伤鉴定评估之前应当注意以下安全事项

（1）在查勘碰撞受损的汽车之前，先要查看汽车上是否有破碎玻璃棱边，以及是否有锋利的刀状和锯齿状金属边角。为安全起见，最好在危险的部位上做安全警示，或进行处理。

（2）如果有汽油泄漏的气味，切忌使用明火和开关电器设备。事故较大时，为保证汽车的安全，可考虑切断蓄电池电源。

（3）如果有机油或齿轮油泄漏，注意别滑倒。

（4）在检验电器设备状态时，注意不要造成新的设备和零部件的损伤。如车窗玻璃升降器，在车门变形的情况下，检验电动车窗玻璃升降功能时，切忌盲目升降车窗玻璃。

（5）应在光线良好的场所进行碰撞诊断，如果损伤涉及底盘件或需在车身下进行细致检查，务必使用汽车升降机，以提高评估人员的安全性。

（二）基本的汽车碰撞损伤鉴定步骤

（1）了解车身结构的类型。

（2）以目测确定碰撞部位。

（3）以目测确定碰撞的方向及碰撞力大小，并检查可能有的损伤。

（4）确定损伤是否限制在车身范围内，是否还包含功能部件或零配件（如车轮、悬架、发动机及附件等）。

（5）沿着碰撞路线系统地检查部件的损伤，直到没有任何损伤痕迹的位置。例如立柱的损伤可以通过检查门的配合状况来确定。

（6）测量汽车的主要零部件，通过比较维修手册车身尺寸图表上的标定尺寸和实际汽车上的尺寸来检查汽车车身是否产生变形量。

（7）用适当的工具或仪器检查悬架和整个车身的损伤情况。

（三）以目测确定碰撞损伤的程度

在大多数情况下，碰撞部位能够显示出结构变形或者断裂的迹象。用肉眼进行检查时，先要后退离开汽车对其进行总体观察。从碰撞的位置估计受撞范围的大小及方向，并判断碰撞如何扩散。同样先从总体上查看汽车上是否有扭转、弯曲变形，再查看整个汽车，设法确定出损伤的位置以及所有的损伤是否都是由同一起事故引起的。

碰撞力沿着车身扩散，并使汽车的许多部位发生变形，碰撞力具有穿过车身坚固部位抵达并损坏薄弱部件，最终扩散并深入车身部件内的特性。因此，为了查找出汽车的损伤，必须沿着碰撞力扩散的路径查找车身薄弱部位（碰撞力在此形成应力集中）。沿着碰撞力的扩散方向一处一处地进行检查，确认是否有损伤及其程度。具体可从以下几个方面来加以识别。

1. 钣金件的截面突然变形

碰撞所造成的钣金件的截面变形与钣金件本身设计的结构变形不一样。钣金件本身设计的结构变形处表面油漆完好无损，而碰撞所造成的钣金件的截面变形处会有油漆起皮、开裂。车身设计时，要使碰撞产生的能量能够按照一条既定的路径传递，在指定的地方吸收。

2. 零部件支架断裂、脱落及遗失

发动机支架、变速器支架、发动机各附件支架是碰撞应力吸收处。发动机支架、变速器支架、发动机各附件支架在汽车设计时就有保护重要零部件免受损伤的功能。在碰撞事故中常有各种支架断裂、脱落及遗失现象出现。

3. 检查车身每一部位的间隙和配合

车门是以铰链装在车身立柱上的，通常立柱变形就会造成车门与车门、车门与立柱的间隙不均匀。

另外还可通过简单地开关车门查看车门锁机与锁扣的配合，从锁机与锁扣的配合可以判断车门是否下沉，从而判断立柱是否变形。查看铰链的灵活程度可以判断主柱及车门铰链处是否变形。

在汽车前端碰撞事故中，检查后车门与后翼子板、门槛、车顶侧板的间隙，并做左右对比是判断碰撞应力扩散范围的主要手段。

4. 检查汽车本身的惯性损伤

当汽车受到碰撞时，一些质量较大的部件（如装配在橡胶支座上的发动机附离合器总成）在惯性力的作用下会造成固定件（橡胶垫、支架等）及周围部件及钢板的移位、断裂，应对其进行检查，对于承载式车身结构的汽车还需检查车身与发动机及底盘结合部是否变形。

5. 检查来自乘员及行李的损伤

乘客和行李在碰撞中由于惯性力作用还能引起车身的二次损伤，损伤的程度因乘员的位置及碰撞的力度而异，其中较常见的损伤有转向盘、仪表工作台、转向柱护板及座椅等的损坏。行李箱中的行李是造成行李箱中如 CD 机、音频功率放大器等设施常见损伤的主要原因。

（四）车身变形的测量

测量碰撞损伤汽车车身尺寸是做好碰撞损失评估的一项重要工作。就承载式车身结构的汽车来说，准确的车身尺寸测量对于损伤鉴定更为重要。转向系和悬架大都装配在车身上。齿轮齿条式转向器通常装配在车身或副梁上，形成与转向臂固定的联系，车身的变形直接影响到转向系中横拉杆的定位尺寸。绝大多数汽车的主销后倾角和车轮外倾角是不可调整的，它们是通过与车身的固定装配来实现的，车身悬架座的变形直接影响到汽车的主销后倾角和车轮外倾角。发动机、变速器及差速器等也被直接装配在车身或车身构件支承的支架上。车身的变形还会使转向器和悬架变形，或使零部件错位，从而导致车身操作失灵，传动系的振动和噪声，拉杆接头、轮胎、齿轮齿条的过度磨损和疲劳损伤。为保证汽车正确的转向及操纵性能，关键定位尺寸的公差必须不超过 3mm。

碰撞损伤的汽车最常见部位测量方法如下。

1. 车身的扭曲变形测量

要修复碰撞产生的变形，撞伤部位的整形应按撞击的相反方向进行，修复顺序也应与变形的形成顺序相反。因此，检测也应按相反的顺序进行。

测量车身变形时，应记住车身的基础是它的中段，所以应首先测量车身中段的扭曲和方正状况。这两项测量将告诉汽车评估人员车身的基础是否周正，然后才能以此为基准对其他部位进行测量。

扭曲变形是最后出现的变形，因此应首先进行检测。扭曲是车身的一种总体变形。当车身一侧的前端或后端受到向下或向上的撞击时，另一侧就向相反的方向变形。这时就会呈现扭曲变形。

扭曲变形只能在车身中段测量，否则，在前段或后段的其他变形导致扭曲变形的测量数据不准确。为了检测扭曲变形，必须悬挂两个基准自定心规，它们也称作2号（前中）和3号（后中）规。2号规应尽量靠近车体中段前端，而3号规则尽量靠近车体中段的后端。然后相对于3号规观测2号规：如果两规平行，则说明没有扭曲变形，否则说明可能有扭曲变形。注意，真正的扭曲变形必须存在于整个车身结构中。当中段内的两个基准规不平行，要检测是否为真正的扭曲变形时，通常要再挂一个量规。应走到未出现损伤变形的车身段上，把1号（前）或4号（后）自定心规挂上。这个自定心规应相对于靠其最近的基准规来进行测量，即1号规相对于2号规，而4号规相对于3号规观测。如果前（或后）量规相对于最靠近它的基准规观测的结果是平行的，则表示不存在真正的扭曲变形，而只是在中段失去了平行。

通过测量车辆受损位置的尺寸和出厂车身尺寸来判断碰撞产生的变形量。最常用的方法是上部测量两悬架座至另一侧散热器框架上控制点的距离是否一致；下部测量前横梁两定位控制点至另一侧副梁后控制点的距离是否一致。通常检查的尺寸越长，测量就越准确。如果利用每个基准点进行两个或更多个位置尺寸的测量，就能保证所得到的结果更为准确，同时还有助于判断车身损伤的范围和方向。

2. 车身侧围的测量

通常汽车左右都是对称的，利用车身的左右对称性，通过测量可以进行车身挠曲变形的检测。通过左侧、右侧长度的测量和比较，以及与对角线测量法联合使用，可对损伤情况做出很好的判断。

3. 车身后段的测量

后部车身的变形大致上可通过行李箱盖开关的灵活程度，以及与行李箱结合的密封性来判断。后风窗玻璃是否完好，后风窗玻璃与风窗玻璃框的配合间隙左右、上下是否合适也是评估判断车身后部是否变形的常用手段。

➤ **思考练习**

1. 汽车碰撞损伤类型有哪些？
2. 如何进行碰撞损伤的诊断和测量？

车险定损流程

模块二　常损零件修与换的掌握

➤ **教学目标**

通过本模块的学习，要求学生掌握汽车常损零件修与换知识。

➤ **工作任务**

掌握汽车常损零件修与换知识。

► **问题探究**

在损失评估中受损零件的修与换是困扰汽车评估人员的一个难题,同时也是汽车评估人员必须要掌握的一项技术,是衡量汽车评估人员水平的一个重要标志。在保证汽车修理质量的前提下,用最小的成本完成受损部位修复是评估人员评估受损汽车的原则。碰撞中常损零件有承载式车身结构钣金件、车身覆盖钣金件、塑料件、机械件及电器件等。

事故车的修换原则

一、承载式车身结构钣金件修与换的掌握

碰撞受损的承载式车身结构件是更换还是修复?这是汽车评估人员几乎每天都必须面对的问题。实际上,做出这种决定的过程就是一个寻找判断理由的过程。为了帮助汽车评估人员做出正确的判断,美国汽车撞伤修理业协会经过大量的研究,终于得出关于损伤结构件的修复与更换的一个简单的判断原则,即"弯曲变形就修,折曲变形就换"。

为了更加准确地了解折曲和弯曲这两个概念,必须记住下面的内容。

1. 弯曲变形的特点

零件发生弯曲变形的特点是:
(1)损伤部位与非损伤部位的过度平滑、连续。
(2)通过拉拔矫正可使它恢复到事故前的形状,而不会留下永久的塑性变形。

2. 折曲变形的特点

(1)弯曲变形剧烈,曲率半径小于 3mm,通常在很短的长度上弯曲 90° 以上。
(2)矫正后,零件上仍有明显的裂纹或开裂,或者出现永久变形带,不经过调温加热处理不能恢复到事故前的形状。

3. 汽车评估人员的注意事项

虽然美国汽车撞伤修理业协会的"弯曲与折曲"原则是判断承载式车身结构件是更换还是修复的依据,但撞伤评估人员必须懂得:
(1)在折曲和随后的矫正过程中钢板内部发生了什么变化?
(2)为什么那些仅有一些小的折曲变形或有裂纹的大结构件也必须裁截或更换?
(3)当承载式车身结构决定采用更换结构钣金件时,应完全遵照制造厂的建议,这一点非常重要。当需要切割或分割钣金件时,必须遵守厂方的工艺要求。一些制造厂不允许反复分割结构钣金件;另一些制造厂规定只有在遵循厂定工艺时,才同意分割。所有制造厂家都强调,不要割断可能降低乘客安全性的区域、降低汽车性能的区域或者影响关键尺寸的地方。然而,在我国几乎没有汽车修理业完全按制造厂工艺要求更换车身结构件的,所以在我国应采用"弯曲变形就修,折曲变形就可以换,而不是必须更换",从而避免可能产生更大的车身损伤。

（4）高强度钢在任何条件下都不能用加热来矫正。

二、非结构钣金件修与换的掌握

非结构钣金件又称覆盖钣金件，承载式车身的覆盖钣金件通常包括可拆卸的前翼子板、车门、发动机盖、行李箱盖和不可拆卸的后翼子板、车顶等。

（一）可拆卸件修与换的掌握

1. 前翼子板修与换的掌握

（1）损伤程度没有达到必须将其从车上拆下来才能修复，如整体形状还在，只是中部的局部凹陷，一般不考虑更换。

（2）损伤程度达到必须将其从车上拆下来才能修复，并且前翼子板的材料价格低廉、供应流畅，材料价格达到或接近整形修复工费的，则应考虑更换。

（3）如果每米长度超过3个折曲、破裂变形，或已无基准形状，应考虑更换（一般来说，当每米折曲、破裂变形超过3个时，整形和热处理后很难恢复其尺寸）。

（4）如果每米长度不足3个折曲、破裂变形，且基准形状还在，应考虑整形修复。

（5）如果修复工费明显小于更换费用应考虑以修理为主。

2. 车门修与换的掌握

（1）如果车门门框产生塑性变形，一般来说是无法修复的，应考虑以更换为主。

（2）许多汽车的车门面板是可以作为单独零件供应的（如奥迪100型），面板的损坏可以单独更换，不必更换门壳总成。

3. 发动机盖和行李箱盖修与换的掌握

绝大多数汽车的发动机盖和行李箱盖是用两个冲压成形的冷轧钢板经翻边胶粘制成的。

（1）判断碰撞损伤变形的发动机盖或行李箱盖，是否要将两层分开进行修理，如果不需将两层分开，则不应考虑更换。

（2）需要将两层分开整形修理的，应首先考虑工费加辅料与其价值的关系，如果工费加辅料接近或超过其价值，则不应考虑修理。反之，应考虑整形修复。其他同车门。

（二）不可拆卸件修与换的掌握

碰撞损伤的汽车中最常见的不可拆卸件就是三厢车的后翼子板（美国教科书称作1/4车身面板）。由于更换需从车身上将其切割下来，而国内绝大多数汽车修理厂在切割和焊接上满足不了制造厂提出的工艺要求，从而会造成车身结构新的修理损伤。所以，在国内现有的修理行业设备和工艺水平下，后翼子板只要有修理的可能性都应采取修理的方法修复，而不应像前翼子板一样存在值不值得修理的问题。

配件换件标准一

231

三、塑料件修与换的掌握

塑料件修与换的掌握应从以下几个方面来考虑：

（1）对于燃油箱及要求严格的安全结构件，必须考虑更换；

（2）整体破碎应考虑更换为主；

（3）价值较低、更换方便的零件应考虑更换为主；

（4）应力集中部位，如富康车尾门铰链、撑杆锁机处，应考虑更换为主；

（5）基础零件，并且尺寸较大，受损以划痕、撕裂、擦伤或穿孔为主，这些零件拆装麻烦、更换成本高或无现货供应，应考虑修理为主；

（6）表面无漆面的、不能使用氰基丙烯酸酯粘结法修理的且表面美观要求较高的塑料零件，一般来说，由于修理处会留下明显的痕迹，应考虑更换。

四、机械类零件修与换的掌握

（一）悬架系统、转向系统零件修与换的掌握

在阐述悬架系统中零件修与换的掌握之前，必须说明悬架系统与车轮定位的关系。对于非承载式车身结构，正确的车轮定位的前提是正确的车架形状和尺寸；对于承载式车身结构，正确的车轮定位的前提是正确的车身定位尺寸。车身定位尺寸的允许偏差一般在 $1 \sim 3mm$，可见要求之高。

汽车悬架系统中的任何零件是不允许用校正的方法进行修理的，当车轮定位仪器（前轮定位或四轮定位仪器）检测出车轮定位不合格时，用肉眼和一般量具又无法判断出具体的损伤和变形的零部件，不要轻易做出更换悬架系统中某个零件的决定。

车轮外倾、主销内倾、主销后倾，这些都与车身定位尺寸密切相关。车轮外倾、主销内倾、主销后倾不对时，首先分析是否是碰撞造成的，由于碰撞事故不可能造成轮胎的不均匀磨损，可通过检查轮胎的磨损是否均匀，初步判断事故前的车轮定位情况。

例如对于桑塔纳车的车轮外倾角来说，下摆臂橡胶套的磨损、锁板固定螺栓的松动，都会造成车轮外倾角的增大。再检查车身定位尺寸，在消除了诸如摆臂橡胶套的磨损等原因，校正好车身，使得相关定位尺寸正确后，再做车轮定位检测。如果此时车轮定位检测仍不合格，再根据其结构、维修手册判断具体的损伤部件，逐一更换、检测，直至损伤部件确认为止。上述过程通常是一个非常复杂而烦琐的过程，又是一个技术含量较高的工作。由于悬架系统中的零件都是安全部件，而零件的价格又较高，鉴定评估工作切不可轻率马虎。

（二）铸造基础件修与换的掌握

汽车的发动机缸体、变速器、主减速和差速器的壳体往往用球墨铸铁或铝合金铸造而成。在遭受冲击载荷时，常常会造成固定支脚的断裂。球墨铸铁或铝合金铸件都是可以焊接的。

一般情况下，发动机缸体、变速器、主减速和差速器的壳体的断裂是可以通过焊接修

理的。如桑塔纳普通型轿车在遭受面或左侧正面碰撞时，气缸盖发电机固定处常见碰撞断裂，这种断裂通过焊接其强度、刚度和使用性能都可以得到满足。桑塔纳普通型轿车的气缸体的空调压缩机固定处同样会遭受类似的碰撞损伤，也可以用类似方法修复。

但不论是球墨铸铁还是铝合金铸件，焊接都会造成其变形，这种变形通常肉眼看不出来，但如果焊接部位的附近对形状尺寸要求较高（如发动机气缸壁，变速器、主减速和差速器的轴承座），这种变形就不能接受了。也就是说，如果发动机气缸壁、变速器、主减速和差速器的轴承座这些部位附近产生断裂，采用焊接的方法修复常常是不行的。如果这些部位产生断裂，一般来说应考虑更换。

配件换件标准二

五、电器件检测

有些电器件在遭受碰撞后，其外观没有损伤，然而其"症状"是"坏了"，但是它是否真的"坏了"，还是系统中的电路保护装置工作了呢？这一定要认真检查。

如果电路过载或短路就会出现大电流、导线发热、绝缘损伤，结果会酿成火灾。因此，电路中必须设置保护装置。熔断器、熔丝链、大限流熔断器和断路器都是过流保护装置，它们可以单独使用，也可以配合使用。碰撞会造成系统过载，相应的熔断器、熔丝链、大限流熔断器和断路器会因过载而工作，出现断路，"症状"就是"坏了"。各种电路保护装置检测如下。

1. 熔断器

现代汽车使用较多的是熔片式熔断器。

检查时将熔断器从熔断器板（俗称熔丝盒）上拉出来，透过透明塑料壳查看里边的熔丝有没有烧断和塑料壳有没有变色。如果烧断，应更换同一规格（电流量）的熔断器。

许多欧洲产汽车采用陶瓷熔断器，它的中间是一个陶瓷绝缘体，一侧绕着一根金属丝。检查时可查看绕在陶瓷绝缘体外的金属丝有没有烧断。

无论哪种类型的熔断器都可以用万用表进行断路检测。

2. 熔丝链

熔丝链用在最大电流限制要求不十分严格的电路中，通常装在点火开关电路和其他拔出点火钥匙后仍在工作的电路的蓄电池正极一侧，位置一般在发动机舱内的蓄电池附近，也用在不便于将导线从蓄电池引至熔断器板再引回负载的场合。

熔丝链是装在一个导体里的一小段细金属丝，通常靠近电源。由于熔丝链比主导线细，所以能在电路中其他部分损坏之前熔断并形成断路。熔断器表面有一层特殊的绝缘层，过热时会冒泡，表明熔丝已经熔化。如果绝缘表面看起来没问题，轻轻往两边拉拉电线，这时若能拉长，则说明熔丝链已经熔化。如果拿不准它是否熔化，可以用测试灯或万用表进行断路检测。

3. 大限流熔丝

有些新的电器系统用大限流熔丝取代了常规的熔丝链。大限流熔丝的外观和用法有些像双熔片式熔断器，但外形比较大，电流的额定值也更高（一般要高 4 ~ 5 倍）。大限流熔丝装在单独的熔丝盒内，位于发动机罩下。

大限流熔丝的丝比一般熔丝链便于检查和更换。检查时透过彩色塑料壳可以看到熔丝，如果熔丝断了，将熔丝从熔丝盒里抽出来即可更换。

大限流熔丝的另一个优点是可以将汽车的电器系统分成几个较小的电路，方便诊断和检查。例如，有些汽车上用一个熔丝链控制大半个整机电路，如果这个熔丝链断了，许多电器装置都不能工作，换成若干个大限流熔丝，则因一个熔丝烧断而停机的电器装置的数目显著减少，这样可准确地找到故障源。

4. 断路器

有的电路用断路器保护。它可以集中装在熔丝盒上，也可以分散串在电路中。跟熔断器一样，它也是以电流值来定等级的。断路器分循环式和非循环式两种。

（1）循环式断路器。循环式断路器常用一个由两面金属膨胀率相差较大的金属薄片制成（俗称双金属熔丝），当流过双金属臂的电流过大时，金属臂就发热，由于两种金属的膨胀率相差较大，金属臂产生弯曲变形而打开触点，切断电流。电流停止后，金属冷却，恢复到原形状触点闭合，恢复供电。如果电流仍过大，电路又切断，如此反复。

（2）非循环式断路器。非循环式断路器有两种。一种是停止给电路供电即可复位的，这种断路器的双金属臂上绕有线圈，过流时触点打开，有小电流流过线圈。小电流不能驱动负载，但可以加热双金属臂，使金属臂保持断路状态，直到停止供电。另一种要按下复位按钮才能复位，其金属臂由一个弹簧顶住，保持触点接通。电流过大时，双金属臂发热，弯曲到一定程度，克服弹簧阻力而打开触点，直到按下复位按钮才能重新闭合（如 EQ1091 前照灯线路采用）。

► **思考练习**

1. 承载式车身结构钣金件修与换如何掌握？
2. 非结构钣金件修与换如何掌握？
3. 塑料件修与换如何掌握？
4. 机械修与换如何掌握？

定损核价 1

模块三　损失项目的确定

► **教学目标**

通过本模块的学习，要求学生掌握汽车损失项目确定的知识。

► **工作任务**

掌握汽车损失项目确定的知识。

一、损失项目的修理与更换标准

以桑塔纳普通型轿车的碰撞损失为例，说明损失项目的修理与更换标准。首先将桑塔纳普通型轿车的损失项目分为下列 30 多项。

1. 前保险杠及附件

前保险杠及附件由前保险杠、前保险杠饰条、前保险杠内衬、前保险杠骨架、前保险杠支架、前保险杠灯等组成。

现代轿车的保险杠绝大多数用塑料制成，对于用热塑性塑料制成、价格又非常昂贵的保险杠，如果其破损处不多，并且要为表面做漆的，可用塑料焊机焊接。

保险杠饰条破损后基本以换为主。

保险杠使用内衬的多为中高档轿车，常为泡沫制成，一般可重复使用。

现代轿车的保险杠骨架多数用金属制成，使用较多的是用冷轧板冲压成形，少数高档轿车采用铝合金制成。对于铁质保险杠骨架，轻度碰撞常采用钣金修理的方法修复，价值较低的中度以上的碰撞常采用更换的方法修复。铝合金的保险杠骨架修复难度较大，中度以上的碰撞多以更换修复为主。

保险杠支架多为铁质，一般价格较低，轻度碰撞常采用钣金修复，中度以上的碰撞多为更换修复。

保险杠灯多为转向信号灯和雾灯，表面破损后多采用更换修复，对于价格较高的雾灯，且损坏为少数支承部位的，常用焊接和粘结修理的方法修复。

2. 前护栅及附件

前护栅及附件由前护栅饰条、前护栅铭牌等组成。

前护栅及附件的破损多数以更换修复为主。

3. 前照灯及角灯

前照灯及角灯由前照灯、前角灯等组成。

现代汽车灯具表面多为聚碳酸酯（PC）或玻璃制成，支承部位常用丙烯腈－丁二烯－苯乙烯共聚物（ABS）制成。最常见的损坏为调节螺钉损坏，只需更换调节螺钉，重新校光即可。ABS 塑料属热塑性塑料，可用塑料焊焊接。灯表面用玻璃制成的，如果破损，且有玻璃灯片供应的，可考虑更换玻璃灯片。对于价格较昂贵的前照灯，并且只是支承部位局部破损的，可采用塑料焊焊接的方法修复。

4. 散热器框架

散热器框架又称前裙。

现代轿车的散热器框架在承载式车身中属于结构件，多为高强度钢板。如何鉴定结构件的整形与更换，参考前节内容。

由于散热器框架结构形状复杂，轻度的变形通常可以钣金修复，而中度以上的变形往往不易钣金修复，高强度低合金钢更是不易钣金修复。

5. 冷凝器及制冷系统

空调系统由压缩机、冷凝器、干燥瓶、膨胀阀、蒸发箱、管道及电控元件等组成。

现代汽车空调冷凝器均采用铝合金制成。中低档车的冷凝器一般价格较低，中度以上的损伤一般采用更换的方法处理；高档轿车的冷凝器一般价格较贵，中度以下的损伤常可采用氩弧焊进行修复。注意，冷凝器因碰撞变形后虽然未漏制冷剂，但拆下后重新安装时不一定就不漏制冷剂。

储液罐（干燥器）因碰撞变形一般以更换为主。如果系统在碰撞中以开口状态暴露于潮湿的空气中时间较长（具体时间由空气湿度决定），则应更换干燥器，否则会造成空调系统工作时"冰堵"。

碰撞后压缩机常见的损伤有壳体破裂，带轮、离合器变形等。壳体破裂一般采用更换的方法修复。带轮变形、离合器变形一般采用更换带轮、离合器的方法修复。

汽车的空调管有多根，一定要注明哪一根是损伤的空调管。

汽车空调管有铝管和胶管两种。因碰撞铝管常见的损伤有变形、折弯、断裂等。变形一般采取校正的方法修复；价格较低的空调管折弯、断裂一般采取更换的方法修复；价格较高的空调管折弯、断裂一般采取截去折弯、断裂处，再接一节用氩弧焊接的方法修复。胶管破损一般采用更换的方法修复。

汽车空调蒸发箱通常包括蒸发箱壳体、蒸发器和膨胀阀等，最常见的损伤多为蒸发箱壳体破损。蒸发箱壳体大多用热塑性塑料制成，局部的破损可用塑料焊焊接修复，严重的破损一般需更换，决定更换时一定要考虑有无单独壳体可更换。蒸发器的换与修基本同冷凝器。膨胀阀因碰撞损坏的可能性极小。

空调系统中的压缩机是由发动机通过一个电动离合器驱动的。在离合器接通和断开的过程中，由于磁场的产生和消失，产生了一个脉冲电压。这个脉冲电压会损坏车上精密的电脑模块。为了防止出现这种情况，在空调电路中接入一个分流二极管，这个二极管阻止电流沿有害的方向流过。当空调系统发生故障时，分流二极管有可能被击穿。如果不将被击穿的二极管换掉，可能会造成空调离合器不触发，甚至损坏电脑模块。

6. 散热器及附件

散热器及附件包括散热器、进水管、出水管、副散热器等。

现代汽车上的散热器基本上是铝合金的，铜质散热器由于造价较高，基本已不再使用。判断散热器的修与换基本与冷凝器相似。所不同的是散热器常有两个塑料水管，而水管在遭受撞击后最易破损。水管的破损一般以更换的方法修复。

水泵传动带轮是水泵中最易损坏的零件，通常变形后以更换为主。水泵损坏的较严重情况是造成水泵前段（俗称水泵头子）中水泵轴承损坏，对此一般更换水泵前段即可，而不必更换水泵总成。

风扇护罩轻度变形时一般以整形校正为主，严重变形的话常常采取更换的方法修复。

主动风扇与从动风扇常出现风扇叶破碎，由于生产时将风扇叶做成了不可拆卸式，也无风扇叶购买，所以风扇叶破碎后都要更换总成。

风扇传动带在碰撞后一般不会损伤，一般是正常使用过程的磨损造成的损坏。拆下后如果需更换应确定是否有碰撞原因。

7. 发动机盖及附件

轿车发动机盖绝大多数采用冷轧钢板冲压而成，少数高档轿车采用铝板冲压而成。冷轧钢板在遭受撞击后常见的损伤有变形、破损。铁质发动机盖是否需更换主要根据变形的冷作硬化程度以及基本几何形状的变形程度。冷作硬化程度较少、几何形状较好的发动机盖常采用钣金修理法修复，不然则更换。铝质发动机盖通常在产生较大的塑性变形时就需更换。

发动机盖锁遭受碰撞变形、破损时多以更换为主。

发动机盖铰链遭受碰撞后多以变形为主，由于铰链的刚度要求较高，变形后多以更换为主。

发动机盖撑杆常有铁质撑杆和液压撑杆两种，铁质撑杆基本上都可以通过校正修复，液压撑杆撞击变形后多以更换修复为主。

发动机盖拉索在轻度碰撞后一般不会损坏，碰撞严重会造成折断，折断后应更换。

8. 前翼子板及附件

前翼子板遭受撞击后其修理与发动机盖基本相同。

前翼子板的附件常有饰条、砾石板等。饰条损伤后多以更换为主。即使饰条未遭受撞击，而常因钣金整形翼子板时需拆卸饰条，许多汽车的饰条拆下后就必须更换。砾石板因价格较低，撞击破损后一般做更换处理。

9. 前纵梁及悬架座

承载式车身的汽车前纵梁及悬架座属于结构件，按结构方法处理。

10. 车轮

车轮由轮辋、轮胎、轮罩等组成。

轮辋遭撞击后以变形损伤为主，多以更换的方式修复；轮胎遭撞击后会出现爆胎现象，以更换方式修复；轮罩遭撞击后常会产生破损现象，以更换方式修复。

11. 前悬架系统及相关部件

前悬架系统及相关部件主要包括悬架臂、转向节、减振器、稳定杆、发动机托架、制动盘等。

前悬架系统及相关部件中制动盘、悬架臂、转向节、稳定杆、发动机托架均为安全部件，发现被撞得变形时均应更换。

减振器主要鉴定其是否在碰撞前已损坏。减振器是易损件，正常使用到一定程度后会漏油，如果减振器外表已有油泥，说明在碰撞前已损坏。如果外表无油迹，碰撞造成弯曲变形，应更换。

12. 传动轴及附件

中低档轿车多为前轮驱动，碰撞常会造成外侧等角速万向节（俗称外球笼）破损，常以更换的方法修复，有时还会造成半轴弯曲变形，也以更换的方法修复为主。

13. 转向操纵系统（转向盘、转向传动杆、转向机、横拉杆、转向助力泵等）

操纵系统中转向操纵系统与制动系统遭撞击损伤后从安全的角度出发多以更换修复。

安装有安全气囊系统的汽车，驾驶员气囊都安装在转向盘上，当气囊因碰撞引爆后，不仅要更换气囊，通常还要更换气囊传感器与控制模块等。

变速操纵系统遭撞击变形后，轻度的常以整修修复为主，中度以上的以更换修复为主。

14. 发动机附件（凸轮轴传动机构及附件、油底壳及垫、发动机支架及胶垫、进气系统、排气系统等）

发动机附件中凸轮轴传动机构及附件因撞击破损和变形以更换修复为主。

油底壳轻度的变形一般无须修理，放油螺塞处碰伤及中度以上的变形以更换为主。

发动机支架及胶垫因撞击变形、破损以更换修复为主。

进气系统因撞击破损和变形以更换修复为主。

排气系统中最常见的撞击损伤为发动机移位造成的排气管变形，由于排气管长期在高温下工作，氧化现象较严重，通常无法整修。消声器吊耳因变形超过弹性极限破损，也是常见的损坏现象，以更换的方法修复。

15. 发电机及蓄电池

发电机最常见的撞击损伤为传动带轮、散热叶轮变形，壳体破损，转子轴弯曲变形等。传动带轮变形以更换方法修复。散热叶轮变形以校正修复为主。壳体破损、转子轴弯曲变形以更换发电机总成修复为主。

汽车用蓄电池的损坏多以壳体四个侧面破裂为主。汽车蓄电池多为铅酸蓄电池，由6格（汽油车）或12格（柴油车）组成。碰撞会造成1格或多格破裂，电液外流。如果一时查看不到破裂处，可打开加液盖通过观察电液量来判断。如果只是1格或几格严重缺液，多为蓄电池破裂；如果每格都缺液，多为充电电流过大所致，而不是破裂。

16. 前风窗玻璃及附件（前风窗玻璃、前风窗玻璃密封条及饰条、内视镜等）

前风窗玻璃及附件因撞击损坏基本上以更换修复为主。

前风窗玻璃有胶条密封式和粘贴式。桑塔纳普通型轿车为胶条密封式，更换风窗玻璃时不用更换密封胶条。对于粘贴式的风窗玻璃，更换风窗玻璃时可能还要更换风窗玻璃饰条（如夏利 TJ7100 型和奥迪 100 型车）。

因为许多车将内视镜粘贴在前风窗玻璃上，所以将其与风窗玻璃归在一起。内视镜多为二次碰撞致损，破损后一般以更换为主。

17. 雨刮系统（雨刮片、雨刮臂、喷水壶、雨刮联动杆、雨刮电动机、喷水管等）

雨刮系统中雨刮片、雨刮臂、雨刮电动机因撞击损坏的，主要以更换修复为主。

雨刮固定支架、联动杆中度以下的变形损伤以整形修复为主，严重变形一般需更换。

一般雨刮喷水壶只在较严重的碰撞中才会损坏，损坏后以更换为主。

雨刮喷水电动机、喷水管和喷水嘴撞坏的情况较少出现，若撞坏以更换为主。

18. A柱及饰件、前围、暖风系统、集雨栅等

A柱因碰撞产生的损伤多以整形修复为主，由于A柱为结构钢，当产生折弯变形以更换外片为主要修复方式。

A柱有上下内饰板，破损后一般以更换为主。

前围多为结构件，整修与更换按结构件的整修与更换原则执行。

前围上板上安装有暖风系统。

较严重的碰撞常会造成暖风机壳体、进气罩破碎，以更换为主，暖风散热器、鼓风机一般在碰撞中不会损坏。

集雨栅为塑料件，通常价格较低，因撞击常造成破损，以更换修复为主。

19. 仪表台及中央操纵饰件

仪表台因正面的严重撞击或侧面撞击常造成整体变形、皱折和固定饰件破损。整体变形在弹性限度内，待骨架校正好后重新装回即可。皱折影响美观，对美观要求较高的新车或高级车，主张更换，因仪表台价格一般较贵，老旧车更换意义不大，少数固定饰件破损常以焊修复为主，多数固定饰件破损以更换修复为主。

左右出风口常在侧面撞击时破碎，右出风口也常因二次碰撞被副驾驶员右手支承时压坏。

左右饰框常在侧面碰撞时破损，严重的正面碰撞也会造成饰框断裂。均以更换修复为主。

杂物箱常因二次碰撞被副驾驶员膝盖撞破裂，一般以更换修复为主。

桑塔纳普通型轿车中央操纵饰件为通道罩。

严重的碰撞会造成车身底板变形，车身底板变形后会造成通道罩破裂，以更换修复为主。

20. 车门及饰件（前门（后视镜）、后门及饰件等）

门防擦饰条碰撞变形应更换。由于门变形时需将门防擦饰条拆下整形，多数防擦饰条为自干胶式，拆下后重新粘贴上不牢固，用其他胶粘影响美观，应考虑更换。

门框产生塑性变形后，一般不好整修，应考虑更换。门下部的修理同发动机盖。

门锁及锁芯在严重撞击后会产生损坏，一般以更换为主。

后视镜镜体破损以更换为主，对于镜片破损，有些高档轿车的镜片有单独供应，可以通过更换镜片修复。

玻璃升降机是碰撞经常损坏的部件，玻璃导轨、玻璃托架也是经常损坏的部件，碰撞变形后一般都要更换，但玻璃导轨、玻璃托架常在评估中被遗漏。

车门内饰修理同A柱内饰。

后门与前门结构与修理方法基本相同。

21. 前坐椅及附件、安全带

坐椅及附件因撞击造成的损伤常为骨架、导轨变形和棘轮、齿轮根切现象，骨架、导轨变形常可以校正，棘轮、齿轮根切通常必须更换棘轮、齿轮机构。许多车型因购买不到棘轮、齿轮机构常会更换坐椅总成。

桑塔纳轿车提供坐椅骨架，绝大多数调节部分的损坏都可以通过更换坐椅骨架来修复，而不用更换坐椅总成。

现今我国已强制使用被动安全带，但绝大多数中低档车为主动安全带，这种主动安全带在中度以下碰撞后还能使用，但必须严格检验，前部严重碰撞的安全带，收紧器处会变形，从安全角度考虑，最好更换。中高档轿车上安装有安全带自动收紧装置，收紧器上拉力传感器感应到严重的正面撞击后，电控自动收紧装置会点火，引爆收紧装置，从而达到快速收紧安全带的作用。但自动收紧装置工作后的安全带必须更换。

22. 侧车身、B柱及饰件、门槛及饰件等

有的汽车车身侧面设计成一个整块，如富康轿车。但桑塔纳普通型轿车没有这样设计。

B柱的整修与更换同A柱。

车身侧面内饰的破损以更换为主。

一般的碰撞边梁的变形以整形修复为主，边梁保护膜是评估中经常遗漏的项目。只要边梁需要整形，边梁保护膜就要更换。门槛饰条破损后一般以更换为主。

23. 车身地板

车身地板因撞击常造成变形，常以整修方式修复，对于整修无法修复的车身地板，在现有的国内修理能力下，应该考虑更换车身总成。

24. 车顶及内外饰件（落水槽及饰条、车顶（指外金属件）、顶棚（指内饰）、天窗等）

严重的碰撞和倾覆会使车顶损伤。

车顶的修复同发动机盖，只要能修复，原则上不予更换。内饰同车门内饰。落水槽饰条为铝合金外表做漆，损伤后一般应予更换。

25. 后风窗玻璃及附件（后风窗玻璃、后风窗玻璃饰条等）

后风窗玻璃及附件的结构同前风窗玻璃。区别在于，前风窗玻璃为夹胶玻璃，后风窗玻璃为带加热除霜的钢化玻璃。修理方法同前风窗玻璃。

26. 后翼子板及饰件（后三角窗、后悬架座等）

后翼子板与前翼子板不同，后翼子板为结构件，按结构件方法处理。

行李箱落水槽板、三角窗内板、挡泥板外板及挡泥板内板一般不予更换。

后三角窗按风窗玻璃方法处理。

后悬架座按结构件方法处理。

27. 后搁板及饰件（后搁板（二、三箱上隔板）及饰件、高位制动灯等）

后搁板碰撞基本上都能整形修复，此处如果达到不能整形修复的情况，一般要求车身达到更换的程度。

后搁板面板用毛毡制成，一般不用更换。后墙盖板也很少破损，如果损坏以更换为主。

现代汽车都安装高位制动灯，高位制动灯按前照灯方法处理。

28. 后桥及后悬架

后悬架按前悬架方法处理。
后桥按副梁方法处理。

29. 后部地板、后纵梁及附件

后纵梁按前纵梁方法处理，其他同车身底板处理方法相似。备胎盖在严重的追尾碰撞中会破损，以更换为主。

30. 行李箱盖及附件

按发动机盖附件方法处理。

行李箱工具盒在碰撞中时常破损，评估时注意不要遗漏。后轮罩内饰、左侧内饰板、右侧内饰板碰撞一般不会损坏。

31. 后围及铭牌

按发动机盖方法处理。
铭牌损伤后以更换修复为主。

32. 尾灯

按前照灯方法处理。

33. 后保险杠及附件

按前保险杠方法处理。

我国幅员辽阔，各地汽车零配件名称叫法也不尽相同，根据多年从事汽车评估业的经验，上述名称叫法最易被大多数人接受。建议业内人士在汽车评估中统一中英文名称。

对于汽车标准配置以外的新增设备应单独注明。如果作为保险标的进行评估，对于未投保新增设备损失附加险的汽车，评估中应予以剔除。

二、更换项目的确定

一般地，需要更换的零部件归纳为以下四种。

1. 无法修复的零部件

如灯具的严重损毁，玻璃的破碎等。

事故车维修方案的确定

2. 工艺上不可修复使用的零部件

工艺上不可修复使用的零部件主要有胶贴的各种饰条，如胶贴的风窗玻璃饰条、胶贴的门饰条、翼子板饰条等。这往往在保险汽车损失评估中产生争议。专业汽车评估人员时常要向保险人说明这一点。

3. 安全上不可修复使用的零部件

安全上不可修复使用的零部件是指那些对汽车安全起重要作用的零部件。如行驶系中的车桥、悬架；转向系中的所有零部件，如方向横拉杆的弯曲变形等。

制动系中的所有零部件在受到明显的机械性损伤后，从安全的角度出发，基本上都不允许再使用。

4. 无修复价值的零部件

无修复价值的零部件是指从经济上讲无修复价值，即那些修复价值接近或超过零部件原价值的零部件。

三、拆装项目的确定

有些零部件或总成并没有损伤，但是更换、修复、检验其他部件需要拆下该零部件或总成后重新装回。

拆装项目的确定要求汽车评估人员对被评估汽车的结构非常清楚，对汽车修理工艺了如指掌。在对被评估汽车拆装项目的确定有疑问时，可查阅相关的维修手册和零部件目录。

四、修理项目的确定

在现行的汽车损失评估（各地的价格认证中心）以及绝大多数机动车保险条款中，受损汽车在零部件的修理方式上仍以修复为主。所以在工艺上、安全上允许的且具有修复价值的零部件应尽量修复。

五、待查项目的确定

在车险查勘定损工作中，经常会遇到一些零件，用肉眼和经验一时无法判断其是否受损、是否达到需要更换的程度，甚至在车辆未修复前，就单独某零件用仪器都无法检测（除制造厂外）。例如转向节、悬架臂、副梁等，这些零件在我们的定损工作中时常被列为"待查项目"，这些"待查项目"在车辆修理完工后大都成了更换项目。"待查项目"到底有多少确实需要更换？又确实更换了多少？这里到底有多少道德风险？这个问题始终困扰着保险公司的理赔定损人员。

能够减少"待查项目"中的大量道德风险的具体措施如下。

（1）认真检验车辆上可能受损的零部件，尽量减少"待查项目"。例如，汽车发电机在受碰撞后经常会造成散热叶轮、传动带轮变形，散热叶轮、传动带轮变形后在旋转时，很容易产生发电机轴弯的错觉，轴到底弯没弯，径向跳动量是多少，只要做一个小小的试验即可。用一根细金属丝，一端固定在发电机机身上，另一端弯曲后指向发电机前端轴心，旋转发电机，注意观察金属丝一端与轴心的间隙变化，即发电机轴的径向跳动量，轴的弯曲程度便一目了然。用这种方法，可以解决空调压缩机、方向助力泵、水泵等类似问题。

（2）在确定需要待查的零件上做上记号，拍照备查，并告之被保险人和承修厂家。

（3）车辆初步修理后，保险公司的理赔定损人员，必须参与对"待查项目"进行检验、调试、确认的全过程。例如，转向节待查，汽车初步进行车身修理后，安装上悬架等零部件后做四轮定位检验，如果四轮定位检验不合格，并且超过调整极限，修理厂提出要求更换转向节，于是保险公司的理赔定损人员也就同意更换转向节。至于更换转向节后四轮定位检验是否合格，是否是汽车车身校正不到位等其他原因，保险公司的理赔定损人员往往不再深究。

（4）"待查项目"确实损坏需要更换，保险公司的理赔人员必须将做有记号的"待查项目"零件从汽车修理厂带回。

用上述方法解决"待查项目"问题，汽车修理厂也无法获得额外利益，遵循了财产保险的补偿原则，最大限度地杜绝"待查项目"中的道德风险。

重大事故的查勘与
定损评估（一）

➤ **思考练习**

1. 损失项目的确定方法有哪些？

2. 如何确定更换项目？

3. 学习并掌握以下13个定损实例。

重大事故的查勘与
定损评估（二）

定损实例 1

该车前照灯外壳破损，灯架断裂，已经丧失该配件的主要功能，应予以更换。

定损实例 2

上述车门变形程度较为严重，且变形死角多，变形的位置又在门和车身的接触点，维修成本较高且更换车门外壳成本较低，应给予更换。

定损实例 3

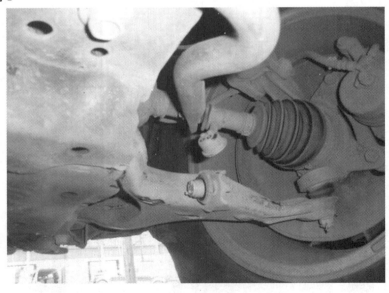

该车下悬挂由于碰撞造成变形，修复后可能造成轮胎跑偏、吃胎或者无法定位，且可能涉及安全，一般建议给予更换。

定损实例 4

　　该车车头部件凹凸变形较大，有褶，或虽局部变形较小但有死褶，损坏程度（面积）30％左右，需要拆装或解体后修复，修复难度不大。

定损实例 5

　　该车规则撕裂总长度达 30cm 以上、不规则撕裂总长度达 20cm 以上，部分缺失面积或刺穿面积达 25cm^2 以上可以考虑更换；严重扭曲变形、变形面积超过 50％可以考虑更换。

定损实例 6

该车车头部件变形严重，有严重扭曲、断裂、凹陷、死褶，或部件部分缺失，或超过20cm 的撕裂，或部件已经失去基本形状，或撞损面积达到 1/3 以上、折曲弯度大于 300 以上，修复难度较大。

定损实例 7

50％以上保险杠固定支架（插口）完全断裂可以考虑更换，但只有少数支架完全断裂、其他支架部分断裂时，应进行修复。

定损实例 8

　　不锈钢有明显的扭曲变形、凹陷的，可以考虑更换；镀铬件损伤面积达 1/3 以上的，可以考虑更换。

定损实例 9

　　灯具的支架、底座受损时应尽量修复，在无法修复或经过修复后明显影响使用性能（不能紧固，无法调整到灯光标准等）时才能考虑更换。

定损实例 10

　　灯具玻璃破碎、破裂和有裂纹的，可以更换灯具（注意：部分灯具有单独的玻璃更换，应了解配件信息）。若灯具玻璃只是表面受损，受损面在 20％ 以内或下陷在 2mm 之内，经过表面处理可以大致恢复原貌而不影响使用及性能时，应进行修复处理；若受损面超过 20％ 或下陷超过 2mm，并且经过表面处理较难恢复原貌（抛光抛不平）时，可考虑更换 。

定损实例 11

　　变形的框架、散热片等通过机械加工手段可以恢复原状时，应该进行修复，除非通过机械加工有可能导致管路断裂。当水箱、冷凝器整体变形时，应进行校正、修复处理。若管路呈面状地被撞扁、撞烂，可考虑更换。当有 3 处以上管路有破裂、泄漏情况时，可以考虑更换。水箱、冷凝器上面的塑料件破裂、撕裂导致部分遗失，或者有裂纹、通过修复不能保证高温高压的工作状态时，可以考虑更换。

定损实例 12

　　该车发动机缸体（壳体）损伤处不涉及燃烧室、油道、冷却水道、受力支承点，不影响密封、性能，不涉及发动机（变速箱）正常工作时，应进行焊补等机加工处理；当发动机附件（如发电机、空调压缩机等）外围损伤，通过焊补等机加工处理后不影响性能时，应进行修复。但有外壳裂纹，轴偏位卡死或变形，转动松紧不一，轴异响（手快速转动即可听到），电器元件断裂、破裂等现象，应考虑更换。

定损实例 13

　　内饰件弯折、划伤、1～2个支架断裂、边缘小面积撕裂等轻、中度损伤不影响外观的，应以修复为主；但有明显撕裂、缺失，若修复有明显修复痕迹，或者影响安装的稳定性的，可以考虑更换。

模块四　工时费的确定

➤ **教学目标**

通过本模块的学习，要求学生掌握汽车维修工时费的确定知识。

➤ **工作任务**

掌握汽车维修工时费的确定知识。

➤ **问题探究**

汽车修理工时包括更换或拆装项目工时、修理项目工时和辅助作业工时。工时费的确定是根据损失项目的修理工时乘上每工时收费标准来确定的，可以从评估基准地的《汽车维修工时定额与收费标准》中查到相应的工时数量或工时费标准。

一、更换、拆装项目工时的确定

汽车修理中更换项目与拆装项目的工时绝大多数是相似的，有时更是相同的。所以通常将更换与拆装作为同类型式处理。

汽车碰撞损失的更换、拆装项目工时的确定可以从评估基准地的《汽车维修工时定额与收费标准》中查找，然而对此我国绝大多数地区没有相应的工时定额与收费标准。通常我们可以首先查阅生产厂有无相应的工时定额，如果有，再根据当地的工时单价计算相应的工时费。在我国汽车生产厂几乎没有一家在卖车时向汽车购买者明确告之碰撞损失后的修理费用的。发生事故后汽车所有者与生产厂的售后服务站和保险公司常常因价格问题而产生矛盾。部分进口乘用车可以从《MITCHELL 碰撞估价指南》中查到各项目的换件和拆装工时。

二、修理项目工时的确定

零件的修理工时的确定相比于更换工时的确定要复杂得多，其原因主要有以下几点。

（1）一般说来，零件的价格决定着零件修理工时的上限，同样名称的零件，对于不同的汽车型号价格差距甚远，从而造成同样名称的零件修理工时差距非常大。例如，同是发动机盖，零件价格从 300 元至 10000 元不等，从而造成其修理工时从 2h 到 100h 不等。

（2）由于地域的差异，同样一个零件在甲地的市场价格是 100 元，而在乙地的市场价格可能是 200 元；同样的损失程度，在乙地被认为应该修理，而在甲地则被认为已不值得修理。所以同样这个零件在甲地的修理工时可能是 1 ~ 2h，而在乙地的修理工时可能是 l ~ 4h。

（3）由于修理工艺的差异，如碰撞致车门轻微凹陷，如果修理厂无拉拔设备，校正车门时就必须拆下车门内饰板，这样车门的校正工时就会加大。又如桑塔纳普通型轿车的发动机缸盖因碰撞经常会造成发电机支架处断裂，按正常的修理工艺是可以采取氩弧焊工艺焊接的，但是，实际评估时可能会发现当地根本就没有氩弧焊设备，如果送到有氩弧焊设备的地方加工，往往因时间、运费等原因又不现实，所以就得采取其他方法，修理工时也就不同了。

由于上述原因，汽车零件的修理工时定额的制定是相当困难的。美国 MITCHELL 国际公司在《MITCHELL 碰撞估价指南》中对修理工时的描述也未做出明确的规定。汽车评估人员应根据自己的理论知识和实践经验，结合评估基准时点的实际情况与当地的《汽车维修工时定额与收费标准》，较准确地确定修理工时。同时呼吁汽车制造商编制本企业生产的汽车的碰撞估价指南。

三、辅助作业工时的确定

在汽车修理作业中除包括更换件工时、拆装件工时、修理工时外，还应包括辅助作业工时。这些辅助作业通常包括以下方面。

（1）把汽车安放到修理设备上并进行故障诊断。

（2）用推拉、切割等方式拆卸撞坏的零部件。

（3）相关零部件的校正与调整。

（4）去除内漆层、沥青、油脂及类似物质。

（5）修理生锈或腐蚀的零部件。

（6）松动锈死或卡死的零部件。

（7）检查悬架系统和转向系统的定位。

（8）拆去打碎的玻璃。

（9）更换防腐蚀材料。

（10）修理作业中当温度超过 60℃时，拆装主要电脑模块。

（11）拆卸及装回车轮和轮毂罩。

上述各项虽然每项工时不大，但对于较大的碰撞事故，各作业项累计的工时通常是不能忽视的。

最后必须注意：将各类工时累计时，当各损失项目在修理过程中有重叠作业时，必须考虑减去相关工时。

> ➤　**思考练习**

1.修理项目工时如何确定？

2.更换、拆装项目工时如何确定？

工时费的确定

模块五　涂饰费用的确定

➤ **教学目标**

通过本模块的学习，要求学生掌握汽车修理涂饰费用的知识。

➤ **工作任务**

掌握汽车修理涂饰费用的知识。

➤ **问题探究**

汽车修理涂漆收费标准在全国各地不尽相同，有以每平方米多少元计算的，有以每幅多少元计算的，但是基本上都是按面积乘以漆种单价作为计价基础。

一、面积的计算方法

按实际涂漆的面积计算。

二、漆种单价的确定

1. 确定漆种

根据汽车修复中使用的面漆的价格差异，我们可以将汽车面漆分为四类：
（1）硝基喷漆；
（2）单涂层烤漆（常为色漆）；
（3）双涂层烤漆（常为银粉漆或珠光漆）；
（4）变色烤漆。

现场用蘸有硝基漆稀释剂（香蕉水）的白布摩擦漆膜，观察漆膜的溶解程度，如果漆膜溶解，并在白布上留下印迹，则是喷漆，反之为瓷漆。如果是瓷漆，再用砂纸在损伤部位的漆面上轻轻打磨几下，鉴别是否漆了透明漆层。如果砂纸磨出白灰，就是透明漆层；如果砂纸磨出颜色，就是单级有色漆层。最后借光线的变化，用肉眼看一看颜色有无变化，如果有变化为变色漆。通过上述方法，我们可以对汽车的面漆加以区分。

2. 确定漆种的单价

市场上所能购买的面漆大多为进口和合资品牌，世界主要汽车面漆的生产厂家，如美国的杜邦和PPG、英国的ICI、荷兰的新劲等，每升面漆的单价都不一样，估价时常采用市场公众都能够接受的价格。

每平方米的涂漆费用中含有材料费和工时费。在经济相对发达的地区，材料费较低而工时费较高；在经济相对落后的地区，材料费较高而工时费较低。结合起来，每平方米涂漆费用差别不大。

3. 汽车塑料件涂漆

由于塑料与金属薄板的物理性能不同，塑料的涂漆与金属薄板表面涂漆有一些差异，由于漆对塑料有很好的附着性，多数硬塑料不需要使用塑料底漆，而柔性塑料由于易膨胀、收缩和弯曲，应在漆层的底层喷涂塑料底漆，并在面层漆中加入柔软剂。否则会产生开裂和起皮现象。所以柔性塑料涂漆的成本会略有增加。可考虑增加 5% ~ 10% 的费用。

➤ **思考练习**

涂饰费用如何确定？

模块六　材料价格、修复价值和残值

➤ **教学目标**

通过本模块的学习，要求学生掌握汽车材料价格、修复价值和残值知识。

➤ **工作任务**

掌握汽车材料价格、修复价值和残值知识。

➤ **问题探究**

一、确立更换零配件的材料价格

在汽配市场中，同一种零配件有多种价格。如何采价也是困扰机动车辆评估业的一大难题。根据评估学原理以及保险学原理，评估的基准时点应以出险时间为评估基准时，以出险地为评估基准地，以重置成本法为评估基本方法，这样我们就可以得到一种价格。专业机动车保险评估公司都有自己的采价和报价系统，如美国 MITCHELL 国际公司、德国 DEKRA 公司，我国杭州的机动车辆保险理赔参考资料调研中心、北京的精友公司等。材料的采价和报价是一个系统工程，它是由一组、一群专业人员，或者是一个专业公司来完成的，如各种专业的汽配报价公司。

注意：由于我国不允许经销旧汽车配件，故而材料价格不得使用旧汽车配件价格。

二、关于汽车的修复价值

从理论上讲，任何一辆损坏的汽车都可以通过修理恢复到事故以前甚至和新车一样的状况。但是，这样往往是不经济的或无意义的。

1. 汽车现值或称实际价值

汽车均有一定的寿命。事故前的价值，被称为汽车现值或称为实际价值（有些保险合同对实际价值有特殊的定义）。

虽然事故前的状况已不存在，但是有经验的评估人员还是可以比较准确地评估出被评估汽车的现值。被评估汽车的现值或实际价值还可以通过相关资料及信息查询后进行修正。

汽车现值或实际价值不能等同于汽车的年限折旧后的价值。忽视这两个价值的区别是保险从业人员时常犯的错误。汽车现值（或称实际价值）有可能高于或低于汽车年限折旧后的价值。

2. 推定全损

虽然被评估汽车还有一定的价值，但当其修复价值已达到或者超过其现值（实际价值）时，则被评估汽车为推定全损。

3. 修复价值

当被评估汽车达到全损或推定全损时，则被评估汽车已无修复价值。

当碰撞造成被评估汽车损失较大时，都必须对被评估汽车的修复价值进行评定，这是一名专业汽车评估人员必须做的工作。否则评估报告很容易引起保险索赔纠纷，因为它违反了财产保险的损失补偿原则。这也是汽车损失评估与旧汽车评估不可分割的重要原因之一。

三、确定车辆损失残值

在保险车辆损失评估时，经常要确定更换件的残值。绝大多数保险条款都规定残值协商作价折归被保险人。当保险公司与被保险人或修理厂协商残值价格时，保险公司为了提高效率和减少赔付，常常会做一些让步。实际操作中残值大多数折归了修理厂，评估实务中的残值的实际价值通常高于评估单上的残值价值。

当处理损失较大的事故，更换件较多，委托人为保险公司时，通常会要求确定残值。残值的确定通常有以下几步：

（1）列出更换项目清单；

（2）将更换的旧件分类；

（3）估定各类旧件的重量；

（4）根据旧材料价格行情确定残值。

四、机动车辆保险事故损余物资处理

1. 处理方式

（1）保险标的遭受保险事故损失后的损余物资，应协商作价折归被保险人，并按规定在赔款中扣除残值。

（2）有关损余物资处理在与被保险人协商不成的情况下，确需收回的，查勘人员可按规定收回旧件。

2. 回收条件

以下情况的案件必须进行旧件回收：

（1）仍具有利用价值的更换件；

（2）汽车电子仪器类配件（如电脑板、线束、气囊、CD 机等）；

（3）底盘类配件，如车架、大梁、悬挂等（已达到报废程度的损件除外，但应扣除废件处理的残值）；

（4）对于被保险人要求更换，但未达到更换标准的配件，在与被保险人协商由其自负更换标准超出部分的价值外，需说明旧件我司必须回收，在取得保户认可后方可更换，并按规定收回旧件；

（5）对于可修可换的配件，具体由定损人员现场定损时把握，并经核价人核价同意后，给予更换并收回旧件；

（6）其他定损人员或核价人员要求回收的配件。

3. 操作流程

（1）定损人员定损时，凡符合回收条件的案件，在与被保险人达成协商意见后，现场填写《损余物资回收单》（以下简称"回收单"），回收单要列明损余物资的品名、数量、损失程度（以百分比表示）、残值估价等（详见附件）。回收单一式两联，一联交回收人，一联留存于案卷。

（2）定损人员在所有回收件上粘贴标签做标记（详见回收标签样式，易碎贴不干胶标签由各机构自行印制），并在标签中注明回收编号。回收编号要求与回收单上的编号相同，便于回收管理人员回收时进行核对。

（3）定损人员及时将回收单交给回收管理人员，由回收管理人员进行回收或联系回收单位前往修理厂进行旧件回收。原则上要求在 7 天以内完成旧件回收。

（4）旧件回收管理员在确认旧件已回收后，在回收单上加盖"已回收"字样，交回查勘人员并入未决案卷，并在《损余物资回收登记簿》中进行登记。

（5）旧件回收管理员每周须对回收配件进行盘实，及时处理回收件，并在《损余物资回收登记簿》中登记处理结果、处理金额。

（6）对于无法折价处理的回收件，应每月定期销毁一次，并附销毁照片存档。

4. 损余物资管理

（1）对回收的损余物资应严格按规定办理手续，对收回的损余物资要由专人妥善保管，定期清查，并按规定期限及时处理损余物资。

（2）价值较大的损余物资必须由机构理赔负责人签字同意后方可处理，对损余物资实行拍卖或公开招标方式进行处理。

（3）对被盗抢车辆追回的，应根据公司追偿办法及时处理。未经批准不得私下转入公司资产和其他人员名下，一经查实按挪用和贪污论处。

（4）损余物资处理后，处理所得金额应当交财务冲减赔款，不得挪作他用。

➤ **思考练习**

1. 如何确立更换零配件的材料价格？

2. 损余物资如何处理？

定损核价 2

模块七　灾害性车险水淹案件处理

➤ **教学目标**

通过本模块的学习，要求学生掌握灾害性车险水淹案件处理方法。

➤ **工作任务**

掌握灾害性车险水淹案件处理方法。

➤ **问题探究**

理赔实务中常碰到大面积水灾造成的机动车辆受损。相当一部分小型车驾驶员没有处理水淹车的经验，造成水淹车二次受损（一般二次受损的损失较大，特别是中高档车型）。为保证及时处理灾害性水淹车险案件，减少水淹车二次受损的索赔压力，对水灾案件提出灾害性车险水淹案件的处理要求。

一、灾害性车险水淹案件定义

构成"暴雨""洪水""暴风"的保险责任有以下条件。

（1）暴雨：每小时降雨量达到 16 毫米以上，或连续 12 小时降雨量达 30 毫米以上，或连续 24 小时降雨量达 50 毫米以上。

（2）洪水：凡江河泛滥、山洪暴发、潮水上岸及倒灌，致使保险车辆遭受泡损、淹没的损失，属于保险责任。

（3）暴风指风速在 28.5 米 / 秒（相当于 11 级大风）以上的大风。风速以气象部门公布的数据为准。

凡符合下列条件之一者视为灾害性车险水淹案件。

（1）由于台风、暴雨、洪水等自然灾害导致保险车辆在正常使用过程中被水泡损、淹没的损失。

（2）因保险责任内的意外或事故而导致保险车辆遭受被水泡损、淹没的损失。

凡满足下列条件为灾害性车险水淹群发案件。

（1）由于上述原因发生受损车辆在 10 辆以上。

（2）产生预计损失金额在 50 万元以上。

二、适应范围

（1）灾害性车险水淹案件；

（2）灾害性车险水淹群发案件；

（3）其中操作规范适应于个别车险水淹案件。

三、建立防灾预案

完善灾害前的准备工作，建立可靠的防灾预案管理体系，是理赔管理的重要环节。

（1）成立专门的处理灾害案件的领导小组和工作小组。领导小组由各机构经理和主管理赔的领导担任，成员由理赔部门、业务部门等组成，负责对本机构的灾害案件进行全面安排和指挥。

（2）制定切实可行的灾害案件处理预案，并要求将预案提前上报分公司审核。做到有准备、有组织、有计划、有落实。

（3）组织开展有针对性的培训工作，训练专业人员处理灾害性案件的技能，要求查勘鉴损人员掌握对保险条款的理解运用、对事故损失的分类、对施救措施的运用和对事故车辆定损的技巧。

前期准备工作包括以下几个方面。

（1）设立专人跟踪注意当地自然灾害、气象预报等工作，随时掌握客户信息档案，了解动态情况；

（2）在灾害发生前期，组织学习相关专业知识和处理措施；

（3）建立适应性的快速执行体系，并形成管理制度；

（4）保证专用设备的正常使用；

（5）与本机构相关各部门建立快速沟通和处理通道；

（6）与当地施救企业、行政管理部门、医疗医治部门、技术鉴定和评定部门建立专项合作关系；

（7）与合作汽车维修企业、专项配件维修企业、配件供应商建立、确认车险水淹案件处理方案，建立完整的灾害车辆处理、服务网络。

（8）组织、开展有针对性的培训工作，训练专业人员处理灾害性案件的技能，加强查勘定损人员对保险条款的理解、对施救措施的运用和对事故车辆定损技巧的掌握。

四、预报服务

在确认自然灾害的准确消息后，根据灾害的级别和可能造成损失的区域、程度，启动防灾预案管理体系。具体要求如下。

（1）在第一时间向上级主管部门通报，迅速整理、统计灾害地区业务客户的具体信息。

（2）迅速通知承保客户，并告知相关防范措施和具体要求。对重点承保客户，做到委派专人上门通知。对远程客户，安排专人落实联系措施。

（3）对可能发生灾害的地区，配合当地政府相关部门统一行动。

（4）对可能出现的问题作出准确判断，制定相应措施。

五、接报案处理

对出险案件的认真记录是保证案件顺利执行的关键，具体要求如下。

（1）准确记录所有常规性报案信息，根据情况记录特殊信息，与客户和报案人建立多渠道联系方式；

（2）确定接报案信息是否真实，是否属于保险责任；

（3）迅速调度查勘任务并做特案记录；

（4）设立专职人员进行灾害性案件登记、汇总的统计，并建立案件进展状态表。

六、查勘管理

对出险案件做到迅速反应、准确查勘、快速处理。要求齐备查勘装备、双人查勘以及必须抵达现场，当场完成全部规定的查勘工作，所有查勘信息必须在当天录入理赔系统。重点要求如下。

1. 现场拍照

（1）拍摄事故现场位置及地形、灾害现场、水位情况、车型及所处位置等；

（2）拍摄受损车辆牌号、车辆标牌，确认标的受损情况，对于多辆车事故必须逐个拍摄、逐个定损；

（3）拍摄车辆维修清理前的外观及内部装置，反映车辆受损程度及水浸痕迹、殃及部位；

（4）拍摄车辆救援过程、记录救援类型，确认是否存在不合理施救导致的损失扩大情况；

（5）在特殊情况下若查勘人员无法到达第一现场，必须通过各种渠道得到现场资料和依据。

2. 确认事故地点及事故经过

通过现场查勘和对报案人、驾驶员的询问调查进行核实，具体要求如下。

（1）确定事故地点是否存在发生灾害的事实；

（2）确定受损车辆的水淹痕迹与现场状况是否吻合；

（3）确定报案事故经过与实际现场情况是否吻合；

（4）记录查勘报告、现场笔录，完成记录、审核相关证件。

3. 确认事故类别和责任

（1）现场事故：从现场事故造成的损失可分为静态（发动机停止运转）产生的损失和车辆行驶过程中（发动机正常运转）产生的损失。其中，车辆涉水行驶产生的损失不属于保险责任。

（2）施救损失：凡施救过程产生的损失不属于保险责任。

（3）后期损失：凡除去现场事故、施救损失产生的损失视为后期损失，均不属于保险责任，其中包括未及时进行除水、除锈处理产生的损失，在维修过程中产生的损失以及与事故无关的损失。

4. 查勘重点内容

（1）确定事故地点的灾害经过。例如发生灾害的时间、水位上升阶段的时间、到达灾害水位的时间、灾害水位的持续时间、灾害水位的下降时间、受灾车辆在灾害水位持续的时间等。

（2）确定事故现场水位的高度、事故车辆涉水高度和涉水部位、人员伤害情况、车载人员以及伤害情况等。

（3）根据受灾害程度判断车辆主要机件的可能进水情况。区分进水受灾配件可能损坏的程度。例如仪表、音响、操作面板、各电器控制和执行单元、发电机、启动机、发动机、变速箱、驱动桥等。

（4）确定灾害水质情况。准确区分海水、淡水、泥水、工业水等。在不能确定水质的情况下必须进行水质采样，进行测定和鉴定。

七、施救

对受灾车辆应采取组织合理、有效、快速的施救措施，以控制损失的继续和扩大。施救原则为迅速将受灾车辆撤离灾害现场。具体要求如下。

（1）迅速组织专业的施救队伍和力量，落实可行的施救方案；

（2）对大面积多车辆受灾害情况，立即与当地行政管理机构进行沟通，并安排对受灾车辆进行抢救；

（3）在灾害持续的情况下，应立即组织对已经发生案件的施救，并迅速采取控制损失继续的措施；

（4）严格控制在施救过程中损失的继续和增加现象；

（5）所有施救的对象必须为具有处理车险水淹案件资质的修理企业。

八、拆解

受灾的水淹车辆应该迅速拖进专业的修理企业进行拆解操作，在拆解前应与修理企业明确以下几点。

（1）确认修理企业是否具有处理水淹车的技术能力和资质，检查其相关技术和设备。

（2）双方或三方共同确认处理水淹配件的技术处理工艺，明确只进行水淹配件处理的工时费用、整体维修费用、更换配件的技术依据、配件价格标准、更换配件的准则、可以修复配件的范围等，并共同签署协议性文件。

（3）在拆解过程中严格检查各大总成配件的进水情况，并形成记录文件和拍照，例如发动机、变速器、驱动桥、转向机、仪表、显示器、电器控制模块、车厢内部等，未进水的配件以及水未进入配件内部的不属于赔付范围。

（4）首先对涉及进水后的整车外部、内部、总成件外部进行清洗，在清洗前应先拆下必要的电器配件。

（5）对经过确认已经进水的各大总成配件，应该再进一步确认进水数量、进水时间、是否进入泥沙等。凡短时间进水并可以分解维修的总成配件，应该坚持进行修复。凡长时间进水浸泡已经发生锈蚀的情况，可以考虑更换内部机件。

（6）拆解下的配件必须统一摆放管理，并粘贴标签，必要的配件必须做不可涂改的永久性标志。

九、除水、除锈

除水、除锈工作是确定损失的前提和依据。

（1）首先，所有的进水配件必须拆解。

（2）装饰配件和座椅可以用水清洗，电器配件拆下后用工业酒精清洗，线束接头以及部分电器元件用工业酒精结合气压进行清洗，在清洗过程中一定要清除锈痕。

（3）机械总成件可以分解清洗。

（4）玻璃配件、车身表面、车底盘可以用清水清洗。

（5）清洗后的配件必须进行烘干，其目的是将水分全部除掉。建议将全部清洗后的配件和车身总成放入喷漆烤房，将烘烤温度调节到50℃，烘烤8~10小时。对于座椅内衬、车顶内饰板、隔热棉和三元催化器等建议再延长烘烤时间。

十、止锈、防锈

止锈工作是恢复配件功能的重要环节，防锈工作是提高修复后车辆工作可靠性的关键。此项工作必须在除水、除锈环节完成后立即进行。

（1）建议将座椅表皮、内装饰板等送到专修企业进行加工处理。对修理厂可处理的部分，其表面必须进行保护性处理或喷涂表面保护剂。

（2）将所有的电器配件和线束接头用压缩空气吹净，再均匀喷涂上电器复活剂或电器触电清洁剂。对开关元件可以在触电表面涂抹上工业凡士林。

（3）在机械结构配件的活动关节，可以加入适量的润滑油或润滑脂。对容易生锈的金属表面，必须喷涂保护性的油漆和保护剂。

（4）对拉线类必须向内部加注润滑油或润滑脂，外部喷涂保护性的油漆和保护剂。

（5）对车身表面必须涂抹专用的保护剂或保护脂（车身专用蜡）。

（6）对车身底盘和金属板材表面必须喷涂或涂抹保护性的油漆和保护剂。

十一、配件修复、恢复

配件修复、恢复环节是准确定损的关键工作。

（1）坚持所有的进水配件必须拆解、保养、维修的原则。

（2）所有进水的电器类配件送到社会专修企业进行专门维修保养，例如电动机类、发电机、音响、显示器类、灯具、继电器、开关类等。

（3）所有进水的专业总成件送到社会专业维修企业进行维修，例如自动变速箱、涡轮增压器、喷油泵、空调压缩机、空调冷凝器和散热器、水箱类等。

（4）对配件的鉴定必须在按照维修工艺操作修复后进行。

（5）对修复后的配件必须进行功能性的检查和检测。

十二、确定更换配件

确定更换配件环节直接影响到赔付金额的数量，也是与修理企业、客户进行交涉和解释的关键。

（1）对配件功能的鉴定方法有更换替代法、功能测试法、性能检测法、试验比较法、技术规定管理法等，对确定更换的配件必须提供上述文件依据。

（2）对送到社会专业维修企业而不能达到功能恢复的配件，在专业维修企业提供文件证明的情况下，可以列入更换项目，否则不得更换。

（3）对进水后无法进行恢复性维修的配件，应该列入更换项目。

（4）对进水后引起电气短路或击穿的配件，应该列入更换项目。

（5）对不影响安全性能而进行恢复性修复的配件不得列入更换项目。

（6）对因为进水或水淹不影响使用功能和装饰性能的配件，不得列入更换项目。

（7）对完全可以进行功能性修复，而修理企业未进行修复的配件，不得列入更换项目。

十三、估损分类

对受灾车辆开展准确定损工作的前期，必须对损失配件进行合理的区分，对损失项目进行分类，以便定损工作的顺利进行。

（1）按照类别区别出机械配件、电器配件、装饰性配件、舒适性配件；

（2）区别出更换配件、可修复配件、待确定配件范围项目；

（3）分类区别出交通事故损失配件项目、水淹损失配件项目；

（4）区别出正常损失配件项目和灾后扩大损失配件项目；

（5）区别出属于保险责任和不属于保险责任项目。

水淹车辆的控制损失项目重点工作为：对可修复配件和待确定配件范围项目的恢复和确认。

十四、定损、核价

（一）定损原则

（1）对水灾车辆的定损工作，重点突出"快速定损"，即定责、定损必须迅速完成。具体采取一次性定损处理方式。

（2）区别事故产生的损失，保险范围只承担事故发生时产生的损失，凡后期产生的损失不属于保险责任，例如修理企业未及时进行恢复性处理产生的损失、在维修过程中产生的损失。

（3）责任损失，凡涉水行驶产生的机件损失，不属于保险责任。

（4）施救损失，凡在施救过程中产生的损失，不属于保险责任。

（5）定损工作必须坚持：先高档车后普通车；先轿车后货车；先轻微泡损车后严重受损车；先解决无争议车辆后解决有争议车辆。

（6）对可以修复并可以利用的、不影响安全性能的配件，不得列入定损项目。

（7）对损失程度较小和能够与客户达成共识的车辆采取先行一次性定损处理方式，并要求与修理企业和被保险人共同签订"定损协议书"。

（8）对损失程度较大和不能与客户达成共识的情况，可以采取先进行除水、除锈到配件修复、恢复工艺，再定损的原则，并将推全损扣残值方案进行比较从中确定。并与当地收购旧车企业联系，三方共同确定定损金额。

（二）定损要求

（1）在损失配件上粘贴一次性标签（注明编号、车牌号及定损人员），对更换或待查配件分别进行标注。

（2）建立跟踪和回勘制度，对修复后的车辆更换项目进行核实。

（3）对于价值较高的配件，应聘请专业人员共同鉴定，提供维修意见，尤其对重大损失及高档车辆的电器设备进行鉴定，并将鉴定文件附加在案卷中。

（4）对于水灾更换的所有零配件，均应全部回收，并登记入库。

（三）争议处理

在定损过程中与客户产生纠纷无法达成一致时，可以采取以下措施：

（1）对事故经过和保险责任有异议时，应先定损再定责；

（2）对维修方案和车损金额无法协商的，必须先到指定的定损中心进行损失确定；

（3）对疑难案件和需要聘请公估公司以及技术资质的鉴定部门的情况，必须事前上报总公司审批。

➤ **思考练习**

1.如何定义灾害性车险水淹案件？

2.灾害性车险水淹案件如何处理？

模块八　模拟车险定损

➤ **教学目标**

通过本模块的学习，要求学生掌握汽车保险定损实际操作知识。

➤ **工作任务**

掌握汽车保险定损实际操作知识。

➤ **问题探究**

根据所给的案例，模拟人伤理赔，步骤如下。

一、掌握车险定损注意事项

（1）按标准要求拍摄事故现场照片，并拍摄带标的车车牌的整车照及体现部件损失的局部照。

（2）根据现场查勘结果，确定本次保险事故标的车受损部件。

（3）根据受损部件的损失程度，按照定损标准将受损项目填写在损失项目确认书上，并请被保险人或其代表签字。如果在维修单位定损，还需维修单位代表签字确认。（详见机动车保险事故车辆损失项目确认单）

（4）根据损失项目确认单所列的配件及维修工时报核价部门审核。核价部门审核有问题的，及时与被保险人联系，双方协商重新核定损失金额。

将查勘资料及时移交给未决案件管理岗。查勘资料主要有现场事故照片、现场查勘报告、机动车事故损失项目确认书、配件核价单等。

查勘报告撰写（一）

查勘报告撰写（二）

二、掌握车险定损标准

（一）换件工时费用标准

（1）在4S店维修可以在此标准上上浮至15%（豪华级（价格标准为80万元以上）车辆在4S店维修可以上浮至20%）；

（2）二类及以下维修企业工时单价7元（该数据可根据地方维修行业标准浮动）。

（二）配件换件标准及损伤程度确定

在确定零配件是否需要更换时，应考虑以下几个方面：

（1）在技术上无修复的可能，应该更换；

（2）受损配件已经丧失 80% 的功能，应该更换；

（3）维修成本很高，超过了更换新件费用的 60%，应考虑更换；

（4）受损配件修复后使用可能影响车辆的安全及性能时，应考虑更换。

（三）修与换的掌握标准

"弯曲变形就修，折曲变形就换"，同时遵守厂方的工艺要求。

三、掌握碰撞损伤鉴定方法

（1）了解车身结构的类型。

（2）以目测确定碰撞部位。

（3）以目测确定碰撞的方向和碰撞力大小。

（4）确定损伤是否限制在车身范围内，是否包含功能部件或零配件（如车轮、悬架、发动机及附件等）。

（5）沿着碰撞路线系统地检查部件的损伤，直到没有任何损伤的位置（例如，立柱的损伤可以通过检查门的配合状况来确定）

（6）测量汽车的主要零部件，通过比较维修手册车身尺寸图表上的标定尺寸和实际汽车的尺寸来确定汽车车身产生的变形量。

（7）用适当的工具或仪器检查悬架和整个车身的损伤情况。

（8）车身前部检测

1）检测前保险杠、前围板的几何尺寸和形状是否有变化，也可以将碰撞的一边与没有碰撞的另一边进行比较，根据变化情况判断碰撞损伤的程度。

2）检测发动机罩与车身前围板、两侧挡泥板的遮盖密闭是否良好，碰撞一侧的挡泥板与轮胎两侧的间隔尺寸有无变化。

如果这些部位都没有尺寸的变化，一般将碰撞部位修复就可以了。如果这些部位有尺寸和形状的变化，则应继续检测。

3）检测碰撞一侧前支柱尺寸有无变化，在检测车门铰链螺栓无松动情况后再检查车门与前支柱之间的间隙有无变化，与厂家提供的尺寸进行比较，从而判断碰撞损伤的程度。

4）检测前风窗下沿框架与密封橡胶件有无变化，这一部位的检测特别重要，它是判断碰撞损伤程度是否严重的重要检测点。一般，如该部位有明显的尺寸变化，可认为碰撞较为严重。

（9）车身后部检测

1）检测后保险杠、后备厢、后灯具是否有表面损伤，后保险杠下部的尺寸有无变化，后车轮与翼子板的间隙有无变化。

2）如果上述部位的尺寸发生了变化，汽车后部首先受到碰撞的是后保险杠，碰撞力通常是沿着后纵梁后端或邻近的钣金件传递的，所引起的损伤常常使行李箱盖向上翘曲变形，而且轮罩变形将引起整个翼子板向前移动，导致翼子板与其他部件之间的间隙发生变化。碰撞力足够大时还会影响顶板、车门后支柱、车门板等构件的尺寸变化。

四、制作汽车损失项目确认单

通常确定损失评估的基准时点为事故时点：此案例为 2007 年 5 月 11 日，杭州。损失评估的方法为重置成本法。材料价格来自市场，均为正厂件；材料管理费标准取自《浙江省汽车修理工时定额与收费标准》，工时单价取自市场平均水平，涂饰费用、税收标准也取自《浙江省汽车修理工时定额与收费标准》，残值定价来自废旧材料市场行情以及与修理协调的结果。

通常损失项目确认单一式三份，两份交委托人，一份留存，结论有效期限为 30 天，限定时间的原因一是零件的价格可能会变，二是汽车的损伤也会变化。

 案 例

2018 年 5 月 11 日 6 时 30 分许，A 财险公司客户祁某驾驶浙 A2**70 宝来车在杭州涌金广场家乐福门口行驶时由于操作不当与停放在路旁的王某驾驶的浙 A8N**7 普通桑塔纳车辆发生碰撞，导致二车车损。事发后，祁某当即报交警，交警作出责任认定，浙 A2**70 负本起事故的全部责任。经核查，浙 A2**70 于 2018 年 4 月 24 日在 A 财险公司投保了商业险和第三者强制责任保险。浙 A8N**7 于 2017 年 10 月 6 日投保在平安保险公司，已投保了第三者强制责任保险。

经过 A 财险公司现场查勘定损，浙 A2**70 损失项目为：前保险杠、左前角灯、左前叶子板、前保险杠卡子。上述项目需要更换，经报价询价，价格分别为：前保险杠 330 元、左前角灯 45 元、左前叶子板 300 元、前保险杠卡子 10 元．需要维修的项目为左后叶刮伤、左前门饰板刮伤、左后门饰板及左裙边刮伤、左倒车镜。上述项目需要整形油漆，工时费用总计人民币 1000 元。

三者车浙 A8N**7 经 A 财险保险公司查勘定损后，总损失金额为人民币 2600 元。

工作任务要求：根据上述资料，填写标的车机动车辆损失项目确认书。

机动车保险事故车辆损失项目确认单

报案号：

保险公司	A 财险公司			牌照号码	（标的） 浙 A2**70 （三者） A8N**7		
被保险人	祁某			厂牌型号	（标的） 宝来 （三者） 普通桑塔纳		
第三者名称	王某			承修单位	×× 汽车修理厂		
更换零配件名称及数量	承修报价	残值	保险核项	修理项目	承修报价	保险核项	
前保险杠	330			左后叶整形油漆		200	
左前角灯	45			左前门饰板整形油漆		200	

续表

更换零配件名称及数量	承修报价	残值	保险核项	修理项目	承修报价	保险核项
左前叶子板	300			左后门饰板整形油漆		250
前保险杠卡子	10			左裙边整形油漆		200
				左倒车镜整形		50
				拆装费		100
				合计		1000
				喷（烤）漆材料		
				辅助材料		
				管理费（685）×5%		34
合计	685			修理工期： 年 月 日至 年 月 日计 天		
总计金额（大写）壹仟柒佰壹拾玖元整					（小写）1719	
各方代表签字（章）	保险公司代表： ××× 年 月 日		被保险人（第三者） 代表： ××× 年 月 日		承修单位代表： ××× 年 月 日	

重要提示：（1）本确认单是保险公司、被保险人、承修单位三方共同确认保险事故机动车损坏项目的依据，不作为被保险人索赔金额的依据。（2）更换零配件名称及数量、修理项目、残值、承修报价四项均由承修单位填写，保险核项由保险公司现场查勘人员在现场确认该项目后填写，保险公司的核价以本公司远程定损核价系统打印的"机动车配件及工时项目核价单"为准。（3）本协议签订后，被保险人和承修单位如果要求变更或增加损坏项目、延长工期等，须经保险人再次查勘确认后同意；否则增加的修理项目、延长的修理工期，从而产生的一切费用，均由被保险人和承修单位负担，保险人不负赔偿责任。（4）修车质量、返修等问题，由承修单位负责；被保险人要跟踪监督修理进度、零配件和修复项目的质量。

➤ **思考练习**

1.车辆定损注意事项有哪些？

2.简述车辆定损标准。

3.掌握以下案例。

甲、乙二车分别在 A 保险公司和 B 保险公司投保了交通事故强制责任保险和机动车辆损失保险。某日，甲车驾驶员在行驶过程中由于操作不当与乙车发生碰撞，造成甲车左前侧与乙车右前侧损坏的交通事故，无人员伤亡。事发后当即报交警部门，交警现场查勘后认定甲车负事故全部责任，乙车不负事故责任。

经 A 公司查勘定损员现场查勘，确定损失金额如下。

（1）甲车损失：轮胎 1876 元，左前下摆臂 841 元，左前下控制臂 428 元，左前叶子板整形油漆、前保险杠拆装、左前悬挂检修共计费用 950 元。无残值。

（2）乙车损失：左前大灯 416.5 元，右前大灯 416.5 元，前保险杠 550.8 元，前保险杠下隔栅 93.5 元，右前保险杠支架 9.35 元，右前雾灯 147.9 元，前挡风雨刮水壶 61.2 元，散热器框架 442 元，散热器框架上横梁 241.4 元，左前叶子板 365.5 元，前保险杠、左前叶子板、右前叶子板、水箱框架、机盖、冷凝器等拆装整形、油漆共计 1900 元。残值 14.65 元。

本次事故中甲车拖车费用 450 元，乙车拖车费用 350 元。

假定甲、乙二车均足额投保，保险事故中无其他加扣免赔率情形存在，请填写机动车保险现场查勘报告、机动车保险事故车辆损坏项目确认单并计算保险公司赔款金额。

机动车保险现场查勘报告

报案号：×××

查勘内容	查勘具体项目			
（一） 核查保单抄件和保单正本，记录查勘事项	被保险人	×××	保险单号	×××
	保险期间	×××	出险时间	×××
	接到调度时间	×××	查勘时间	×××
	查勘地点	×××	查勘类别	√□第一现场 □其他现场 □复勘
	出险地点	×××福门口	行驶区域	是否约定行驶区域：□是 √□否
（二） 查验行驶证和事故车	查验行驶证	持有证件：√□正本 □副本 □临时移动证 □无证		
		证件内容与事故车：√□相符 □不相符内容：		
		年审记录：√□按期年审 □未按期年审		
		真实性：√□真实 □有作假嫌疑，疑点：		
	车牌号码	保单：××× 事故车：√□相符 □不相符	使用性质	保单：××× 出险时：√□相符 □不相符
	厂牌型号	保单：××× 事故车：√□相符 □不相符	初次登记年月	保单：××× 事故车：√□相符 □不相符
	发动机号	保单：××× 事故车：√□相符 □不相符	车架号码或 VIN 号码	保单：××× 事故车：√□相符 □不相符
	第三者车情况	所有人：××× 车牌号码：××× 厂牌型号：×××		
		驾驶人：××× 是否保险：√□是 □否		
		投保保险公司：×××		

续表

查勘内容	查勘具体项目		
（三） 查询驾驶人和 查验驾驶证	查验驾驶证	持有证件：√□正本 □副本 □专用机械车或特种车操作证 □无证	
		真实性：√□真实 □有作假嫌疑，疑点：	
	驾驶证号码	×××　　年审记录	√□按期年审 □未按期年审
	驾驶人姓名	约定驾驶人： ××× 出险驾驶人： ×××　　驾驶证的 准驾车型	××× 事故车型：√□相符 □不相符
（四） 调查事故原因 和经过	事故类别	√□碰撞、倾覆、平行坠落 □火灾、爆炸、外界物体倒塌 □自然灾害 □其他	
	调查事故原因 和经过	√□在现场，调查、询问驾驶人和其他目击证人关于事故的原 因和经过，记录在《机动车保险事故调查报告》中。	
	事故确认	√□请驾驶人和其他目击证人在《机动车保险事故确认书》上 当场签字确认。	
	事故现场痕迹	与车辆损失痕迹：√□相符 □不相符　与驾驶人确认原因： √□相符 □不相符	
	事故处理情况	□未报交警 □自行协商赔偿 √□交警处理□交警初步责任认 定意见：	
（五） 排查并取证责 任免除和免赔 事项	责任免除事项	□改变使用性质 □证件不符或无效 □事故原因与痕迹不符 □故意行为 □酒后驾驶	
	增加免赔事项	□闯红灯 □单行道路逆行 □超速 □约定区域外行驶	

（六）事故现场草图

（七）发动机号和车架号（VIN码）拓印
×××××××××××××××

（八）查勘结论：经现场查勘，标的车与三者车碰撞事故真实，交警现场处理认定责任。

1. 事故近因：属保险碰撞责任。

2. 适用赔偿或免责条款：××××××

续表

查勘内容	查勘具体项目
3. 定责意见：√□确认属于保险责任，立案受理 □确认不属于保险责任，注销本案 □需要等待事故处理部门意见 □建议进一步调查或复勘，再做定责结论	
4. 查勘认定责任比例：标的车负全部责任。事故处理部门认定责任比例：标的车负全部责任。	
5. 应增加免赔率项目：□约定区域外行驶 □非约定驾驶人 □闯红灯 □单行道路逆行 □超速 □超载	
6. 其他意见和建议：××××××××××××××	
查勘人：×××　　　　　　　　日期：××××××	

机动车保险事故车辆损坏项目确认单

报案号：×××

保险公司	A 保险公司				牌照号码	（标的）甲车　（三者）乙车		
被保险人	×××				厂牌型号	（标的）×××（三者）×××		
第三者名称	×××				承修单位	×××		
更换零配件名称及数量	承修报价	残值	保险核项		修理项目	承修报价	保险核项	
左前大灯	416.5				前保险杠		200	
右前大灯	416.5				左前叶子板		200	
前保险杠	550.8				右前叶子板		250	
前保险杠下隔栅	93.5				水箱框架		200	
前保险械支架	9.35				机盖		50	
右前雾灯	147.9				冷凝器等		100	
前挡风雨刮水壶	61.2				拆装整形油漆			
散热器框架	442							
散热器框架上横梁	241.4							
左前叶子板	365.5							
残值	14.65							
					合计		1900	
					喷（烤）漆材料			
					辅助材料			
					管理费（　）×%		34	
合计	2730				修理工期：　年　月　日至　年　月　日计　天			

续表

总计金额（大写）肆仟陆佰叁拾元整			（小写）4630
各方代表签字（章）	保险公司代表： ××× 年　月　日	被保险人（第三者）代表： ××× 年　月　日	承修单位代表： ××× 年　月　日

　　重要提示：（1）本确认书是保险公司、被保险人、承修单位三方共同确认保险事故机动车损坏项目的依据，不作为被保险人索赔金额的依据。（2）更换零配件名称及数量、修理项目、残值、承修报价四项均由承修单位填写，保险核项由保险公司现场查勘人员在现场确认该项目后填写，保险公司的核价以本公司远程定损核价系统打印的"机动车配件及工时项目核价单"为准。（3）本协议签订后，被保险人和承修单位如要求变更或增加损坏项目、延长工期等，须经保险人再次查勘确认后同意；否则增加的修理项目、延长的修理工期，从而产生的一切费用，均由被保险人和承修单位负担，保险人不负赔偿责任。（4）修车质量、返修等问题，由承修单位负责；被保险人要跟踪监督修理进度、零配件和修复项目的质量。

机动车保险事故车辆损坏项目确认单

报案号：×××

保险公司	A 保险公司			牌照号码	（标的）甲车　（三者）乙车		
被保险人	×××			厂牌型号	（标的）×××（三者）×××		
第三者名称	×××			承修单位	×××		
更换零配件名称及数量	承修报价	残值	保险核项	修理项目	承修报价	保险核项	
左前大灯	416.5			前保险杠		200	
右前大灯	416.5			左前叶子板		200	
前保险杠	550.8			右前叶子板		250	
前保险杠下隔栅	93.5			水箱框架		200	
前保险械支架	9.35			机盖		50	
右前雾灯	147.9			冷凝器等		100	
前挡风雨刮水壶	61.2			拆装整形油漆			
散热器框架	442						
散热器框架上横梁	241.4						
左前叶子板	365.5						
残值	14.65						
					合计	1900	

续表

更换零配件名称及数量	承修报价	残值	保险核项	修理项目	承修报价	保险核项
				喷（烤）漆材料		
				辅助材料		
				管理费（　）×%		34
合计	2730			修理工期：　年　月　日至　年　月　日计　天		
总计金额（大写）　肆仟陆佰叁拾元整					（小写）4630	
各方代表签字（章）	保险公司代表：×××　年　月　日			被保险人（第三者）代表：×××　年　月　日	承修单位代表：×××　年　月　日	

重要提示:（1）本确认书是保险公司、被保险人、承修单位三方共同确认保险事故机动车损坏项目的依据，不作为被保险人索赔金额的依据。（2）更换零配件名称及数量、修理项目、残值、承修报价四项均由承修单位填写，保险核项由保险公司现场查勘人员在现场确认该项目后填写，保险公司的核价以本公司远程定损核价系统打印的"机动车配件及工时项目核价单"为准。（3）本协议签订后，被保险人和承修单位如果要求变更或增加损坏项目、延长工期等，须经保险人再次查勘确认后同意；否则增加的修理项目、延长的修理工期，从而产生的一切费用，均由被保险人和承修单位负担，保险人不负赔偿责任。（4）修车质量、返修等问题，由承修单位负责；被保险人要跟踪监督修理进度、零配件和修复项目的质量。

根据交强险互碰赔偿规则计算赔款金额。

一、A 保险公司赔款计算

（一）交强险赔款

本案中，乙车属于三者车辆，在本次事故中无责，损失金额 4630 元＞2000 元。

A 保险公司从交强险中赔偿 2000 元。其余 2630 元在 A 保险公司机动车辆损失险第三者责任险中赔偿。

（二）商业险赔偿金额计算

1. 甲车机动车辆损失险赔偿金额 =（核定损失 － 残值 － 交强险对车辆损失赔偿金额）× 事故责任比例 =（4095-0-100）×100%=3995（元）。

2. 施救费 = 核定施救费用 × 事故责任比例 =450×100%=450 元。

3. 机动车损失第三者责任险赔款金额 =（核定损失 － 交强险赔偿金额）× 事故责任比例（若第三者核定损失超过第三者责任限额时以责任限额为限）=（4630+350-2000）×100%=2980（元）。

商业险共计赔款金额 =3995+450+2980=7425（元）。

二、B 保险公司赔款计算

1. B 保险公司在本次事故中无责任。根据 2008 年版交强险互碰赔偿规则，承担交强险无责限额赔款 100 元。该款在 A 保险公司无责代赔项下赔付。

2. B 保险公司所承保的乙车在本次事故中无责任，故商业险赔款为 0 元。

项目七
汽车保险人伤理赔实务

➤ **项目概述**

本项目共包括七个模块，分别为道路交通事故的伤亡特点、常见损伤的医疗终结时间、常见损伤的最佳医疗鉴定时间、伤残程度和劳动能力丧失程度的划分原则、人身损害赔偿案件查勘、人身损害赔偿费用核定和模拟人伤理赔。本项目旨在帮助学生掌握汽车保险人伤理赔知识及实务操作技能。

➤ **教学目标**

通过本项目的学习，主要让学生了解道路交通事故的伤亡特点、常见损伤的医疗终结时间、常见损伤的最佳医疗鉴定时间、伤残程度和劳动能力丧失程度的划分原则，掌握人身损害赔偿案件查勘、人身损害赔偿费用核定的内容。

➤ **重点难点**

道路交通事故的伤亡特点、人身损害赔偿案件查勘及人身损害赔偿费用核定方法、汽车保险人伤核赔实务。

在机动车辆保险理赔案中，除机动车辆损失及其他物产损失赔偿以外，大量的是人员伤亡赔偿。据不完全统计，人员伤亡赔款支出约占机动车辆保险总赔款支出（含各附加险种）的50%～60%。保险公司理赔人员在处理理赔案件中对于人员伤亡部分的损失核定最为复杂且难度也很大。由于国务院卫生主管部门组织制定的交通事故人员创伤临床诊疗指南至今未出台，保险公司理赔人员往往会在人员伤亡费用核定方面与被保险人产生很多矛盾和纠纷。

交通事故发生后，有人员伤亡的受害方多有强烈的索赔心理。例如：认为自己无缘无故受伤，应该得到赔偿，且要多赔；认为如果自己不要求多赔，会被对方看成"软弱可欺"，得不到公正的赔偿，要求多赔的目的是"不吃亏"；认为让肇事方多赔是对其肇事的惩罚，要求多赔是理所当然的；等等。因此，在交通事故发生至赔偿结束的整个过程中常有下列不合理的表现行为。

1. 扩大治疗

交通事故受害人故意扩大对损伤的治疗。如应该在门诊治疗的非要住院治疗，损伤治愈后该出院的拒不出院，在治疗损伤的同时治疗本身固有的疾病或者在诊疗过程中开其他药品给他人治病等。

2. 高额检查

随着科学技术的进步，医学高科技也在不断发展，目前计算机断层扫描检查（CT）、核磁共振扫描检查（MIR）等对有些损伤和疾病的诊断率很高，但这些检查的费用较为昂贵，有的医院在普通检查就能诊断的情况下，利用高额检查来创收。

3. 不积极配合治疗

有的损伤在医院治疗的同时需要伤者积极配合，才能起到明显的治疗效果。比如神经损伤的伤者，在医院进行治疗的同时需要进行适当的功能锻炼，才能恢复到原来的功能状态。有些残疾的受害者在交通事故处理前不积极配合治疗，以得到更多的赔偿。

4. 隐瞒病史

当伤者以往自身的疾病与损伤相关时，其往往故意隐瞒病史，以得到更多的赔偿。如某伤者过去左腿损伤后留有部分功能障碍，丧失部分劳动能力，交通事故受伤后左腿再次受伤，完全丧失劳动能力，起初伤者没有向处理人员说明以前的左腿受伤情况，隐瞒病史，后经处理人员调查，明确交通事故前其左腿的功能障碍情况，只对交通事故加重了的功能障碍进行赔偿。

上述交通肇事受害方的各种不合理表现，无形中加大了被保险人的经济赔偿负担，同时也加大了保险人的不合理赔款支出。为了维护广大被保险人和保险人的经济利益，大部分保险公司都加大了对人员伤亡医疗的跟踪调查，配备了专门的医疗调查员，对重大人员伤亡的整个医疗过程实行全程跟踪调查，避免不合理的人为加大医疗费支出。要有效地做好这方面的工作，保险公司理赔人员必须了解和掌握有关交通事故人员伤亡医疗方面的基本知识。

模块一　道路交通事故的伤亡特点

➤ **教学目标**

通过本模块的学习，要求学生掌握道路交通事故的伤亡特点。

➤ **工作任务**

掌握道路交通事故的伤亡特点。

➤ **问题探究**

造成人员伤亡是道路交通事故的直接后果，但是不同的车辆及车辆的不同状态造成伤亡的特点是不尽相同的。在同样的条件下，车速快、质量大的车辆造成的人体损伤要比车速慢、质量轻的车辆严重，非机动车辆对人体的损伤要比机动车辆轻。

道路交通事故所造成的人体损伤绝大多数属于机械性损伤范畴。机械性损伤是指人体遭受机械性冲击力作用，造成人体组织器官的损坏、移位或者功能障碍。机械性损伤的程度和特征由致伤物、作用力和受伤的部位三方面因素决定。

同一致伤物作用于人体的不同部位，可以造成不同的损伤，直接作用力和间接作用力对人体造成的损伤也不尽相同。交通事故中的致伤物主要是机动车及其车辆的不同部位，它可以直接作用于人体，如撞击、碾压、挤压等，也可以间接作用于人体，如拖、擦等。无论何种车辆以何种方式造成人身伤亡，其损伤的特征主要包括软组织损伤、骨骼损伤、颅脑损伤、胸腹部损伤等。下面对这几种损伤分别加以描述。

一、软组织损伤

道路交通事故中造成人体皮肤、肌肉、神经、血管等损伤统称为软组织损伤，其可以涉及全身各个部位。

1. 表皮擦伤

表皮擦伤又叫表皮剥脱，是由于致伤物摩擦体表，使皮肤的表皮层与真皮脱离的现象。这种损伤可发生在体表的任何部位，但以突出部位最为多见。其形态不一、大小不等，深度仅限于表皮。伤面呈暗棕色或浅红色，有时与挫伤、挫裂伤并存。表皮擦伤所受作用力相对较小，为交通损伤中程度最轻的一种。表皮损伤能客观地反映出作用物表面结构的作用力和方向。如长条形表皮擦伤，深浅一致，伤面平整，说明致伤物表面平整。根据伤面表皮的游离卷曲形状，可以断定表皮卷曲堆集缘为作用力的方向。

2. 皮下出血

人体受到撞击或碾压时，皮下组织的毛细血管受到外力作用而破裂，血液从血管中溢入皮下组织叫皮下出血。皮下出血可以发生在人体的任何部位，并出现条块状青紫斑痕。其范围大小、程度轻重取决于致伤物的作用面、作用力大小等因素，还与受伤部位的血管分布和组织的疏松程度有关。在致密组织中，血液扩散较难，范围就相对较小；在疏松组织里，出血容易扩散，其范围较大。

道路交通事故中形成人体皮下出血一般有四种情况：

（1）人体被车、物碰撞后，在着力部位表皮出现与碰撞物作用面形状相似的皮下溢血痕。

（2）人体被车辆刮、撞倒时，头、肩、肘、膝、髋等部位触地后，在受伤部位出现撞碰形成的皮下出血。

（3）车轮从人体的胸、背、臀、腿等部位直接碾压后，皮肤上出现紫红色花纹样收缩压痕。这种压痕一般与轮胎胎面宽度相似。

（4）人体被车轮碾压部位的相对面体表，受地面砂石块、皱折的衣物、纽扣、织物花纹等的衬垫，会显现出与衬垫物形状相似的皮下出血。

从皮下出血的颜色变化可以推断受伤的时间，新鲜损伤的皮下出血为青紫色，可保持3～6日，然后逐渐变为绿色，再转为褐色，最后吸收消失。

3. 挫伤

挫伤是指人体受到钝器外力的打击、碰撞或挤压，使皮下的深部组织受到严重损坏的损伤。挫伤表现为损伤部位皮下组织挫伤、出血，周围伴有擦伤或肿胀等。严重的挫伤甚至造成内部器官的损伤及骨折，其一般呈片状、条状，受伤部位的受力作用明显大于擦伤。

4. 裂创

凡是因暴力的作用使人体的皮肤及皮下组织裂开的损伤都称为裂创。创伤的结构特征有创口、创缘、创角、创壁、创底和创腔。钝器、锐器都可以形成创伤。交通事故中常见的裂创有两种。

（1）挫裂创，指人体受到挫压和牵拉作用而形成的创伤，如车辆碾压、身体抛落、车辆剐撞等。这种创伤具有的特征是：创缘不整、创角钝圆、创壁粗糙、创底不平，创壁间有组织间桥等，常伴有骨折的存在。

（2）撕裂创，指人体受到带有棱角的物体撞击或受重力扎拉，皮肤和肌肉组织受到过度牵张以及被骨骼断裂端刺破形成的创伤。常见的有头皮撕裂伤，腹股沟、会阴部撕裂创伤等。这类伤往往伴有骨折和深部脏器组织的严重损伤。

二、骨骼损伤

骨骼的完整性和连续性发生中断叫作骨折。根据造成骨折的原因可以分为直接外力骨折和间接外力骨折及病理性骨折。直接外力骨折就是骨折发生在外力直接作用部位，间接外力骨折就是骨折发生在外力作用点以外的部位。交通事故中直接外力骨折较多见，但也有间接外力骨折。按照骨折部位周围软组织的病理情况，骨折又可分为闭合性和开放性两种，闭合性骨折的骨折处皮肤或黏膜完整，骨折断裂端不与外界相通。开放性骨折的骨折处皮肤或黏膜破裂，骨折断裂端与外界相通。

按照骨折的断裂程度，骨折可以分为不完全骨折和完全骨折两种。不完全骨折是指损伤骨骼的完整性未完全被破坏，如裂缝骨折等。完全骨折是指整个骨折的连续性，包括骨膜完全破裂的骨折。在完全骨折中，骨折端保持在原位的叫无移位骨折，而形成重叠、分离、旋转延长等情况的叫移位骨折，道路交通事故中这两种骨折大量存在。

按照交通事故中受伤人的骨折部位，骨折可分为颅骨骨折、躯干骨骨折和四肢骨骨折。

1. 颅骨骨折

人的颅骨分为颅盖骨和颅底骨两部分，颅盖骨由额骨、顶骨、枕骨和颞骨组成。颅底骨在人的头颅下部，与颈椎及颈部肌肉相连，从外部看不到。颅骨的厚薄不均，特别是颅底骨凹凸不平，厚薄相差很大，因而颅骨骨折在交通事故中比较常见。颅骨骨折主要有以下几种情况。

（1）颅骨开放性骨折。这种骨折大部分是头颅被车轮碾压或外力碰撞造成的，多为粉碎性骨折，颅骨变形，头颅裂开或脑组织外露。

（2）颅骨闭合性骨折。这种骨折多数为裂纹或线状骨折，常常伴有头皮血肿，致伤原因主要是头部受到车、物的碰撞或头部直接与地面发生碰撞。

（3）颅底骨折。这种骨折多数是间接外力造成的，如人被车撞倒后，头又撞到坚硬的物体上。在外表无法判断骨折存在的情况下，可以通过某些症状帮助确定。如眼周青紫色（俗称熊猫眼）提示可能存在颅前窝骨折；鼻腔、外耳道有血性液体流出时，提示可能存在颅中窝骨折。在交通事故中，颅底骨折死亡率较高。

（4）颅骨孔状、凹陷性骨折。扎状骨折是头皮颅骨被穿透、缺损而造成。凹陷性骨折在头表有明显的凹陷状，有时头皮有一定形状的裂创。这两种骨折一般由撞击头部造成，与撞击力的大小及物体形状有关。

（5）颌面骨、颈椎骨骨折。人体的面部、颈部是感觉器官、神经、血管密集的地方。颌面骨骨折常与颅骨开放性骨折、头颅变形有关。颈部是神经的通路，颈椎骨骨折多数是"挥鞭状损伤"和压缩性骨折，如颈部高位骨折可影响呼吸循环功能而造成死亡。

2. 躯干骨骨折

人体躯干骨有脊椎骨、锁骨、肩胛骨、胸骨、肋骨以及耻骨等。交通事故中常见的躯干骨骨折主要有以下几种情况。

（1）脊椎骨骨折。较常见的是胸椎和腰椎的压缩性骨折和椎骨脱位。其原因是腰背部被车辆撞击或人体被甩出从空中坠落。这种损伤易伤及脊髓，造成瘫痪等躯体症状，严重时可致人死亡。

（2）骨盆骨折。这种损伤多由挤压造成，会伤及膀胱等盆腔脏器，严重时可大出血造成休克死亡。

（3）胸肋骨骨折。这是由于人体胸壁被车辆挤压造成的，可以是直接外力处骨折，也可以是间接外力处骨折，需要注意的是直接外力处骨折往往会造成骨折端伤及肺和其他胸腔脏器，导致气胸、血气胸而危及生命。

3. 四肢骨骨折

四肢骨骨折是交通事故中最常见的一种损伤。由于四肢骨在人体功能上承担着负重、控制精细活动等方面的作用，因而骨折后势必影响到人的正常生活，使劳动能力、自理能力丧失或减弱，在这方面要求赔偿的纠纷较多，损伤鉴定时应较好地掌握尺度，做到轻重适当。

三、颅脑损伤

人体头部受到外来暴力打击，在形成颅骨骨折的同时，往往并发颅脑损伤。由于大脑是人体的神经中枢，所以颅脑损伤对生命和人体正常活动的威胁远远超过其他部位的损伤。因此，在交通事故中因颅脑损伤造成人员死亡、重伤以致残废的比例较大。脑组织的结构比较复杂，当头部受到突然外力物质的冲击时，脑组织也会受到震动引起损伤。由于冲撞、磕撞头颅的外力的大小、速度和方向不同，所形成的颅脑损伤的程度不尽相同。交通事故中常见的颅脑损伤有以下几种。

1. 脑震荡

头部受到面积较大的暴力作用后，立即出现脑功能障碍叫脑震荡，表现为短暂的意识丧失、逆行性遗忘、恶心、呕吐、头痛、头昏等症状。

2. 脑干损伤

脑干包括中脑、脑桥、延髓等部分，位于颅底的骨面上，由于颅底骨面不平，脑干损伤在交通事故中很常见，常伴有颅底骨折，死亡率高。

3. 脑挫伤

脑挫伤是指暴力作用头部时，在力的直接作用部位或对称部位，由于脑组织与颅骨内壁发生碰撞而引起脑组织出血或挫伤。在暴力直接作用部位的脑挫伤叫冲击伤，在对称部位出现的脑挫伤叫对冲伤。脑挫伤多发生于颞前位、额前部、脑底部等处，严重时可发生脑病而死亡。交通事故中，具有脑挫伤的伤者一般在伤后立即出现意识障碍，持续时间长，发生深度昏迷，有时伴有颅骨骨折和颅内出血。

4. 颅内出血与血肿

颅脑内出血或血肿聚积在颅腔内，占据腔内的空间，会造成急性颅内压增高，进而发展为脑疝。据不完全统计，这类损伤在交通事故中占闭合性颅脑损伤的10%～30%。根据血肿在颅的位置不同，又可分为硬脑膜外血肿、硬脑膜下血肿、蛛网膜下出血和脑内出血四种。

（1）硬脑膜外出血与血肿是在硬脑膜与颅骨之间积聚血液，造成对脑组织的压迫。硬脑膜外出血者，会出现昏迷—清醒—再昏迷，并伴有呕吐和意识障碍逐步加深等症状。

（2）硬脑膜下出血与血肿是严重颅脑闭合性损伤的常见并发症。它是脑表面的静脉血管破裂，血液积聚在蛛网膜与硬脑膜之间形成的血肿。这种血肿比硬脑膜外血肿发展慢，伤者常常是神志清醒，只是稍感头部不适，但数小时后或数日后出现头痛、呕吐、昏迷甚至死亡。

（3）蛛网膜下腔出血指血液积聚在蛛网膜与软脑膜之间的脑出血。其一般范围较广，颅内压高，形成血性脑脊液，其症状类似硬脑膜下出血。

（4）脑内血肿是由于脑组织内血管受损。血液积聚在脑组织之间，常常伴有脑挫伤。在交通事故中少见单纯的脑内血肿，常伴有其他颅脑损伤。

四、胸腹部损伤

人的胸腹部称为人体的躯干部分。胸腹部具有人体的重要脏器。胸部有心、肺、大血管呼吸、循环系统的重要脏器，腹部有肝、肾、脾、胃、肠等消化、泌尿系统的脏器。在交通事故中，胸腹部损伤以闭合性损伤为多见，常见的损伤有气胸、血胸、血气胸、心肺损伤、肝破裂、脾破裂等。损伤严重时可影响呼吸循环功能，造成呼吸衰竭或休克而危及生命。

需要说明的是，在道路交通事故造成的人体损伤中，伤者损伤的性质和程度往往取决于车辆的类型、速度、损伤的方式以及伤者当时的位置、衣着等情况。一般来说，运动中的现代交通工具所致的损伤后果较为严重，而且常为多部位的复合损伤，死亡率高。

➤ **思考练习**

　　1.道路交通事故的人体损伤种类有哪些？

　　2.道路交通事故的伤亡特点是什么？

人伤案件查勘知识点讲解

模块二　常见损伤的医疗终结时间

➤ **教学目标**

　　通过本模块的学习，要求学生掌握常见损伤的医疗终结时间。

➤ **工作任务**

　　掌握常见损伤的医疗终结时间。

➤ **问题探究**

　　医疗终结时间是指人体受损伤后治疗及休息时间的期限。人体组织受损伤后，其修复与愈合的时间有一定的规律，比如创口一般在清创缝合后 7 天即可愈合、拆线，软组织挫伤一般在 2～3 周后即可痊愈，骨折经 2～3 月即可形成骨痂。上述几种损伤也可因感染、年龄、部位等因素而明显影响病程，这些规律就是判定医疗终结时间的基础。确定医疗终结时间就损伤而言，应该是受损伤的组织愈合、受伤者临床症状消失、临床体征消失或体征固定，从治疗角度来看已经没有意义了。明确医疗终结时间可以为赔偿医疗费、住院伙食补助费、护理费等提供科学依据。

　　在各种交通事故中，由于受损组织器官较多，虽然各自损伤的严重程度不一，但相互之间仍有许多影响。有的损伤可直接影响到另一损伤的恢复，同时也影响到本身的恢复，这样也就延长了受损组织器官修复和功能恢复时间。各种损伤造成的组织器官破坏及功能障碍的修复和恢复过程是一种极其复杂的过程，既有一定的规律也有其个体特殊性。损伤修复过程不仅与受损伤的严重程度有密切关系，而且与受伤者的年龄、体质、性别、职业、气温、环境、地理区域的差别，医疗条件及诊疗水平的高低，本身原有的疾病，饮食结构和生活习惯均有关系。对人体损伤修复及功能恢复有影响的常见因素有以下几种。

　　（1）年龄体质因素。同一程度的组织损伤，年轻体壮的人损伤恢复得快，而年老体弱的人恢复得慢。

　　（2）职业因素。长时期从事体力劳动的人较从事脑力劳动的人损伤恢复得快。

　　（3）感染因素。相同类型的损伤，如果合并或继发感染，会使原损伤的修复期延长。

反复多次感染有时会导致器官功能的严重障碍。

（4）异物因素。损伤处有异物存留会直接影响组织的修复，使修复期延长。

（5）组织低灌流因素。全身及局部组织的供血不足可使修复期延长，部分组织局部长时间缺血或低灌流可使受波及的组织坏死而致严重功能障碍。

（6）医疗因素。如果医疗条件好，受损组织能得到积极治疗和护理并且处理得当的则修复较快。反之，修复慢且易产生并发症。

（7）营养因素。伤者以往的营养程度及治疗期间营养水平较好的人较高度营养不良的人损伤恢复快。

（8）疾病因素：患有严重慢性消耗性疾病（如糖尿病、肝硬化、肺结核、尿毒症、血液病、癌症、肠道慢性疾病等）的人损伤修复较慢，有时会造成损伤长期不愈。

（9）温度因素。在常温下组织修复较快，而在过低或过高温度环境中损伤的修复变慢。

（10）环境精神因素。在洁净宽松的环境下，精神开朗愉快的人损伤恢复得快。反之恢复较慢。

由于受损组织的恢复程度及所需时间不尽相同，不同程度的损伤所需修复的时间也不尽相同，因此在确定不同损伤所需医疗时间时，应根据不同损伤的转归进行全面综合分析。对于同一个体全身不同组织器官遭受不同程度的损伤，在确定其医疗终结时间时以最严重的损伤所需最长医疗终结时间为主，不能将不同损伤所需的医疗终结时间进行累加后计算。

一、常见损伤的医疗终结时间

1. 软组织损伤

（1）体表软组织的表浅性损伤医疗终结时间为 1～3 周，伴有感染的可适当延长。

（2）体表软组织挫伤的医疗终结时间为 3～8 周，伴有感染的可适当延长。

2. 颅脑损伤

（1）单纯头皮外伤（开放、闭合）医疗终结时间为 1～5 周，头皮血肿需手术的延长医疗终结时间。

（2）头皮撕脱伤致头皮感觉障碍及头发不能再生，医疗终结时间为 1～6 个月，如需二次植皮的延长医疗终结时间。

（3）闭合性颅盖骨折不伴有脑实质损伤，有小量或无硬膜外、硬膜下出血的，无神经定位体征医疗终结时间为 2～4 个月。若需手术修补的延长医疗终结时间。

（4）开放性骨折医疗终结时间为 3～6 个月。

（5）颅底部骨折不遗有中枢及周围神经体征的医疗终结时间为 2～6 个月，遗有脑脊液漏和面神经损伤、听神经损伤需手术者延长医疗终结时间。伴有严重颅脑损伤医疗终结时间为 6~14 个月。

（6）轻度颅脑损伤无神经定位体征者医疗终结时间为 2～9 周。

（7）脑挫裂伤及颅内血肿医疗终结时间为 5～12 个月，慢性血肿需二次手术的延长医疗终结时间。

3. 面部损伤

（1）眼睑皮下出血、皮下气肿、单纯性皮肤损伤，医疗终结时间为 1 ～ 3 周。

（2）眼睑全层断裂、提上睑肌损伤的医疗终结时间为 2 ～ 6 个月，需二次手术的延长医疗终结时间。

（3）泪小管、目囊泪腺损伤医疗终结时间为 1 ～ 2 个月。

（4）眶骨骨折（开放、闭合）医疗终结时间为 3 ～ 5 个月。眼内异物的医疗终结时间为 1 ～ 2 个月。眼球突出、眼球陷入医疗终结时间为 1 ～ 3 个月。

（5）眼肌麻痹医疗终结时间为 3 ～ 12 个月。

（6）结膜异物、结膜下出血、结膜裂伤医疗终结时间为 2 ～ 3 周。

（7）睑球粘连医疗终结时间为 1 ～ 6 个月。角膜损伤合并眼内异物、白内障、慢性色素炎医疗终结时间为 3 ～ 12 个月。

（8）外伤性散瞳、前房积血、虹膜根部断裂、外伤性虹膜睫状体炎医疗终结时间为 1 ～ 5 个月。

（9）晶状体脱位、晶状体混浊、玻璃体积血、玻璃体混浊终结时间为 5 ～ 10 个月。需手术的，延长医疗终结时间。

（10）视网膜出血、震荡、脱离，黄斑穿孔等医疗终结时间为 3 ～ 12 个月。

（11）视神经损伤的医疗终结时间为 6 ～ 12 个月。外伤性眼球摘除医疗终结时间为 3 ～ 6 个月。

（12）交感性眼炎医疗终结时间为 6 ～ 18 个月。

（13）耳郭损伤、缺失，外耳道损伤的医疗终结时间为 1 ～ 3 个月。

（14）鼓膜穿孔医疗终结时间为 4 ～ 17 周，需手术的，延长医疗终结时间。

（15）内耳损伤，急、慢性震荡性耳聋医疗终结时间为 6 ～ 12 个月。

（16）鼻软组织裂伤、缺损，鼻骨骨折，医疗终结时间为 1 ～ 4 个月，伴有感染的延长医疗终结时间。

（17）颌面部软组织医疗终结时间为 1 ～ 8 周。伴有感染的，延长医疗终结时间。

（18）上下颌骨骨折医疗终结时间为 3 ～ 6 个月，需二次手术延长终结时间。颧骨骨折医疗终结时间为 4 ～ 7 个月，粉碎性骨折及需二次手术的，延长医疗终结时间。

（19）牙齿折断、牙槽骨骨折医疗终结时间为 1 ～ 3 个月。

（20）舌缺失和舌裂伤医疗终结时间为 1 ～ 8 周，合并感染的，延长医疗终结时间。

4. 颈部软损伤

（1）颈部软组织损伤医疗终结时间为 1 ～ 6 周。

（2）舌骨骨折、气管软骨和甲状软骨骨折医疗终结时间为 1 ～ 3 个月。

（3）颈部气管损伤医疗终结时间为 3 ～ 6 个月，需手术的延长终结时间。

（4）喉损伤医疗终结时间为 1 ～ 8 个月。

（5）甲状腺损伤医疗终结时间为 2 ～ 6 个月。

5. 胸腹部损伤

（1）胸壁开放性闭合性损伤医疗终结时间为 1 ～ 6 周。大面积挫伤医疗终结时间为 2 ～ 4 个月。

（2）单根肋骨损伤医疗终结时间为 1 ～ 2 个月。

（3）多发性肋骨骨折医疗终结时间为 3 ～ 5 个月。

（4）胸骨骨折医疗终结时间为 2 ～ 4 个月。

（5）胸骨伴肋骨骨折医疗终结时间为 3 ～ 6 个月。

（6）肋骨骨折伴有血气胸的医疗终结时间为 2 ～ 6 个月。

（7）外伤致乳腺缺失、挫碎医疗终结时间为 2 ～ 5 个月。乳腺挫伤的医疗终结时间为 1 ～ 8 周。

（8）肺部挫裂伤医疗终结时间为 5 ～ 8 个月。

（9）气管破裂医疗终结时间为 6 ～ 8 个月。

（10）心包及心脏损伤医疗终结时间为 6 ～ 10 个月。

（11）食管破裂性损伤医疗终结时间为 42 ～ 90 天。

（12）膈肌损伤医疗终结时间为 3 ～ 6 个月。

（13）胸腺损伤医疗终结时间为 3 ～ 6 个月。

（14）胃破裂及肠破裂医疗终结时间为 2 ～ 4 个月。

（15）胰腺挫伤、坏死、破碎医疗终结时间为 2 ～ 8 个月。

（16）肝挫伤及肝包膜下血肿医疗终结时间为 1 ～ 4 个月。

（17）肝破裂医疗终结时间为 6 ～ 12 个月。

（18）胆囊及胆管破裂医疗终结时间为 4 ～ 7 个月。

（19）脾挫裂伤及脾包膜下出血医疗终结时间为 2 ～ 4 个月。

（20）脾破裂医疗终结时间为 4 ～ 8 个月。

（21）输尿管、膀胱、尿道裂伤医疗终结时间为 1 ～ 2 个月，破裂伤的医疗终结时间为 3 ～ 6 个月。

（22）肾挫伤及肾包膜下出血肿医疗终结时间为 2 ～ 6 个月。

（23）肾裂伤医疗终结时间为 6 ～ 12 个月。

（24）肾上腺、腹膜破裂，后腹膜血肿及腹腔内积血医疗终结时间为 2 ～ 6 个月。

（25）子宫、输卵管、前列腺、精囊损伤医疗终结时间为 1 ～ 6 个月。

6. 躯干部损伤

（1）脊椎损伤不伴有脊髓损伤的医疗终结时间为 4 ～ 8 个月。

（2）伴有脊髓损伤的椎体损伤医疗终结时间为 6 ～ 12 个月。

（3）脊柱脱位医疗终结时间为 4 ～ 8 个月。

（4）椎间盘突出症医疗终结时间为 2 ～ 6 个月。

（5）骨盆骨折医疗终结时间为 4 ～ 6 个月。

（6）骶髂关节部分或全部分离的医疗终结时间为 2 ～ 7 个月。

（7）脊韧带损伤的医疗终结时间为 1 ～ 3 个月。

（8）骶髂部韧带损伤医疗终结时间为 1 ～ 3 个月。

7. 四肢损伤

（1）手指缺失医疗终结时间为 1～3 个月。

（2）上肢大关节以上缺失的医疗终结时间为 4～8 个月。

（3）手掌缺失医疗终结时间为 3～6 个月。

（4）指骨、掌骨及腕骨骨折医疗终结时间为 2～6 个月。

（5）肱骨、尺骨、桡骨骨折医疗终结时间为 3～6 个月。

（6）上肢多发性骨折医疗终结时间为 4～8 个月。

（7）肩胛骨、锁骨骨折医疗终结时间为 3～6 个月。

（8）肩关节、肘关节、腕关节脱位医疗终结时间为 2～4 个月。

（9）手指关节脱位医疗终结时间为 1～2 个月。

（10）上肢大关节韧带挫伤或撕裂伤的医疗终结时间为 2～6 个月。

（11）上肢小关节韧带挫伤或撕裂伤的医疗终结时间为 1～3 个月。

（12）股骨颈骨折医疗终结时间为 6～10 个月。

（13）股骨干骨折医疗终结时间为 4～8 个月。

（14）髌骨骨折医疗终结时间为 3～5 个月。

（15）胫腓骨骨折医疗终结时间为 4～6 个月。

（16）跗骨、跖骨骨折医疗终结时间为 4～8 个月。

（17）趾骨骨折医疗终结时间为 1～3 个月。

（18）足趾缺失及跖骨缺失医疗终结时间为 3～6 个月。

（19）足部缺失医疗终结时间为 4～8 个月。

（20）下肢大关节以上缺失的医疗终结时间为 5～12 个月。

（21）下肢大关节脱位医疗终结时间为 2～5 个月。

（22）髌骨脱位医疗终结时间为 2～4 个月。

（23）足部小关节脱位医疗终结时间为 1～3 个月。

（24）下肢大关节韧带挫伤及撕裂伤的医疗终结时间为 3～6 个月。

（25）足部小关节韧带挫伤及撕裂伤的医疗终结时间为 1～3 个月。

8. 四肢血管神经损伤

（1）臂丛神经损伤医疗终结时间为 10～16 个月。

（2）桡神经、尺神经、正中神经损伤医疗的终结时间为 10～16 个月。

（3）上肢大血管损伤医疗终结时间为 1～3 个月。

（4）坐骨神经损伤医疗终结时间为 10～24 个月。

（5）腓总神经、胫神经损伤医疗终结时间为 10～16 个月。

（6）下肢大中血管损伤医疗终结时间为 1～3 个月。

9. 外阴肛门损伤

（1）阴茎缺失医疗终结时间为 1～3 个月。

（2）阴茎脱位医疗终结时间为 2～4 个月。

（3）阴茎断裂医疗终结时间为 3～5 个月。

（4）阴囊撕裂医疗终结时间为 1 ~ 4 个月。

（5）睾丸挫伤、碎裂、缺失的医疗终结时间为 4 ~ 22 周。

（6）阴囊积血、鞘膜积血的医疗终结时间为 1 ~ 3 个月。

（7）会阴部软组织挫伤血肿的医疗终结时间为 1 ~ 3 个月。

（8）女性外阴裂伤、缺失、挫碎性损伤的医疗终结时间为 2 ~ 18 周。

（9）阴道撕裂伤的医疗终结时间为 2 ~ 8 周。

（10）肛门损伤医疗终结时间为 1 ~ 3 个月。

二、常见损伤并发症的医疗终结时间

1. 头面部损伤并发症

（1）颅骨骨折伴有明显神经系统体征，经治疗短时间无明显改善，遗留有单瘫、偏瘫、植物状态、精神障碍、痴呆、外伤性癫痫，医疗终结时间为 6 ~ 10 个月。

（2）颅底骨折伴有面神经、听神经、视神经损伤的，脑脊液漏长期不愈的医疗终结时间为 8 ~ 16 个月，需手术的延长医疗终结时间。

（3）开放性及闭合性颅脑损伤合并脑脓肿或化脓性脑膜炎，医疗终结时间为 6 ~ 10 个月。

（4）颅脑损伤进行颅板减压术后存在颅骨缺损综合证的医疗终结时间为 8 ~ 12 个月。

（5）颅脑外伤致颅内积液需手术吸除或引流的医疗终结时间为 6 ~ 14 个月。

（6）眶骨骨折致眼球内陷手术矫正医疗终结时间为 6 ~ 8 个月。

（7）颅内损伤或眼球损伤致眼球活动障碍需手术治疗的医疗终结时间为 6 ~ 16 个月。

（8）眼外伤后合并感染医疗终结时间为 3 ~ 6 个月。

（9）上下颈骨骨折合并慢性骨髓炎医疗终结时间为 6 ~ 12 个月。

（10）面部软组织损伤合并感染延长医疗终结时间。

（11）颞颌关节损伤合并张口明显受限需手术治疗终结时间延长。

（12）上下颈骨骨折错位愈合明显影响咬合关系的医疗终结时间为 6 ~ 12 个月。

（13）鼻骨损伤颅脑损伤并发呼吸阻塞、嗅觉丧失医疗终结时间为 6 ~ 10 个月。

（14）颧骨弓骨折合并复视医疗终结时间为 6 ~ 10 个月。

（15）甲状腺损伤造成甲状腺功能障碍的医疗终结时间为 6 ~ 12 个月。

2. 胸腹部损伤并发症

（1）胸部软组织损伤致疤痕挛缩和胸廓运动功能障碍的，需手术治疗，医疗终结时间为 3 ~ 6 个月。

（2）胸部骨折形成连枷胸的医疗终结时间为 6 ~ 12 个月。

（3）胸、肋骨骨折形成胸廓畸形的医疗终结时间为 8 ~ 12 个月。

（4）胸、肋骨骨折伴有慢性骨髓炎的医疗终结时间为 8 ~ 12 个月。胸部损伤合并脓胸、乳糜胸医疗终结时间为 10 ~ 24 个月。

（5）肺部损伤后致肺不张、肺脓肿、纵隔脓肿、肺纤维化等医疗终结时间为 10 ~ 18 个月。

（6）气管损伤合并气管胸膜瘘、支气管扩张、气管狭窄医疗终结时间为 6 ～ 12 个月。

（7）心包心脏损伤合并心包粘连、缩窄性心包炎、心肌异物存留医疗终结时间为 10 ～ 24 个月，伴有严重传导阻滞的医疗终结时间为 1 ～ 2 年。

（8）食管损伤合并进食困难、食管瘘、纵隔脓肿、胸腔脓肿医疗终结时间为 6 ～ 12 个月。

（9）胸部挤压致颅内出血伴有神经系统体征的医疗终结时间为 4 ～ 12 个月。

（10）乳腺损伤合并感染需手术治疗的医疗终结时间为 2 ～ 6 个月。

（11）膈肌损伤合并有膈疝需手术治疗的医疗终结时间为 6 ～ 12 个月。

（12）胃肠道损伤合并肠瘘医疗终结时间为 6 ～ 12 个月。

（13）胃肠道破裂后产生明显肠梗阻及肠粘连症状的医疗终结时间为 8 ～ 12 个月。

（14）胃肠道损伤切除并伴发严重消化不良的医疗终结时间为 10 ～ 18 个月。

（15）肝脏损伤合并肝脓肿、肝硬化、肝功能严重障碍、胆汁性肝炎的医疗终结时间为 10 ～ 20 个月。

（16）胆管损伤后狭窄出现梗阻性黄疸反复发作医疗终结时间为 10 ～ 18 个月。

（17）胰腺损伤后伴发明显消化功能障碍的医疗终结时间为 12 个月。

（18）肾脏损伤后造成肾功能障碍的医疗终结时间为 6 ～ 12 个月。

（19）肾脏损伤并发肾性高血压的医疗终结时间为 6 ～ 16 个月。

（20）肾损伤并发肾功能衰竭医疗终结时间为 6 ～ 12 个月。

（21）肾损伤后伴发肾周脓肿和脓肾医疗终结时间为 8 ～ 12 个月。

（22）肾损伤后并发肾积水、肾萎缩、肾实质囊性变、尿外渗，肾机化医疗终结时间为 6 ～ 14 个月。

（23）肾上腺损伤造成内分泌功能障碍的医疗终结时间为 8 ～ 14 个月。

（24）腹腔内积血机化引起粘连医疗终结时间为 6 ～ 12 个月。

（25）肠损伤后合并低位消化道瘘医疗终结时间为 8 ～ 14 个月。

（26）输尿管损伤后并发尿外渗、尿瘘、肾盂积水、肾萎缩医疗终结时间见相应条款。

（27）输尿管伴发顽固性感染医疗终结时间为 8 ～ 16 个月。

（28）膀胱损伤后伴有感染医疗终结时间为 6 ～ 12 个月。

（29）膀胱损伤后并发膀胱阴道瘘、膀胱肠瘘、膀胱体表瘘医疗终结时间为 8 ～ 16 个月。

（30）膀胱损伤并发严重排尿困难需手术治疗医疗终结时间为 6 ～ 12 个月。膀胱损伤后伴尿潴留的医疗终结时间为 6 ～ 12 个月。

（31）膀胱损伤致尿失禁医疗终结时间为 6 ～ 10 个月。

（32）卵巢严重挫伤造成分泌激素障碍医疗终结时间为 6 ～ 12 个月。

（33）输卵管损伤后致输卵管狭窄或不需手术治疗的医疗终结时间为 6 ～ 12 个月。

（34）阴道损伤致阴道狭窄或闭锁医疗终结时间为 5 ～ 10 个月。

（35）子宫损伤致子宫内膜炎及内膜萎缩医疗终结时间为 6 ～ 12 个月。

3. 脊柱损伤并发症

（1）颈椎损伤致双上肢功能障碍及颈部强直医疗终结时间为 6 ～ 12 个月。

（2）颈髓损伤致高位截瘫医疗终结时间为 1 ～ 2 年。

（3）胸腰部脊髓损伤致双下肢永久性完全丧失机能医疗终结时间为 1 ～ 2 年。

（4）骨盆骨折畸形愈合医疗终结时间为 6 ～ 12 个月，女性影响受孕生产医疗终结时间为 8 ～ 16 个月。

4．四肢损伤并发症

（1）上肢骨骨折后畸形愈合，伴有骨折延迟愈合、骨不连、骨髓炎等医疗终结时间为 8 ～ 18 个月。

（2）上肢关节腔内积血、关节囊损伤及关节周韧带损伤伴发关节强直需手术矫形医疗终结时间为 6 ～ 12 个月。

（3）上肢大中血管损伤后出现肌肉挛缩、萎缩、关节僵硬医疗终结时间为 6 ～ 12 个月。

（4）上肢血管损伤致肢体坏死后截肢医疗终结时间见有关条文。

（5）股骨颈骨折合并股骨头坏死、骨髓炎、骨折延迟愈合、严重畸形需手术矫正的医疗终结时间为 8 ～ 16 个月。

（6）髌骨骨折并发骨不连或坏死需手术治疗的医疗终结时间为 4 ～ 8 个月。

（7）下肢大中血管损伤致肌肉挛缩、关节僵硬医疗终结时间为 6 ～ 16 个月。

（8）下肢神经损伤致足下垂需进行踝关节切开、融合手术，医疗终结时间为 8 ～ 16 个月。

（9）各种骨折畸形愈合影响关节功能需手术进行矫正治疗的均应延长医疗终结时间。

（10）各种严重韧带损伤、关节囊损伤以及关节腔内出血后影响关节功能需手术改善关节功能的医疗终结时间均应延长。

5．外阴肛门损伤并发症

（1）阴茎表面软组织损伤疤痕形成致功能障碍需手术矫正医疗终结时间为 5 ～ 8 个月。

（2）阴茎损伤后形成器质性阳痿医疗终结时间为 8 ～ 14 个月。

（3）睾丸损伤后引起睾丸萎缩而致分泌激素及生精能力下降医疗终结时间为 8 ～ 16 个月。

（4）阴茎损伤致排尿困难需手术治疗的医疗终结时间为 6 ～ 8 个月。

（5）女性外阴损伤致疤痕挛缩需手术治疗的医疗终结时间为 6 ～ 12 个月。

6．全身性并发症

人体是由众多的组织器官系统组成的，当损伤受到冲击力作用后，不仅损伤的局部组织器官会发生一系列的病理改变，与该损伤部位相关的系统也会发生一系列的病理改变，有时是全身性的病理改变，有的原发损伤并不严重，而其所引发产生的并发症却十分严重。损伤后的并发症很多，除上述各系统损伤有其各自特点的损伤并发症外，各种损伤还会造成若干全身性的并发症，在各种损伤中经常遇到，现就此类并发症简单介绍如下。

（1）破伤风。这是由于破伤风杆菌进入伤口繁殖产生毒素引起全身或局部肌肉阵发性痉挛或由牲畜的急性感染。如果治疗及时无后遗症。有的伤者在治疗后遗有脑、心、肺的功能障碍。破伤风医疗终结时间为 4 ～ 12 个月。

（2）气性坏疽。经治疗无任何后遗症。但有的病例经治疗留有心、肝、肾、四肢后遗症。气性坏疽的医疗终结时间为 4 ～ 12 个月。

（3）创伤性休克。由于损伤造成大量失血使全身灌流量减少。经治疗一般无后遗症存在，偶尔有脑部因较长时间缺氧导致的损伤。创伤性休克的医疗终结时间为 1 ～ 4 周。

（4）创伤后感染性败血症。治愈后不形成功能障碍。有的会遗留脑、心、肺等严重功能障碍。败血症的医疗终结时间为 4 ～ 6 个月。

（5）空气栓塞。由于体外的气体短时间进入血液循环系统而阻塞血管造成组织器官缺血而产生症状。治愈后不留后遗症。有的经治疗留有脑、心、肺等重要器官功能障碍。空气栓塞的医疗终结时间为 2 ～ 6 个月。

（6）脂肪栓塞。损伤后局部脂肪进入血管，形成脂肪滴阻塞血管而引起不同的症状。经治疗后可不存在后遗症。有的经治疗遗留有脑、心、肺等重要器官的功能障碍。脂肪栓塞的医疗终结时间为 2 ～ 6 个月。

（7）挤压综合证。肌体大面积的软组织损伤后，引起肌肉缺血性坏死，出现肌红蛋白血症及肌红蛋白尿而引起急性肾功能衰竭。经治疗可无后遗症。部分留有四肢、肾脏等器官的功能障碍。挤压综合证的医疗终结时间为 6 ～ 18 个月。

➤ **思考练习**

1. 简述常见损伤的医疗终结时间。
2. 简述常见损伤并发症的医疗终结时间。

模块三　常见损伤的最佳医疗鉴定时间

➤ **教学目标**

通过本模块的学习，要求学生掌握常见损伤的最佳医疗鉴定时间。

➤ **工作任务**

掌握常见损伤的最佳医疗鉴定时间。

➤ **问题探究**

对各种因交通事故造成的损伤程度及伤残程度的鉴定与我国颁布的刑法、民法通则和治安管理处罚法中所规定的性质有所不同。前者因交通事故的发生一般为意外，非主观上有意去伤害他人，因此对受害者的损伤进行法医学损伤程度及伤残程度鉴定的主要目的是补偿受害者在事故中所受损伤及由此产生的组织器官功能障碍给受害者今后生活及工作带来困难和不便的经济损失。组织器官功能障碍轻重程度的评定结果直接影响到受伤者的经济利益和造成当事人伤害的赔偿数额。《道路交通事故受伤人员伤残评定 GB 18667—2002 标准》说明，鉴定原则应依据人体伤后治疗效果，结合受伤当时的伤情认真分析残疾与事故、损伤之间的关系，实事求是地评定。

由于交通事故损伤极为复杂，存在个体差异，各受损组织器官功能恢复所需时间也不尽相同，因此在选择伤残鉴定最佳时期时不能一概而论，必须根据不同损伤的特点进行深入分析，然后进行评定。值得牢记的是：对于不同部位、不同性质及不同程度的损伤在选择最佳鉴定时间时应以损伤较重、最难以恢复、最易形成功能障碍的损伤部位进行鉴定，不能避重就轻。

各种交通事故损伤大多为复合性损伤，损伤的部位较为广泛，损伤的程度各不相同，各种损伤在不同时期有其不同的转归，因此在不同时期进行鉴定可以产生不同的结果。由于鉴定时间不同而产生的分歧在实际处理交通事故中经常发生，掌握和确定最合理的鉴定时间是能否对损伤程度及其所造成的组织器官功能障碍进行合理认定的基础。

下面列举部分常见损伤的最佳鉴定时期。

1. 软组织损伤

一般软组织损伤是指外来暴力作用于人体后人体受损组织仅限于体表或较为表浅的皮下组织，损伤后多表现为表皮剥落、皮下出血、软组织挫伤、表浅的裂创和挫裂创及韧带关节囊的非撕裂性损伤。此类损伤有时虽然分布较广泛，但一般均较局限，不会引起腔内器官的破裂及积血。临床表现为生命体征平稳，无重要器官的功能障碍，经一般的对症治疗后短时间内可以恢复，愈后良好。此类损伤，在损伤后即可进行鉴定，也可在医院观察一段时间后，在无并发症产生的情况下进行鉴定。对于大面积软组织损伤，应在明确其损伤不会造成严重的并发症（如挤压综合证）的情况下进行损伤程度鉴定。对于面部等特殊部位的软组织损伤，有可能产生疤痕及色素沉着而影响面貌的损伤，应在软组织损伤愈合后，确认在正常情况下不可能出现影响面容的疤痕及色素沉着的情况下进行鉴定。不能以观察愈后效果为由拖延鉴定。有可能出现影响面容的色素沉着及细小片状疤痕，鉴定应在 3 ~ 5 个月进行。

2. 颅脑损伤

（1）头皮撕脱、头皮软组织撕裂、头皮严重挫伤致使头皮供血不足坏死或无毛发，无颅内损伤及颅骨骨折，主要以治疗原损伤为主，鉴定应在 2 ~ 4 周内进行。

（2）头部损伤造成软组织挫伤，确证有原发昏迷史，脑震荡诊断成立，根据损伤的轻重程度确定鉴定时间，一般在损伤后 2 周内进行。

（3）颅盖骨单纯线性骨折和颅盖骨凹陷性骨折不伴有脑实质及血管损伤，无须手术治疗的，在确定上述损伤后即可鉴定。开放性颅骨骨折在 2 ~ 4 周进行鉴定。

（4）单纯颅底骨折不伴有相应的并发症，在损伤明确诊断后即可进行鉴定。

颅前凹骨折伴有嗅神经损伤、脑脊液鼻漏及球后出血造成嗅觉丧失及眼球运动障碍的，鉴定时间应在治疗好转病情相对稳定情况下进行，一般为 2 ~ 4 个月。

颅中凹骨折伴有颞叶损伤症状及视神经受损萎缩而致使视力下降，鉴定应在损伤后 4~6 个月进行。

颅后凹骨折伴有小脑、脑干及其他颅神经损伤而致使相应功能障碍的，经治疗短时间能治愈的在病情稳定的基础上鉴定。如果损伤较严重，目前临床上仍无有效治疗方法的，在损伤后或损伤后 2 ～ 3 个月进行鉴定。

（5）颅内出血及脑实质损伤。

硬膜外及硬膜下出血量少不需手术清除的颅骨骨折的鉴定应在 1 ～ 2 个月时进行。出血量大需手术清除的鉴定时间为 2~3 个月时。

脑实质出血及挫伤、挫裂伤但无神经系统阳性体征及症状的，在 1 ～ 2 个月时进行鉴定。有轻微的神经系统体征但无肢体功能明显障碍的，在 1 ～ 3 个月时进行鉴定。

颅内出血伴有明显神经系统阳性体征及症状并经治疗后能在短时间恢复的损伤，应在症状消失稳定的情况下进行鉴定。

颅脑损伤致伤者呈植物状态持续 1 个月以上则可鉴定伤者为植物人。

颅脑损伤致伤者智力低下的，鉴定时间为 3 ～ 6 个月时。

颅脑损伤致伤者出现器质性精神障碍的，鉴定时间为 4 ～ 6 个月时。

颅脑损伤致伤者出现癔症性精神失常的，鉴定时间为 3 ～ 4 个月时。

颅脑损伤造成伤者产生单瘫、偏瘫不能恢复的，其鉴定最佳时间是症状稳定存在但无明显好转及恶化时，一般为 4 ～ 6 个月时。

颅脑损伤合并颅内感染或脑脊液漏久治不愈的鉴定时间一般不宜超过 6 个月。

颅脑损伤造成伤者出现失读症、失语症、失用症、失写症、脑外伤后尿崩症、共济失调等较为特殊的情况时，应在病情稳定的情况下进行鉴定。

3. 面部损伤

（1）面部软组织挫裂伤、皮肤片状缺失及较严重、较广泛的表皮擦伤，损伤愈合后出现明显影响面容的疤痕及色素沉着，因部分疤痕及色素沉着在经过一段时间可软化吸收而不明显或减轻影响面容的程度，鉴定时间应在 3 ～ 5 个月时为宜。

（2）面部损伤及颅脑损伤致面神经功能障碍造成肌肉瘫痪、眼睑不能闭合等，引起面容损毁和语言功能及进食功能障碍的，鉴定时间应在 4 ～ 6 个月时。

4. 鼻部损伤

外鼻因损伤而缺失，在损伤后即可进行鉴定。而由于鼻骨骨折塌陷、畸形引起的面容丑陋，其鉴定时间为 2 ～ 3 个月时。

5. 颌面骨及口腔损伤

（1）单纯外伤性牙齿缺失、折断，损伤后即可进行鉴定。

（2）单纯性下颌骨骨折无移位，鉴定时间为 1 ～ 2 个月时。

（3）颌骨骨折伴有明显移位致咬合关系错位，影响咀嚼功能的，应在 3 ～ 5 个月时进行鉴定。

（4）颧骨骨折伴有错位致使张口受限、面容不对称变形的，应在 3 ～ 5 个月时进行鉴定。

（5）颞颌关节损伤（无骨质损伤）致张口受限的，在 2 ～ 4 个月时鉴定。

（6）口唇损伤、舌系带断裂、舌体部分缺失，影响进食及语言功能的，在 3 个月后进行鉴定。

6. 视觉器官损伤

（1）眼球因外伤性破裂手术摘除，在术后即可进行伤残鉴定。外伤性白内障、玻璃体混浊等眼部损伤引起的视力下降，对其鉴定时间为 3 ~ 5 个月时。视网膜震荡引起的视力下降大多为短时间的，损伤后确诊即可鉴定。

（2）由于眼睑部分缺失而致眼睑闭合功能不全的，鉴定时间为一个月内；因局部软组织疤痕收缩致眼睑闭合功能障碍的鉴定时间为 3 ~ 5 个月内。外伤造成眼轮匝肌提上肌的损伤、眼睑组织疤痕及运动支配神经的损伤引起的眼睑下垂，鉴定时间在伤后 2 ~ 5 个月内。

（3）对于颅脑损伤或眼部损伤造成视神经萎缩而致伤者视力下降或视野缺损，由于视神经萎缩的程度大多数情况下为渐进性引发，因此过早鉴定不能正确反映视力情况，鉴定时间应在损伤后 6 ~ 8 个月内为宜。

（4）外伤性视野缺损、狭窄、偏盲及复视、斜视由于伴有眼底及眼球运动肌肉和颅脑神经损伤，在损伤较轻微时，经一定时间的治疗后有可能得到恢复，鉴定时间在损伤后 3 ~ 5 个月时。

7. 听觉器官损伤

（1）耳郭缺失性损伤在伤后即可进行鉴定。

（2）外伤性鼓膜穿孔致听力下降，属于传导性耳聋，大部分能随着破裂鼓膜的修复而恢复正常，小的穿孔在数周内就可以修复，大的穿孔无法自行修复，将产生较明显的听力下降。此类损伤在伤后 3 ~ 8 周时进行鉴定。

（3）内耳迷路震荡引起伤者听力下降、耳鸣、眩晕症状为功能性的，一般经过一段时间治疗就可以恢复，此种损伤在伤后 1 ~ 3 个月时进行鉴定。

（4）头部震荡及颅骨骨折可引起迷路窗破裂，前庭膜、螺旋器等内耳器官损伤，损伤不易恢复，大多伴有明显的听力下降。此类损伤的鉴定在伤后 3 ~ 6 个月时进行。

（5）内耳损伤引起的眩晕及平衡功能障碍，鉴定时间为伤后 3 ~ 5 个月。

8. 颈部损伤

（1）颈部一般软组织损伤未造成深部组织损伤可在损伤后即刻进行鉴定。也可在治疗一段时间结合愈后进行鉴定，一般不超过一个月。

（2）颈部损伤合并局部或全身感染的，局部有脓肿形成，伴有纵隔炎或疤痕形成，应在治疗结束后视其后遗症情况作出鉴定。

（3）颈部损伤后造成咽喉或食管狭窄，有梗阻现象，影响进食或吞咽功能的应在彻底治疗后根据其功能障碍进行鉴定，鉴定在损伤后 4 ~ 6 个月时进行。

（4）颈部损伤造成甲状腺损伤而致甲状腺功能减退或甲状腺功能缺失的，应根据其损伤造成影响机体代谢的程度进行鉴定，鉴定在损伤后 4 ~ 6 个月时进行。

（5）颈部损伤造成喉返神经、迷走神经等损伤致失音或严重声音嘶哑的，应在治疗后症状稳定的情况下进行鉴定，一般在损伤后 4 ~ 6 个月时进行。

9. 胸部损伤

（1）因交通事故所致闭合性血胸及气胸在损伤诊断明确后即可鉴定。如果有其他伴发症同时存在，则视具体情况在病情稳定时进行鉴定。

（2）胸部较轻微的软组织损伤可在损伤后即刻进行鉴定，伤后有明显的局部和全身感染趋势的可推迟鉴定，待治疗后视其影响胸部功能情况进行评定。

（3）胸部损伤造成单纯肋骨线性骨折，无移位，无血气胸及其他伴发症的，可在损伤后即刻鉴定，也可在损伤后 1 个月左右进行鉴定。多根多处肋骨骨折，伴有明显移位，经治疗骨折端对位仍无明显好转的，鉴定应在损伤后 2 ~ 4 个月时进行，对有较严重并发症的可在治疗后症状稳定的情况下进行鉴定。

（4）肋骨骨折位有大量胸腔内积血的应在积血得到彻底控制并对呼吸无明显影响的情况下进行鉴定。由于积血不能有效地吸收，造成积血机化而致胸廓运动障碍引起呼吸功能低下者，损伤后继发感染，形成脓胸、胸膜炎、弥漫性肺间质纤维化留有胸膜粘连、肺不张等情况及食管胸膜瘘、支气管胸膜瘘、创伤性乳糜胸等的，应在伤者症状稳定不继续发展时及时进行鉴定，一般需半年左右。肋骨骨折后需手术治疗而致多根肋骨缺失者，应在损伤治疗后视其功能情况进行鉴定。

（5）胸骨骨折不伴有胸内脏器损伤的伤后即可进行鉴定。胸骨多处粉碎性骨折，因其愈合后可能会出现严重的胸廓塌陷、连枷胸等影响呼吸功能，应在损伤后经治疗症状稳定时进行鉴定。胸骨损伤形成骨髓炎则在骨髓炎形成后 4 ~ 6 个月时进行鉴定。

（6）对于胸部损伤后造成心肌损伤、心包填塞、纵隔损伤、胸腔或胸腔内脏器异物存留，应在损伤后伤情彻底稳定，不再发展变化的情况下进行鉴定。

（7）胸腔内大血管的损伤在明确诊断后即可进行鉴定。若需手术治疗的可在手术后症状稳定的情况下进行鉴定。

（8）对于外伤后致双乳或单侧乳房缺失的，可在损伤后即刻进行鉴定，对于乳房不全、缺失及较严重的损伤，视其损伤情况、萎缩情况及可能影响乳房功能的程度进行鉴定，一般在损伤后 4 ~ 6 个月时进行鉴定。鉴定时不应因伤者的年龄较小尚无哺乳功能而减轻伤残程度。应视损伤的轻重程度，对今后可能出现的功能障碍进行全面的分析说明。

（9）损伤造成食管断裂、食管破裂，经手术施行断端吻合或修补后，经 2 ~ 4 个月的观察治疗可进行鉴定，如有较严重的并发症如食管胸膜瘘及食管支气管瘘，则损伤鉴定需半年左右进行。

（10）外伤致膈肌损伤经手术修补无明显并发症，胸腹腔内脏器无损伤的在手术后即可进行鉴定，也可在临床治愈后进行鉴定。

（11）膈肌损伤后伴有胸腹腔内脏器损伤的，应视腔内脏器损伤情况按损伤最重的确定鉴定时间。

12）膈肌损伤经治疗后出现膈疝，需再次手术的，其鉴定时间应在二次手术后症状稳定时进行。

10. 腹部损伤

（1）一般软组织损伤可在损伤后即刻鉴定。

（2）胃损伤后进行胃手术修补的，损伤后 1 个月左右可进行鉴定。损伤后胃部分或全部切除影响消化功能的，在手术后 2 ~ 4 个月时进行鉴定。胃损伤破裂致腹膜炎的，鉴定在损伤后 3 ~ 6 个月时进行，胃破裂形成腹膜炎引起腹腔粘连影响肠蠕动功能的，在伤后 6 个月左右鉴定。如果手术失败需第二次手术者，应在第二次手术后 3 个月时进行鉴定。

（3）肠破裂进行手术修补的，在确定无明显功能障碍的情况下可进行鉴定。肠损伤后坏死需手术切除者，在手术后 2 ~ 4 个月内进行鉴定。如果损伤严重，伴有明显肠粘连症状的，鉴定应在症状稳定时进行。需再次手术的应在再次手术后进行鉴定。肠破裂瘘管形成，手术治疗不能根除，反复发作的，鉴定在损伤后 6 ~ 8 个月时进行。

（4）肝脏损伤仅为肝挫伤无须手术治疗的，损伤后 1 个月进行鉴定。肝挫裂伤或肝包膜下血肿无须手术治疗的，损伤后 2 ~ 3 个月时进行鉴定。肝破裂需手术修补及手术切除者，鉴定应在术后 1 ~ 4 个月时进行。肝脏损伤合并肝脏肿，鉴定在损伤后 4 ~ 6 个月时进行。肝脏损伤后形成肝硬化引起腹水及高压的，在损伤后确诊上述情况存在可进行鉴定。

（5）胆囊、胆管损伤后无须手术，无明显后遗症存在的，可在损伤后 1 ~ 3 个月进行鉴定。损伤后需手术治疗但无后遗症的，在手术后 2 ~ 4 个月时进行鉴定。损伤后经手术治疗后遗有明显功能障碍的，鉴定应在功能障碍程度稳定的情况下进行。

（6）外伤致脾包膜下出血及脾挫裂伤，不需手术治疗的，损伤后 1 个月进行鉴定。外伤性脾破裂切除的，在手术后即可进行鉴定。其他如外伤性脾动脉结扎及外伤性脾动脉栓塞的在伤情稳定时进行鉴定。

（7）胰损伤后经保守治疗症状稳定后进行鉴定。胰损伤后进行手术部分或全部切除的，手术后 1 个月进行鉴定。

（8）十二指肠损伤鉴定时间见肠损伤鉴定部分。

（9）肾挫伤伴有少量包膜下出血，包膜完整的，损伤后 1 ~ 2 个月时进行鉴定。肾部分裂伤、全层裂伤、肾盂破裂伤及肾蒂损伤在损伤后 2 ~ 4 个月时进行鉴定。对于肾损伤后致肾积水、肾周围脓肿、肾脓肿、肾萎缩、肾机化等，鉴定应在上述症状稳定，无进一步恶化时进行，一般在出现症状后 1 ~ 3 个月时进行鉴定。一侧或双侧肾切除，可在手术后无其他并发症情况下进行鉴定。

（10）外伤致输尿管损伤经手术治疗后无明显后遗症的，在损伤后 1 ~ 2 个月时进行鉴定。如果经手术治疗后遗留有明显的并发症，则在并发症出现且情况稳定时进行鉴定。

（11）一般性膀胱损伤在治疗一段时间后就可恢复，鉴定在损伤后 1 个月时进行。膀胱损伤致部分切除的，可在手术后无瘘管形成情况下进行鉴定。膀胱损伤后致较严重排尿困难的，在明确症状不进一步发展的情况下进行鉴定。膀胱损伤后产生各种瘘管，经治疗无明显好转的情况下进行鉴定。

（12）卵巢损伤致切除的，在手术切除后即进行鉴定。

（13）输卵管损伤在损伤确定后即可进行鉴定。

（14）子宫损伤致子宫部分切除及全部切除，手术后即可进行鉴定。

11. 骨盆损伤

（1）骨盆单纯性骨折，对位好，不影响骨盆的解剖结构，在伤后 3 个月时即可鉴定。

（2）粉碎性骨折、骨盆分离严重，伴有明显的错位，可能会影响分娩、肢体关节功能的，鉴定不宜过早，应在 6 个月左右进行评定。

12. 脊柱、脊髓损伤

（1）单纯颈椎、胸椎、腰椎及骶尾椎骨折，不伴有神经根压迫症状的损伤，在伤后 1 个月时可进行鉴定。如果合并骨髓炎等则鉴定相应推迟。

（2）颈椎骨折、移位伴有神经根受压及颈髓损伤的，在伤后 3 ~ 5 个月时进行鉴定。损伤严重如造成颈髓完全性离断，则伤后就可进行鉴定。部分离断影响肢体功能及呼吸功能的，在损伤治疗后 4 ~ 6 个月时进行鉴定。

（3）胸椎压缩性骨折伴有胸段外观畸形及神经根压迫的，应在治疗后 3 ~ 5 个月时进行鉴定。伴有脊髓胸段受损或离断的，在损伤治疗后 2 ~ 6 个月时进行鉴定。

（4）腰椎损伤致使腰部活动功能明显受限的，在损伤后 3 ~ 5 个月时进行鉴定。腰椎脊髓损伤在治疗后短期能恢复或症状明显好转的，应在症状稳定后进行鉴定。腰椎损伤致使脊髓离断或马尾产生不可逆损伤的，可在损伤后或治疗无效果情况下进行鉴定。

（5）骶骨骨折造成骨盆畸形愈合的，在损伤后 3 ~ 6 个月时进行鉴定。

13. 四肢损伤

（1）外伤致大关节脱位，经复位治疗关节复位，关节囊无严重撕脱伤，受损肢体无明显功能障碍，鉴定在治疗后即可进行。对于存在关节腔出血、关节韧带严重撕裂及关节囊严重损伤的，受损肢体存在不同程度的运动障碍，应在治疗及功能锻炼 3 ~ 5 个月后进行鉴定。

（2）肢体损伤造成肢体离断或缺失无严重感染，在损伤后即可进行鉴定。如果损伤后有严重感染，可能引起或加重损伤的，应在有效控制感染，病情稳定时进行鉴定。

（3）肢体骨折，对位对线好，骨折部位对关节无明显影响的，在损伤治疗后 1 ~ 3 个月时进行鉴定。对于年老体弱骨痂生长不良或骨折延迟愈合的，鉴定在损伤后 3 ~ 5 个月时进行。因并发骨髓炎而致骨折愈合不良甚至造成骨不连的，应在临床上积极治疗后，视其情况具体判定，鉴定时间一般不超过 10 个月。个别情况确属骨不连，假关节形成，经治疗无明显效果的，鉴定不超过 12 个月进行。

（4）肢体骨折，伴有明显移位，经手法复位及手术固定仍对位不良，改变了受伤关节的解剖结构，致使受伤关节的活动功能受限或障碍的，应在进一步治疗及功能锻炼后，受伤关节功能无明显改善情况下进行鉴定。鉴定时间在 3 ~ 5 个月时。

（5）肢体大血管的破损、断裂性损伤，在手术吻合成功后即可进行鉴定。损伤造成较大血管血栓影响肢体功能的，在 6 个月左右鉴定。

（6）肢体主要神经损伤，在鉴定时应注意区别受损神经是挫伤还是断裂。因神经损伤恢复较慢，不宜过早鉴定，一般在半年后进行。

14. 外阴肛门损伤

（1）阴茎外伤性缺失一般在伤后即可进行鉴定。如果伴有严重感染可推迟鉴定。睾丸严重挫伤及附睾严重损伤等在伤愈后经一段时间观察后作出鉴定。阴茎海绵体损伤及疤痕挛缩致使性功能障碍的，在 3 ~ 5 个月时进行鉴定。

（2）阴道撕裂后致使阴道狭窄，影响性功能及生产的，在 3 个月后进行鉴定。

（3）肛门损伤后留有严重狭窄，或严重大便失禁的，在伤后 2 ~ 4 个月时进行鉴定。

➤ **思考练习**

1. 简述听觉器官损伤的最佳医疗鉴定时间。

2. 简述胸部损伤的最佳医疗鉴定时间。

模块四　伤残程度和劳动能力丧失程度的划分原则

➤ **教学目标**

通过本模块学习，要求学生掌握伤残程度和劳动能力丧失程度的划分原则。

➤ **工作任务**

掌握伤残程度和劳动能力丧失程度的划分原则。

➤ **问题探究**

一、道路伤残十级分类法的划分原则

道路伤残十级分类法将道路交通事故中由损伤所致的受伤人组织器官功能障碍程度分成十个级别来进行评定。对受损组织器官引起功能障碍程度的划分是依据受伤人在受损伤后组织器官的功能障碍的程度导致受伤人在日常生活中是否需要其他人进行帮助、生命的维持质量、意识障碍的程度、各种活动的受限程度及受伤者今后的社交能力障碍程度等综合因素来进行分类和区别的。因此，在伤残评定时，损伤后造成上述各种能力障碍程度大的则其致残程度也大，而损伤后造成上述各种能力影响较小的则其致残程度也较小，不影响上述各种能力的损伤则不构成伤残。伤残划分有以下依据。

1. Ⅰ级伤残划分依据

（1）日常生活完全不能自理。

（2）意识消失。

（3）各种活动均受到限制而卧床。

（4）社会交往完全丧失。

2. Ⅱ级伤残划分依据

（1）日常生活需随时有其他人帮助。

（2）仅限于床上或椅子上的活动。

（3）不能工作。

（4）社会交往极度困难。

3．Ⅲ级伤残划分依据

（1）不能完全独立生活，需要常有人监护。

（2）仅限于室内的活动。

（3）明显职业受限。

（4）社会交往困难。

4．Ⅳ级伤残划分依据

（1）日常生活能力严重受限，间或需要帮助。

（2）仅限于居住范围内活动。

（3）职业种类受限。

（4）社会交往受限。

5．Ⅴ级伤残划分依据

（1）日常生活能力部分受限，需要指导。

（2）仅限于就近活动。

（3）需要明显减轻工作。

（4）社会交往贫乏。

6．Ⅵ级伤残划分依据

（1）日常生活能力部分受限，但能部分代偿，部分日常生活需要帮助。

（2）各种活动降低。

（3）不能胜任原工作。

（4）社会交往狭窄。

7．Ⅶ级伤残划分依据

（1）日常生活有关的活动能力严重受限。

（2）短暂活动不受限，长时间活动受限。

（3）不能从事复杂工作。

（4）社会交往能力降低。

8．Ⅷ级伤残划分依据

（1）日常生活有关活动能力部分受限。

（2）远距离活动受限。

（3）能从事复杂工作，但效率明显降低。

（4）社会交往受约束。

9．Ⅸ级伤残划分依据

（1）日常活动能力大部分受限。

（2）工作和学习能力下降。

（3）社会交往能力部分受限。

10．Ⅹ级伤残划分依据

（1）日常活动能力轻度受限。

（2）工作和学习能力有所下降。

（3）社会交往能力轻度受限。

二、劳动能力丧失程度评定原则

《中华人民共和国宪法》规定中国公民在年老、患病及丧失劳动力时有享受物质保证的权利。《中华人民共和国国家赔偿法》的宗旨是，侵犯公民生命健康的，应按其劳动能力丧失的程度予以赔偿。因此，对伤者损伤后致劳动能力丧失程度的评定极为关键，因为损伤后劳动能力丧失程度评定结果不仅仅影响到受伤者的经济赔偿，而且也关系到国家财产是否受到损害。

劳动能力的丧失是指损伤或疾病所致原有劳动能力的下降或完全丧失。根据劳动能力丧失的时间可分为暂时劳动能力丧失和永久劳动能力丧失。暂时劳动能力丧失是指损伤或疾病致使机体功能障碍，经一段时间的治疗痊愈后其劳动能力可以恢复；永久性劳动能力丧失是指损伤造成的劳动能力下降或丧失，经相当长的时间治疗仍不能恢复或仅能部分恢复。劳动能力的丧失根据其表现的程度一般可分为四种。

1．完全丧失劳动能力

损伤造成人体组织器官缺失、严重缺损或畸形，其受损伤的组织器官完全丧失或存在严重功能障碍而不能执行其应具备的功能，需有特殊的医疗依赖，需有完全或大部分护理依赖，离开这种特殊的环境，受害者就会发生死亡或无法生活。例如植物状态、高位截瘫、重症肌无力等。

2．大部分丧失劳动能力

损伤或疾病造成组织大部分缺失或明显畸形，使受损器官功能中等程度以上障碍，需一般性医疗依赖及有时需要他人帮助，脱离这种环境有可能危及生命，如偏瘫、双眼低视力、中度的智力低下、频发性的癫痫等。

3．部分丧失劳动能力

外伤致人体解剖结构和生理功能损害，造成器官大部分缺失或畸形，伴有轻度功能障碍，生活能够自理，能参加一般性劳动，对医疗等无必需的依赖性，如一眼缺失、关节功能严重障碍等。

4．小部分丧失劳动能力

外伤致人体解剖结构和生理功能损害，造成器官部分缺失或轻度畸形，轻度功能障碍或无功能障碍，无任何医疗依赖。生活完全能够自理，能参加大多数劳动，对某种专长劳动功能有一定影响，如一指缺失、踝关节功能轻度障碍、一耳听力下降、一眼低视力等。

劳动能力是人工作的总和，通常可分为一般劳动能力（日常生活、家务劳动等）、职业劳动能力（指本人从事各种职业及工作等）、专长劳动能力（专门从事一定工作的能力）。因此，劳动能力是实际生活表现在各种结合中的很复杂的现象。如一位失去手指的一般工人，丧失了一般劳动力但保留着职业劳动能力，而且也保留有专长劳动能力。而同样的损伤对于一位乐器演奏家来说，不仅丧失了一般劳动能力，同时也丧失了专长劳动能力，但保留有职业劳动能力。脑外伤后呈植物状态的伤者则三种劳动能力均告丧失。

在对损伤造成劳动能力丧失程度的评定中，作为评定者必须首先判明受检查者是否真正丧失了劳动能力，这种劳动能力丧失是过渡性的还是永久性的，是何种类型的劳动能力丧失，然后再进行劳动能力丧失程度评定。

劳动能力丧失程度是指在损伤后一定时间内受损组织器官功能障碍对受伤人的生活和工作所受影响程度的评定，这种影响是长时间的或者永久的，过渡性功能障碍则不在劳动能力丧失评定的范围内。因此，对一种损伤是否造成劳动能力丧失及劳动能力丧失程度的评定，必须在原损伤经过积极的治疗，经过一定时间的功能锻炼后，其功能障碍在相当一段时间内无好转，以损伤所造成的后果进行评定，而不能按照损伤当时的情况进行评定，要综合分析，作出公正科学的鉴定结论。

➤ **思考练习**

1.道路交通事故伤残的划分依据是什么？
2.劳动能力丧失程度评定原则是什么？

模块五　人身损害赔偿案件查勘

➤ **教学目标**

通过本模块的学习，要求学生掌握人身损害赔偿案件查勘知识。

➤ **工作任务**

掌握人身损害赔偿案件查勘知识。

➤ **问题探究**

人身损害赔偿案件查勘是对事故中遭受人身伤亡的车险赔案进行查勘，关键是对信息的真实可靠性进行核查，常涉及以下几个问题。

1. 医疗终结时间

医疗终结时间是指人体受损伤后治疗及休息时间的期限。人体组织受损伤后，其修复与愈合的时间有一定的规律，比如创口一般在清创缝合后 7 天即可愈合、拆线，软组织挫伤一般在 2 ~ 3 周即可痊愈，骨折经 2 ~ 3 月即可形成骨痂，上述几种损伤也可因感染、年龄、部位等因素而明显影响病程。这些规律就是判定医疗终结时间的基础。确定医疗终结时间就损伤而言，应该是受损伤的组织愈合、受伤者临床症状消失、临床体征消失或体征固定，从治疗角度来看已经没有特殊治疗意义。明确医疗终结时间可以为赔偿医疗费、住院伙食补助费、护理费等提供科学依据。

2. 伤残等级

伤残等级是赔偿伤残人员生活补助费的重要依据，道路交通事故伤残的受伤人员伤残等级根据《道路交通事故受伤人员伤残评定 GB 18667—2002 标准》进行评定。

1980 年，WHO（世界卫生组织）制订并公布了第 1 版《国际残损、残疾和残障分类》（*International Classification of Impairment，Disability and Handicap*，简称 ICIDH），它是一种对疾病所造成的健康结果进行分类的分类体系，经过 20 多年在医疗、康复和其他领域的研究与应用，ICIDH 发挥了重要的作用，有关残损、残疾与残障的分类，使医疗、康复工作者能更好地分析和判断患者由于身体疾病以及由此而造成的可能的日常和社会生活上的障碍。1996 年 WHO 又根据当代世界各国卫生事业发展的状况制定了新的残疾分类体系《国际功能、残疾和健康分类》（*International Classification of Functioning，Disability and Health*，简称 ICF）。在 2001 年 5 月第 54 届世界卫生大会上，各成员国通过了将《国际残损、残疾和残障分类》（第 2 版）改名为《国际功能、残疾和健康分类》的决议，并鼓励各成员国考虑其具体情况在研究、监测和报告中应用 ICF。ICF 已经正式由 WHO 颁布，在世界各地被广泛运用。经过有关专家的努力，ICF 中文版已经与其他五种 WHO 正式文字版本同时完成出版发行。ICF 的理论模式是建立在一种残疾性的社会模式基础上的，它从残疾人融入社会的角度出发，将残疾性作为一种社会性问题，残疾性不再仅仅是个人的特性，而且也是由社会环境形成的一种复合状态。因此，对残疾问题的管理要求有社会行动，强调社会集体行动，要求改造环境以使残疾人充分参与社会生活的各个方面。因此，这种问题是一种态度或意识形态的问题，要求社会发生变化。从政治层次而言，这是一个人权问题。ICF 为综合分析身体、心理、社会和环境因素提供了一个有效的系统性工具。它广泛应用于保健、保险、社会保障、就业、人权、科学研究、制定计划和政策、教育和训练以及经济和人类发展等各个领域。

我国对赔偿医学的研究才刚刚起步，通常把伤残看作形态障碍，对能力低下和社会的不利后果考虑不足，这就是我国赔偿医学的现状。明确伤残等级可以为确定伤残者生活补助费提供科学依据。

3. 损伤与疾病同时存在的赔偿

损伤与疾病同时存在的赔偿，即关于伤与病关系的赔偿。对这一问题的研究，我国目前尚无统一的理论，国外研究较多。比如日本把损伤对于某种结果的发生寄与何种程度的关系，依据寄与度确定损害赔偿的责任，提出了寄与度分级法，从 0% ~ 100% 分 11 个等级，如寄与度 0% 为与事故无关；寄与度 10% ~ 50% 为因果关系认定困难，可减少赔偿费用；寄与度 60% ~ 100% 按有因果关系处理。我国有学者根据损伤与疾病对某种后果的影响，提出了伤病比这一概念，认为损伤为诱发因素的伤病比为 10% ～ 30%，损伤与疾病两者互为条件、互相影响、难分主次的伤病比为 40% ～ 60%，损伤为主要原因、疾病是辅助原因的伤病比为 70% ～ 90%，后果完全由损伤或疾病引起的伤病比分别为 100% 和 0%。例如，被车撞后造成骨盆骨折、出血性休克，16 天后死亡，既往有肝硬化，死亡前有黄疸、肝功能衰竭，认定死亡原因为骨盆骨折、大失血所致的肝硬化增恶，伤病比为 80%。又如，被车撞后造成脑震荡，多发软组织挫伤，5 天后发生支气管肺炎，第 18 天因支气管肺炎死亡，伤病比为 20% ～ 30%。明确伤与病的关系，为最后确定损伤的赔偿费提供科学依据。

一、查勘工作流程

医疗查勘工作的流程是否规范，往往直接影响到医疗查勘的工作效率与效果，因此必须严格要求医疗查勘工作的流程。建议采用的医疗查勘工作流程如下。

（1）核实情况。核实出险情况，了解伤员受伤情况以及所送医院，以便进一步调查。

（2）理赔告知。应向被保险人宣传理赔的基本原则，根据需要与其共同前往医院查勘。这是突出医疗核损工作前期介入的关键。

（3）查勘。前往医院调查伤员住院治疗情况，了解受伤过程。其间，应与经治医生沟通，宣传保险理赔原则。如按照国务院卫生主管部门制定的交通事故人员创伤临床诊疗指南和国家基本医疗保险标准诊疗伤者，需出具规范的医疗证明（二次手术证明及休息证明）。

（4）预估损失。填写查勘报告，根据伤员受伤情况，预估各项费用，及时录入理赔系统。

（5）及时告知。查勘、预估情况应及时通知被保险人，告知其在案件处理中应该注意的问题。（交通事故发生后，特别是人员受伤严重的，被保险人往往不敢到医院了解伤者伤情，又非常想了解要多少费用及以后的恢复情况，对其告知及指导后，就能知道费用情况和稳定被保险人焦虑不安情绪，做到心中有数。）

（6）复查。根据首次查勘情况以及案件进展情况，及时安排复查，所有复查的结果均应及时告知被保险人。案件中可能出现的被抚养人生活费、误工费等，本环节均应及时查勘。

（7）审核材料。通过原始单证或者网上审核，确认各项人身损伤理赔费用。

（8）审核医疗费用。通过网上理赔系统，审核赔案中的人身损伤部分金额。必要时，应要求提供索赔单证原件。

二、查勘的内容及要求

人身损伤案件可能涉及法律纠纷，前期能否取得真实可靠的信息对于后期的赔付工作有着极大的影响，要求所有医疗查勘过程中得到的信息必须及时、真实地反映在查勘报告或复查报告中。查勘内容的要求如下。

1. 医院查勘部分

（1）确认医院符合《道路交通安全法》等有关交通事故处理法律法规的规定，为确保抢救治疗质量尽量要求在县级以上公立医院治疗。例如，某民营骨伤科医院无手术条件，只用中草药民间秘方治疗，导致大量需手术治疗的伤者遗留功能障碍，导致伤残，扩大损失范围。

（2）核对伤员姓名、性别、年龄、身份证号码，核实事故经过，记录床位号、住院号、主管医生及接待医生的姓名（记录医生姓名有便于进一步了解伤情恢复情况）。

（3）伤者工作单位及工种、家庭情况（特别是伤者抚养义务方面）、护理人员情况（护理人员姓名、工作单位、护理时段、护理时间等）。

（4）伤者出险时受伤情况、入院时伤情、记录入院的具体时间。通过了解受伤时情况排除非保险责任。如某被保险人向保险公司报案称驾车拐弯时不慎擦护栏，护栏将行人下肢砸骨折，此种报案人员受伤为所保第三者责任险的保险责任，而保险公司向伤者了解时，伤者叙述事故是车拐弯时车上运送的路政护栏掉落伤及行人，此为第三者责任险免责范围。如果不了解清楚，按被保险人报案的情形赔付，则此案正常赔付约损失6万元。

（5）入院后的治疗情况（治疗原则、治疗项目、贵重药品以及进口药品的应用情况），行手术者还需了解手术室及手术简要经过。

（6）伤者住院病房、床位的级别，以及是否有其他服务项目。

（7）伤者经过治疗伤情恢复情况，目前已经发生的医疗费。

（8）下一步治疗方案，后续医疗费用，确定下次查勘的时间。

（9）是否存在转院可能及转院治疗的依据（交通事故以在事发地就近治疗为原则，如果伤情严重致救治医院医疗技术无法救治伤者，出具转院证明后可转院治疗）。

（10）伤者既往史等其他情况（如伤者有高血压、糖尿病、心脏病等，都要记录在案，建议医院分开记账）。

（11）必要时，拍摄伤情相关照片。

2. 其他部分

（1）死、残者的家庭抚养情况，须取得户籍所在地派出所的有效户籍证明或相关证明。涉及可能死亡或可能评定伤残等级达到四级的，要在查勘时向其家属了解家庭结构情况，如有几个小孩、小孩多大年龄、父母多大年龄、死者或伤者有兄弟姐妹几个，便于掌握理赔的第一手资料。

（2）误工证明须是当事人单位的有效劳资证明。

（3）有关残疾用具的证明是否符合要求，需要有关生产厂家的有效证明。

（4）依据医疗费用、伤残程度、事故责任等一次性结案事宜。

三、车险人伤查勘要点

（一）查勘目的

（1）了解保险事故的真实情况，核实伤者病情，准确预估人伤损失。

（2）澄清案件疑点，取得合法有效的证据，以支持人伤核损人员准确核定人伤损失。

（二）查勘原则

1. 实事求是原则

在调查的全过程中，调查人员应真实反映事实情况，不得任意取舍，严格禁止故意歪曲事实，隐瞒真相。对于难以判定的情况，应尽量收集有关证据，提供已知事实和分析意见。

2. 迅速及时原则

对需要查勘调查的案件，查勘人员应确定查勘的重点、方法和实施步骤，迅速及时进行。

3. 遵纪守法原则

人伤调查应遵守国家法律、法规和公司的规定，不得采用非法手段收集证据，不得侵犯他人的合法权益。

4. 保守秘密原则

调查人员不得随意做出任何理赔承诺，对被保险人、伤者的相关资料以及公司的商业秘密等应严守保密原则，不得有任何的泄露。

（三）人伤查勘执行人员

查勘人员、医核岗（事故现场查勘由查勘人员完成，住院案件原则上由人伤岗查勘）。

（四）查勘前准备

接到人伤查勘调度后，了解保单承保信息，及时与被保险人方或伤者方联系，表达对客户及伤者的关心。结合客户性质、伤者病情及伤者所住医院情况等判断调查方式和内容。

（五）现场查勘

（1）查勘是否已报警（现场或事后报警），事故大致经过，事故各方的交通方式及身份，是否存在肇事逃逸，是否保留现场。现场应迅速确定伤亡人数，明确区分伤亡人员属于标的车上人员还是第三者，并做好记录。

（2）现场应调查标的车所载人员是否符合载客的规定。如果发现标的车人员超载，应现场取得书面证据（如可采取向司机、乘客等相关人员做笔录，向现场事故处理的交警了解情况等方式）。

（3）现场应调查、登记伤者的受伤情况。对于已送往医院抢救和治疗的伤者，要查清救治医院的名称、地址，并立即前往医院调查了解人员伤亡情况。

（六）住院查勘

1. 诊疗医院信息

伤者所住医院名称、等级、科室、床位、住院号、主管医生，护理级别，床位的级别以及是否有其他有偿服务项目。

2. 伤者个人信息

伤者姓名、性别、年龄、籍贯、常住地及居住时间、工作单位、收入情况、户籍情况（农业或城镇户籍、户籍所在地）、长期居住地及联系方法。拍摄伤者住院床头卡，经伤者许可后拍摄其受伤局部照片。

3. 伤者创伤及诊疗信息

创伤的具体时间，入院时伤情，入院诊断，有阳性意义的检验或检查结果；入院后的治疗方案（是否需手术治疗；已手术治疗的案件，手术的具体方案及名称，是否使用内固定器械，内固定器械的型号、产地、价格；是否需二次手术取出内固定物及二次手术费用；是否使用非基本医疗保险范围内的昂贵药品），治疗效果，是否达出院标准，是否出现严重并发症（并发症的具体诊断，并发症与创伤的因果关系，并发症的出现是否存在医疗因素），下一步治疗方案，是否需转院治疗、转院治疗指征，创伤治疗终结后是否会遗留严重后遗症，是否达伤残评定标准及伤残等级，实际已发生的医疗费用，评估是否需整容费及续医费。

4. 既往病史

伤者有否既往疾病史（既往史的具体诊断、疾病的年限、治疗过程及效果），本次交通事故创伤与既往疾病变化的因果关系（如不能判断既往疾病与创伤的因果关系，可申请专业机构鉴定，申请鉴定前需到伤者治疗既往疾病的医院调查取证），既往疾病在交通事故发生前的治疗效果，本次住院治疗既往疾病已发生的医疗费用。

5. 误工信息

伤者发生交通事故前是否有固定收入。有固定收入者：具体单位，每月实际收入情况，与单位间是否建立了正常的劳动合同关系，是否在执行工作过程中发生交通事故，受伤误工减少实际收入的具体数额。无固定收入者：伤者最近三年从事的行业，大致收入情况。

6. 护理信息

护工或家属护理，护理人数，护理时段；护工护理者，需了解具体收费标准，医院是否已收取护工费；家属护理者，需按误工信息要求详细了解护理人员收入等相关信息。

7. 告知事项

医院查勘尽可能会同被保险人或者事故当事人一同前往，并告知：保险索赔所需单证；按治疗医院所在地基本医疗保险标准赔偿伤者实际已发生的与创伤治疗相关的医疗费；做好门诊病历记录，索赔的门诊医疗发票必须有对应门诊治疗措施的病历记录；伤者病情发生恶化，由门诊转住院治疗，需进行伤残评定或发生其他费用，请及时与人伤查勘人员联系。

（七）注意事项

人伤案件的查勘必须及时、主动、全面，必要时携带数码相机、录音笔等辅助工具，发现的有利证据材料需及时取证或做笔录并要求当事人签名确认，以取得书面证明。

根据查勘及跟踪信息，预估人伤损失金额，填写完整的《机动车保险事故受伤害人员调查报告》（见附件二），放入未决档案中保存。如果病情严重需要复勘的，要拟定复勘时间。

（八）追踪善后处理

对案件的伤者治疗效果、事故责任认定、是否涉及伤残评定等进行定期跟踪，掌握未决人伤案件的进展情况。

告知事故当事人相关赔偿标准，及时指导或协助被保险人处理人伤事故善后。

告知事故当事人在收到事故认定书后十天内及时向交警部门提交书面申请，申请交警部门对交通事故损害赔偿进行调解。

（九）特殊案件的查勘

1. 仅门诊涉及治牙费的案件

了解牙齿损伤与交通事故的关联性，尤其注意伤者既往有否牙齿缺损；记录牙齿缺损的位置及损伤类型；如果受损牙齿已经治疗，了解治疗的机构及收费是否正规合理；对牙齿损伤治疗方案或费用有疑问的，向相关诊疗医生咨询。

2. 涉及整容费的案件

需整容的部位与受伤的关联性（是否为颜面部），区分疤痕与色素沉着斑，记录需整容的部位、形状及面积大小（疤痕或色素沉着斑必须准确测量面积大小，以评估是否达伤残评定等级）；经伤者许可，拍摄需整容的局部照片。必要时咨询当地权威整容医疗机构整容的必要性及费用情况。如果确需整容的，建议当事人在费用合理的前提下协商一次性赔偿整容费。如果伤者已整容，向经治医生了解详情，并且核实整容机构的资质。

3. 涉及残疾的案件

（1）仅门诊治疗的残疾案件

了解伤残与交通事故的关联性，伤残等级的合理性；伤者既往是否有基础疾病影响伤残评定结果；创伤的治疗过程；目前受伤部位功能障碍程度；走访邻居、同学、同事等，了解伤者既往和伤后相关情况。

（2）住院的残疾案件

1）住院查勘时估计伤者可达伤残评定标准的，需在查勘报告中注明并预估伤残等级。

2）以下残疾案件需复勘

伤残评定等级较医院查勘时预估伤残等级明显偏高，且为第三方单方委托鉴定的。

伤者出院时的情况、出院后恢复情况与伤残评定时伤情明显不符，或者出现了其他重大的并发症，影响残疾鉴定的。

伤者既往史中有影响伤残评定的疾病，或本次交通事故前已有伤残，需配备残疾用具。

上级医疗核损员审核认为需要复勘的案件。

3）复勘主要内容

伤者出院时情况（查阅出院病历记录），尤其注意出院记录中对受伤部位功能恢复情况的描述。

目前伤者实际情况（经伤者许可，拍摄一些关键性照片），对受伤部位进行简单的功能检测，核实创伤后肢体功能的恢复是否与伤残评定书描述一致。

继往史有否影响伤残评定；出现严重并发症，并发症与交通事故创伤的因果关系，尤其注意此并发症是否由于医疗过错所导致。

伤者户籍证明、籍贯、实际年龄、常住地及居住时间，在常住地工作及收入情况；因伤残实际收入减少情况，伤残等级对职业妨害影响的严重程度。

伤残评定机构是否适格。

根据复勘结果，对伤残评定结论有异议的，及时要求并协助被保险人申请重新伤残评定。

4. 出院后护理或者残疾后护理的案件

伤者出院后，医疗机构出具伤者生活需护理的证明，根据伤者出院情况判断出院后护理必要性及护理期限是否合理，对不合理者应主动与出具证明的医院及医务人员沟通，必要时可针对护理时间提请司法鉴定。对出院后需人护理时间超6个月的案件必须复勘，评估其生活对护理的依赖性，并对疑义案件调查取证。伤者定残后的护理，应当根据其护理依赖程度并结合配置残疾辅助器具的情况重新评估护理期限。

5. 配置残疾辅助器具案件

（1）所有涉及残疾辅助器具费的案件均需复勘。配置残疾辅助器具需提供医疗机构证明及辅助器具配制机构出具的器具型号、产地、价格、材料及更换周期等证明。

（2）复勘的主要内容及注意事项：残疾辅助器具的功能是否与伤者残疾部位相一致；残疾辅助器具的型号、产地、价格、材料等是否符合"普通适用器具"标准；残疾辅助器具的更换年限、更换费用；同功能的其他品牌残疾辅助器具价格及更换年限如何；伤者实际已安装的残疾辅助器具型号、价格及安装机构建议更换周期；经伤者许可，拍摄伤者残疾部位及安装残疾器具后的照片；通过伤者的有效户籍证明其实际年龄。

6. 死亡案件

包括交通事故现场死亡、送医院抢救无效死亡及治疗出院后由于交通事故创伤导致的死亡案件。

死亡案件除按一般案件要求查勘外，必须尽早核验保险标的，拍摄标的铭牌、碰撞部位及两证照片。疑问案件还需向案件经办公安交警部门核实案件、事故责任及损害赔偿方案的真实性。

经住院治疗无效或出院后死亡的案件，必须核实交通事故创伤或创伤所致并发症是导致死亡的主要原因；对死亡原因不明确的案件，尤其是伤者有严重既往疾病史者或怀疑医源因素时，应要求被保险人方尽快向司法部门申请鉴定死亡原因。

死亡案件调查时应注意死者籍贯、户籍、常住地及居住时间、在常住地的收入情况、实际年龄等信息的收集。死亡案件可能涉及的其他赔偿项目调查按住院人伤案件要求执行。

7. 给付扶养费案件

估计达伤残评定标准案件或死亡案件，在查勘时应注意收集被扶养人的信息。包括：依法承担扶养义务的被扶养人姓名、年龄、性别、人数，被扶养人与伤者的关系，被抚养人有否其他生活来源，伤者对被扶养人的扶养比例，其他扶养义务人情况，尽早取证相关资料（户籍证明、扶养关系证明、身份证明等）。

对被扶养人信息有疑问的案件应及时进行调查。向出具被扶养人户籍证明的公安机关直接取证，通过走访伤者（死者）工作单位、邻居、家人、居委会取证。

附件一

人伤查勘案件登记表

查勘日期	保单号码	被保险人	伤者姓名	入院日期	医院名称	住院科室及床号	主要诊断	预估医药费金额	预计是否评残	预估人伤损失金额	备注

附件二

机动车保险事故受伤害人员调查报告

报告序号：（总单数）-（本单序号）

简况	姓名		保险单号		赔案编号	
	出险险别		性别		出生年月	
医治情况调查	抢救医院		治疗及住院的医院			
	医院级别		住院科室		住院号	
	主治医生		医生建议医疗期			
	医生对伤残程度的诊断意见					
	护理人数		护理期限		护费标准	
	其他项目					
	告知提示事宜	□已发给受害人或陪侍人员《人伤索赔须知》□已口头告知受害人或陪侍人员人伤赔偿范围 □未发放或告知				
	受害人联系电话：			其他联系人及电话：		
事故经过						
	受害人签名：			日期		
其他项目调查	户籍类别		户籍所在地		经常居住地	
	从事行业		所属单位		职务及级别	
	受害人：□实际月收入：　□最近三年平均收入： □同行业上一年度职工平均工资：					
	伤残等级		□上一年度城镇居民人均可支配收入： □农村居民人均纯收入：			
	被抚养人名单及年龄					
	抚养分担人					
	被抚养人所在地□上一年度城镇居民人均消费性支出： □农村居民人均年生活消费支出：					
	其他情况：					
初步确认的受伤害类别及按条款约定依法可赔偿的项目	□致伤：□医疗费 □误工费 □护理费 □交通费 □住宿费 □住院伙食补助费 □必要的营养费					
	□致残：□医疗费 □误工费 □护理费 □交通费 □住宿费 □住院伙食补助费 □必要的营养费 □残疾赔偿金□残疾辅助器具费 □被扶养人生活费以及因康复发生的：□康复费 □护理费 □后续治疗费					
	□致亡：□医疗费 □误工费 □护理费 □交通费 □住宿费 □住院伙食补助费 □必要的营养费 □丧葬费 □被扶养人生活费 □死亡补偿费以及办理丧葬人员的：□交通费 □住宿费 □误工费					
	调查人：			调查日期：		

➤ **思考练习**

1. 简述人伤查勘工作流程。
2. 人伤查勘工作的内容和要求有哪些?

模块六 人身损害赔偿费用核定

➤ **教学目标**

通过本模块的学习,要求学生掌握汽车保险人身损害赔偿费用核定知识。

➤ **工作任务**

掌握汽车保险人身损害赔偿费用核定知识。

➤ **问题探究**

因交通事故受伤、致残或死亡的受害人,依照法律和法规的规定要求行为人承担因受伤、致残、死亡等所需的正当费用,就是交通伤残或死亡的赔偿费。赔偿费由医疗费、误工费、住院伙食补助费、护理费、伤残者生活补助费、残疾用具费、丧葬费、死亡补偿费、被抚养人生活费、交通费、住宿费和财产直接损失组成。上述赔偿项目应根据事故实际情况予以确认。对交通事故伤者的经济赔偿包括残疾程度未确定前的医疗费、护理费、交通费、住院伙食补助费、住宿费、误工费、定残后的医疗补助费、生活补助费、残疾用具费以及被抚养人生活费;对交通事故死者家属的经济赔偿包括死者生前的抢救治疗费,如医疗费、护理费和误工费等,被抚养人生活费、死亡补助费和丧葬费。

在赔偿费中,医疗费、住院伙食补助费、护理费、残疾用具费、丧葬费、交通费、住宿费等费用是直接经济损失费用,依据实际支出给予赔偿;误工费是可得利益的损失,伤残者生活补助费、死亡补助费、被抚养人生活费是被害人由于人身伤亡而产生的或给其家庭所带来的经济损失,是间接损失费用。对于因受伤致残丧失劳动能力者,按受伤致残之前的实际收入全额赔偿;因受伤致残丧失部分劳动能力者,按受伤致残前的实际收入差额赔偿。对于死亡者,按死者生前的综合收入水平所计算的收入损失赔偿,这些都是对间接损失的赔偿。在具体赔偿时,以赔偿直接的经济损失为主,间接经济损失按照实际情况及交通事故的责任大小酌情予以考虑。

各项目费用核定如下。

一、医疗费

《最高人民法院关于审理人身损害赔偿案件适用法律若干问题的解释》(以下简称"人身损害赔偿司法解释")第十九条规定:医疗费根据医疗机构出具的医药费、住院费等收款凭证，结合病历和诊断证明等相关证据确定。赔偿义务人对治疗的必要性和合理性有异议的，应当承担相应的举证责任。

医疗费的赔偿数额，按照一审法庭辩论终结前实际发生的数额确定。器官功能恢复训练所必要的康复费、适当的整容费以及其他后续治疗费，赔偿权利人可以待实际发生后另行起诉。但根据医疗证明或者鉴定结论确定必然发生的费用，可以与已经发生的医疗费一并予以赔偿。

核定要点：

（1）要求受害人提供其受伤治疗相应的治疗清单（住院病人）或是处方（门诊病人），病历、诊断证明和医药费用发票原件、发票时间与病历证明记载时间应相符，发票上的姓名应为受害人本人。

（2）相关治疗和用药应与交通事故之间有因果关系，与交通事故没有因果关系，针对既往病的治疗和用药的，保险公司不承担赔偿责任。

（3）医疗费的赔偿标准根据国务院卫生主管部门组织制订的《交通事故人员创伤临床诊疗指南》和《国家基本医疗保险标准》确定，按上述标准仍不能确定的，可申请司法鉴定。

（4）无医院证明自购药品、医疗用具的费用不予赔偿。

（5）转院应经原医疗机构同意（需要原医疗机构的转院证）且存在正当理由，否则，由此增加的费用不予赔偿。

（6）对于后期治疗方案及治疗费用，如果受害人只能提供医生估算的证明，不予认可。因为该估算并非必然发生的准确数额，医疗手术存在一定风险，法院如加以认定，客观上使原、被告都面临不确定的风险，赔偿权利人应待实际费用发生之后另行起诉。

（7）后续治疗费不包括心理治疗费、美容费用。

（8）对过高的治疗费、后续治疗费、康复费等费用的必要性和合理性有异议的，可申请司法鉴定。

（9）已发生的医疗费用及后续治疗费均不包括任何在美容场所消费的费用。

一般伤害人伤理赔费用审核

二、误工费

人身损害赔偿司法解释第二十条规定：误工费根据受害人的误工时间和收入状况确定。

误工时间根据受害人接受治疗的医疗机构出具的证明确定。受害人因伤致残持续误工的，误工时间可以计算至定残日前一天。

受害人有固定收入的，误工费按照实际减少的收入计算。受害人无固定收入的，按照其最近三年的平均收入计算；受害人不能举证证明其最近三年的平均收入状况的，可以参照受诉法院所在地相同或者相近行业上一年度职工的平均工资计算。

核定要点：

（1）定残后无须再支付误工费，只需支付残疾赔偿金。

（2）受害人无劳动能力且无劳动收入的，不予赔偿误工费。

（3）只赔偿受害人本人的误工费，对护理人员的误工费不予赔偿，对护理人员只赔偿护理费。

（4）只承担受害人实际减少的收入，而不是受害人的固定收入。有些受害者受伤后，单位并不扣发或者只是部分扣发收入，特别是在受害人发生交通事故属于工伤的情况下。应到受害人单位调查取证。在受害人属于工伤，受害人是军人、公务员的情况之下，大多数受害人的工资不会因交通事故而全部扣减。如保险车辆驾驶员因操作不慎将在路中指挥交通的交警撞伤，造成交警骨折休息三月，事故调解时赔付误工费用近1万元，分析伤者为执行公务时间误工费用不应减少，后经调查核实未要求赔付误工费用。

（5）受害人申报实际减少的固定收入的，不仅要求受害人提供劳动合同及工资领取证明（超过个人所得税始征起点的，还应提供完税证明），或合法经营的登记文件及纳税证明，而且要求受害人提供收入减少的相关证明。

（6）医疗机构出具的休假时间明显不合理的，参照公安部发布的《人身损害受伤人员误工损失日评定准则》确定误工时间。

（7）受害人所在单位出具的收入证明与实际收入相差较大时，可向税务机关或者社保局调查取证。

（8）受害人未满16周岁的不予赔偿误工费，满16周岁不到18周岁，如果是凭自己的劳动养活自己的，可以赔付误工费。

（9）受害人为退休人员的，如果不能提供收入减少证明，不予赔偿误工费。

三、护理费

人身损害赔偿司法解释第二十一条规定：护理费根据护理人员的收入状况和护理人数、护理期限确定。

护理人员有收入的，参照误工费的规定计算；护理人员没有收入或者为雇用护工的，参照当地护工从事同等级别护理的劳务报酬标准计算。护理人员原则上为一人，但医疗机构或者鉴定机构有明确意见的，可以参照确定护理人员人数。

护理期限应计算至受害人恢复生活自理能力时止。受害人因残疾不能恢复生活自理能力的，可以根据其年龄、健康状况等因素确定合理的护理期限，但最长不超过二十年。

受害人定残后的护理，应当根据其护理依赖程度并结合配制残疾辅助器具的情况确定护理级别。

核定要点：

（1）护理的必要性、护理期限、护理人数都应有医疗机构或鉴定机构的明确意见，住院期间不能认定为当然的护理期限。医院出具的证明明显与事实、病情不符的，申请鉴定机构鉴定。对于事实上的护理人员，需作前期的了解与证据收集。

（2）护理人员有收入但收入没减少的，不赔；护理人员没有收入的，按规定赔。

（3）护理人员申报收入减少的，应出具相关劳动收入减少的证明（证明材料参见误工费核定要点5的规定）。

（4）伤残评定前的护理，根据实际护理时间按标准的100％计算护理费。伤残评定后，按护理级别赔偿护理费，一级护理的护理费按100％计算，二级按90％计算，其他的依此类推。

（5）确定护理级别的"护理依赖程度"和"配制残疾辅助器具情况"一般参照以下标准。

1）司法部、最高人民法院、最高人民检察院、公安部联合制定的《人体重伤鉴定标准》和《人体轻伤鉴定标准（试行）》。

2）国家标准《职工工伤与职业病致残程度鉴定标准》（GB/T 16180—2006）。

3）原劳动和社会保障部于 2002 年 4 月 5 日颁布的《职工非因工伤残或因病丧失劳动能力程度鉴定标准（试行）》。

四、交通费

人身损害赔偿司法解释第二十二条规定：交通费根据受害人及其必要的陪护人员因就医或者转院治疗实际发生的费用计算。交通费应当以正式票据为凭，有关凭据应当与就医地点、时间、人数、次数相符合。

核定要点：

（1）参照出险地国家机关一般工作人员出差的差旅费标准。

（2）乘坐的交通工具以普通公共汽车、普通硬座火车、轮船三等以下舱位为主，伤情危急、交通不便等特殊情况可乘坐救护车，出租车，软座、卧铺火车，应要求受害人说明其合理性。

（3）车票时间应与就医地点、时间、人数、次数相符。

（4）包车费用超过正常金额的部分不予认可。

（5）连号交通费发票不合理的部分不予认可。

（6）对陪护人员交通费的计算以必要和合理为前提。

五、住院伙食补助费

人身损害赔偿司法解释第二十三条规定：住院伙食补助费可以参照当地国家机关一般工作人员的出差伙食补助标准予以确定。

受害人确有必要到外地治疗，因客观原因不能住院，受害人本人及其陪护人员实际发生的住宿费和伙食费，其合理部分应予赔偿。

核定要点：

（1）此项目赔偿的对象应是受害人本人，且仅限于住院期间。陪护人员不应是此项目的赔偿对象，但受害人到外地治疗而又不能住院的情况除外。

（2）"因客观原因不能住院"一般是指医院无床位，或确需候诊且伤情不允许往返医院与住处等情况。

（3）住宿费和伙食费的赔偿均参照当地国家机关一般工作人员出差的住宿费和伙食补助标准计算，住宿费的赔偿以有正式发票为前提。

（4）1996 年 2 月 1 日，财政部制定的《关于中央国家机关、事业单位工作人员差旅费开支的规定》第八条第（一）项规定："工作人员的出差伙食补助费，不分途中和住勤，每人每天补助标准为：一般地区 15 元，特殊地区 20 元（按在特殊地区的实际住宿天数计发伙食补助费，在途期间按一般地区标准计发伙食补助费）。"这里规定的特殊地区，是指广东省深圳市、珠海市、汕头市，福建省厦门市和海南省。中央国家机关的一般工作人员，是指处级及以下级别工作人员。当地国家机关一般工作人员的出差伙食补助标准都不会差别太大，所以对裁判几乎没有影响。

六、营养费

人身损害赔偿司法解释第二十四条规定：营养费根据受害人伤残情况参照医疗机构的意见确定。

核定要点：

（1）医疗机构没有出具意见的，营养费不予认可。

（2）医疗机构出具意见的，应明确需要增加营养的必要性及期限，营养费的赔偿标准由法院酌情裁判，可参照当地国家机关一般工作人员出差伙食补助标准计算。

七、残疾赔偿金

人身损害赔偿司法解释第二十五条规定：残疾赔偿金根据受害人丧失劳动能力程度或者伤残等级，按照受诉法院所在地上一年度城镇居民人均可支配收入或者农村居民人均纯收入标准，自定残之日起按二十年计算。但六十周岁以上的，年龄每增加一岁减少一年；七十五周岁以上的，按五年计算。

受害人因伤致残但实际收入没有减少，或者伤残等级较轻但造成职业妨害严重影响其劳动就业的，可以对残疾赔偿金作相应调整。

核定要点：

（1）此项目赔偿的不是受害人收入的减少，而是劳动能力的丧失，伤残等级是衡量劳动能力丧失程度的一个标准。

（2）如果没有做丧失劳动能力程度鉴定的，可选择伤残等级作为计算标准，计算残疾赔偿金时，需乘以伤残等级比例，一级乘100%，二级乘90%，其他的依此类推。

（3）对于受害人因伤致残但实际收入没有减少（包括本来就没有劳动收入）的，残疾赔偿金应适当调低。

（4）伤残评定明显不合理的，可向法院申请重新评定。申请前可详细寻找受害人伤残评定时机、程序、评定依据的事实、评定依据的标准等方面的问题，以争取法庭的支持。

（5）多处伤残者以最重的等级作为赔偿的主要依据，每增加一处伤残，则增加一定的赔偿比例，增加赔偿的比例之和不超过10%，伤残赔偿指数总和不超过100%。

八、残疾辅助器具费

人身损害赔偿司法解释第二十六条规定：残疾辅助器具费按照普通适用器具的合理费用标准计算。伤情有特殊需要的，可以参照辅助器具配制机构的意见确定相应的合理费用标准。

辅助器具的更换周期和赔偿期限参照配制机构的意见确定。

核定要点：

（1）民政部门的假肢与矫形康复机构，是从事辅助器具研究和生产的专业机构，可从事残疾辅助器具的鉴定和配制工作。

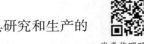

残类伤理赔费用审核

（2）如果辅助器具配制机构出具的意见不合理，可申请另外的假肢配制机构出具配制意见书，以此作为反证向法院抗辩。

（3）开庭前应调查取证交通事故受害人实际安装有残疾辅助器具型号、价格、产地、更换周期等，以调查结果为据向法院抗辩。

九、丧葬费

人身损害赔偿司法解释第二十七条规定：丧葬费按照受诉法院所在地上一年度职工月平均工资标准，以六个月总额计算。

十、被扶养人生活费

人身损害赔偿司法解释第二十八条规定：被扶养人生活费根据扶养人丧失劳动能力程度，按照受诉法院所在地上一年度城镇居民人均消费性支出和农村居民人均年生活消费支出标准计算。被扶养人为未成年人的，计算至十八周岁；被扶养人无劳动能力又无其他生活来源的，计算二十年。但六十周岁以上的，年龄每增加一岁减少一年；七十五周岁以上的，按五年计算。

被扶养人是指受害人依法应当承担扶养义务的未成年人或者丧失劳动能力又无其他生活来源的成年近亲属。被扶养人还有其他扶养人的，赔偿义务人只赔偿受害人依法应当负担的部分。被扶养人有数人的，年赔偿总额累计不超过上一年度城镇居民人均消费性支出额或者农村居民人均年生活消费支出额。

核定要点：

（1）未成年人是指未满十八周岁的自然人。

（2）被扶养人为成年人的，"丧失劳动能力"与"无其他生活来源"两个条件必须同时具备。

（3）男性60周岁以上、女性55周岁以上，可视为无劳动能力。男性60周岁以下、女性55周岁以下的成年人，如主张丧失劳动能力且无其他生活来源应有充分的证据。

（4）近亲属包括配偶、父母、子女、兄弟姐妹、祖父母、外祖父母、孙子女、外孙子女。子女包括非婚生子女、养子女、有抚养关系的继子女。对于受到损害时尚未出生的胎儿，如果出生后死亡的，不予认可。凡请求养子女及养父母被扶养人生活费的，均需提供县级以上民政部门出具的登记证书。

（5）赔偿此项费用仅限于受害人依法应当承担扶养义务的被扶养人和份额。

1）夫妻有互相扶养的义务。

2）受害人作为父母，对未成年的或不能独立生活的子女承担扶养义务；受害人作为子女，对无劳动能力的或生活困难的父母承担扶养义务。

3）受害人作为有负担能力的祖父母、外祖父母对未成年的孙子女、外孙子女承担扶养义务，必须以未成年的孙子女、外孙子女的父母已经死亡或父母无力抚养作为条件；受害人作为有负担能力的孙子女、外孙子女对祖父母、外祖父母承担扶养义务，必须以祖父母、外祖父母的子女已经死亡或子女无力赡养作为条件。

4）受害人作为有负担能力的兄、姐对未成年的弟、妹承担扶养义务，必须以父母已经死亡或父母无力抚养作为条件；受害人作为有负担能力的弟、妹对缺乏劳动能力又缺乏生活来源的兄、姐承担扶养义务，必须以受害人由兄、姐抚养长大作为条件。

（6）以受害人遭受人身伤害的时间作为判断受害人依法是否应承担扶养义务的时点。

（7）以受害人定残之日（或死亡之日）作为被扶养人年龄的计算起点。

（8）受害人无劳动能力且无劳动收入的，被扶养人的生活费不予赔偿。

（9）仅应在受害人死亡的情况下，赔偿被扶养人的生活费，在受害人伤残的情况下，不予赔偿被扶养人的生活费。因为人身损伤司法解释已经规定对死亡受害人赔偿的是余命的赔偿，对伤残受害人赔偿的是劳动能力丧失的赔偿，那么赔偿了残疾赔偿金，就已经包含了受害人伤残前负担对被扶养人的扶养费了，在受害人伤残的情况下，再予以赔偿被扶养人的生活费，就是重复赔偿。

（10）对于在受害人伤残的情况下，法院认为必须赔偿被扶养人生活费的地区，如果受害人没有做丧失劳动能力程度的鉴定，可选择用伤残等级作为计算标准。计算被扶养人生活费时，需乘以伤残等级比例，一级伤残乘100%，二级乘90%，其他的依此类推。伤残不等于劳动能力丧失，如面部瘢痕可致残，但一般不影响劳动能力。如果受害人请求受害人的被扶养人生活费，可先对受害人劳动力进行评估，必要时可申请劳动能力鉴定，再根据鉴定结果确定是否赔付及赔付的比例。

（11）被扶养人有数人且既有城镇居民又有农村居民的，按各自的身份状况分别适用城镇和农村的标准。

（12）受害人定残后，在诉讼过程中死亡的，如果受害人的死亡与伤害行为具有因果关系，应当赔偿死亡赔偿金，不再赔偿残疾赔偿金；如果没有因果关系，就应当赔偿残疾赔偿金。

（13）原则上不赔付配偶父母的生活费。如果受害人生前及残前承担了其配偶父母的主要扶养义务，在提供相应的能证明其尽到主要抚养义务的证据后，可以赔付其配偶父母的生活费。

（14）涉及被扶养人生活费的分摊，特别是成年被扶养人生活费分摊时，虚假证明较多（现在的派出所证明多数情况下也仅仅是证明目前的家庭情况，不能证明家庭分立的情况），建议提前调查取证。

（15）被扶养人有数人的，年赔偿总额累计不超过上一年度城镇居民人均消费性支出额或者农村居民人均年生活消费支出额。

十一、死亡赔偿金

人身损害赔偿司法解释第二十九条规定：死亡赔偿金按照受诉法院所在地上一年度城镇居民人均可支配收入或者农村居民人均纯收入标准，按二十年计算。但六十周岁以上的，年龄每增加一岁减少一年；七十五周岁以上的，按五年计算。

死亡类人伤理赔费用审核

核定要点：

赔偿权利人需提供法医的尸检证明（未尸检者除外）、死亡证明（公安机关出具或是医院出具）、死者户口证明（确定死者属于城镇居民或者农村居民，确定死者的真实年龄，特别是 60 岁以上的人员）。如果死因不明，需向司法鉴定中心申请死因鉴定。

十二、精神损害抚慰金

人身损害赔偿司法解释第十八条规定：受害人或者死者近亲属遭受精神损害，赔偿权利人向人民法院请求赔偿精神损害抚慰金的，适用《最高人民法院关于确定民事侵权精神损害赔偿责任若干问题的解释》予以确定。

精神损害抚慰金的请求权，不得让与或者继承。但赔偿义务人已经以书面方式承诺给予金钱赔偿，或者赔偿权利人已经向人民法院起诉的除外。

核定要点：

（1）精神损害赔偿为保险条款的免责内容，同时，精神损害赔偿的目的之一是对加害人进行制裁，因此，应首先向法院主张保险公司不应承担精神损害赔偿的责任。

（2）精神损害，只有在造成严重后果的情况下，才需承担赔偿责任，未造成严重后果，受害人或者死者近亲属请求赔偿精神损害的，法院一般不予支持。

（3）一般从以下几个方面把握是否属于"造成严重后果"的情形。

1）造成受害人死亡的，属于"造成严重后果"。

2）造成受害人残疾的，属于"造成严重后果"，伤残等级越高，精神损害越重。

3）对于受害人既没有死亡，也没有残疾的，一般不予赔偿。

（4）精神损害的赔偿数额主要根据以下因素确定：

1）侵权人的过错程度。

2）侵权行为所造成的后果。

3）侵权人承担责任的经济能力。

4）受诉法院所在地平均生活水平。

（5）精神损害赔偿数额一般不超过本地高级人民法院规定。

（6）受害人对损害事实和损害后果的发生有过错的，可以根据其过错程度减轻或者免除侵权人的精神损害赔偿责任。同等责任的情况下，一般不予承担精神损害赔偿责任。

（7）诉讼案件代理人应结合上述各点，对精神损害赔偿的必要性及赔偿数额做最大限度维护公司利益的抗辩。

十三、事故处理人员的相关费用

人身损害赔偿司法解释第十七条第三款规定：受害人死亡的，赔偿义务人除应当根据抢救治疗情况赔偿本条第一款规定的相关费用外，还应当赔偿丧葬费、被扶养人生活费、死亡补偿费以及受害人亲属办理丧葬事宜支出的交通费、住宿费和误工损失等其他合理费用。

核定要点：

除了受害人亲属办理丧葬事宜支出的交通费、住宿费和误工损失等费用外，对于受害人亲属在非死亡案件中支出的住宿费和误工损失等费用不予赔偿。

> **思考练习**

1. 医疗费的核定要点有哪些？

2. 误工费的核定要点有哪些？

3. 护理费的核定要点有哪些？

模块七   人伤理赔模拟

> **教学目标**

通过本模块的学习，要求学生掌握汽车保险人伤理赔操作知识。

> **工作任务**

掌握汽车保险人伤理赔操作知识。

> **问题探究**

根据所给的案例，模拟人伤理赔，步骤如下。

一、掌握人伤调查的重点

（1）事故概况。

（2）受伤人数，伤员的基本情况，送往救治的医院，有无生命危险。

（3）外伤是否符合交通事故伤的特征，是否符合医学原理外伤分类：擦伤、挫伤（钝性暴力、皮肤非开放）、创伤（皮肤、皮下组织甚至血管、神经、肌肉断裂）、骨折、关节脱位、内部器官震荡、肢体断碎、体内出血等。

（4）住院天数，护理等级，护理依赖程度，有无挂床治疗（确定护理费、交通费、误工费、住院伙食补助费），生活自理能力范围如进食、翻身、大小便、穿脱衣服、洗漱、自我移动。

（5）了解医疗费用情况（确定医疗费）。

（6）是否达到伤残标准、等级（确定残疾生活补助费、残疾器具补助费、被扶养人生活费）。

（7）诊断，手术名称，是否行内固定术，是否需二次手术或多次手术（确定续医费）。

（8）家庭成员情况、扶养关系（确定被扶养人生活费）。

（9）由于伤者治疗、评残需要一定时间，人伤案件须多次调查。对出险时间与起保时间、期满时间相近的，必须至医院调查。

二、掌握人伤损害赔偿的项目及损害赔偿的标准（详见模块六）

三、掌握人身伤害赔偿的核定

审核重点：医疗费、残疾赔偿金、被扶养人生活补助费、后续治疗费等。

（一）医疗费核定

1. 医疗服务设施费

（1）普通病房床位费，有最高支付限额。

（2）监护病房、层流病房、灼伤病房，有个人自理比例。

（3）急救车费、空调费、陪护费、护工费、门诊煎药费等费用不予支付。

2. 诊疗费

（1）普通病房床位费，有最高支付限额。

（2）监护病房、层流病房、灼伤病房，有个人自理比例。

（3）急救车费、空调费、陪护费、护工费、门诊煎药费等费用不予支付。

3. 药品费

（1）药品分三大类：西药、中成药、中药饮片（分单方、复方两种）。

（2）医保用药范围由国家及各级政府医保部门定期公布。

（二）残疾赔偿金核定

1. 残疾生活补助费

根据受害人丧失劳动能力程度或者伤残等级，按照事故发生地上一年度城镇居民人均可支配收入或农村居民人均可支配收入标准；时限是自定残之日起按二十年计算，60周岁以上的，年龄增加一岁减一年；75周岁以上，按5年计算；若有两处以上的伤残，以高处为准，另每处按2%计算，其他每处累加不能超出10%。依据《道路交通事故受伤人员伤残评定（GB 18667—2002）》标准出具残疾报告，评定机构需有相应资质。

2. 残疾辅助器具费

按普通适用器具的合理费用标准计算，辅助器具的更换周期和赔偿期限参照配制机构的意见确定。

（三）被扶养人生活补助费核定

根据丧失劳动力程度，按照事故发生地上一年度城镇居民人均消费支出或农村居民人均生活支出标准计算。被扶养人未成年的，计算至 18 周岁，被扶养人无劳动能力又无其他生活来源的按 20 年计算；但 60 周岁以上的，年龄增加一岁减一年；75 周岁以上，按 5 年计算。客户需提供家庭关系成员表、被扶养人的户籍证明，丧失劳动力的伤残者的户籍证明或死者的户籍注销证明。注意事项如下。

（1）夫妻之间有相互抚养的义务。

（2）男方无抚养岳父、岳母的义务，女方无抚养公、婆的义务。

（3）被抚养人有数人的，年赔偿总额累计不超过上一年度城镇居民人均消费性支出额或农村居民人均生活消费支出额。

（4）未达到完全丧失劳动力能力，应按比率（同伤残赔偿金计算方式）计算。

（5）年赔偿总额累计不超过上一年度城镇（农村）居民人均消费性支出额。

（四）后续治疗费的核定

后续治疗费需医院提供相应证明，原则上只有在拆除内固定或颅骨修补时可认定其续医费，另如快速处理时的一次性赔偿费用中的续医费，需医核人员依据其病历、治疗时间酌情给付。需注意后续治疗费中不包括整容费与康复费。

实训案例

2019 年 4 月 13 日 19 时 03 分，张三驾驶浙 A**830 普通桑塔纳标的车（该车投保交强险、车损险按实际价值投保、商业第三者责任险 100 万元）与对向骑摩托车（未保险）行驶的李四（男，34 岁）发生碰撞，造成李四经抢救无效死亡的重大交通事故，交通部门认定张三负全部责任。该事故中死者抢救医疗费 15000 元，标的车修理费用 20000 元，摩托车修理费用 5000 元。死者李四为农民，还有一弟弟，生前共同扶养父母，另有两个女儿，一个儿子，即有被扶养人：

（1）李家文（父亲，61 岁）

（2）何显珍（母亲，61 岁）

（3）李倩（长女，11 岁）

（4）李芳（次女，6 岁）

（5）李伟（长子，3 岁）

工作任务要求：

1. 请根据 2018 年农村居民人均纯收入 27302 元 / 年计算死亡赔偿金。

受害人李四 34 岁，死亡赔偿金 =27302 元 / 年 ×20 年 =546040 元。

2. 请根据 2018 年农村居民人均生活费 19707 元 / 年计算被抚养人生活费。

被扶养人生活费是指死者生前或残者丧失劳动能力前实际扶养的、没有其他生活来源的人的生活费用，其赔偿标准按照交通事故发生地居民生活困难补助标准。

（1）李家文扶养年限为 19 年；　　（2）何显珍扶养年限为 19 年；

（3）李倩扶养年限为 7 年；　　　（4）李芳扶养年限为 12 年；

（5）李伟扶养年限为 15 年。

严格讲，上述扶养年限需根据被扶养人实际年龄来确定。

第 1—7 年，需扶养费用：父亲 19707×7÷2（与弟弟共同扶养）+ 母亲 19707×7÷2（与弟弟共同扶养）+ 李倩 19707×7÷2（夫妻共同扶养）+ 李芳 19707×7÷2（夫妻共同扶养）+ 李伟 19707×7÷2（夫妻共同扶养）=344872.5。根据《最高人民法院关于审理人身损害赔偿案件适用法律若干问题的解释》第二十八条之规定：被扶养人有数人的，年赔偿总额累计不超过上一年度城镇居民人均消费性支出额或者农村居民人均年生活消费支出额（这里案例中为 19707 元 / 年）。因此实际赔付额应不高于 19707 元 ×7=137949（元），故按 137949 元赔偿。

第 8—12 年，需扶养费用：父亲 19707×5÷2（与弟弟共同扶养）+ 母亲 19707×5÷2（与弟弟共同扶养）+ 李芳 19707×5÷2（夫妻共同扶养）+ 李伟 19707×5÷2（夫妻共同扶养）=197070（元）＞ 19707×5=98535（元），故按 98535 元赔偿。

第 13—15 年，需扶养费用：父亲 19707×3÷2（与弟弟共同扶养）+ 母亲 19707×3÷2（与弟弟共同扶养）+ 李伟 19707×3÷2（夫妻共同扶养）=88681.5（元）＞ 19707×3=59121（元），故按 59121 元赔偿。

第 16—19 年需扶养费用：父亲 19707×4÷2（与弟弟共同扶养）+ 母亲 19707×4÷2（与弟弟共同扶养）=78828（元）=19707×4，按 78828 元赔偿。

扶养费合计 =137949+98535+59121+78828=374433（元）。

综合上述 1、2，保险公司共支付死亡补偿金 =546040+374433=920473（元），其中交强险支付 180000 元。

3. 请分别填写下列交强险和商业车险的赔款计算书

机动车交通事故责任强制保险赔偿计算书

赔案号码	C53306213618★★1	保单号码	C53106213618★★
被保险人	张三		
号牌号码	浙 A★★830	厂牌型号	普通桑塔纳
保险期间	2018 年 10 月 5 日 0 时—2019 年 10 月 4 日 24 时	出险时间	2019 年 4 月 13 日 19 时 03 分
事故责任	全责		

由于交通事故责任强制保险分项赔偿限额为：抢救医疗费 18000 元、死亡补偿费 180000 元、财产损失 2000 元，因此本案分项赔偿金额为：

1. 抢救医疗费

由于抢救医疗费实际支出 15000 元＜限额 18000 元，因此抢救医疗费赔 15000 元。

2. 死亡补偿费

根据工作任务 1、2 计算得出保险公司需支付的扶养费为 920473 元＞限额 180000 元，因此死亡补偿费赔 180000 元。

3. 财产损失

由于该标的车造成第三方的财产损失为摩托车修理费 5000 元＞限额 2000 元，因此财产损失赔 2000 元。

交通事故责任强制保险赔偿金额 =15000 元 +180000 元 +2000 元 =197000 元。

续表

赔款合计	197000 元	已预付赔款	
查勘费		代查勘费	
诉讼费		律师费	
仲裁费		其他理赔费	
赔款合计	（大写）拾玖万柒仟元整	（小写）197000 元	
缮制人		复核人	

机动车保险赔偿计算（审批）书

被保险人	张三	赔案编号	C53306213618★★2
保险单号	C53106213618★★	车牌号码	浙 A★★830
保险期间	2018 年 10 月 5 日 0 时—2019 年 10 月 4 日 24 时	出险时间	2019 年 4 月 13 日 19 时 03 分

该标的车赔偿金额计算如下：

1. 车损险

车辆损失可以得到全部补偿，因此该车修理费 20000 元即车损险的赔偿金额，即车损险赔偿金额为 20000 元。

2. 商业第三者责任险

第三方的损失 =5000 元的摩托车修理费 +15000 元的抢救医疗费 +920473 元的死亡补偿费 =940473（元）。

由于交通事故责任强制保险赔偿金额为 197000 元，因此商业第三者责任险 =940473 元 − 197000 元 =743473 元 <1000000 元，故赔 743473 元。

其他项目支出			
赔款总计（大写）	柒拾肆万叁仟肆佰柒拾叁元整	（小写）	743473 元
已预付赔款（小写）	0	实付赔款（小写）	743473 元
中支（部）审批意见	情况属实，拟同意赔付		
分公司审批意见	同意赔付		
总公司审批意见			

➤　**思考练习**

1. 人伤调查的重点主要包括哪些内容？

2. 人身损害赔偿费用如何核定？

3. 案例分析

张某在 2019 年 7 月 1 日为其家庭使用的小轿车向人保公司投保了机动车交通事故责任强制保险及机动车第三者责任保险，保额 10 万元，家庭自用汽车损失保险 15 万元，保单次日生效。2019 年 8 月 1 日，标的车在行驶过程中与 B 保险公司承保的乙车发生碰撞，乙车又撞伤路旁的行人丙，交警部门认定标的车负事故的主要责任，乙车负事故的次要责任，行人丙在本次事故中无责任。经保险公司核定，标的车损失 22000 元，乙车损失 12000 元，丙发生的医疗费用共 36000 元，其中超出国家基本医疗保险部分为 10000 元，请计算：

    （1）在机动车第三者责任保险项下对乙车应赔偿的金额是多少？

    （2）在机动车第三者责任保险项下对丙应赔偿的金额是多少？

    （3）在家庭自用汽车损失保险项下对标的车应赔偿的金额是多少？

参考文献

［1］中国保险行业协会 . 车险查勘定损实务 [M]. 北京：中国财政经济出版社，2015.

［2］王娜 . 汽车保险与理赔 [M]. 北京：北京大学出版社，2017.

［3］汤沛，邬志军，张国方 . 汽车保险与理赔 [M]. 长沙：中南大学出版社，2016.

［4］曾鑫 . 汽车保险与理赔 [M]. 北京：人民邮电出版社，2016.

［5］王永盛 . 车险理赔查勘与定损 [M]. 北京：机械工业出版社，2019.

［6］贾逵钧 . 汽车碰撞估损与修复 [M]. 北京：机械工业出版社，2007.

［7］赵长利，李景芝 . 汽车保险与理赔 [M]. 北京：国防工业出版社，2015.

［8］安明华 . 汽车保险与理赔 [M]. 北京：机械工业出版社，2016.

［9］祁翠琴 . 汽车保险与理赔 [M]. 北京：机械工业出版社，2015.

［10］谷正气 . 道路交通事故技术鉴定与理赔 [M]. 北京：人民交通出版社，2005.

［11］杨培刚 . 汽车保险与理赔 [M]. 上海：上海财经大学出版社，2014.

［12］编委会 . 2006 新编汽车维修保养费用计算与成本控制及维修报价实务全书 [M].
北京：企业管理出版社，2006.

［13］编委会 . 汽车定损理赔操作规程实施手册 [M]. 北京：中国科学文化出版社，2005.

［14］杨学坤，付铁军，常兴华 . 汽车保险与理赔 [M]. 北京：北京理工大学出版社，
2007.

［15］林绪东 . 汽车保险定损与理赔实务 [M]. 北京：机械工业出版社，2016.